古典文獻研究輯刊

二四編

潘美月・杜潔祥 主編

第31冊

西夏文《大隨求陀羅尼經》研究

張九玲 著

國家圖書館出版品預行編目資料

西夏文《大隨求陀羅尼經》研究／張九玲 著 -- 初版 -- 新北市：花木蘭文化出版社，2017〔民106〕
目 2+270 面；19×26 公分
（古典文獻研究輯刊 二四編；第 31 冊）
ISBN 978-986-485-021-1（精裝）
1. 佛經 2. 翻譯 3. 西夏語
011.08　　106001929

ISBN-978-986-485-021-1
9789864850211

古典文獻研究輯刊
二四編　第三一冊　ISBN：978-986-485-021-1

西夏文《大隨求陀羅尼經》研究

作　者　張九玲
主　編　潘美月　杜潔祥
總 編 輯　杜潔祥
副總編輯　楊嘉樂
編　輯　許郁翎、王筑　美術編輯　陳逸婷
企劃出版　北京大學文化資源研究中心
出　版　花木蘭文化出版社
社　長　高小娟
聯絡地址　235 新北市中和區中安街七二號十三樓
電話：02-2923-1455／傳真：02-2923-1452
網　址　http://www.huamulan.tw 信箱 hml 810518@gmail.com
印　刷　普羅文化出版廣告事業
初　版　2017 年 3 月
全書字數　237280 字
定　價　二四編 32 冊（精裝）新台幣 62,000 元

西夏文《大隨求陀羅尼經》研究

張九玲 著

作者簡介

張九玲，1986 年 11 月生，2005 ～ 2009 年就讀於河南財經政法大學，2009 ～ 2012 年就讀於中央民族大學，獲中國古典文獻學碩士學位。2012 年 9 月考入中國社會科學院研究生院，師從聶鴻音先生攻讀博士學位，博士論文爲《西夏文〈大隨求陀羅尼經〉研究》，2015 年博士畢業後進入山西師範大學歷史學院工作，主要研究方向爲西夏文獻，曾發表《西夏文〈寶藏論〉譯注》、《〈英藏黑水城文獻〉佛經殘片考補》、《〈佛頂心觀世音菩薩大陀羅尼經〉的西夏譯本》等論文數篇。

提　　要

本書主體是我的博士畢業論文《西夏文〈大隨求陀羅尼經〉研究》，這部經書同時具備漢文、西夏文和藏文三個譯本，是研究西夏語文和佛教的寶貴文獻。論文是對俄羅斯科學院東方文獻研究所收藏的西夏譯本《大隨求陀羅尼》進行的首次全文公佈及解讀，不但可以豐富人們關於西夏文獻的知識，而且可以跟同類文獻一道，展示 12 世紀藏傳佛教傳播的實情，進一步證明西藏在元代正式併入中國版圖以前就通過西夏與內地進行著大規模的文化交流。論文對黑水城所出《大隨求陀羅尼》的各種不同抄本做出了詳細的辨析。論文探討的內容屬於 20 世紀國際西夏學界新出現的關注點，即：1，有的西夏文佛經在不同的時期形成了「初譯」和「校譯」兩種不盡相同的譯本，本文指出現存的《大隨求陀羅尼》也分別屬於這樣的兩類譯本，這是學界此前不知道的。2，西夏的佛經有些譯自藏文，也有些雖然以漢文爲底本，但其中卻夾雜著一些來自藏文的佛教術語，本文對譯自藏文的佛教術語逐一予以指出，其中有些新發現的詞語可以在將來補充到西夏語詞典中。

此外，本書的附錄部份收入了作者幾篇關於西夏文獻方面的論文，由於原來的論文在不同的雜誌上發表，編輯體例各不相同，本書在不影響原有內容的前提下進行了體例的統一。

目次

第一章　緒　論

地處中國西北的西夏王朝於公元 1038 年建國，至 1227 年爲蒙古帝國所滅，享國祚 190 年，共歷 10 主，歷史上曾與同時期的宋、遼、金發生過密切關係。西夏開國皇帝李元昊仿照漢字創制了西夏文，用以紀事、著述、翻譯漢文和藏文經典等。但西夏亡國後西夏文逐漸成爲死文字而不爲人知，相關的西夏文獻也湮沒在了歷史的長河中。幸運的是，20 世紀初俄國探險家柯茲洛夫（П・К・Козлов）在內蒙古的額濟納旗發現了黑水城遺址，並發掘了數以萬計的西夏文獻。這批文獻種類繁多，數量龐大〔註 1〕，在世界範圍內引起了廣泛關注，甚至催生了一門新的學科——西夏學。自那時起，俄、日、美、中等國的學者紛紛開始公佈和解讀這些珍貴的文獻。如今西夏學已走過百餘個年頭，爲數眾多的西夏文獻獲得了解讀，相關的西夏研究也取得了豐碩的成果，這些成果涉及到西夏的政治、經濟、文化等各個方面，西夏王朝的面貌得以逐步展現在世人面前。本文旨在通過對黑水城出土西夏文佛經《大隨求陀羅尼經》的解讀，爲西夏文獻學和佛教研究提供一份新資料。

〔註 1〕 黑水城文獻被柯茲洛夫攜去以後，如今收藏在俄羅斯科學院東方文獻研究所，共有 8 千多個編號，約 15～20 萬件，種類主要涉及語言文字、歷史、法律、文學、譯典、佛教等。自 1996 年起，這批文獻陸續在俄羅斯科學院東方研究所聖彼得堡分所、中國社會科學院民族研究所、上海古籍出版社編，上海古籍出版社出版的《俄藏黑水城文獻》中公佈，現已出版 20 餘冊。黑水城遺址被科茲洛夫首先發現並發掘之後，1914 年英國的斯坦因再次對其進行發掘，所獲文獻和文物現藏英國國家圖書館藏，約有 8 千件，已在西北第二民族學院、上海古籍出版社、英國國家圖書館編，上海古籍出版社出版的《英藏黑水城文獻》（共 5 冊）中公佈。其後，人們又對黑水城遺址進行過零星的考古發掘，但所獲文獻的數量和質量已完全不能和前兩次相比。

一、西夏佛經的研究歷史和現狀

由於西夏王朝篤信佛教，所以佛經在西夏文獻中佔有很大比重。西夏佛經主要有兩大來源，一類譯自漢文本〔註2〕，一類譯自藏文本。大量譯自漢文本的西夏佛經已經得到解讀和研究。早在1904年，法國學者毛利瑟就對西夏文《妙法蓮華經》殘捲進行了研究〔註3〕。黑水城文獻發掘之後的20世紀30年代，羅福成、羅福萇等解讀了多種西夏佛經殘片，這些成果集中在1932年出刊的《北平圖書館館刊》第四卷第三號〔註4〕。與此同時，王靜如對《金光明最勝王經》進行了夏漢藏合璧考釋〔註5〕。20世紀70年代，西田龍雄對日本藏西夏文《華嚴經》進行了解讀〔註6〕。21世紀後，荒川慎太郎、聶鴻音、孫伯君、楊志高、崔紅芬、王培培、孫穎新等解讀了一批漢傳夏譯佛經〔註7〕。

人們解讀西夏佛經的方法一般是這樣的，首先找出這部西夏佛經翻譯所據的底本，然後參照這個底本來解讀。對於譯自漢文本的西夏佛經，一般都

〔註2〕 歷史記載西夏曾六次向宋朝贖經，這些漢文佛經極可能是西夏譯經的底本，也是西夏刻印漢文佛經的依據。參看史金波：《西夏佛教史略》，銀川：寧夏人民出版社，1988年，第63頁。

〔註3〕 漢譯文見孫伯君編：《國外早期西夏學論集》（一），北京：民族出版社，2005年。

〔註4〕 其中羅福成解讀的漢文佛經主要有《大寶積經》、《大般若波羅密多經》、《佛說寶雨經》、《佛說佛母出生三法藏般若波羅密多經》、《佛說地藏菩薩本願經》、《不空羂索神變眞言經》、《六祖大師法寶壇經》等，關於《六祖大師法寶壇經》，日本學者川上天山在羅福成等人研究的基礎上，撰文《關於西夏語譯〈六祖壇經〉》，指出夏譯所據的翻譯底本是敦煌本，祥見孫伯君編：《國外早期西夏學論集》（二），北京：民族出版社，2005年；羅福萇解讀的有《大方廣佛華嚴經》、《妙法蓮華經弘傳序》等。

〔註5〕 王靜如：《金光明最勝王經夏藏漢合壁考釋》，國立中央研究院歷史語言研究所單刊之十一、十三，《西夏研究》（第2、3輯），1933年。

〔註6〕 西田龍雄：《西夏文華嚴經》（三卷），京都：京都大學文學部，1975～1977年。

〔註7〕 這些成果主要有：荒川慎太郎的《西夏文〈金剛經〉の研究》，京都大學博士論文，2002年；聶鴻音的《〈仁王經〉的西夏譯本》，《民族研究》，2010年第3期；孫伯君的《西夏文〈妙法蓮華心經〉考釋》，《西夏學》（第8輯），2011年。《西夏文〈觀彌勒菩薩上生兜率天經〉考釋》，《西夏研究》，2013年第4期。《〈佛說阿彌陀經〉的西夏譯本》，《西夏研究》，2011年第1期；楊志高的《西夏文〈慈悲道場懺罪法〉卷二殘葉研究》，《民族語文》，2009年第1期；崔紅芬的《英藏西夏文〈華嚴經普賢行願品〉殘葉釋讀》，《文獻》，2009年第2期。《武威博物館藏西夏文〈金剛經〉及讚頌殘經譯釋研究》，《西夏學》（第8輯），2011年。王培培的《西夏文〈維摩詰所說經〉研究》，中國社會科學院研究生院博士論文，2010年；孫穎新的《西夏文〈無量壽經〉研究》，中國社會科學院研究生院博士論文，2013年。

能在漢文大藏經中找到底本，例如要解讀西夏佛經《佛說寶雨經》（[illegible]），我們只需在漢文大藏經中找出漢文本的《佛說寶雨經》即可開始解讀工作，所以很多漢傳夏譯佛經已經獲得解讀。但是對於譯自藏文本的佛經來說，要找出其藏文底本則相對比較困難，例如藏傳西夏佛經《聖大乘守護大千國土經》（[illegible]），其藏文原本是 Stong chen mo rab tu 'joms pa zhes bya ba'i mdo（大千母善摧經），西夏本和藏文本顯然在經名上差異較大，如果沒有足夠的藏文和佛學基礎，人們很難把這兩部佛經聯繫起來，更不會知道其實後者就是西夏本翻譯所據的底本。鑒於此，藏傳西夏佛經得到解讀的寥寥無幾。自 20 世紀 30 年代至今，主要有以下幾位學者對譯自藏文的佛經進行了研究。1932 年，王靜如通過對《佛母大孔雀明王經》中佛教術語等的校釋證明該經的西夏本實際上譯自藏文本〔註 8〕，其後王先生又進一步對《佛母大孔雀明王經》中出現的「龍王、大仙、眾生主」名號詳加考證〔註 9〕。1932 年，聶歷山和石濱純太郎對《八千頌般若經》作了片斷考釋〔註 10〕。與此同時，羅福成解讀了西夏文《大隨求陀羅尼經》部份內容〔註 11〕。2005 年，聶鴻音在其《西夏文藏傳〈般若心經〉研究》中重點關注了一批「藏式佛教術語」，而且指出這些術語的翻譯來源〔註 12〕。2006 年，林英津對《聖妙吉祥眞實名經》作了解讀，並對西夏翻譯所據的底本給出了不同觀點〔註 13〕。同年，孫昌盛完整解讀了《吉祥遍至口合本續》第四卷，同時對其中大量佛教術語的翻譯來源進行說明〔註 14〕。2009 和 2012 年，段玉泉分別在其博士論文《語言背後的文化流傳：一組西夏藏傳佛教文獻解讀》和博士後研究報告《〈聖勝慧到彼岸功德寶集偈〉夏漢藏文本對勘研究》中，

〔註 8〕王靜如：《〈佛母大孔雀明王經〉夏梵藏漢合璧校譯》，國立中央研究院歷史語言研究所單刊之八，《西夏研究》（第 1 輯），1932 年，第 181～249 頁。

〔註 9〕史金波主編：《王靜如文集》（上），北京：社會科學文獻出版社，2013 年，第 95～119 頁。

〔註 10〕聶歷山、石濱純太郎：《西夏文〈八千頌般若經〉合璧考釋》，《國立北平圖書館館刊》第四卷第三號（西夏文專號），1932 年，第 2751～2762 頁。

〔註 11〕羅福成：《聖大明王隨求皆得經下卷釋文》，《國立北平圖書館館刊》第四卷第三號（西夏文專號），1932 年，第 2723～2726 頁。

〔註 12〕聶鴻音：《西夏文藏傳〈般若心經〉研究》，《民族語文》，2005 年第 2 期。

〔註 13〕林英津：《西夏語譯〈眞實名經〉釋文研究》，《語言暨語言學》專刊甲種之八，中央研究院語言學研究所，2006 年。

〔註 14〕孫昌盛：《西夏文〈吉祥遍至口合本續〉（第四卷）研究》，南京大學博士論文，2006 年。

利用夏、漢、藏三個文本對勘的方法詳細考釋了一大批西夏詞語，豐富了西夏語料庫〔註 15〕。2011 年，安婭對西夏文《守護大千國土經》進行解讀，並對其中出現的佛教術語的翻譯原則和規律作了探討〔註 16〕。到目前爲止，遺憾的是除以上提及的幾部經典，還有大量的藏傳西夏佛經未獲解讀，這一工作的開展有待學界的共同努力。

二、《大隨求陀羅尼經》簡介及其西夏諸本

（一）《大隨求陀羅尼經》簡介

這裡所說的《大隨求陀羅尼經》同時具備漢文、西夏文和藏文三個譯本。經名全稱《普遍光明清淨熾盛如意寶印心無能勝大明王大隨求陀羅尼經》，唐不空漢譯〔註 17〕，分上下兩卷。唐寶思惟所譯《佛說隨求即得大自在陀羅尼神咒經》（1 卷）〔註 18〕與不空譯本內容相近。《大隨求陀羅尼經》的西夏本 20 世紀初出土於內蒙古額濟納旗的黑水城遺址，內容相當於不空譯本，佚名譯自藏文本'phags pa rig pa'i rgyal mo so sor 'brang ba chen mo（聖明咒妃大隨求母）〔註 19〕。

《大隨求陀羅尼經》屬藏傳密教經典，內有大量的咒語，主要包括「普遍光明清淨熾盛如意寶印心無能勝大明王大隨求陀羅尼咒」、「無能勝妃大心眞言」和「隨求大護明王大心陀羅尼咒」等。所謂「大隨求」即「一切所求

〔註 15〕段玉泉：《語言背後的文化流傳：一組西夏藏傳佛教文獻解讀》，蘭州大學博士論文，2009 年。

〔註 16〕安婭：《西夏文藏傳〈守護大千國土經〉研究》，中國社會科學院研究生院博士學位論文，2011 年。

〔註 17〕高楠順次郎、渡邊海旭等，《大正新修大藏經》第 20 冊 1153 號，大正一切經刊行會，1934 年。

〔註 18〕同上，第 20 冊 1154 號。《敦煌遺書》第 14 冊中也收錄有《佛說隨求即得大自在陀羅尼神咒經》，內容和寶思惟譯本相同。

〔註 19〕藏文本的譯者有 3 位：Jinamitra（資納米笏，譯言勝友，是 8 世紀迦濕彌羅即今克什米爾佛學家，吐蕃王赤松德贊迎請來藏，翻譯佛教經論甚多，被稱爲譯經學者三大恩師之一），Dānaśīla（達那希拉，譯言施戒，8 世紀生於克什米爾，赤松德贊時迎請來藏的譯經學者三大恩師之一），Ye-śes sde（益西德，譯言智軍，藏文本的主校大譯師。赤松德贊時期九大譯經師之一）。藏文本的校譯者爲 Gzhon nu dpal（1392～1481），音譯爲迅魯伯、遁努拜、軟努班等，譯言童祥。一般被稱爲'gos lo tsa ba gzhon nu dpal 或'gos lo gzhon nu dpal，即郭（廓）譯師迅魯伯。古西藏噶舉派著名譯師，著述頗豐，以《青史》（1476～1478 年間著成）最爲有名。

悉皆如願」之意，可見此「大隨求陀羅尼」定會滿足諸持誦者的種種需求。這在其它咒語中比較罕見，我們知道一般情況下某個咒語能夠滿足人們一種或多種需求，此「大隨求陀羅尼」卻聲稱能滿足人們的一切所求，所以這部經書中對持誦這些咒語之種種無量功德有濃墨重彩的描寫。其中有幾個生動有趣的小故事：羅睺羅於母胎中憶念此陀羅尼而救其母脫離火坑；筏羅捺斯城之梵施王以此陀羅尼威力而降伏四兵，戰敗鄰國；遭遇重病之苾芻以此陀羅尼治癒其病；商主（長者）以此陀羅尼而使商船海中脫險；摩伽陀國國王名施願手者依法書寫大隨求陀羅尼終遂願得子；烏禪那城一犯重罪之人念誦此陀羅尼而得以保命的故事等等。此外，大隨求陀羅尼還可以摧伏諸魔、延命增壽、利益稼穡……可以說其無所不能。經書還介紹了此陀羅尼的書寫法、作壇法、供養法等。

（二）《大隨求陀羅尼經》的西夏諸本

《大隨求陀羅尼經》的西夏本於 1909 年在內蒙古額濟納旗黑水城遺址出土，今藏俄羅斯科學院東方文獻研究所。1963 年，戈爾巴喬娃和克恰諾夫在《西夏文寫本和刊本》〔註 20〕中著錄該經爲「聖大明女王隨求皆得經」，有以下 18 個編號：инв.№24、26、28、30、31、561、712、740、3342、3343、3347、3348、6055、6286、6404、6618、7233、7783。1977 年，西田龍雄的《西夏文佛經目錄》第 252 號著錄該經爲「聖大悟蔭王求隨皆得經典」，指出西夏文本譯自藏文本’phags pa rig pa’i rgyal mo so sor ’brang ba chen mo，並和《大正藏》1153 號不空譯本進行了對比〔註 21〕。1999 年，克恰諾夫在其《西夏文佛教文獻目錄》中著錄了該經的 21 個編號，並給出了詳細的版本和內容描述〔註 22〕。這 21 個編號中 инв.№26、7987、30、561、6286 爲寫本經摺裝，инв.№5757 爲寫本梵夾裝，инв.№740、24、3835、7233、712、3342、3348、6404、3881、28、7783、31、6618、6055、7790 爲刻本經摺裝。但以上諸多編號的俄藏原件迄今尚未刊佈，目前國內能看到的只有上海古籍出版社蔣維崧、嚴克勤二位先生上世紀末在聖彼得堡拍攝的文獻照片。所幸這些

〔註 20〕З. И. Горбачева и Е. И. Кычанов：*Тангутские рукописи и ксилографы*，Издательство восточной литературы，1963，стр.95.

〔註 21〕西田龍雄：《西夏文華嚴經》（第 3 冊），京都：京都大學文學部，1977 年，第 50 頁。

〔註 22〕Е. И. Кычанов, *Каталог тангутских буддийских памятников*, Киото: Университет Киото, 1999, стр. 430~435.

照片涵蓋了多數的俄藏編號，且其中的 инв.№5757 爲完本，可以作爲校錄的底本。

通過照片我們可以知道，инв.№712 卷首有版畫 4 折，上存榜題兩則，從右至左分別爲：[西夏文]（釋迦佛須彌山上說大隨求處）、[西夏文]（大明女王隨求皆得天母）。

инв.№24 卷首有版畫 1 折，存五則榜題，從右至左分別爲：[西夏文]（增長天王）、[西夏文]（迦樓羅）、[西夏文]（緊那羅）、[西夏文]（摩戶羅）、[西夏文]（阿修羅）。

инв.№6404 有版畫 5 折，殘存十七則榜題，從右至左、自上而下分別爲：[西夏文]（南方增長天王）、[西夏文]（東方持國天王）、□□□□〔註 23〕[西夏文]□[西夏文]□□[西夏文]（□□□□□寶珠□四十九宮殿□□彌勒之養處）、[西夏文]（西方廣目天王）、[西夏文]（北方多聞天王）、[西夏文]（聲聞眾）、[西夏文]（花正大神）、[西夏文]（香音大神）、[西夏文]（化樂大神）、[西夏文]（正音大神）、[西夏文]（八部眾）、[西夏文]（寶幢大神）、[西夏文]（深正受入）、……[西夏文]〔註 24〕（……修）、……[西夏文]（……養）、□□[西夏文]（□□序舍）、[西夏文]（威儀具足）。

以上這些版畫中的榜題多爲天王、神名等，有的神名會在經文中出現，有的則沒有出現，對於後者，我們不知道他們究竟指哪個神，只是按照西夏文的字面義權且譯了出來。

另外值得注意的是，這部經書的經題（包括上下卷的經題）後面出現了幾種題款。其中 инв.№712、31、3342、6404 上出現的是西夏學界熟知的夏仁宗皇帝（1139～1193 在位）的尊號：

[西夏文]

奉天顯道耀武宣文神謀睿智制義去邪惇睦懿恭皇帝嵬名御校

инв.№7233 上出現的亦爲夏仁宗皇帝的尊號，不過少了「[西夏文]」（嵬名）二字。

инв.№5757 中出現了兩則題款：

〔註 23〕方框表示西夏文無法辨識者。
〔註 24〕刪節號表示西夏缺文。

第一種作：

[illegible]

奉天顯道耀武

第二種作：

[illegible]

奉天

инв.№6286 題款爲：

[illegible]

奉天顯道

инв.№24、30、561、3347 題款作：

[illegible]

天力大治智孝廣淨宣德去邪納忠永平皇帝嵬名御譯

很明顯，инв.№5757 和 6286 中出現的題款是夏仁宗皇帝尊號的省略，在西夏本《守護大千國土經》中也有類似的情況〔註 25〕。所以實際上這些不同的編號中出現了夏仁宗皇帝和「永平皇帝」兩種題款。由於缺乏相應的漢文文獻佐證，學界對「永平皇帝」尊號的翻譯尚無絕對把握，也無法確知這個皇帝究竟是西夏曆史上哪位君王。李範文〔註 26〕和克恰諾夫〔註 27〕曾推測「永平皇帝」是仁宗皇帝，也就是說題款中的兩個尊號都屬於夏仁宗。不過聶鴻音先生有不同的觀點，因爲現存西夏佛經主要是在惠宗和崇宗時代（1068～1139）初次翻譯的，後來在仁宗時期又進行過一次校譯，所以題作「御譯」的本子應該是仁宗之前的初譯本，而題作「御校」的則是仁宗時代的校譯本。換句話說，「永平皇帝」不可能是仁宗，而應該是仁宗之前的惠宗或崇宗。考慮到西夏佛經題款中的惠宗尊號經常與其母梁氏的尊號一併出現，且內容與此截然不同，聶先生認爲「永平皇帝」極有可能是夏崇宗乾順（1087～1139 年在位）〔註 28〕。無論如何，根據題款可知本文討論的西夏文《大隨求陀羅

〔註 25〕參見安婭：《西夏文藏傳〈守護大千國土經〉研究》，中國社會科學院研究生院博士學位論文，2011 年。

〔註 26〕參見李範文：《西夏陵墓出土殘碑粹編》，北京：文物出版社，1984 年，第 15 頁。

〔註 27〕Е. И. Кычанов, *Каталог тангутских буддийских памятников*, Киото: Университет Киото, 1999, стр. 9.

〔註 28〕參見聶鴻音：《〈聖曜母陀羅尼經〉的西夏譯本》，中國古典文獻學研究學術研討會會議論文，中國國家圖書館，北京，2009 年 11 月 13～16 日。

尼經》必然有「初譯本」和「校譯本」之分。

除以上有題款的本子之外，還剩下 инв.№28、740、3343、3870〔註 29〕、7987 等沒有題款。通過比對，инв.№28 和校譯本 инв.№712、3342 出自同一版本，那麼可以確定 инв.№28 爲校譯本。在 инв.№740 中，咒語「[illegible][illegible][illegible][illegible][illegible]」的「[illegible]」〔tśhji^{2}〕〔註 30〕，初譯本 инв.№30 也作「[illegible]」，而校譯本 инв.№3342、712 作「[illegible]」〔tśhji^{1}〕，奇怪的是同爲校譯本的 инв.№5757 則作「[illegible]」，所以該編號究竟是初譯本還是校譯本一時尚難以確定，不過感覺上是初譯本的可能性較大。其餘幾個編號或因殘損嚴重，或因無法與現存初譯本及校譯本綴合，而且所存經文中沒有任何抄寫、雕刻信息，加之已知初譯本和校譯本在內容上差別不大，所以目前無法確定他們屬於初譯本還是校譯本。以下是可以確定的初譯本和校譯本：

初譯本：инв.№24、30、561、3347；

校譯本：инв.№712、、28、31、3342、6404、7233、5757、6286。

需要指出的是，《大隨求陀羅尼經》除以上諸多西夏文本之外，在俄藏黑水城文獻中還保存了三個漢文本，分別是：TK107〔註 31〕、инв.№4270〔註 32〕、A20〔註 33〕，雖然這幾個本子無一完本，但是這些漢文本保存了該經大部份的陀羅尼，可以爲西夏文本陀羅尼的翻譯提供重要參考〔註 34〕。

《大隨求陀羅尼經》多個版本在黑水城出土證明此經曾在西夏地區廣爲流傳，爲人信奉和受持〔註 35〕。

〔註 29〕該編號在所拍照片名爲「3876+3894」的文件夾中，實際上文獻的編號應爲 3870，且在第三和第四張照片中混入了 4 折另一種文獻。

〔註 30〕參見李範文：《夏漢字典》，北京：中國社會科學出版社，1997 年，第 743 頁。顯然，「[illegible]」和「[illegible]」在讀音上有聲調的區別。

〔註 31〕參見《俄藏黑水城文獻》第 3 冊，第 3～14 頁。

〔註 32〕參見《俄藏黑水城文獻》第 6 冊，第 303～308 頁。

〔註 33〕參見《俄藏黑水城文獻》第 5 冊，第 259～269 頁。

〔註 34〕這三個漢文本各不相同，其中 A20 在漢文咒語旁還給出了梵文原文；TK107 中有一則題記：「唐開元三朝灌頂國師和尚特進試鴻臚卿開府儀同三司肅國公食邑三千户實封三百户贈司空謚大辯正大廣智大興善寺三藏沙門不空奉詔譯」。

〔註 35〕西夏法典《天盛改舊新定律令》中規定了要成爲正式僧人必須會念的十餘種經文，《大隨求陀羅尼經》就是其中之一。但爲何只規定一等漢僧會念，而一等番羌僧人（西夏僧人和藏族僧人）無需念誦，原因尚不得而知。此外，西夏文《五部經序》中也對《大隨求陀羅尼經》有所提及。參見史金波、聶鴻音、白濱譯注：《天盛改舊新定律令》，北京：法律出版社，2000 年，第 405

三、西夏文《大隨求陀羅尼經》初譯本與校譯本的對勘

我們已經知道存世的西夏佛經主要是在惠宗和崇宗時代譯成，後來仁宗皇帝又對前代翻譯的佛經進行過大規模的校譯。但由於同時具有初譯本和校譯本的西夏佛經發現和獲得解讀的還不夠多，以及史料缺乏相關記載，人們對仁宗的校經重點和原則一直不是很清楚。此前西田龍雄、聶鴻音、孫伯君、王培培等均曾對同一部佛經的兩種譯本進行過對勘研究，總結出仁宗校經的若干原則，如「訂訛誤」、「申避諱」、「勘原文」等等〔註 36〕。本文通過對校西夏文《大隨求陀羅尼經》的初譯本和校譯本，發現後者對前者的校改主要有以下幾個方面：

1. 補　缺

種種中上具——中上，初譯本 30 號缺譯〔註 37〕，校譯本 5757、3342、712 號補作「[illegible]」（中上）。

大明女王母——母，初譯本 30 號缺譯，校譯本 5757、3342、712 號補作「[illegible]」（母）。

諸龍陰之娑賀——之，初譯本 30 號缺譯，校譯本 5757、3342、712 號補作「[illegible]」（之）。

尾哩尾哩　娑嚩賀　弭哩弭哩——娑嚩賀，初譯本 30 號缺譯，校譯本 5757、3342、712 號補作「[illegible]」（娑嚩賀）。

我等安樂當得——當，初譯本 30 號缺譯，校譯本 5757、3342、712 號補作「[illegible]」（當）。

一切如來之眼——之，初譯本 30 號缺譯，校譯本 5757、3342、712 號補作「[illegible]」（之）。

一切虎狼害者——者，初譯本 561 號缺譯，校譯本 5757、31 號補作「[illegible]」（者）。

摩賀缽羅底——羅，初譯本 561 號缺譯，校譯本 5757、31 號補作「[illegible]」（嘌）。

頁；聶鴻音：《西夏文〈五部經序〉考釋》，《民族研究》，2013 年第 1 期。

〔註 36〕參見西田龍雄：《西夏文華嚴經》（第 1 冊），京都：京都大學文學部，1975 年；聶鴻音：《〈仁王經〉的西夏譯本》，《民族研究》，2010 年第 3 期；孫伯君：《西夏仁宗皇帝的校經實踐》，《寧夏社會科學》，2013 年第 4 期；王培培：《西夏文〈維摩詰所說經〉研究》，中國社會科學院研究生院博士論文，2010 年。

〔註 37〕但初譯本 24 號沒有缺譯，作「[illegible]」（中上）。

大明女王求隨皆得者——大，初譯本 561 號缺譯，校譯本 5757、31 號補作「𘜶」(大)。

彼之威力故是——力，初譯本 561 號缺譯，校譯本 5757、31 號補作「𗟲」(力)。

婆誐嚩底 跛捺囉嚩底——囉嚩底，初譯本 561 號缺譯，校譯本 5757、31 號補作「𗖵𗏁𗑗」(囉嚩底)

底哩路迦 路迦羯哩——路迦羯哩，初譯本 561 號缺譯，校譯本 5757、31 號補作「𗊼𗡝𗷅𗗙」(路迦羯哩)。

2. 正　訛

安龍王——初譯本 30 號作「𗗙𗰗𗴂」〔註 38〕，校譯本 5757、3342、712 號改作「𗰔𗰗𗴂」，是。按，「𗗙」(處、可) 爲「𗰔」(安置) 之形訛。

眉間白毫相——眉，初譯本 30 號作「𗪘」(鬼魅)〔註 39〕，校譯本 5757、3342、712 號改作「𗪛」(眉)，是。按，「𗪘」爲「𗪛」之形訛。

蚊蠅虻蚋鼠——鼠，初譯本 561 號作「𗫋」(蜜)，校譯本 5757、31 號改作「𗫉」(鼠)，是。按，「𗫋」爲「𗫉」之形訛。

煩惱習氣——習氣，初譯本 561 號作「𗽀𗗂」，校譯本 5757、31 號改作「𗽀𗗃」，是。按，「𗗂」(除去) 爲「𗗃」(習氣) 之形訛。

慈劍調伏——調，初譯本 561 號作𘍞，校譯本 5757、31 號改作「𘍟」，是。按，𘍞爲「𘍟」之形訛。

段段折壞猶如微塵——塵，初譯本 561 號作「𗼻」(穴、谷)，校譯本 5757、31 號改作「𗼺」(塵)，是。按，「𗼻」爲「𗼺」之形訛。

相好最勝——相，初譯本 561 號作「𗷅」(迦)，校譯本 5757、31 號改作「𗷆」(相)，是。按，「𗷅」爲「𗷆」之形訛。

彼等一切最上——彼等，初譯本 561 號作「𗂧𗆟」(彼得)，校譯本 5757、31 號改作「𗂧𗆞」，是。按，「𗆟」爲「𗆞」之形訛。

3. 去衍文

此大明女王威力故——大，初譯本 561 號衍，校譯本 5757、31 號刪除。

諸金翅鳥母——初譯本 30 號作「𗡝𘓐𗈪𗰗𗤶𗹦」，其中「𗰗」(龍) 係

〔註 38〕但初譯本 24 號作「𗰔𗰗𗴂」。

〔註 39〕但初譯本 24 號作「𗪛」(眉)，是。

衍文，校譯本 5757、3342、712 號刪除。

4. 校而反誤

佐黎佐黎——梵文原作 tsa le tsa le ，初譯本 30 號譯作「𗚏𗘂𗚏𗘂」，是，校譯本 5757、3342、712 號改作「𗚏𗘂𗙼𗘂」（佐黎唧黎），誤。

皆不能礙——礙，譯自藏文'gal（違反，矛盾），初譯本 561 號譯作「𗗚」（礙），校譯本 31 號改作「𗗛」（恨），反不如初譯本貼近藏文原本。

5. 區別聲調

阿地瑟恥多——恥，初譯本 30 號作「𗢳」〔tśhji^{2}〕，校譯本 3342、712 號改作號「𗢴」〔tśhji^{1}〕。「𗢳」和「𗢴」在讀音上只有聲調的區別。

6. 勘原文

淨新衣好著當是（𗨉𗫂𗪘𗤁𗲠𗬩𗦻）——是，譯自藏文 bya。初譯本 561 號作「𗯨」（以），誤，校譯本 5757、31 號改作「𗦻」（是），是。

敵寇聚者△〔註 40〕爲皆（𗥤𗡶𗊎𗗙𗍫𗰣𗓁）——爲，譯自藏文 byas。初譯本 561 號作「𗊎」（說），誤，校譯本 5757、31 號改作「𗰣」（爲），是。

面之加持及誦咒（𗤥𗟲𗣅𗩾𗫂𗟻𗎆）——面，譯自藏文 phye ma。初譯本 561 號作「𗧓」（法），誤，校譯本 5757、31 號改作「𗤥」（面），是。

7. 其 他

劍變火焰——變，初譯本 561 號作「𗦷」，校譯本 5757、31 號改作「𗑗」。二者均爲「變」義，似無校改必要。

大成就求得△及（𗰞𗪙𗤶𗪚𗥃𗧆𗯨）——及，初譯本 561 號作「𗩱」（故），校譯本 5757、31 改作「𗯨」（及），校改原因不明。

大菩提心發於發（𗰞𗠁𗂧𗆮𗓁𗏁𗓁）——發於發，初譯本 561 號作「發於」，校譯本 5757、31 號改作「發於發」，未詳孰是。

聖大明女王求隨皆得契經上卷——上卷，初譯本 30 號作「𗖵𗗙𗏁𗨁」（上卷第八），校譯本 5757、3342、712 號，以及初譯本 24 號均作「𗖵𗗙」（上卷）。按，「第八」指該卷在「五部經」〔註 41〕中的卷次。

〔註 40〕某些西夏虛詞，漢文中沒有可以與之對應的詞，故翻譯時以三角符號表示。

〔註 41〕五部經，或稱「五部陀羅尼」、「五部守護經」等，指西夏曾翻譯的藏傳五部大乘經典，分別爲：《守護大千國土經》、《大孔雀明王經》、《大寒林經》、《大隨求陀羅尼經》及《大密咒受持經》。

聖大明女王求隨皆得契經下卷——下卷，初譯本561號作「𗠁𗖻𗟲𗤁」（下卷第九），校譯本5757、31號改作「𗠁𗖻」（下卷）。按，「第九」指該卷在「五部經」中的卷次。

四、西夏文《大隨求陀羅尼經》中的佛教術語

西夏佛經主要譯自漢文本和藏文本，西夏佛教術語也至少有兩套不同的翻譯來源，一類譯自漢文，一類譯自藏文。此前解讀西夏佛經的時候，人們注意到漢傳西夏佛經中的術語多音譯漢文而來，但藏傳西夏佛經中的術語多意譯藏文而來〔註42〕。由於譯自漢文的西夏佛經得到了充分研究，目前有不少「漢式佛教術語」已爲學界熟知，如音譯自漢文的「𗍊𗏁𗋽」（薄伽梵）、「𗖵𗗙」（菩薩）、「𗥃𗍢」（般若）等等，這些詞彙也早已被《夏漢字典》等工具書收錄。然而由於藏傳西夏佛經的解讀工作進展相對緩慢，人們對其中的「藏式佛教術語」還比較陌生，略舉本文中出現的幾個術語：

「𗅋𗐯」（賢手），意譯藏文 lag bzang（妙臂），梵文原作 Subāhu（蘇婆呼）。

「𗤶𗢳」（記句），意譯藏文 dam tshig（誓言），梵文原作 Samaya（三昧耶）。

「𗴂𘂆」（王種），意譯藏文 rgyal rigs（王種），梵文原作 Kṣatriya（刹帝利、刹利）。

相信隨著藏傳西夏佛經的不斷解讀，更多的「藏式佛教術語」與藏文、漢文、梵文的對應關係會得以確定。這對豐富西夏的語料庫，以及找出夏譯所據的藏文底本都有重要意義。

西夏文《大隨求陀羅尼經》中出現了很多佛教術語，論文盡可能地找出了和它們對應的藏文、梵文、漢文，順便對這些佛教術語的翻譯來源進行了說明。詳見下表：

西夏文	藏　文	梵　文	漢　文	西夏文的翻譯來源
𗼃𗼕（明滿）	sangs rgyas	Buddha	佛、佛陀	意譯藏文
𗑗𗹙𗏴（出有壞）	bcom ldan ’das	Bhagavān	薄伽梵、世尊	意譯藏文
𗼇𗴂（石王）	rdo rje	Vajra	金剛、金剛杵	意譯藏文

〔註42〕參見聶鴻音：《西夏佛教術語的來源》，《固原師專學報》（社會科學版），2002年第2期；《西夏的佛教術語》，《寧夏社會科學》，2005年第6期。

[illegible]（天主帝釋）	lha'i dbang po brgya byin	Śakra Devānāmindra	帝釋、帝釋天	意譯藏文
[illegible]（樂集）	bde sogs bdag po	Śakra Devānāmindra	帝釋、帝釋天	意譯藏文
[illegible]（眞實究竟菩提）	yang dag par rdzogs pa'i byang chub（正等覺）	samyak saṁbodhi	三藐三菩提、正等覺、正覺	意譯藏文
[illegible]（眞實究竟明滿）	yang dag par rdzogs pa'i sangs rgyas（正等覺）	samyak saṁbodhi	三藐三菩提、正等覺、正覺	意譯藏文
[illegible]（金剛中心）	rdo rje'i snying po	Vajragarbha	金剛藏	意譯藏文
[illegible]（菩提勇識）	byang chub sems dpa'	Bodhisattva	菩薩、菩提薩埵	意譯藏文
[illegible]（大勇識）	sems dpa' chen po	Mahāsattva	摩訶薩、摩訶薩埵	意譯藏文
[illegible]（金剛意）	rdo rje'i blo gros	Vajra-buddhi	金剛慧	意譯藏文
[illegible]（金剛手）	lag na rdo rje	Vajrapāṇi	金剛手	意譯藏文
[illegible]（護光）	'od srung	Kāśyapa	迦葉、迦葉波	意譯藏文
[illegible]（大護光）	'od srung chen po	Mahākāśyapa	大迦葉、摩訶迦葉	意譯藏文
[illegible]（集主）	tshogs kyi dbang	Maheśvara	大自在天	意譯藏文
[illegible]（大主富）	dbang phyug che	Maheśvara	大自在天	意譯藏文
[illegible]（離爭天）	'thab bral	Suyāma	蘇夜摩天	意譯藏文
[illegible]（妙織）	thags bzangs ris	Vimalacitra	毘摩質多羅	意譯藏文
[illegible]（非天）	lha ma yin	Asura	阿修羅	意譯藏文
[illegible]（種明）	rnam par snang byed	vāirocanaḥ	照曜、遍照、毘盧遮那	意譯藏文
[illegible]（安龍王）	'jog po	Takṣako nāga-rājā	德叉迦、安止龍王	意譯藏文
[illegible]（有財龍王）	nor rgyas kyi bu（廣財子）	Vāsukir nāga-rājā	廣財龍王、嚩蘇枳龍王	意譯藏文
[illegible]（護螺龍王）	dung skyong	śankhapālo nāga-rājā	商佉龍王、商佉波羅龍王	意譯藏文
[illegible]（力因龍王）	stobs kyi rgyu	Karkoṭako nāga-rājā	羯句吒迦龍王、力行龍王	意譯藏文
[illegible]（大樹非人王）	mi 'am ci'i rgyal po ljon pa	Druma-kinnara-rājā	大樹緊那羅王	意譯藏文

[illegible]（食香）	dri za	Gandharva	乾闥婆	意譯藏文
[illegible]（金翅鳥）	nam mkha' lding	Garuḍa	伽樓羅	意譯藏文
[illegible]（施礙）	gnod sbyin	Yakṣa	藥叉、夜叉	意譯藏文
[illegible]（五頂）、[illegible]（五尖懸）、[illegible]（五尖）	lngas rtsen（五層）	pāñcika	半支迦、散支、半只迦	意譯藏文
[illegible]（奪母）	'phrog ma	Hārītī	訶利帝	意譯藏文
[illegible]（有音）	dbyangs can	Sarasvati	大辯才天、辯才天女	意譯藏文
[illegible]（大白女）	dkar mo chen mo（大白天女、妙音天女）	Sarasvati	妙音天、辯才天、大辯才天	意譯藏文
[illegible]（生者）	'byung po	Bhūta	部多	意譯藏文
[illegible]（顛倒魔）	log 'dren	Vināyaka	毗那夜迦	意譯藏文
[illegible]（餓鬼）	yi dags	Pretāḥ	畢隸多	意譯藏文
[illegible]（有主神）	dbang bdag	Īśāna	伊舍那、大自在天	意譯藏文
[illegible]（有主）	dbang ldan	Īśāna	伊舍那、大自在天	意譯藏文
[illegible]（無愛子）	sred med kyi bu	Nārāyaṇa	那羅延	意譯藏文
[illegible]（聚主）	tshogs kyi bdag po	Gaṇapati	誐那缽底、伽那缽底	意譯藏文
[illegible]（金剛礦鐐）	rdo rje'i lu gu rgyud	Vajra-śrinkhalā	金剛鎖菩薩、金剛商羯羅女	意譯藏文
[illegible]（金剛部）	rdo rje'i sde（金剛軍佛）	vajra-sena	金剛將菩薩、金剛軍童子	意譯藏文
[illegible]（賢手）	lag bzang	subāhu	蘇摩呼童子、蘇婆呼菩薩	意譯藏文
[illegible]（金剛種）	rdo rje'i ris	——	金剛族	意譯藏文
[illegible]（大眾）	dge 'dun（僧眾）	Saṁgha	僧	意譯藏文
[illegible]（大腐爛）	lto 'phye chen po（大腹行）	Mahoraga	摩戶羅伽	意譯藏文
[illegible]（食肉）	sha za	Piśāca	畢舍遮、畢舍	意譯藏文
[illegible]（令鎮影者鬼）	grib gnon	chāyā	鎮影者、魘鬼	意譯藏文
[illegible]（顛鬼）	smyo byed	unmada	嗢末那、作顛者、顛鬼	意譯藏文

[illegible]（忘鬼）	brjed byed	Apasmāra	阿鉢娑麼囉、阿跛婆麼囉	意譯藏文
[illegible]（瘦鬼）	skem byed	skanda	作瘦、作歎、娑謇	意譯藏文
[illegible]（起善）	dge slong	Bhikṣu	比丘、苾芻	意譯藏文
[illegible]（起善女）	dge slong ma	Bhikṣuṇi	比丘尼、苾芻尼	意譯藏文
[illegible]（親善）	dge bsnyen	Upāsaka	近善男、淨信男、優婆塞、鄔波索迦	意譯藏文
[illegible]（親善女）	dge bsnyen ma	Upāsikā	優婆夷、清信女、近善女、鄔波斯迦	意譯藏文
[illegible]（總持）	gzungs	Dhāraṇi	陀羅尼、總持	意譯藏文
[illegible]（有發宮）	lcang lo can（梳髮辮者、藥叉住處）	aṭakāvatī	藥叉宮	意譯藏文
[illegible]（空行）	mkha' 'gro ma（空行母）	ḍākiṇi	拏吉儞、荼吉尼	意譯藏文
[illegible]（遍入）	khyab 'jug	Viṣṇu	毘紐天、那羅延	意譯藏文
[illegible]（歡喜主者）	dga' ba'i dbang po（喜王，遍入天）	Viṣṇu	喜自在、毘紐天、自在天	意譯藏文
[illegible]（大黑色）	nag po che	Mahākāla	大黑天、摩訶迦羅	意譯藏文
[illegible]（昴宿男）	smin drug bu	kārtikeya	昴宿男	意譯藏文
[illegible]（我母）	bdag gi ma	māmakī	摩莫枳、麼麼雞、摩摩	意譯藏文
[illegible]（瞋皺母）	khro gnyer（忿怒）	Bhrukuṭi	毘俱胝	意譯藏文
[illegible]（度拔天母）	sgrol ma（度母）	tārā	多羅	意譯藏文
[illegible]（鐵鉤）	lcags kyu	Valrāṅkuśa	央俱尸、金剛鉤菩薩	意譯藏文
[illegible]（金剛索）	rdo rje zhags	Vajrapaśa	金剛索菩薩	意譯藏文
[illegible]（金剛鬘）	rdo rje phreng	Vajramālin	金剛蔓菩薩	意譯藏文
[illegible]（醫藥合掌）	bdud rtsi thabs sbyor	Amṛtakuṇḍalin	甘露軍荼利明王、甘露軍荼利	意譯藏文
[illegible]（電瓔珞）	glog phreng can	——	電莊嚴天、有電鬘	意譯藏文

[illegible]（人頭戴）	mi thod can	Kabari	迦波利明女、迦婆離	意譯藏文
[illegible]（勝勢）	rgyal ba（勝者）	Jina	耆那、佛、如來、勝者	意譯藏文
[illegible]（記句）	dam tshig（誓言）	Samaya	三昧耶	意譯藏文
[illegible]（寶大尊母）	rin po che'i cod pan	ratna-mukuṭa	寶鬘	意譯藏文
[illegible]（瓔珞美母）	phreng ba mnga' ba（具鬘）	maladhari	持鬘母	意譯藏文
[illegible]（灌頂主受）	spyi bo nas dbang bskur ba（灌頂）	abhiṣekaḥ	灌頂	意譯藏文
[illegible]（獄帝）	gshin rje	Yamaḥ	閻羅王、焰魔	意譯藏文
[illegible]（囊瓶）	grul bum	Kumbhāṇḍa	鳩盤荼、甕形鬼	意譯藏文
[illegible]（大黃白城邑）	grong khyer chen po ser skya	Kapilavastu	迦毘羅、劫比羅伐窣堵	意譯藏文
[illegible]（依儀）、[illegible]（依種聚）	cho ga bzhin（依儀軌）	——	依法	意譯藏文
[illegible]（諸比丘行爲土現處）	dge slong dag gi sgang（諸比丘之小丘）	Stūpa	塔、窣堵波	意譯藏文
[illegible]（土宮）	sgang（小丘）	Stūpa	塔	意譯藏文
[illegible]（增長勝城）	'phags rgyal	Udyāna	烏仗那、烏禪那	意譯藏文
[illegible]（牛糞）	lci ba	Gomatī	瞿摩夷、瞿摩	意譯藏文
[illegible]（檀樹木）	seng ldeng	Khadira	佉陀羅、珂地羅	意譯藏文
[illegible]（王種）	rgyal rigs	Kṣatriya	刹帝利、刹利	意譯藏文
[illegible]（種惡）	dmangs rigs	Śūdra	首陀羅、首陀	意譯藏文
[illegible]（尊高）	rje'u rigs	Veśa	吠舍、毘舍	意譯藏文
[illegible]（眾生主）	skye dgu'i bdag	Prajāpati	波闍波提、鉢邏闍鉢底	意譯藏文
[illegible]（嗔怒形象）	khros pa（忿怒）	Rudra	盧陀羅、魯達羅、嚕捺羅	意譯藏文
[illegible]（短戟）	mdung thung	Sakti	爍訖底、鑠訖底	意譯藏文
[illegible]（持五）	lnga 'dzin pa	pāñcala	半遮羅	意譯藏文
[illegible]（結結汝）	ke ke ru	karketanam	水晶、貓眼石	音譯藏文
[illegible]（阿達尼）	an da rnyil	Indranilamuktā	帝青	音譯藏文

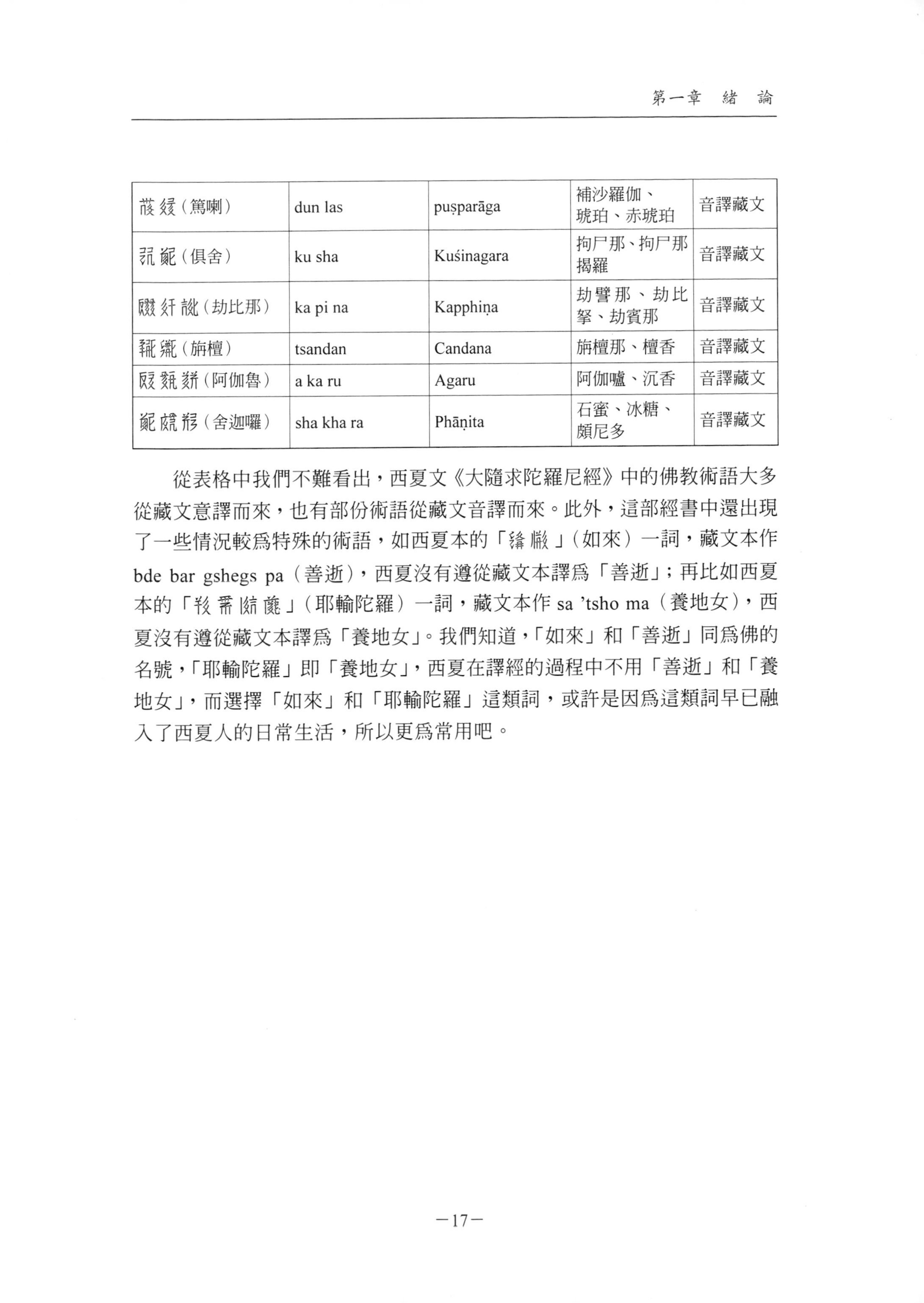

[illegible]（篤喇）	dun las	puṣparāga	補沙羅伽、琥珀、赤琥珀	音譯藏文
[illegible]（俱舍）	ku sha	Kuśinagara	拘尸那、拘尸那揭羅	音譯藏文
[illegible]（劫比那）	ka pi na	Kapphiṇa	劫譬那、劫比拏、劫賓那	音譯藏文
[illegible]（旃檀）	tsandan	Candana	旃檀那、檀香	音譯藏文
[illegible]（阿伽魯）	a ka ru	Agaru	阿伽嚧、沉香	音譯藏文
[illegible]（舍迦囉）	sha kha ra	Phāṇita	石蜜、冰糖、頗尼多	音譯藏文

從表格中我們不難看出，西夏文《大隨求陀羅尼經》中的佛教術語大多從藏文意譯而來，也有部份術語從藏文音譯而來。此外，這部經書中還出現了一些情況較爲特殊的術語，如西夏本的「[illegible]」（如來）一詞，藏文本作 bde bar gshegs pa（善逝），西夏沒有遵從藏文本譯爲「善逝」；再比如西夏本的「[illegible]」（耶輪陀羅）一詞，藏文本作 sa ’tsho ma（養地女），西夏沒有遵從藏文本譯爲「養地女」。我們知道，「如來」和「善逝」同爲佛的名號，「耶輪陀羅」即「養地女」，西夏在譯經的過程中不用「善逝」和「養地女」，而選擇「如來」和「耶輪陀羅」這類詞，或許是因爲這類詞早已融入了西夏人的日常生活，所以更爲常用吧。

第二章　西夏文《大隨求陀羅尼經》釋讀

本文的西夏文錄文以校譯本 5757 號爲底本；藏文本選用的是中國藏學研究中心編的《藏文大藏經》（對勘本）；漢文本參照的是不空漢譯本，部份陀羅尼的翻譯則參照黑城漢文本 TK107（參照黑城漢本時在文中加以標明，未標明者均指不空漢本）。

論文依次給出西夏文及對譯、藏文轉寫、漢文意譯和注釋。注釋主要用以說明經文中的佛教術語，以及西夏本與漢文本或藏文本出入較大的地方。

西夏文中出現的虛詞，有些無法和漢字對譯，翻譯時代以「△」。

考慮到版面問題，論文對經文中的大量偈頌加上標點後進行了體積壓縮。也就是說，譯文本應如下：

愍念諸有情　罪過及損害

悉皆令除滅　隨求皆得咒

但實際上的排版是：

愍念諸有情，罪過及損害。悉皆令除滅，隨求皆得咒。

加標點的原則是偈頌的第一句加逗號，第二句是句號，第三句加逗號，第四句是句號……也就是說奇數句加逗號，偶數句加句號。但這樣對總數爲奇數句的偈頌來講顯得不是很科學，因此在閱讀偈頌的過程中不必過份拘泥於標點符號。

以下是經文的釋讀：

西夏文及對譯：

[illegible]

梵語 阿利嘐 摩賀缽囉底娑囉 尾難 囉惹 須怛囉

[illegible]

番語 聖大明女王求隨皆得契經上卷

[illegible]

天奉道顯武耀

[illegible]

明滿及菩提勇識一切之敬禮 /

[illegible]

是如聞我 / 一時壞有出大石王須彌山上大樓閣大石王三摩地地中住 /

藏文：

rgya gar skad du/Ārya Ma hā pra ti sa rā bi dyā rā dzñī/

bod skad du/'phags pa rig pa'i rgyal mo so sor 'brang ba chen mo/

sangs rgyas dang byang chub sems dpa' thams cad la phyag 'tshal lo/

'di skad bdag gis thos pa/ dus gcig na bcom ldan 'das rdo rje'i lhun po chen po'i zom na/ khang pa brtsegs pa rdo rje chen po'i ting nge 'dzin gyi sa'i gnas/

意譯：

梵語 阿利嘐 摩賀缽囉底娑囉 尾難 囉惹 須怛囉〔1〕

番語 聖大明王隨求皆得經卷上

奉天顯道耀武〔2〕

敬禮一切佛菩薩〔3〕！

如是我聞，一時婆伽梵〔4〕住大金剛〔5〕須彌山〔6〕大樓閣〔7〕，安住大金剛三摩地〔8〕。

注釋：

〔1〕經名梵文作 Ārya-Mahāpratisarāvidyārājñī，西夏的「須怛囉」（Sūtra）未見於梵文經名。經名藏文作'phags pa rig pa'i rgyal mo so sor 'brang ba chen mo，直譯爲「聖明咒妃大隨求母」。《大正藏》1153 號經名作《普遍光明清淨熾盛如意寶印

心無能勝大明王大隨求陀羅尼經》。

〔2〕西夏仁宗皇帝尊號省稱。

〔3〕佛，西夏作「明滿」（[illegible]），意譯藏文 sangs rgyas。菩薩，梵文 Bodhisattva（菩提薩埵），西夏作「菩提勇識」（[illegible]），意譯藏文 byang chub sems dpa'。

〔4〕婆伽梵，音譯梵文 Bhagavān，西夏作「壞有出」（[illegible]），意譯藏文 bcom ldan 'das。

〔5〕金剛，梵文 Vajra。西夏作「石王」（[illegible]），意譯藏文 rdo rje。

〔6〕須彌山（[illegible]），藏文作 lhun po（妙高山），漢本作「須彌盧」。梵文 Sumeru。

〔7〕樓閣（[illegible]），藏文作 khang pa brtsegs pa。

〔8〕三摩地（[illegible]），梵文 Samādhi，藏文作 ting nge 'dzin（等持、定）。

西夏文及對譯：

[illegible] / [illegible] / [illegible] / [illegible] /

大石王以劫樹莊嚴 / 大石王池有寶花淨光照 / 石王沙以地裏 / 大石王以攝受 /

[illegible] / [illegible] /

圍繞迴廊大石王以成 / 天主釋帝俱胝那庾多百千大石王師子座莊嚴 /

[illegible] / [illegible] / [illegible] / [illegible] /

最深法說 / 神通幻現此處 / 明滿一切神力以加持 / 法一切等智悟入 /

[illegible] / [illegible] / [illegible] /

一切智出生 / 八十四俱胝那庾多菩提勇識眾與俱 / 皆一生補處 /

藏文：

rdo rje chen po'i dpag bsam gyi shing ljon pas legs par brgyan pa/ rdo rje chen po'i rdzing gi rin po che dang/ padma'i 'od kyis snang bar byas pa/ sa phyogs rdo rje chen po'i bye ma bdal ba/ rdo rje chen por byin gyis brlabs pa/ 'khor gyi khyams rdo rje chen po las byas pa/ lha'i dbang po brgya byin gyi rdo rje'i seng ge'i khri chen po bye ba khrag khrig brgya stong gis rnam par mdzes pa/ chos bstan pa dang/ cho 'phrul can sangs rgyas thams cad kyi byin gyi rlabs kyi byin gyis brlabs pa/ chos thams cad kyi mnyam pa nyid la 'jug pa/ thams cad mkhyen pa nyid kyis nges par 'byung ba na/ byang chub sems dpa' bye ba khrag khrig 'bum phrag brgyad cu rtsa bzhi thams cad kyang skye ba gcig gis thogs pa/

意譯：

以大金剛莊嚴劫樹〔1〕，於大金剛池寶蓮花光照。金剛沙而布於地，於大金剛加持〔2〕。而成金剛道場〔3〕，以俱胝那庾多〔4〕百千帝釋天〔5〕大金剛師子座〔6〕莊嚴。說最深法，神通幻現此處，一切如來神力加持，入一切法平等〔7〕，出生一切智〔8〕。與八十四俱胝那庾多菩薩眾俱，皆一生補處。

注釋：

〔1〕劫樹（[illegible]），劫波樹（梵文 Kalpataru）之略，又作如意樹，藏文作 dpag bsam gyi shing ljon，dpag bsam 意爲思想、思量。
〔2〕加持，藏文作 byin gyis brlabs pa，西夏譯作「攝受」（[illegible]）。
〔3〕道場，西夏作「[illegible]」（圍繞迴廊），意譯藏文'khor gyi khyams。
〔4〕俱胝（[illegible]），梵文 Koṭi，藏文作 bye ba；那庾多（[illegible]），梵文 Nayuta，藏文作 khrag khrig。
〔5〕帝釋天，西夏作「[illegible]」（天主帝釋），意譯藏文 lha'i dbang po brgya byin。梵文 Śakra Devānāmindra（釋迦提桓因陀羅）。
〔6〕師子座（[illegible]），梵文 Siṁhāsana，藏文作 seng ge'i khri。
〔7〕入一切法平等，西夏作「[illegible]」（悟入一切法等智）。
〔8〕一切智（[illegible]），藏文作 thams cad mkhyen pa。漢本作「薩婆若智」，按，薩婆若，梵文 Sarvajña，譯曰一切智。

西夏文及對譯：

[illegible]

最上實眞究竟菩提於不退轉 / 大神通得 / 大石王解脫三摩地以明滿國中

[illegible]

大變化現 / 心一念一閃一剎那時情有一切之根性隨 / 種種法說爲 /

[illegible]

最深廣大 / 辯才神幻以明滿塵國中如來一切之大雲集如供養爲 /

[illegible]

解脫門總持三摩地根通 / 不共法菩提分道地彼岸至 /

[illegible] / [illegible] /
方便能四攝法慈悲喜舍慈力實諦實眞心續續有者 / 彼等之名者 /

藏文：

bla na med pa yang dag par rdzogs pa'i byang chub las phyir mi ldog pa/ mthu chen po thob pa/ rdo rje chen po'i rnam par thar pa dang/ ting nge 'dzin gyis sangs rgyas kyi zhing du mar rnam par 'phrul pa dang/ cho 'phrul chen po kun tu ston pa/ sems kyi skad cig thang cig yud tsam cig la sems can thams cad kyi sems dang/ spyod pa'i rjes su 'jug pa'i chos ston pa sna tshogs snyan cing rgya che la zab cing yangs pa dang/ spobs pa dang/ cho 'phrul dang ldan pa/ sangs rgyas kyi zhing du mar de bzhin gshegs pa la mchod pa chen po'i sprin gyis mchod pa dang/ rnam par thar pa'i sgo dang/ gzungs dang/ ting nge 'dzin dang/ dbang po dang/ mngon par shes pa dang/ ma 'dres pa dang/ byang chub kyi yan lag dang/ lam dang/ sa dang/ pha rol tu phyin pa dang/ thabs la mkhas pa dang/ bsdu ba'i dngos po dang/ byams pa dang/ snying rje dang/ dga' ba dang/ btang snyoms dang/ byams pa'i stobs dang bden pa dang/ yongs su byang ba'i sems kyi rgyun dang ldan pa sha stag la 'di lta ste/

意譯：

於阿耨多羅三藐三菩提〔1〕不退轉，得大神通。現大金剛解脫三摩地佛刹〔2〕神通，於刹那〔3〕間隨入一切有情根性〔4〕。說種種法，最深廣大〔5〕，以辯才神通供養佛世界一切如來〔6〕，解脫門總持三摩地根通〔7〕。不共菩提分道地波羅蜜〔8〕，方便善巧四攝〔9〕慈悲喜舍慈力眞諦眞實心相續〔10〕。其名曰：

注釋：

〔1〕阿耨多羅三藐三菩提，梵文 Anuttara samyak saṁbodhi，Anuttara 意爲無上，samyak saṁbodhi 意爲正等正覺、正等覺等。藏文譯作 bla na med pa yang dag par rdzogs pa'i byang chub，bla na med pa 意爲無上，yang dag par rdzogs pa'i byang chub 意爲正等覺，西夏意譯藏文作「[illegible]」（無上眞實究竟菩提）。

〔2〕佛刹，西夏作「[illegible]」（明滿國），意譯藏文 sangs rgyas kyi zhing。

〔3〕刹那，西夏作「[illegible]」（一念一閃一刹那），意譯藏文 skad cig thang cig yud tsam cig。

〔4〕根性（[illegible]），漢本作「心行」。

〔5〕說種種法，最深廣大，漢本作「成就種種美妙廣大甚深巧說諸法」。

〔6〕如來（[illegible]），梵文 Tathāgata，藏文作 de bzhin gshegs pa。

〔7〕「以辯才神通供養佛世界一切如來」至此數句漢本作「辯才無礙得大神通，悉能供養無量佛世界如來，大供養雲海解脫三摩地自在神通」。

〔8〕不共（[illegible]），藏文作 ma 'dres pa；菩提分（[illegible]），藏文作 byang chub kyi yan lag，漢本作「覺分」；波羅蜜，梵文 Pāramitā，又作波羅蜜多，譯言究竟、到彼岸，西夏作「到彼岸」（[illegible]），譯自藏文 pha rol tu phyin pa。

〔9〕善巧，西夏作「[illegible]」（能、善於），藏文作 mkhas pa。四攝（[illegible]），又作四攝法、四攝事，藏文作 bsdu ba'i dngos po。按，四攝指菩薩攝持眾生的四種方法，即布施攝、愛語攝、利行攝、同事攝。

〔10〕喜舍慈力眞諦眞實心相續，漢本作「喜舍力遠離清淨心相續中」。

西夏文及對譯：

[illegible] / [illegible] / [illegible] / [illegible] / [illegible] / [illegible] / [illegible] /

石王中菩提勇識大勇識 / 石王身 / 石王慧 / 石王手 / 石王集 / 石王大神 / 石王變 /

[illegible] / [illegible] / [illegible] / [illegible]

石王積 / 石王蘊 / 石王神 / 菩提勇識大勇識石王髻等八十四俱胝那庾多眾與

[illegible] / [illegible] / [illegible] / [illegible] / [illegible]

聚 / 復大聲聞一切皆阿羅漢是 / 諸漏△盡諸有結斷 / 實智心最勝解脫 / 神變力

[illegible] / [illegible] / [illegible] / [illegible] / [illegible] / [illegible] /

有 / 神變思議可無 / 大威力得見於不著 / 諸垢與離煩惱種子皆燒 / 彼等之名者 /

藏文：

byang chub sems dpa' sems dpa' chen po rdo rje'i snying po dang/ rdo rje'i lus dang/ rdo rje'i blo gros dang/ lag na rdo rje dang/ rdo rje 'dus pa dang/ rdo rje mthu bo che dang/ rdo rje rnam par 'phrul pa dang/ rdo rje brtsegs pa dang/ rdo rje phung po dang/ rdo rje bzang po dang/ byang chub sems dpa' sems dpa' chen po rdo rje'i tog dang/ de dag la sogs pa byang chub sems dpa' bye ba khrag khrig 'bum phrag brgyad cu rtsa bzhi dang/ nyan thos chen po rab tu mang po thams cad kyang dgra bcom pa/ zag pa zad pa/ srid par kun tu sbyor ba/ yongs su chad pa/ yang dag pa'i shes pas sems shin tu rnam par grol ba/ rdzu 'phrul gyi stobs dang/ cho 'phrul bsam gyis mi khyab pas rnam par 'phrul pa'i mthu chen po thob pa/ lta ba chags pa med pa/ thams cad kyang dri ma dang bral ba thob pa/ kun nas nyon mongs pa'i bag chags kyi sa bon nges par bsregs pa sha stag la 'di lta ste/

意譯：

金剛藏菩薩摩訶薩〔1〕，金剛身〔2〕、金剛慧〔3〕、金剛手〔4〕、金剛集〔5〕、金剛力〔6〕、金剛變〔7〕、金剛積〔8〕、金剛蘊〔9〕、金剛妙〔10〕、金剛髻〔11〕菩薩摩訶薩等，與八十四俱胝那庾多眾俱〔12〕。復一切大聲聞皆爲阿羅漢〔13〕，斷有結盡諸漏，得正知心善解脫〔14〕，有神通力，神變不可思議〔15〕，得大威力，於見無著，離諸垢燒煩惱種〔16〕。其名曰：

注釋：

〔1〕金剛藏，梵文 Vajragarbha，西夏作「[illegible]」（金剛中心），意譯藏文 rdo rje'i snying po；摩訶薩，梵文 Mahāsattva，西夏作「[illegible]」（大勇識），意譯藏文 sems dpa' chen po。

〔2〕金剛身（[illegible]），西夏意譯藏文 rdo rje'i lus。

〔3〕金剛慧（[illegible]），西夏意譯藏文 rdo rje'i blo gros，梵文爲 Vajra-buddhi。

〔4〕金剛手（[illegible]），西夏意譯藏文 lag na rdo rje，梵文爲 Vajrapāṇi。

〔5〕金剛集（[illegible]），西夏意譯藏文 rdo rje 'dus pa。

〔6〕金剛力（[illegible]），西夏意譯藏文 rdo rje mthu bo che。

〔7〕金剛變（[illegible]），西夏意譯藏文 rdo rje rnam par 'phrul pa。

〔8〕金剛積（[illegible]），西夏意譯藏文 rdo rje brtsegs pa。

〔9〕金剛蘊（[illegible]），西夏意譯藏文 rdo rje phung po。

〔10〕金剛妙（[illegible]），西夏意譯藏文 rdo rje bzang po。

〔11〕金剛髻（[illegible]），西夏意譯藏文 rdo rje'i tog。

〔12〕「金剛身」至此數句漢本作「金剛眼菩薩摩訶薩，金剛身菩薩摩訶薩，金剛慧菩薩摩訶薩，金剛手菩薩摩訶薩，金剛相擊菩薩摩訶薩，金剛那羅延菩薩摩訶薩，金剛遊戲菩薩摩訶薩，金剛積菩薩摩訶薩，金剛髻菩薩摩訶薩，金剛妙菩薩摩訶薩，金剛幢菩薩摩訶薩，如是上首菩薩摩訶薩眾俱」。

〔13〕聲聞（[illegible]），梵文 Śrāvak（舍羅婆迦），藏文作 nyan thos；阿羅漢（[illegible]），梵文 Arhāñ，藏文本作 dgra bcom pa（殺敵、殺賊）。

〔14〕正知心，藏文作 yang dag pa'i shes pas sems，西夏譯作「[illegible]」（實智心）。

〔15〕有神通力，神變不可思議，漢本作「悉能現不思議神通力神境通遊戲」。

〔16〕垢，藏文作 dri ma；煩惱種（[illegible]），藏文作 nyon mongs pa'i bag chags kyi sa bon，意爲「煩惱習氣種子」。又，該句漢本作「離一切垢焚燒習氣種」。

西夏文及對譯：

[illegible] / [illegible] / [illegible] / [illegible] / [illegible] /

壽具舍利子 / 壽足慈滿子 / 壽具劫比那 / 壽具須菩提 / 壽具大目犍連 /

[illegible] / [illegible] / [illegible] / [illegible] / [illegible] /

壽具告起 / 壽具謀喜 / 壽具光護 / 壽具大光護 / 壽具憂優頻羅光護 /

[illegible] / [illegible]

壽具水流光護等大聲聞眾 / 復摩醯首羅等五淨居天天子等數無量可無

[illegible] / [illegible] / [illegible] /

思議無眾 / 復娑訶世界主大梵天王等 / 諸梵天爭離天子眾與跟隨 /

藏文：

tshe dang ldan pa shā ri'i bu dang/ tshe dang ldan pa byams ma'i bu gang po dang/ tshe dang ldan pa ka pi na dang/ tshe dang ldan pa rab 'byor dang/ tshe dang ldan pa maud gal gyi bu chen po dang/ tshe dang ldan pa skul byed dang/ tshe dang ldan pa dga' byed dang/ tshe dang ldan pa 'od srung dang/ tshe dang ldan pa 'od srung chen po dang/ tshe dang ldan pa lteng rgyas 'od srung dang/ de dag la sogs pa nyan thos chen po rab tu mang po dang/ lha'i bu dbang phyug chen po la sogs pa gnas gtsang ma'i ris kyi lha'i bu grangs med dpag tu med pa/ brjod du med pa'i yang brjod du med pa dag dang/ mi mjed kyi bdag po tshangs pa la sogs pa tshangs ris kyi lha'i bu rnams dang/ lha'i bu rab 'thab bral gyog 'thab bral gyi ris kyi lha'i bu dang bcas pa dang/

意譯：

具壽〔1〕舍利子〔2〕，具壽滿慈子〔3〕，具壽劫比那〔4〕，具壽須菩提〔5〕，具壽大目犍連〔6〕，具壽準提〔7〕，具壽謀喜〔8〕，具壽迦葉波〔9〕，具壽大迦葉波〔10〕，具壽優樓頻螺迦葉波〔11〕，具壽那提迦葉〔12〕等大聲聞眾。復有摩醯首羅〔13〕與無數無量不可思議淨居天〔14〕子眾，娑訶世界主〔15〕大梵天〔16〕王，與諸梵天蘇夜摩天〔17〕子眾俱。

注釋：

〔1〕具壽（[illegible]），梵文 Āyuṣmān，藏文作 tshe dang ldan pa。具壽乃比丘之通稱，師呼弟子之稱，長老呼少年用之。具有世間壽命及法身慧命之義，舊譯曰慧命。

〔2〕舍利子（[illegible]），梵文 Śāriputra，藏文作 shā ri'i bu。

〔3〕滿慈子（[illegible]），藏文作 byams ma'i bu gang po。滿慈子乃富樓那之異名，富樓那（梵文 Pūrṇa），全名 Pūrṇamaitrāyaṇī-putra，意爲滿慈子、滿願子等。

〔4〕劫比那（[illegible]），藏文作 ka pi na。梵文 Kapphiṇa，又作劫譬那、劫比拏等，佛陀弟子之一，精通天文曆數，能知星宿，爲眾僧中第一。

〔5〕須菩提（[illegible]），梵文 Subhūti，藏文作 rab 'byor（善現）。

〔6〕大目犍連（[illegible]），藏文作 maud gal gyi bu chen po，梵文 Mahāmaudgalyāyana。

〔7〕準提，梵文 Caṇḍi。藏文作 skul byed，意爲「感應、能化」，西夏譯作「[illegible]」（告起）。

〔8〕謀喜（[illegible]），藏文作 dga' byed。又，從「具壽大目乾連」至此數句漢本無。

〔9〕迦葉波，梵文 Kāśyapa，譯曰飲光。西夏作「[illegible]」（護光），意譯藏文'od srung。

〔10〕大迦葉波，梵文 Mahākāśyapa，譯曰大飲光。西夏作「[illegible]」（大護光），意譯藏文'od srung chen po。

〔11〕優樓頻螺迦葉波，梵文 Uruvilvā－kāśyapa，藏文作 lteng rgyas 'od srung。西夏作「[illegible]」，其中「[illegible]」《夏漢字典》標音 jiw^2 lew^1 phjɪ^1 lo^1，梵文原詞爲 Uruvilvā，「[illegible]」意譯藏文'od srung。

〔12〕那提迦葉，梵文 Nadikāśyapa，迦葉爲姓，那提爲河名，此人在那提河邊得道，故稱。西夏作「[illegible]」（流水護光），藏、漢文本中均無相應譯文，未祥其故。

〔13〕摩醯首羅（[illegible]），梵文 Maheśvara，藏文本作 lha'i bu dbang phyug chen po（大主富天子），漢本作「大自在天子」。

〔14〕淨居天（[illegible]），即五淨居天，分別指無煩天、無熱天、善現天、善見天和色究竟天。藏文作 gnas gtsang ma。

〔15〕娑訶世界主（[illegible]），藏文作 mi mjed kyi bdag po（不難忍主）。按，娑訶又作娑婆、沙訶等，堪忍義，梵文爲 Sahā。

〔16〕梵天（[illegible]），色界之初禪天，離欲界之淫欲，寂靜清淨，故名。藏文作 tshangs pa。梵文 Brahmadeva。

〔17〕蘇夜摩天，梵文 Suyāma，西夏作「[illegible]」（離爭天），意譯藏文'thab bral。

西夏文及對譯：

[illegible]

足知天／化樂／他化天／釋帝天眾圍繞與跟隨／復天非主者妙織／種礙行／勝滿／

[illegible]

羅睺羅／種明及天非主者等無量數無量可無眾／復龍王有大海龍王／安龍王／

[illegible]

財有龍王／螺守龍王／力因龍王／蓮花龍王／大蓮花龍王等無量數無量可無眾／

[illegible]

復非人王有／此者大樹王不人圍繞眾與跟隨／

[illegible]

食香主五髻王食香圍繞眾與跟隨／

藏文：

yongs su dga' ldan dang/ 'phrul dga' dang/ gzhan 'phrul dbang byed dang/ lha'i dbang po brgya byin lha'i bu thams cad kyi 'khor can dang/ lha ma yin gyi dbang po thags bzangs ris dang/ stobs can dang/ rab sim dang/ sgra gcan dang/ rnam par snang byed dang/ de dag la sogs pa lha ma yin gyi dbang po tshad med/ grangs med/ dpag tu med pa rnams dang/ klu'i rgyal po rgya mtsho dang/ 'jog po dang/ nor rgyas kyi bu dang/ dung skyong dang/ stobs kyi rgyu dang/ padma dang/ padma chen po dang/ de dag la sogs pa klu'i rgyal po tshad med grangs med dpag tu med pa rnams dang/ mi 'am ci'i rgyal po ljon pa mi 'am ci'i rgyal po gyog du ma can dang/ dri za'i rgyal po zur phud lnga pa dri za'i rgyal po gyog du ma can dang/

意譯：

兜率天〔1〕、化樂天〔2〕、他化天〔3〕、帝釋天與諸天之眷屬俱，復有毘摩質多羅阿修羅王〔4〕，末離阿修羅王〔5〕，令歡喜阿修羅王〔6〕，羅睺羅阿修羅王〔7〕，照曜阿修羅王〔8〕等無量無數無邊眾。復有娑伽羅龍王〔9〕、德叉迦龍王〔10〕、嚩蘇枳龍王〔11〕、商佉波羅龍王〔12〕、羯句吒迦龍王〔13〕、蓮花龍王〔14〕、大蓮花龍王〔15〕等無量無數無邊眾。復有大樹緊那羅王〔16〕與緊那羅王眷屬俱，五髻乾闥婆王〔17〕與乾闥婆王眷屬俱〔18〕。

注釋：

〔1〕兜率天，漢文本無。梵文 Tuṣita，譯曰妙足、知足等。西夏作「[illegible]」（知足天），藏文作 dga' ldan（喜足天）。

〔2〕化樂天，梵文 Nirmanarataya，六欲天之第五。在兜率天之上，他化自在天之下。西夏作「[illegible]」（化樂），藏文作'phrul dga'。

〔3〕他化天（[illegible]），他化自在天之省，藏文作 gzhan 'phrul dbang byed。梵文爲 Paranirmitavaśavartina（娑舍跋提）。

〔4〕毘摩質多羅，梵文 Vimalacitra，譯曰綺畫、寶飾、淨心等。西夏作「[illegible]」（妙織），意譯藏文 thags bzangs ris。阿修羅王，梵文 Asura，西夏作「[illegible]」（非天），意譯藏文 lha ma yin。

〔5〕末離，梵文 Balin，阿修羅王之名，譯曰有力。藏文作 stobs can（有力），西夏譯作「[illegible]」（種礙行）。

〔6〕令歡喜阿修羅王，藏文作 rab sim，rab 意爲勝，sim 意爲喜、樂、滲入、吸收等，參照漢本，rab sim 在這裡應譯爲「勝樂」或「勝喜」，西夏作「胜滿」（[illegible]），似採用了 sim「滲入、吸收」的義項。

〔7〕羅睺羅（[illegible]），梵文 Rāhula，藏文作 sgra gcan。

〔8〕照曜阿修羅王，梵文 vāirocanaḥ。西夏作「[illegible]」（種明），意譯藏文 rnam par snang byed（遍照）。

〔9〕娑伽羅龍王，梵文 Sāgara nāga-rājā，八大龍王之一，依其所住之海而得名。西夏作「[illegible]」（大海龍王），藏文作 klu'i rgyal po rgya mtsho。

〔10〕德叉迦龍王，梵文 Takṣako nāga-rājā。西夏作「[illegible]」（安龍王），意譯藏

文'jog po（安止龍王）。

〔11〕嚩蘇枳龍王，梵文 Vāsukir nāga-rājā。西夏作「[illegible]」（有財龍王），意譯藏文 nor rgyas kyi bu（廣財子）。

〔12〕商佉波羅龍王，梵文 śankhapālo nāga-rājā。西夏作「[illegible]」（護螺龍王），意譯藏文 dung skyong。

〔13〕羯句吒迦龍王，梵文 Karkoṭako nāga-rājā。西夏作「[illegible]」（力因龍王），意譯藏文 stobs kyi rgyu，字面義爲「力因」，漢譯爲「力行龍王」。

〔14〕蓮花龍王（[illegible]），藏文作 padma。梵文 padmo nāga-rājā。

〔15〕大蓮花龍王（[illegible]），梵文 Mahāpadmo nāga-rājā，藏文作 padma chen po。

〔16〕大樹緊那羅王，即緊那羅，梵文 Druma-kinnara-rājā。西夏作「[illegible]」（大樹非人王），意譯藏文 mi 'am ci'i rgyal po ljon pa。

〔17〕五髻（[illegible]），藏文作 zur phud lnga pa，將發結成前後左右中五髻之謂。乾闥婆，梵文 Gandharva，譯曰香神、嗅香等。西夏作「[illegible]」（食香），意譯藏文 dri za。

〔18〕眷屬，西夏作「[illegible]」（圍繞眾與跟隨）。

西夏文及對譯：

[illegible] / [illegible]
明咒持王義一切成令明咒持者圍繞眾與跟隨 / 金翅鳥王金眼金翅鳥圍繞眾

[illegible] / [illegible] / [illegible] / [illegible] / [illegible] /
與跟隨 / 礙施主多聞天王 / 寶賢 / 滿賢 / 五頂礙施圍繞眾與跟隨 /

[illegible] / [illegible] / [illegible] / [illegible] / [illegible] /
奪母五百子與跟隨 / 世間七母 / 七大鬼母 / 七大僊人 / 空中行走星 /

[illegible] / [illegible] / [illegible] / [illegible] / [illegible] /
曜神一切 / 方隅神一切地神 / 音有 / 諸生者魔及顛倒魔 / 魔鬼 /

[illegible] / [illegible] / [illegible] / [illegible] /
大神通有生者等 / 諸山神有 / 世間護神水神 / 海神等圍繞眾與跟隨 /

藏文：

rig sngags 'chang gi rgyal po don thams cad grub pa rig sngags 'chang gi rgyal po gyog du ma can dang/ nam mkha' lding gi rgyal po gser mig nam mkha' lding gi rgyal po gyog du ma can dang/ gnod sbyin gyi rgyal po rnam thos kyi bu dang/ nor bu bzang dang/ gang ba bzang dang/ lngas rtsen gnod sbyin gyi rgyal po gyog du ma can dang/ ’phrog ma bu lnga brgya’i gyog du ma can dang/ ’jig rten gyi ma bdun dang/ srin mo chen po bdun dang/ drang srong gi mchog chen po bdun dang/ bar snang la rgyu ba’i rgyu skar dang/ gza’ thams cad kyi lha rnams dang/ phyogs kyi lha rnams dang/ phyogs mtshams kyi lha rnams dang/ sa’i lha dang/ dbyangs can dang/ ’byung po rnams dang/ bgegs rnams dang/ log ’dren rnams dang/ yi dags rnams dang/ ’byung po rdzu ’phrul chen po rnams dang/ ri’i rgyal po thams cad dang/ ’jig rten skyong ba chu lha gyog rgya mtsho’i lha thams cad dang bcas pa dang/

意譯：

復有一切義成就持明咒王〔1〕與持明咒王眷屬俱，金翅鳥王與金翅鳥王眷屬俱〔2〕，多聞藥叉王〔3〕、寶賢〔4〕、滿賢〔5〕、半只迦〔6〕藥叉王與藥叉王眷屬俱。復有訶利帝母〔7〕與五百子以爲眷屬俱，七世間母〔8〕、七大羅刹母〔9〕、七大僊人〔10〕、九執曜天〔11〕、方隅地天〔12〕、辯才天女〔13〕，諸部多〔14〕、魔鬼及毗那夜迦〔15〕，畢隸多〔16〕、大神通部多，復有諸山王〔17〕、護世王水天〔18〕，海王等各與眷屬俱。

注釋：

〔1〕持明咒王（[illegible]），西夏意譯藏文 rig sngags ’chang gi rgyal po。漢本作「持明仙王」。

〔2〕金翅鳥（[illegible]），西夏意譯藏文 nam mkha’ lding。梵文 Garuḍa，音譯爲伽樓羅、蘗嚕拏等，鳥名。舊譯金翅鳥，新譯妙翅鳥。又，該句漢本作「復有金銀蘗路茶王，與無量蘗路茶王眷屬俱。」

〔3〕多聞（[illegible]），藏文作 rnam thos kyi bu（多聞子）。梵文 vaiśravaṇa，音譯爲毘沙門，即多聞天王，護世四天王之一，此天恒護如來道場，聽聞佛法，故名。藥叉，梵文 Yakṣa，西夏作「[illegible]」（施礙），意譯藏文 gnod sbyin。

〔4〕寶賢（[illegible]），藏文作 nor bu bzang。梵文 Maṇibhadra，音譯爲摩尼跋陀或摩尼跋陀羅，夜叉八大將之一。

〔5〕滿賢（[illegible]），藏文作 gang ba bzang。梵文 Pūrṇabhadra’，音譯爲布嚕那跋陀羅，夜叉八大將之一。

〔6〕半只迦，梵文 pāñcika，又曰散支，夜叉八大將之一。西夏作「[illegible]」（五頂），意譯藏文 lngas rtsen（五層、玩五）。

〔7〕訶利帝母，梵文 Hārītī，西夏作「[illegible]」（奪母），意譯藏文'phrog ma。
〔8〕七世間母（[illegible]），西夏意譯藏文'jig rten gyi ma bdun。漢本作「七護世母天」。
〔9〕羅刹母，西夏作「[illegible]」（鬼母），藏文作 srin mo。梵文 Rākṣasi（羅刹私）。
〔10〕七大僊人（[illegible]），西夏意譯藏文 drang srong gi mchog chen po bdun，漢本作「遊虛空七仙天」。
〔11〕九執曜天，西夏作「[illegible]」（空中行走一切星曜神），意譯藏文 bar snang la rgyu ba'i rgyu skar dang/ gza' thams cad kyi lha rnams dang。
〔12〕方隅地天，西夏作「[illegible]」（方隅神一切地神），藏文作 phyogs kyi lha rnams dang/ phyogs mtshams kyi lha rnams dang/ sa'i lha dang，可直譯爲「諸方天，諸方隅天，及地天」。
〔13〕辯才天女，梵文 Sarasvati，譯曰妙音樂天、辯才天。西夏作「[illegible]」（音有），意譯藏文 dbyangs can。
〔14〕部多，梵文 Bhūta，意爲已生。西夏作「[illegible]」（生者），意譯藏文'byung po。
〔15〕毗那夜迦，又作頻那夜迦，梵文 Vināyaka，譯曰常隨魔（因其常隨作障難）、障礙神。西夏作「[illegible]」（顛倒魔），譯自藏文 log 'dren。
〔16〕畢隸多，梵文 Pretāḥ。西夏作「[illegible]」（餓鬼），意譯藏文 yi dags。
〔17〕山王（[illegible]），藏文作 ri'i rgyal po。
〔18〕護世王（[illegible]），藏文作'jig rten skyong ba。水天（[illegible]），藏文作 chu lha。

西夏文及對譯：

[illegible] / [illegible] / [illegible] / [illegible] / [illegible] /
增長天王 / 眼廣天王 / 滴答持諦離神 / 火神 / 七大風神 /

[illegible] / [illegible] / [illegible] /
主有神妻眷圍繞百千俱胝圍繞眾與跟隨 / 愛無子圍繞眾與跟隨 / 施者 /

[illegible] / [illegible] / [illegible] / [illegible] / [illegible] / [illegible] /
念珠持 / 月持 / 鐵有 / 大聚主 / 雲神者喇喇 / 顛倒主顛倒圍繞眾與跟隨 /

[illegible] / [illegible] / [illegible] / [illegible] / [illegible] /
林住六十樹神 / 四姊兄與跟隨 / 石王礦鐐 / 六十四石王天使母 / 石王部 /

[illegible] / [illegible] / [illegible] /
及手賢 / 頂行 / 石王種圍繞眾與跟隨 /

藏文：

'phags skyes po dang/ mig mi bzang dang/ lag na be con dang/ bden bral dang/ me'i lha dang/ rlung gi lha chen po bdun dang/ dbang bdag chung ma dang bcas pa gyog bye ba khrag khrig 'bum phrag du ma can dang/ sred med kyi bu gyog dang bcas pa dang/ byin pa po dang/ phreng ba can dang/ zla ba can dang/ lcags can dang/ tshogs kyi bdag po chen po dang/ sprin tu la la dang/ log 'dren gyi dbang po bgegs log 'dren gyi dbang po gyog du ma can dang/ shing gseb kyi lha drug cu dang/ sring mo bzhi ming po dang bcas pa dang/ rdo rje'i lu gu rgyud dang/ rdo rje'i pho nya mo drug cu rtsa bzhi dang/ rdo rje'i sde dang/ lag bzang dang/ gtsug gis 'gro rdo rje'i ris kyi 'khor du ma dang bcas pa dang/

意譯：

增長天王〔1〕、廣目天王〔2〕、持棒羅剎主〔3〕、火天〔4〕、七風天〔5〕、伊舍那天〔6〕及妻眷〔7〕與百千俱胝眷屬俱。復有那羅延天〔8〕與眷屬俱，施者〔9〕、持念珠〔10〕、持月〔11〕、有鐵〔12〕、大伽那鉢底〔13〕、彌瞿羅迦〔14〕，毗那夜迦與毗那夜迦眷屬俱。復有林中六十樹神〔15〕，四姊妹兄弟〔16〕以爲眷屬俱。復有金剛鎖菩薩〔17〕，與六十四金剛使女〔18〕、金剛軍童子〔19〕、蘇摩呼童子〔20〕、頂行童子〔21〕，與金剛族〔22〕眷屬俱。

注釋：

〔1〕增長天王（[illegible]），護世四天王之一，藏文作'phags skyes po。梵文 virūḍhakaḥ。又，漢本此天王前尚有「持國天王」。

〔2〕廣目天王（[illegible]），護世四天王天之一，梵文 virūpākṣaḥ，音譯爲毘留博叉。藏文作 mig mi bzang，漢本作「惡目天王」。

〔3〕持棒羅剎主，西夏作「[illegible]」（滴答持諦離神），藏文作 lag na be con dang/ bden bral dang，其中 lag 意爲手；be con 意爲棍、棒；bden bral 直譯爲離諦，即羅剎，梵文爲 nairṛtiḥ。

〔4〕火天（[illegible]），藏文作 me'i lha，梵文 vaiśvānaraḥ。

〔5〕風天（[illegible]），藏文作 rlung gi lha，梵文 vāyuḥ。

〔6〕伊舍那天，梵文 Īśāna，又云摩醯首羅天、大自在天。西夏作「[illegible]」（主有神），意譯藏文 dbang bdag。

〔7〕妻眷（[illegible]），藏文作 chung ma。

〔8〕那羅延天，梵文 Nārāyaṇa，天上力士之名。西夏作「[illegible]」（無愛子），意譯

藏文 sred med kyi bu。

〔9〕施者（[illegible]），藏文作 byin pa po。梵文 dāyakaḥ。

〔10〕持念珠（[illegible]），藏文作 phreng ba can，phreng ba 有「鬘，數珠、念珠」等義。

〔11〕持月（[illegible]），藏文作 zla ba can（有月）。

〔12〕有鐵（[illegible]），藏文作 lcags can，疑對應漢本的「嚕賀迦」，該詞梵文或可擬爲 lohaka，loha 意爲「鐵」。又，漢本「嚕賀迦」前有「捺多迦那麼迦」，或爲神名，未詳所指。

〔13〕伽那缽底，又作誐那缽底，梵文 Gaṇapati，意爲集團首領、眾主。西夏作「[illegible]」（聚主），意譯藏文 tshogs kyi bdag po（群主）。

〔14〕彌瞿羅迦，梵文 megha-rāja，意爲雲王。西夏作「[illegible]」（雲神者喇喇），譯自藏文 sprin tu la la。

〔15〕樹神（[illegible]），藏文作 shing gseb kyi lha。又，該句漢本作「復有六十遊行諸城堡王與眷屬俱」。

〔16〕四姊妹兄弟（[illegible]），「[illegible]」對譯 sring mo（姊妹），「[illegible]」對譯 ming po（兄弟）。

〔17〕金剛鎖菩薩，梵文 Vajra-śrinkhalā。藏文作 rdo rje'i lu gu rgyud，西夏譯作「[illegible]」（金剛礦鐐）。漢本作「金剛商羯羅女」。

〔18〕金剛使女，西夏作「[illegible]」（金剛天使母），意譯藏文 rdo rje'i pho nya mo，pho nya mo 意爲女使者、女僕。又，漢本作「金剛女」。

〔19〕金剛軍童子，西夏作「[illegible]」（金剛部），意譯藏文 rdo rje'i sde。梵文 vajra-sena。

〔20〕蘇摩呼童子，這裡指蘇婆呼菩薩，梵文 subāhu，譯曰妙臂。西夏作「[illegible]」（賢手），意譯藏文 lag bzang。

〔21〕頂行童子（[illegible]），藏文作 gtsug gis 'gro。

〔22〕金剛族，西夏作「[illegible]」（金剛種），意譯藏文 rdo rje'i ris。

西夏文及對譯：

[illegible]

復佛法大眾於信起／天龍／礙施／食香／天非／金翅鳥／非人／大腐臭／生者／

[illegible]

魔鬼／肉食／鎮影令者鬼／顛鬼／忘鬼／瘦鬼／求鬼／蛇持鬼等無量數無／

[illegible] / [illegible] / [illegible] / [illegible] / [illegible] / [illegible] /
復天子日 / 天子月 / 夜神 / 日神 / 時神 / 地神等與皆一方住 /

藏文：

de las gzhan pa sangs rgyas dang/ chos dang/ dge ’dun la mngon par dad pa’i lha dang/ klu dang/ gnod sbyin dang/ dri za dang/ lha ma yin dang/ nam mkha’ lding dang/ mi ’am ci dang/ lto ’phye chen po dang/ ’byung po dang/ yi dags dang/ sha za dang/ grib gnon dang/ smyo byed dang/ brjed byed dang/ skem byed dang/ sgrub pa dang/ sbrul ’dzin bcas pa dang/ gnon po tshad med grangs med dpag tu med pa dag dang/ lha’i bu nyi ma dang/ lha’i bu zla ba dang/ nub ka’i lha dang/ nang bar gyi lha dang/ dus kyi lha thams cad dang/ sa’i lha dang thabs cig tu bzhugs te/

意譯：

復有淨信佛法僧〔1〕，天龍〔2〕、藥叉、乾闥婆、阿修羅、蘖路茶、緊那羅、摩戶羅伽〔3〕，部多、畢隸多〔4〕、畢舍遮〔5〕、鎮影鬼〔6〕、顛鬼〔7〕、忘念鬼〔8〕、瘦鬼〔9〕、求鬼〔10〕，持蛇鬼〔11〕等無量無數鬼神〔12〕，並日天子〔13〕、月天子〔14〕、夜神〔15〕、日神〔16〕、時神〔17〕，地神〔18〕等皆於一方〔19〕。

注釋：

〔1〕僧，西夏作「[illegible]」（大眾），意譯藏文 dge ’dun（僧眾）。梵文 Saṁgha（僧伽）。

〔2〕天龍（[illegible]），諸天與龍神，爲八部眾之二眾。

〔3〕摩戶羅伽，梵文 Mahoraga，八部眾之一，大蟒神。藏文作 lto ’phye chen po（大腹行），西夏譯作「[illegible]」，字面義爲「大腐爛」。

〔4〕畢隸多，漢文本無。

〔5〕畢舍遮，梵文 Piśāca，又作毘舍遮，食肉鬼名。西夏作「[illegible]」（食肉），意譯藏文 sha za。

〔6〕鎮影鬼，西夏作「[illegible]」（令鎮影者鬼），藏文作 grib gnon（鎮影者、夢魘）。梵文 chāyā。

〔7〕顛鬼（[illegible]），藏文作 smyo byed（作顛者、顛鬼）。梵文 unmada。

〔8〕忘念鬼，梵文 Apasmāra，漢本音譯爲「阿鉢娑麼啰」。西夏作「[illegible]」（忘鬼），藏文作 brjed byed（作忘者、忘念鬼）。

〔9〕瘦鬼（[illegible]），藏文作 skem byed（作瘦）。梵文 skanda（塞建陀）。

〔10〕求鬼（[illegible]），藏文作 sgrub pa。

〔11〕持蛇鬼（[illegible]），藏文作 sbrul 'dzin。

〔12〕持蛇鬼等無量無數鬼神，從「鎭影鬼」至此數句漢本作「阿鉢娑麼囉、嗢摩那娑䩭娑、呬里迦、烏薩多羅迦」，鬼名比西夏和藏文本少，除「阿鉢娑麼囉」對應「忘念鬼」之外，嗢摩那娑䩭娑似即夏本中的「顛鬼」，其餘兩條不詳所指。

〔13〕日天子（[illegible]），藏文作 lha'i bu nyi ma。梵文 Sūrya，音譯爲蘇利耶、修野等。異名寶光天子、寶意天子。爲觀世音菩薩之變化身，住於太陽中。

〔14〕月天子（[illegible]），藏文作 lha'i bu zla ba。梵文 candra，音譯爲戰捺羅、旃陀羅等。月宮之天子，其名曰寶吉祥，勢至菩薩之化現。

〔15〕夜神（[illegible]），藏文作 nub ka'i lha。

〔16〕日神（[illegible]），藏文作 nang bar gyi lha。

〔17〕時神（[illegible]），藏文作 dus kyi lha。

〔18〕地神（[illegible]），藏文作 sa'i lha，漢本無。

〔19〕從「並日天子」至此數句漢本作「並日月天子、晨朝天、日午天、黃昏天、中夜天，及一切時天，與無量無邊阿僧祇眷屬俱」。

西夏文及對譯：

[illegible] / [illegible] / [illegible] /

爾時壞有出最勝法輪△轉 / 明滿之行最勝實際遍 / 福足智足實畢竟 /

[illegible] / [illegible] / [illegible] / [illegible] /

最勝一切智實得 / 大菩提故彼岸地得 / 大丈夫三十二相身於莊嚴 / 身光焰燒 /

[illegible] / [illegible] / [illegible] /

諸身枝遍八十種好以莊嚴 / 頂相情有一切看見可無 / 諸魔行達 /

[illegible] / [illegible] / [illegible] / [illegible] / [illegible] /

情有一切之心知 / 五眼有 / 種種中上具 / 一切智智有 / 明滿之法一切有 /

藏文：

bcom ldan 'das des thos kyi 'khor lo ni shin tu bskor/ sangs rgyas kyi mdzad pa ni shin tu yongs su mthar phyin/ bsod nams dang ye shes kyi tshogs ni shin tu yongs su rdzogs/ thams cad mkhyen pa ni shin tu yongs su bzung/ byang chub chen po'i phyir pha rol tu phyin pa dang su ni brnyes/ skyes bu chen po'i mtshan sum cu rtsa gnyis kyis brgyan pa'i sku ni rab tu 'bar/ yan lag dang nying lag thams cad ni dpe byad bzang po brgyad cus rnam par spras/ dbu'i gtsug ni sems can thams cad kyis bltar mi mthong/ bdud kyi las thams cad la ni mkhas/ sems can thams cad kyi sems dang spyod pa ni shes/ spyan rnam pa lnga ni mnga'/ rnam pa thams cad kyi mchog dang ni ldan/ thams cad mkhyen pa'i ye shes dang ni ldan/ sangs rgyas kyi chos thams cad dang ni ldan/

意譯：

爾時世尊善轉法輪佛事已終〔1〕，福德智慧究竟圓滿〔2〕。善得一切智，大菩提故證得波羅蜜〔3〕。以三十二大丈夫〔4〕相莊嚴身，身光熾盛〔5〕。八十隨好莊嚴一切支分〔6〕，一切有情無所觀頂相。通達一切魔業〔7〕，知一切有情之心〔8〕，具足五眼，一切勝相成就〔9〕，一切智智成就，一切佛法成就。

注釋：

〔1〕善，藏文作 shin tu（甚、極），西夏譯作「[illegible]」（最勝）。法輪（[illegible]），藏文作 thos kyi 'khor lo，梵文 dharmacakra。佛事（[illegible]），西夏意譯藏文 sangs rgyas kyi mdzad pa。終，西夏作「[illegible]」（實際遍），意譯藏文 yongs su mthar phyin（實圓滿、實究竟）。

〔2〕本句西夏作「[illegible]」（福足智足實畢竟），譯自藏文 bsod nams dang ye shes kyi tshogs ni shin tu yongs su rdzogs，bsod nams 意爲福德，ye shes 意爲智，rdzogs 意爲畢竟、圓滿。

〔3〕波羅蜜，此處作「[illegible]」（彼岸地），前文也譯作「[illegible]」（彼岸至），均對譯藏文本的 pha rol tu phyin pa。又，該句漢本作「獲得熾盛地波羅蜜」。

〔4〕大丈夫（[illegible]），藏文作 skyes bu chen po，梵文 mahāpuruṣaḥ。

〔5〕身光熾盛（[illegible]），此句漢本無，西夏意譯藏文 sku ni rab tu 'bar，sku 意爲身體，rab tu 意爲極、甚，'bar 意爲燃燒。

〔6〕八十（[illegible]），西夏意譯藏文 brgyad cus，漢本作「八十四」，疑誤。隨好，藏文作 dpe byad bzang po，西夏譯作「[illegible]」（好）。

〔7〕該句漢本作「超勝一切魔羅」，按，魔羅，略云魔，梵文 Māra。

〔8〕知一切有情之心（[illegible]），藏文作 sems can thams cad kyi sems dang spyod pa ni shes（知一切有情之心行）。

〔9〕一切勝相成就，藏文作 rnam pa thams cad kyi mchog dang ni ldan，西夏譯爲「[illegible]」（種種中上具）。

西夏文及對譯：

魔及諸爭者一切敗令／名稱復音偈句特殊牛王及獅子猶如音出／

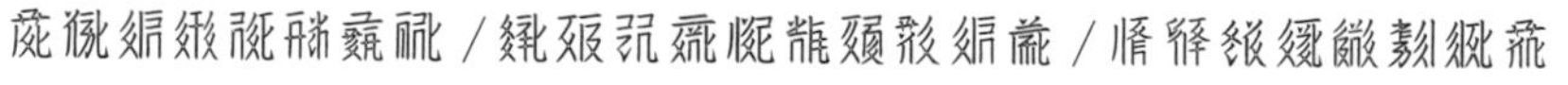
諸明無冥暗除滅令／百千俱胝那庾多數無劫／布施戒持忍辱精進

禪定智慧方便力願智彼岸至為／難行中不退轉／大丈夫三十二相

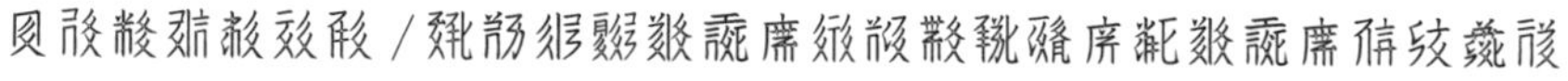
八十種好以莊嚴／特殊美麗寶石王花中大獅子座上寶石王海珠鈴網

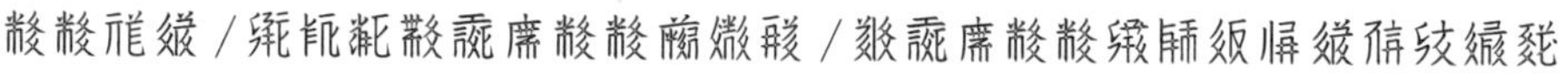
種種音出／彼根於大石王種種臺堅固／寶石王種種水鬼口中出海珠色赤

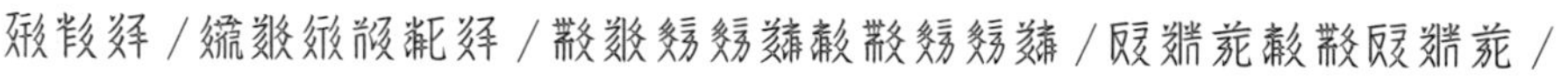
瓔列懸／眾寶花中上懸／大寶結結汝及大結結汝／阿達尼及大阿達尼／

藏文：

bdud dang phas kyi rgol ba'i tshogs thams cad ni bcom/ grags pa dang/ sgra dang/ tshigs su bcad pas ni 'phags/ khyu mchog dang/ seng ge'i sgra ni sgrogs/ ma rig pa'i mun pa ni kun tu bsal/ bskal pa bye ba khrag khrig 'bum phrag grangs med dpag tu med par sbyin pa dang/ tshul khrims dang/ bzod pa dang/ brtson 'grus dang/ bsam gtan dang/ shes rab dang/ thabs dang/ stobs dang/ smon lam dang/ ye shes kyi pha rol tu phyin pa dang/ bya dka' ba'i spyod pa las ni phyir ma log/ sku ni skyes bu chen po'i mtshan sum cu rtsa gnyis dang/ dpe byad bzang po brgyad cus brgyan te/ rab tu mdzes shing rdo rje rin po che'i padma'i snying po'i seng ge'i khri chen po rdo rje rin po che dang/ mu tig dang/ dril bu gyer ka'i dra ba du ma sgra 'byung ba/ rtsa ba'i drung na rdo rje rin po che'i stegs bu du ma shin tu brtan par gnas pa/ rdo rje rin po che'i chu srin du ma'i kha nas byung ba'i mu tig dmar po'i phreng ba bres pa'i phang bshams pa/ rin po che du ma padma'i snying po la chags pa rin po che ke ke ru dang/ ke ke ru chen po dang/ an da rnyil dang/ an da rnyil chen po dang/

意譯：

摧一切魔異論〔1〕，宣揚名稱及殊妙偈頌〔2〕，如牛王獅子吼〔3〕，除無明黑暗，以百千俱胝那庾多無數劫〔4〕，施戒忍辱精進〔5〕禪定智慧方便願力〔6〕智波羅蜜，難行中不退轉〔7〕。以三十二大丈夫相八十隨好莊嚴〔8〕，殊妙華美寶金剛蓮華藏大師子座〔9〕上金剛寶珠鈴網〔10〕，出種種音聲。彼根基上大金剛種種臺堅固〔11〕，以金剛寶摩竭口中所出赤珠作鬘以懸掛〔12〕，以無量寶懸於蓮花中心〔13〕。大寶結結汝及大結結汝，阿達尼及大阿達尼〔14〕。

注釋：

〔1〕異論，西夏作「[illegible]」（爭者），藏文作 phas kyi rgol（對方之異議）。

〔2〕偈頌，梵文 Gāthā（伽陀）。西夏作「[illegible]」（偈句），譯自藏文 tshigs su bcad pa，漢本無。

〔3〕牛王（[illegible]），梵文 ṛiṣabhaḥ，又作超群、勝群，牛中勝者，譬喻佛菩薩。藏文作 khyu mchog（眾中尊、超群者）。又，「宣揚名稱及殊妙偈頌，如牛王獅子吼」漢本作「高顯名稱大雄猛師子吼」。

〔4〕該句漢本作「以無量無邊阿僧祇百千俱胝那庾多劫之所積集」，阿僧祇，梵文 Asaṁkhya，譯曰無數，對應西夏的「[illegible]」和藏文本的 grangs med。

〔5〕施（[illegible]），布施之省稱，梵文 Dāna（檀那），藏文作 sbyin pa。戒（[illegible]），梵文 Śila（尸羅），藏文作 tshul khrims。忍辱（[illegible]），梵文 Kṣānti（羼提），藏文作 bzod pa，漢本作「忍」。精進（[illegible]），梵文 Virya，藏文作 brtson 'grus，漢本作「勤勇」。

〔6〕禪定（[illegible]），梵文 Dhyāna，藏文作 bsam gtan，漢本作「靜慮」。智慧（[illegible]），藏文作 shes rab，梵文 Prajñā（般若）。方便（[illegible]），藏文作 thabs，梵文 Upāya。願力（[illegible]），誓願之力，亦曰本願力。藏文作 smon lam，梵文 praṇidhāna-bala。

〔7〕該句漢本作「難行苦行」，西夏譯作「難行中不退轉」（[illegible]），意譯藏文 bya dka' ba'i spyod pa las ni phyir ma log，bya dka' ba'i spyod pa 意爲難行，ma log 意爲不退轉。

〔8〕該句漢本作「轉得三十二大人相八十四隨好莊嚴」。

〔9〕蓮花藏，藏文作 padma'i snying po，西夏譯作「[illegible]」，字面義爲「花中（心）」。

〔10〕珠，西夏作「[illegible]」（海珠），藏文作 mu tig（珍珠）。鈴網（[illegible]），西夏意譯藏文 dril bu gyer ka'i dra ba。漢本作「羅網」。

〔11〕摩竭，藏文作 chu srin，西夏譯作「[illegible]」（水鬼）。

〔12〕鬘，藏文作 phreng ba，西夏譯作「[illegible]」（瓔列）。

〔13〕蓮花中心（[illegible]），西夏意譯藏文 padma'i snying po。漢本作「蓮花蕊」。

〔14〕結結汝（[illegible]），梵文 karketanam，西夏音譯藏文 ke ke ru，該詞意爲貓眼石，一種黃綠色寶石。阿達尼（[illegible]），梵文 Indranilamuktā，西夏音譯藏文 an da rnyil，該詞意爲帝青寶，一種藍色寶石。又，「大寶結結汝及大結結汝，阿達尼及大阿達尼」兩句漢本作「琥珀大琥珀，帝青大帝青」。

西夏文及對譯：

[illegible] / [illegible] / [illegible] / [illegible]

復篤喇大光明以照 / 最中美麗 / 柄懸傘寶石王條以莊嚴 / 百千俱胝那庾多以

[illegible] / [illegible] / [illegible] /

諸方遍覆種種意如樹以廣大美麗 / 寶石王床須彌略上坐 / 金山王如 /

[illegible] / [illegible] / [illegible] / [illegible] /

吉祥光燒 / 千日光勝過 / 光明以地上莊嚴月圓滿如 / 世間一切之心悅 /

[illegible] / [illegible] / [illegible] / [illegible] /

大意如樹如 / 諸明滿之法最廣解說 / 梵行修行 / 初善中善後善 /

[illegible] / [illegible] / [illegible] / [illegible] / [illegible] /

妙義妙句不雜混 / 實畢竟 / 實清淨 / 實習△ / 實說也 /

藏文：

dun las kyi ’od zer chen po ’tsher bas snang bar byas te kun nas mdzes pa/ gdugs rtsa ba dang bcas pa/ rdo rje rin po che’i shar bu du mas rnam par brgyan pa/ bye ba khrag khrig ’bum phrag du mas rnam par brgyan pa/ bye ba khrag khrig’bum phrag du mas kun nas bskyabs pa/ dpag bsam gyi shing du mas rgyas bar mdzes par byas pa/ rdo rje rin po che’i khri ri rab tsam la bzhugs te/ gser gyi ri bo’i rgyal po ltar dpal ni rab tu ’bar/ sa phyogs ni nyi ma stong bas lhag pa’i od kyi dkyil ’gor gyis rnam par brgyan/ zla ba nya ba ltar ’jig rten thams cad la sdug par ni snang/ dpag bsam gyi shing ljon pa chen po ltar/ sangs rgyas kyi chos rnams ni shin tu rgyas shing chos ston te/ tshangs par spyod pa/ thog mar dge ba/ bar du dge ba/ tha mar dge ba/ don bzang po/ tshig ’bru bzang po/ ma ’dres pa/ yongs su rdzogs pa/ yongs su dag pa/ yongs su byang ba/ yang dag par rab tu ston to/

意譯：

又琥珀〔1〕以大光明照耀，殊甚美妙。以金剛寶流蘇莊嚴傘蓋〔2〕，以百千胝那庾多種種如意樹遍覆諸方廣爲莊嚴。所坐金剛寶座大如須彌〔3〕，如金山王〔4〕，吉祥熾盛，勝千日光，以光明莊嚴於地，猶如滿月〔5〕。一切世間悅樂〔6〕，如大如意樹，諸佛之法廣作解說，修行梵行，初善中善後善〔7〕，妙義妙句不相混雜，實圓滿，實清淨，實純熟〔8〕，實說也。

注釋：

〔1〕琥珀，西夏作「[illegible]」（篤喇），音譯藏文 dun las（琥珀、赤琥珀）。漢本作「補沙羅伽」，音譯梵文 puṣparāga。

〔2〕流蘇，藏文作 shar bu，西夏譯作「[illegible]」（條）。傘蓋，西夏作「[illegible]」（有柄傘），藏文作 gdugs rtsa ba。又，該句漢本作「以無量金剛寶莊嚴幰蓋柄」。

〔3〕須彌（[illegible]），梵文 Sumeru，藏文作 ri rab（妙高山）。

〔4〕金山王（[illegible]），金山中之勝妙者，以譬如來。藏文作 gser gyi ri bo'i rgyal po。

〔5〕「吉祥熾盛」至此數句漢本作「吉祥熾盛光明莊嚴，照過千日，其地圓滿猶如淨月」。

〔6〕該句漢本作「令諸有情深所樂見如來之法」。

〔7〕初善（[illegible]），藏文作 thog mar dge ba。中善（[illegible]），藏文作 bar du dge ba。後善（[illegible]），藏文作 tha mar dge ba。

〔8〕純熟，藏文作 byang ba，西夏譯作「[illegible]」（習）。

西夏文對譯：

[illegible]

爾時壞有出眉間毫白相於大光明放 / 其光名者明滿一切顯現 / 彼光明以此

[illegible]

三千大千世界最普照令 / 復或明滿國中明滿壞有出皆大莊嚴樓閣中種種

[illegible]

莊嚴獅子座上坐 / 菩提勇識大勇識 / 聲聞 / 善起 / 善起女 / 善親 / 善親女 /

[illegible]

天龍 / 礙施 / 香食 / 天非 / 金翅鳥 / 疑神 / 大腐爛等與一向在法說爲 /

[illegible] /
殑伽沙數明滿國一切亦彼光以最普照令 /

藏文：

de nas bcom ldan ’das kyi smin mtshams kyi mdzod spu nas od zer gyi dra ba sangs rgyas thams cad kyi zhing kun tu ston pa zhes bya ba bkye ste/ od zer gyi dra ba des stong gsum gyi stong chen po’i ’jig rten gyi khams ’di snang bas khyab par byas par gyur to/ sangs rgyas kyi zhing gang dag na sangs rgyas bcom ldan ’das dag seng ge’i khri bkod pa du ma’i khang pa brtsegs pa’i gzhal med khang na nyan thos dang/ byang chub sems dpa’ sems dpa’ chen po dang/ dge slong dang/ dge slong ma dang/ dge bsnyen dang/ dge bsnyen ma dang/ lha dang/ klu dang/ gnod sbyin dang/ dri za dang/ lha ma yin dang/ nam mkha’ lding dang/ mi ’am ci dang/ lto ’phye chen po thams cad dang thabs cig tu chos ston pa’i sangs rgyas kyi zhing gang gā’i klung gi bye ma snyed dang mnyam pa de dag thams cad kyang snang ba des khyab par gyur to/

意譯：

爾時世尊於眉間白毫相〔1〕放大光明，其光名曰現一切如來，由此光明普照三千大千世界。復若佛世界中諸佛世尊，皆坐大莊嚴樓閣中種種莊嚴師子座，菩薩摩訶薩、聲聞、苾芻〔2〕、苾芻尼〔3〕淨信男〔4〕、淨信女〔5〕、天龍、藥叉、乾闥婆、阿修羅、蘖路茶、緊那羅〔6〕，並摩戶羅伽等共同〔7〕說法，光明普照恒河沙數一切佛世界〔8〕。

注釋：

〔1〕眉間白毫相（[illegible]），佛三十二相之一，梵文 urṇā-keçaḥ，藏文作 mdzod spu。

〔2〕苾芻，西夏作「[illegible]」（起善），意譯藏文 dge slong。梵文 Bhikṣu。

〔3〕苾芻尼，西夏作「[illegible]」（起善女），意譯藏文 dge slong ma。梵文 Bhikṣuṇi。

〔4〕淨信男，西夏作「[illegible]」（親善），意譯藏文 dge bsnyen。梵文 Upāsaka，漢譯爲優婆塞、清信士、近善男等。

〔5〕淨信女，西夏作「[illegible]」（親善女），意譯藏文 dge bsnyen ma。梵文 Upāsikā，漢譯爲優婆夷、清淨女、清信女、近善女等。

〔6〕緊那羅，梵文 Kiṁnara，舊譯人非人、疑神。西夏作「疑神」（[illegible]），藏文作 mi ’am ci（人非人）。

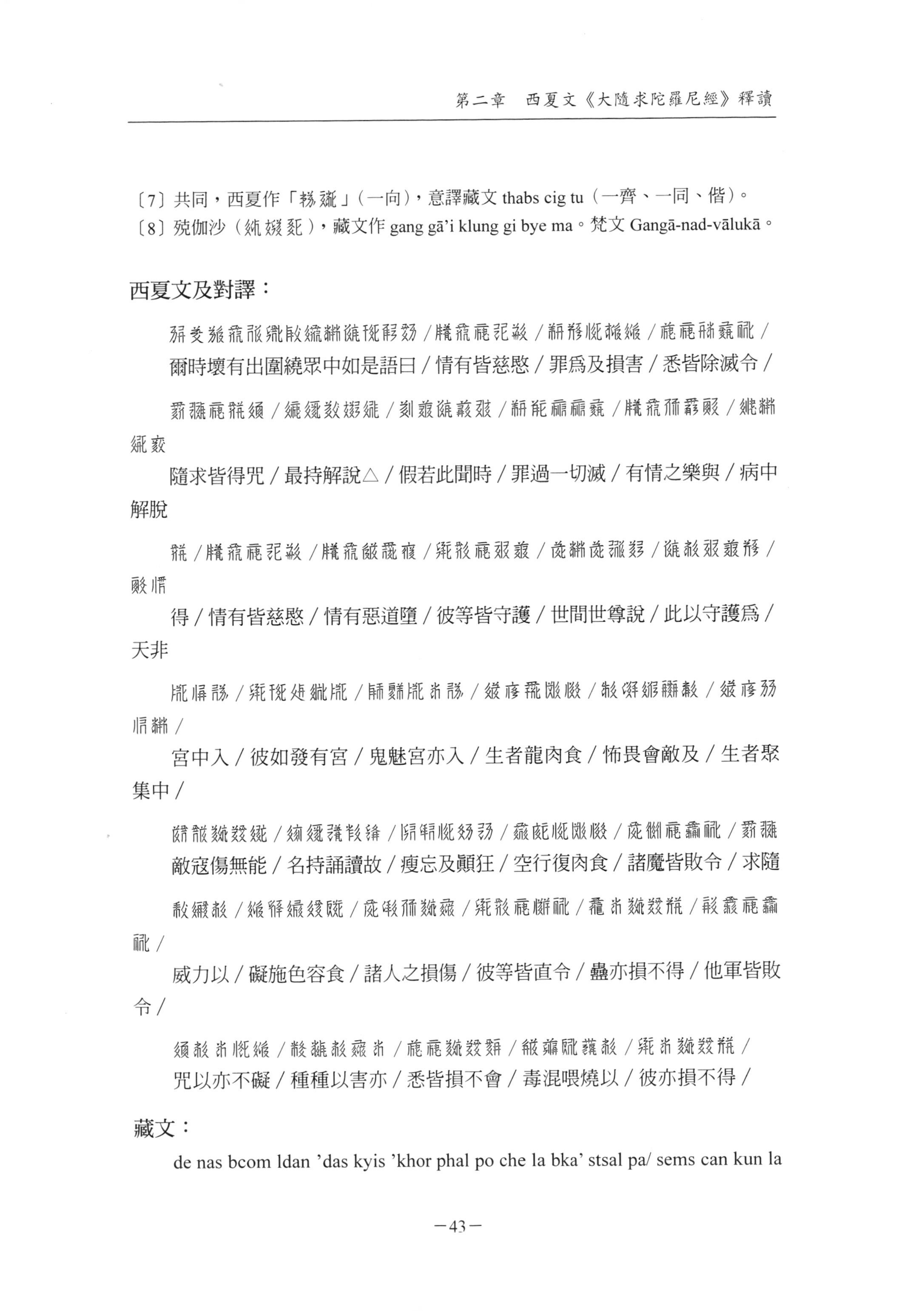

〔7〕共同，西夏作「[illegible]」（一向），意譯藏文 thabs cig tu（一齊、一同、偕）。
〔8〕殑伽沙（[illegible]），藏文作 gang gā'i klung gi bye ma。梵文 Gangā-nad-vālukā。

西夏文及對譯：

[illegible]

爾時壞有出圍繞眾中如是語曰／情有皆慈愍／罪爲及損害／悉皆除滅令／

[illegible]

隨求皆得咒／最持解說△／假若此聞時／罪過一切滅／有情之樂與／病中解脫

[illegible]

得／情有皆慈愍／情有惡道墮／彼等皆守護／世間世尊說／此以守護爲／天非

[illegible]

宮中入／彼如發有宮／鬼魅宮亦入／生者龍肉食／怖畏會敵及／生者聚集中／

[illegible]

敵寇傷無能／名持誦讀故／瘦忘及顛狂／空行復肉食／諸魔皆敗令／求隨

[illegible]

威力以／礙施色容食／諸人之損傷／彼等皆直令／蠱亦損不得／他軍皆敗令／

[illegible]

咒以亦不礙／種種以害亦／悉皆損不會／毒混喂燒以／彼亦損不得／

藏文：

de nas bcom ldan 'das kyis 'khor phal po che la bka' stsal pa/ sems can kun la snying brtse'i phyir/ nyes par byas dang gnod pa kun/ rab 'joms so sor 'brang ba yi/ gzungs 'di rab tu bshad par bya/ 'di ni thos pa tsam gyis kyang/ sdig pa kun ni zad par 'gyur/ sems can kun la bde ba sbyin/ nad do cog las grol bar byed/ sems can kun la snying brtse bas/ lus can ngan 'gror 'gro ba rnams/ de dag thams cad bskyab pa'i phyir/ 'jig rten dag gi mgon pos gsungs/ 'di yis bsrung ba byas na ni/ lha ma yin gyi gnas su 'jug/ de bzhin lcang lo can dang ni/ srin po'i gnas kyi sar yang 'gro/ 'byung po klu dang sha za rnams/ mi bzad 'jigs pa'i gyul 'gyed par/ 'byung po tshogs rnams thams cad dang/ dgra bo cog gis mi tshugs so/ ming tsam bzung ste brjod byas kyang/ skem byed smyo byed brjed byed dang/ mkha' 'gro ma dang sha za dang/ gdon rnams rab tu brlag par 'gyur/ so sor 'brang ba'i gzi brjid kyis/ gzi chen mdangs rnams za ba dang/ mi yi skye dgu rnams 'tshe ba/ de dag thams cad rengs byed 'gyur/ byad stems mi bzad gang yin dang/ pha rol dmag tshogs phung bar byed/ sngags kyi las kyis gnod mi 'gyur/ rtsa ba'i las las rnam par grol/ dug dang dug sbyar mes mi tshugs/

意譯：

爾時世尊普爲大眾說伽陀曰：愍念諸有情，罪過及損害。悉皆令除滅，隨求皆得咒。我今說總持〔1〕，假若聞此咒。一切罪消滅，安樂諸有情。解脫一切病，慈憫有情故。有情墮惡道，彼等皆守護。世間世尊說，以此爲守護。入非天宮中〔2〕，如是藥叉宮〔3〕。又入羅刹宮〔4〕，部多龍食肉〔5〕。怖畏及戰爭，並諸鬼魅等。敵人不能傷，持名誦讀故〔6〕。瘦忘及癲鬼〔7〕，畢舍拏吉儞〔8〕。諸魔皆敗亡，隨求威力故。藥叉食精氣〔9〕，諸人所損傷。彼等皆僵硬〔10〕，詛咒〔11〕亦不損。他軍皆敗亡，咒語不能害。又以種種害，悉皆不能損。服毒及火燒，亦不能損害〔12〕。

注釋：

〔1〕總持，梵文 Dhāraṇi（陀羅尼）。藏文作 gzungs，西夏譯作「[illegible][illegible]」（最持）。

〔2〕非天宮（[illegible][illegible][illegible]），藏文作 lha ma yin gyi gnas，直譯爲「非天之住處」。

〔3〕藥叉宮，西夏作「[illegible][illegible][illegible]」（有發宮），意譯藏文 lcang lo can，該詞有「梳髮辮者、藥叉住處」等義。

〔4〕羅刹，梵文 Rākṣasa，指惡鬼。西夏作「[illegible][illegible]」（鬼魅），藏文作 srin po。

〔5〕食肉，即食肉鬼畢舍遮。該句漢本作「步多龍鬼神」。

〔6〕該句漢本作「由稱陀羅尼」。

〔7〕瘦忘及顛鬼，即瘦鬼（skem byed）、忘念鬼（brjed byed）、顛鬼（smyo byed）。該句漢本作「娑謇嗢未那」，由前文知道，瘦鬼（skem byed）的梵文是 skanda（塞建陀），在這裡似乎被省稱爲「娑謇」；同樣，顛鬼（smyo byed）的梵文爲 unmada，疑指這裡的「嗢未那」。

〔8〕畢舍，即食肉鬼畢舍遮。拏吉儞，梵文 ḍākiṇi，西夏作「[illegible]」，意譯藏文 mkha' 'gro ma（空行母）。

〔9〕精氣，藏文作 mdangs，西夏譯作「[illegible]」（色容）。又，該句漢本作「猛惡吸精氣」。

〔10〕僵硬，這裡應指死亡。藏文作 rengs，西夏譯作「[illegible]」（直）。又，該句漢本作「彼皆悉殄滅」。

〔11〕詛咒（[illegible]），藏文作 byad stems。

〔12〕本段偈語較爲忠實的從藏文本翻譯而來，但與漢本出入明顯。自此以下西夏遵從藏文本譯爲「七言」，而漢本仍作「五言」。

西夏文及對譯：

[illegible]

兵器水以害不得 / 閃電閃流害不能 / 不時風遭害不能 / 明女王母威力故 /

[illegible]

諸惡敵寇皆敗令 / 利益求者皆成就 / 永遠最中尊勝得 / 假若明咒頸於懸 /

[illegible]

復亦彼咒手於懸 / 彼之所愛何求者 / 疑所不懸求隨得 / 菩提勇識大勇識 /

[illegible]

諸明滿及又聲聞 / 龍神釋帝常守護 / 求隨皆得受持者 / 諸明滿及又聲聞 /

[illegible]

明女王母神通大 / 永遠彼之守護爲 / 手石王及礙施主 / 世間守護四天王 /

[illegible]

彼之日及又夜等 / 永遠守護疑所無 / 釋天帝及又諸天 / 淨梵遍入大主者 /

藏文：

mtshon dang chus kyang tshugs mi 'gyur/ lce 'bab glog gis mi tshugs te/ dus kyi rlung gis gnod mi 'gyur/ rig pa'i rgyal mo'i gzi brjid kyis/ dgra kun rab tu ’joms par ’gyur/ de yis don rnams thams cad ’grub/ rtag tu rgyal ba thob par ’gyur/ gang gis rtag tu mgul pa’am/ lag par rig pa btags na ni/ de yi dgos pa yod do cog/ ’grub ’gyur ’di la the tsom med/ byang chub sems dpa’ chen po dang/ sangs rgyas rnams dang rang ’dren dang/ de bzhin klu yi rgyal po dang/ lha dbang rnams ni rtag tu bsrung/ so sor ’brang ba’i gzungs ’dzin la/ nyan thos sangs rgyas thams cad dang/ rig pa’i lha mo rdzu ’phrul che/ rtag tu srung ba byed par ’gyur/ lag na rdo rje gnod sbyin dbang/ de bzhin rgyal po bzhi rnams kyang/ de la nyin dang mtshan rnams su/ srung bar byed de the tsom med/ brgya byin lha dang bcas pa dang/ tshangs pa khyab ’jug dbang chen dang/

意譯：

兵器洪水不能害，霹靂閃電〔1〕不能害。遭不時風不能害，大明隨求威力故。諸惡敵寇皆敗亡，所求利益皆成就。恒常證得大尊勝，設若明咒懸於頸。又若明咒懸於臂，彼之一切所希願。所求成就當無疑，菩提勇識大勇識。諸佛以及大聲聞，龍神帝釋常守護。受持隨求皆得者，諸佛以及大聲聞。大明王母大神通〔2〕，恒常彼人所加護。金剛手及藥叉主，守護世間四天王。彼人每日及每夜，恒爲守護無所疑。帝釋天以及諸天，梵天毘紐大自在〔3〕。

注釋：

〔1〕霹靂閃電，藏文作 lce ’bab glog，西夏譯作「[illegible]」（閃電閃流）。

〔2〕該句漢本作「明妃大威德」。

〔3〕毘紐大自在，即毘紐天和大自在天。毘紐天，梵文 Viṣṇu。西夏作「[illegible]」（遍入），意譯藏文 khyab ’jug。大自在天，西夏作「[illegible]」（大主），意譯藏文 dbang chen。又，該句漢本作「梵王毘紐天，及摩醯首羅」。

西夏文及對譯：

[illegible] / [illegible] / [illegible] / [illegible] /
歡喜主者大色黑 / 昴星子及又集主 / 諸陰母聚一切及 / 諸魔種種等一切 /

[illegible] / [illegible] / [illegible] / [illegible] /
諸大僊人威儀有 / 大神通有諸天眾 / 彼等求隨皆得咒 / 受持者之守護爲 /

[illegible] / [illegible] / [illegible] / [illegible] /
諸明滿及又神有 / 明女王母又力大 / 我母及又瞋皺母 / 度拔天母鐵鈎及 /

[illegible]
石王礦鐐及白類／復亦彼如大白母／大色黑母又使母／復亦前如他石使／

[illegible]
妙繩索及石王索／手石王者威力大／石王瓔列大明女／醫藥掌合△爲及／

藏文：

dga' ba'i dbang po nag po che/ smin drug bu dang tshogs kyi dbang/ ma mo'i tshogs rnams thams cad dang/ de bzhin bdud ris gzhan rnams dang/ drang srong gzi brjid che rnams dang/ rdzu 'phrul chen po'i lha rnams dang/ de kun so sor 'brang ba yi/ gzungs 'dzin de la srung bar byed/ sangs rgyas bdag nyid che rnams dang/ rig pa'i lha mo stobs chen dang/ bdag gi ma dang khro gnyer dang/ lha mo sgrol ma lcags kyu dang/ rdo rje lu gu rgyud dang dkar/ de bzhin dkar mo chen mo dang/ nag mo che dang pho nya dang/ de bzhin rdo rje pho nya gzhan/ zhags pa bzang dang rdo rje zhags/ lag na rdo rje stobs po che/ rig pa lha mo rdo rje phreng/ bdud rtsi thabs sbyor byed pa dang/

意譯：

歡喜自在大黑天〔1〕，昴宿男及大自在〔2〕。復有一切天母眾〔3〕，及餘一切諸魔種〔4〕。諸大僊人具威儀〔5〕，有大神通諸天眾。持大隨求明咒者，彼等悉皆得守護。有神通者一切佛，有神力者大明妃。摩莫枳及毘俱胝〔6〕，多羅以及央俱尸〔7〕。金剛鎖以及白類〔8〕，又復如是大白女〔9〕。大黑天以及使者，又復如是金剛使〔10〕。妙繩索及金剛索〔11〕，金剛手者大威力。金剛鬘大明王母〔12〕，甘露軍吒利明王〔13〕。

注釋：

〔1〕歡喜自在，西夏作「[illegible]」（歡喜主者），意譯藏文 dga' ba'i dbang po。大黑天（[illegible]），藏文作 nag po che，梵文 Mahākāla（摩訶迦羅）。又，該句漢本作「大黑喜自在」。

〔2〕昴宿男（[illegible]），西夏意譯藏文 smin drug bu，梵文 kārtikeya。大自在，即大自在天，西夏作「[illegible]」（集主），意譯藏文 tshogs kyi dbang。

〔3〕天母，藏文作 ma mo，西夏譯作「[illegible]」（陰母）。

〔4〕種，西夏作「[illegible]」（根種、後裔），意譯藏文 ris。

〔5〕僊人（[illegible]），藏文作 drang srong。威儀（[illegible]），藏文作 gzi brjid。

〔6〕摩莫枳，梵文 māmakī，譯曰金剛母。西夏作「[illegible]」（我母），意譯藏文 bdag gi ma。漢本省稱作「摩摩」。毘俱胝，梵文 Bhrukuṭi，譯曰瞋目。西夏作「[illegible]」（瞋皺母），意譯藏文 khro gnyer（忿怒）。

〔7〕多羅，梵文 tārā，西夏作「[illegible]」（度拔天母），意譯藏文 sgrol ma。央倶尸，梵文 Valrāṅkuśa，即金剛鈎菩薩，簡稱鈎菩薩。西夏作「[illegible]」（鐵鈎），意譯藏文 lcags kyu。

〔8〕白類（[illegible]），藏文作 dkar（白）。

〔9〕大白女（[illegible]），西夏意譯藏文 dkar mo chen mo（大白天女、妙音天女）。梵文 Sarasvati（薩羅薩伐底），譯曰妙音樂天，辯才天。又，「金剛鎖以及白類」至此兩句漢本作「及餘金剛鎖，白衣及太白」。「白類」疑對應漢本中的「白衣」，「大白女」疑對應「太白」。

〔10〕金剛使，藏文作 rdo rje pho nya，西夏譯作「[illegible]」（石使）。

〔11〕妙繩索（[illegible]），藏文作 zhags pa bzang，漢本作「妙索」。金剛索（[illegible]），這裡應指金剛索菩薩，梵文 Vajrapaśa。藏文作 rdo rje zhags。

〔12〕金剛鬘（[illegible]），即金剛蔓菩薩，梵文 Vajramālin。藏文作 rdo rje phreng。

〔13〕甘露軍吒利明王，梵文 Amṛtakuṇḍalin，音譯爲阿密利多軍荼利。阿密利多，譯曰甘露。軍荼利，譯曰瓶。藏文作 bdud rtsi thabs sbyor，西夏譯作「[illegible]」（醫藥合掌）。

西夏文及對譯：

[illegible] / [illegible] / [illegible] / [illegible] /
他能者無大天母 / 耳黑母及力大母 / 吉施有及大祿有 / 耳環腕釧蓮花如 /

[illegible] / [illegible] / [illegible] / [illegible] /
蓮花齒有大寶頂 / 頭髮美麗又發赤 / 大威儀具大天母 / 吉祥施有電瓔珞 /

[illegible] / [illegible] / [illegible] / [illegible] /
鬼魅陰母發獨懸 / 明滿一切守護及 / 大祿有者人頭戴 / 楞伽主母吉施有 /

藏文：

gzhan gyis mi thub lha mo che/ rna ba nag mo stobs chen mo/ dpal yon ldan pa skal chen dang/ rna cha gdub kor padma 'dra/ me tog so can nor bu gtsug/ skra mdog mdzes dang kham pa mo/ lha mo gzi brjid chen mo dang/ dpal yon ldan pa glog phreng can/ srin mo ral pa gcig pa dang/ sangs rgyas bsrungs zhes bya ba dang/ skal ba chen po mi thod can/ lang ka'i bdag po dpal yon can/

意譯：

他無能勝大天母〔1〕，黑耳母及大力母〔2〕。有吉施並大福祿〔3〕，耳環腕釧如蓮花〔4〕。具蓮花齒大珠髻〔5〕，頭髮美麗及赤色〔6〕。具大威儀大天母〔7〕，具吉祥施有電鬘〔8〕。復有一髻羅刹女〔9〕，守護一切諸世尊〔10〕。有福祿者迦波利〔11〕，楞伽自在〔12〕有吉施。

注釋：

〔1〕漢本作「無能勝明妃」。

〔2〕漢本作「黑耳吉祥天」。黑耳母（[illegible]），藏文作 rna ba nag mo。大力母（[illegible]），西夏意譯藏文 stobs chen mo。

〔3〕吉施（[illegible]），藏文作 dpal yon（吉祥勝德）。

〔4〕耳環腕釧如蓮花（[illegible]），藏文作 rna cha gdub kor padma 'dra，其中 rna cha gdub kor 意爲耳環，padma 意爲蓮花，'dra 意爲如。又，該句漢本作「蓮花軍吒利」。

〔5〕蓮花齒（[illegible]），藏文作 me tog so（花齒）。珠髻（[illegible]），藏文作 nor bu gtsug。又，該句漢本作「花齒及珠髻」。

〔6〕該句漢本作「金髮賓蘖羅」，賓蘖羅，又作賓伽羅，梵文 Piṅgala，梵志名，譯曰青目。

〔7〕該句漢本作「大威德吉祥」。

〔8〕有電鬘，羅睺羅之父，藏文作 glog phreng can，西夏譯作「[illegible]」（電瓔珞）。又，該句漢本作「及電莊嚴天」。

〔9〕一髻羅刹女，藏文作 srin mo ral pa gcig pa，梵文 Eka-jaṭī。西夏作「[illegible]」（鬼魅陰母發獨懸）。

〔10〕該句漢本作「及佛地護尊」。

〔11〕該句漢本作「迦波利明女」。按，迦波利，梵文應爲 Kabari（迦婆離），外道名，譯曰結鬘。入正理論疏中曰：「迦婆離，此云結鬘。穿人髑髏，以爲鬘飾。」〔註 1〕西夏作「[illegible]」（人頭戴），意譯藏文 mi thod can。

〔12〕楞伽自在，藏文本作 lang ka'i bdag po（楞伽主），西夏譯作「[illegible]」（楞伽主母），「[illegible]」《夏漢字典》標音 lja^2 $kj\underline{a}^1$，梵文原詞爲 Laṅkā；「[illegible]」意譯藏文 bdag po。

〔註 1〕參見丁福保《佛學大辭典》「迦婆離」條。

西夏文及對譯：

[illegible] / [illegible] / [illegible] / [illegible] /
復他諸天母一切 / 諸情有之守護爲 / 何△明咒受持者 / 彼之永遠守護爲 /

[illegible] / [illegible] / [illegible] / [illegible] /
奪母及又五尖懸 / 螺有及又齒積母 / 吉祥天母聲有母 / 永遠及引守護爲 /

[illegible] / [illegible] / [illegible] / [illegible] /
此大求隨皆得咒 / 假若女人常持故 / 意如皆得不成無 / 永遠彼之男純墮 /

[illegible] / [illegible] / [illegible] / [illegible] /
所胎住處安樂增 / 爾時生時安穩墮 / 疾病罪過一切亦 / 悉皆除滅疑所無 /

藏文：

gzhan yang lha mo mang po rnams/ sems can rjes su ’dzin byed dag/ rig pa gang gi lag na gnas/ de la srung ba byed par ’gyur/ ’phrog ma dang ni lngas rtsen dang/ dung can dang ni so brtsegs ma/ dpal gyi lha mo dbyangs can yang/ de yi rjes ’gro rtag tu bsrung/ so sor ’brang ba chen mo ’di/ bud med gang zhig rtag ’chang na/ de yi thams cad ’grub par ’gyur/ rtag par mngal na bu pho chags/ mngal rnams na yang bde bar skye/ sbrum ma dag kyang bde bar ’gyur/ nad dang sdig pa thams cad kyang/ ’jig par ’gyur de the tsom med/

意譯：

及餘一切諸天母，一切有情皆守護。諸凡受持明咒者，咸皆恒常得守護。訶利帝母半只迦〔1〕，有螺以及積齒母〔2〕。吉祥天及辯才天〔3〕，恒常隨逐作加護。此大隨求皆得咒，假若女人常受持。如意皆得無不成，彼人恒常生男胎〔4〕。諸胎安樂而增長，至落草時安穩生〔5〕。一切疾病及罪過，悉皆除滅無所疑。

注釋：

〔1〕半只迦，藏文作 lngas rtsen（五層），西夏譯作「[illegible]」（五尖懸）。又，前文西夏亦作「[illegible]」（五頂）。

〔2〕有螺（[illegible]），西夏意譯藏文 dung can。積齒母（[illegible]），西夏意譯藏文 so brtsegs ma。又，該句漢本作「商棄尼積齒」。

〔3〕吉祥天（[illegible]），即吉祥天女，舊稱功德天，梵文 Mahāśrī。西夏意譯藏文

dpal gyi lha mo。

〔4〕該句漢本作「男女在其胎」。西夏作「[illegible]」（永遠彼之男純墮），譯自藏文 rtag par mngal na bu pho chags，rtag 意爲經常，mngal 意爲胎，bu pho 意爲男性，chags 意爲形成、結成。

〔5〕該句漢本作「產生皆安樂」。

西夏文及對譯：

[illegible] / [illegible] / [illegible] / [illegible] /

最勝祿有威力大 / 財及穀物常茂盛 / △說語言他心樂 / 復亦他之養當是 /

[illegible] / [illegible] / [illegible] / [illegible] /

假若女人及男人 / 清淨行以受持故 / 世界情有一切中 / 解脫求故勇勤爲 /

[illegible] / [illegible] / [illegible] / [illegible] /

復亦永遠安樂得 / 疾病一切皆除滅 / 皇后及又多眾人 / 國王彼之主受是 /

[illegible] / [illegible] / [illegible] / [illegible] /

常祐具全最特殊 / 福德茂盛皆主聚 / 意如何念皆成就 / 諸道場中入猶如 /

藏文：

bsod nams ldan zhing stobs dang ldan/ nor dang ’bru yang rtag tu ’phel/ tshig kyang gzung du ’os pa dang/ mchod pa’i ’os su ’gyur ba yin/ bud med dang ni skyes pa’ang rung/ gtsang ma gang zhig ’chang bsrel na/ de ni sems can thams cad dag/ thar bar bya phyir brtson par ’gyur/ rtag tu bde bar ’gyur ba yin/ nad do cog kyang rnam par spangs/ slas dang skye bo mang bcas pa’i/ rgyal po’ang de yi dbang du ’gyur/ phun sum tshogs pa rtag tu ’bar/ bsod nams phung po rnam par ’phel/ de yi bsam pa thams cad ’grub/ dkyil ’khor kun tu zhugs pa yin/

意譯：

最勝福祿大威力，財寶穀糧常豐盛。所言他人皆樂聞，彼亦能獲大供養。假若女人及男人，皆能清淨而受持。世間一切諸有情，爲求解脫勤精進。復又恒常得安樂，一切疾病皆除滅。皇后並及諸眾人，國王彼之受主是。常祐具全〔1〕最殊妙，福德增長皆聚集〔2〕。一切所念悉成就，猶入一切壇城中〔3〕。

注釋：

〔1〕具全，西夏作「[illegible]」，意爲「器具具全」。藏文作 phun sum tshogs pa（圓滿、完善）。

〔2〕聚集，藏文作 phung po，西夏譯作「[illegible]」（主聚）。

〔3〕壇城，藏文作 dkyil 'khor，西夏譯作「[illegible]」（道場）。梵文 Māṇḍala（曼荼羅）。

西夏文及對譯：

[illegible]

諸勝勢之御詔言／彼等皆之記句悟／睡中夢惡無暫夢／諸罪滅中最上是／

[illegible]

復諸罪過亦一樣／諸仇敵亦皆敗壞／諸星惡亦害不得／大智自在△說咒／

[illegible]

求隨所需皆施與／彼故永遠持當是／諸生者聚△聞△／彼又特殊此誦當／

藏文：

rgyal ba rnams kyi bka' bzhin du/ de ni kun tu dam tshig shes/ rmi lam ngan pa rmi mi 'gyur/ sdig pa thams cad 'phrog pa'i mchog/ sdig pa rnams dang de bzhin du/ dgra yang rab tu phung bar byed/ gza' kun rnam par gzhig pa'i phyir/ ye shes dbang phyug chen pos gsungs/ 'dod pa thams cad sbyin par byed/ de phyir rtag tu bcang bar bya/ 'byung po'i tshogs rnams nga la nyon/ da ni rab tu 'di brjod do/

意譯：

諸勝勢之教敕言〔1〕，彼等悉成三昧耶〔2〕。睡眠之中無惡夢〔3〕，除滅諸罪是最上〔4〕。一切罪過亦復然，諸仇敵悉皆敗亡。一切惡曜不能害，大智自在所說咒。隨求所需皆施與，是故恒常當受持。諸鬼神等咸諦聽，我今說此殊妙咒。

注釋：

〔1〕勝勢（[illegible]），梵文 Jina（耆那），譯曰勝，佛之尊稱。西夏意譯藏文 rgyal ba，該詞直譯爲勝者，指佛。又，該句漢本作「如來誠實說」。

〔2〕三昧耶，梵文 Samaya。藏文作 dam tshig（誓言），西夏譯作「[illegible]」（記句）。

〔3〕惡夢（[illegible]），藏文作 rmi lam ngan pa。

〔4〕該句漢本作「諸罪悉除滅」。

西夏文及對譯：

[illegible]
如來一切之敬禮／明滿及菩提勇識一切及明滿法大眾等之禮敬／

[illegible]
怛達他　唵　尾補羅　尾補攞　蘖囉陛　尾補攞　尾麼黎　尾麼黎蘖囉陛

[illegible]
嚩日囉嘬攞　蘖囉陛　誐底誐賀寧　誐誐曩尾戍馱寧　薩嚩播跛尾戍馱寧

[illegible]
唵　虞拏嚩底　誐誐曩　尾佐哩尼　誐誐哩抳　儗哩儗哩　誐麼尼誐麼尼

[illegible]
儼麼哩儼麼哩　虐賀虐賀　誐賀哩誐賀哩　蘖囉誐哩蘖囉誐哩

藏文：

de bzhin gshegs pa thams cad la phyag 'tshal lo/ sangs rgyas dang/ byang chub sems dpa' thams cad dang/ sangs rgyas dang/ thos dang/ dge 'dun la phyag 'tshal lo/ tadya thā/ oṃ bi pu la bi pu la garbhe/ bi pu la bi ma le/ bi phu la garbhe bi ma le/ dza ya garbhe/ badzra dzvā lā garbhe/ ga ti ga ha ne/ ga ga na bi sho dha ne/ sarba pā pa bi sho dha ne/ oṃ gu ṇa pa ti/ ga ga na/ pi tsā ri ṇi/ ga ga ri ṇi/ gi gi gi ri / gi ri ṇi gi ri ṇi/ gi ma ri/ ga ma ri/ ga ha ga ha/ garga ri garga ri/

意譯：

敬禮一切如來，敬禮一切佛菩薩並佛法僧。怛達他　唵　尾補羅　尾補攞　蘖囉陛　尾補羅　尾麼黎　尾麼黎蘖囉陛　嚩日囉嘬攞　蘖囉陛　誐底誐賀寧　誐誐曩尾戍馱寧　薩嚩播跛尾戍馱寧　唵　虞拏嚩底　誐誐曩　尾佐哩尼　誐誐哩抳　儗哩儗哩　誐麼尼誐麼尼　儼麼哩儼麼哩　虐賀虐賀　誐賀哩誐賀哩　蘖囉誐哩蘖囉誐哩〔1〕

注釋：

〔1〕「普遍光明清淨熾盛如意寶印心無能勝大明王大隨求陀羅尼咒」，《大藏全咒》中

梵文作：oṃ bipulagarbhe/ oṃ bipubimale/ bimalagarbhe/ bimala/ jayagarbhe/ bajra jvālāgarbhe/ gati gahane/ gagana biśodhane/ sarvapāṃpabiśodhani/oṃ gu ṇabati/ gagana bicāriṇi/ gagariṇi/ giri giri / giriṇi giriṇi/ gamari gamari/ gaha gaha/ gaggari gaggari/

漢本 TK107 作：唵引 尾補攞蘖陛〔註 2〕 尾補攞尾麼黎引 惹也蘖陛 嚩日囉二合入嚩二合引攞蘖陛 誐底誐賀寧 誐誐曩尾戍引馱寧引 薩嚩播引跛尾戍引馱寧引 唵引虞引拏鼻嚩底 誐誐哩抳 儗哩儗哩 儼麼鼻哩儼麼哩 虐賀虐賀 蘖誐哩蘖誐哩

西夏文及對譯：

[illegible]

誐誐哩誐誐哩 儼婆哩儼婆哩 鼻哩鼻哩 誐底誐底 誐鼻誐鼻 誐賀誐賀

[illegible]

誐麼尼誐啸 窶賀窶賀 窶嚕抳窶嚕抳 窶嚕窶嚕 窶嚕抳窶嚕抳 覩嚕覩嚕

[illegible]

左黎左黎 佐黎唧黎 惹曳尾惹曳 惹曳婆帝 阿鉢囉即帝 薩嚩婆野

[illegible]

尾蘖帝 蘖囉婆 三囉佉抳 悉哩悉哩 弭哩弭哩 秘哩秘哩 岐哩岐哩

[illegible]

壞有出母／情有救母／最中救母／敵寇一切敗令母

[illegible]

我等之怖畏一切損害一切染病一切疾病一切中△護△△護△／

藏文：

ga ga ri/ ga ga ri/ gam bha ri/ gam bha ri/ ga bhi ga bhi/ ga hi ga hi/ ga ma ni/ ga ma ni/ ga ri ga ri/ gu bha gu bha/ gu ha gu ha/ gu ru gu ru gu ru ṇi/ tsa le gu ha ṇi/ gu ha ṇi/ gu ru ṇi/ tsu lu tsu lu/ tsa le tsa le/ mu tse le mu tse le/ dza ye bi dza ye/ sarba bha ya bi ga te/ satva sarba garbha sam rakṣa ṇi/ si ri si ri/ bhi ri bhi ri/ mi ri mi ri/ mi ri mi ri/ gi ri gi ri/ ghi ri ghi ri/ ghi ri ghi ri/ sa manta parṣa ṇi/ bcom ldan ’das ma sems can ’dren ma/ kun nas ’dren ma/ dgra thams cad ’joms

〔註 2〕 蘖陛，論文給出漢文原文時省去了「蘖」和「陛」中間的「。」，TK107 第三張照片中有這樣一句話：「有珠子處是虛聲」，「珠子」即「。」，以下出現「珠子」的地方均略去。又，漢本 инв.№4270 作「蘖囉陛」（梵文 garbhe）。

par mdzad ma/ bdag 'jigs pa thams cad dang/ gnod pa thams cad dang/ nad 'go ba thams cad dang/ nad thams cad las bsrung du gsol/ bsrung du gsol/

意譯：

誐誐哩誐誐哩　儼婆哩儼婆哩　鼻哩鼻哩　誐底誐底　誐鼻誐鼻　誐賀誐賀　誐麼尼誐[illegible]　虁賀虁賀　虁嚕抳虁嚕抳　虁嚕虁嚕　虁嚕抳虁嚕抳　覩嚕覩嚕　左黎左黎　佐黎唧黎　惹曳尾惹曳　惹曳婆帝　阿鉢囉即帝　薩嚩婆野　尾蘗帝　蘗囉婆　三囉佉抳　悉哩悉哩　弭哩弭哩　秘哩秘哩　岐哩岐哩〔1〕

願世尊母、拔有情母〔2〕、普救母、摧敵寇母於一切怖畏、危害、傳染病〔3〕、疾病中加護我、加護我！

注釋：

〔1〕本咒梵文作：gagari gagari/ gambhari gambhari / garbhi garbhi/ gahi gahi/ gamani gamani/ gare gare/ guru guru/ gubha gubha/ guha guha/ guruṇi/ cale guhani/ guhani/ guruṇe guruṇe/ culu culu/ cale cale/ mucile mucile/ jaya bijaya/ sarvabhaya/ bigarbha/ sarvagarbha saṃrakṣaṇi/ siri siri/ bhiri bhiri/ miri miri/ giri giri/ ghiri ghiri/ 漢本 TK107 作：誐誐哩誐誐哩　儼婆去哩儼婆去哩　誐底誐底　誐麼顭誐[illegible]　虁嚕虁嚕虁嚕抳　左黎引阿上左黎引　母左黎引　惹曳上尾惹曳引　薩嚩婆去野尾蘗帝　蘗婆去三去婆去囉抳上　悉哩悉哩　弭哩弭哩　歧上哩歧哩

〔2〕拔有情母（[illegible]），西夏意譯藏文 sems can 'dren ma。

〔3〕傳染病（[illegible]），西夏意譯藏文 nad 'go ba。

西夏文及對譯：

[illegible]

蘇哩蘇哩　唧哩唧哩　地哩地哩　尾哩尾哩　地哩地哩　尾蘗路　嚩囉拏

[illegible]

阿嚩囉拏　尾曩捨顭　穆尼穆尼　穆黎穆黎　唧哩尼唧　穆唧穆唧

[illegible]

唧黎唧黎　劍麼禮　劍麼黎　惹曳尾惹野　惹野嚩奚　惹野嚩底

[illegible]

壞有出母／寶大尊母／瓔珞美母／理需種聚皆具母／壞有出母／

[illegible]

大明女王母／罪過一切願清淨／我等之△護△△護△／

藏文：

tsi ri tsi ri/ bi ri bi ri/ dhi ri dhi ri/ bi ga ta/ ā ba ra ṇe/ bi sho dha ne/ bi bi dha/ ā pa ra ṇa/ bi nā sha ni/ mu ri mu ri/ mu tsi mu tsi/ mu li mu li/ tsi li tsi li/ ki li ki li/ mi li mi li/ ka ma le/ bi ma le/ dza ye bi dza ye/ bi dza yā/ ba he dza ya ba ti/ bi she ṣa ba ti/ bcom ldan 'das ma rin po che'i cod pan dang/ phreng ba mnga' ba cha byad rnam pa sna tshogs mang po mnga' ba/ bcom ldan 'das ma rig pa'i lha mo chen mo/ sdig pa thams cad rnam par sbyong ba/ bdag la thams cad du kun nas bsrung du gsol/ bsrung du gsol/

意譯：

蘇哩蘇哩　唧哩唧哩　地哩地哩　尾哩尾哩　地哩地哩　尾蘗跢　嚩囉拏　阿嚩囉拏　尾曩捨額　穆尼穆尼　穆黎穆黎　唧哩尼唧　穆唧穆唧　唧黎唧黎　劍麼禮　劍麼禮　惹曳尾惹野　惹野嚩奚　惹野嚩底〔1〕

願世尊母、寶鬘母、持鬘母、具種種裝束母、世尊母、大明妃，能除滅一切罪惡，加護我、加護我〔2〕！

注釋：

〔1〕本咒梵文作： ciri ciri/ biri biri/ dhiri dhiri/ bigatābaraṇa/ biśodhani/ bibidhabaraṇa/ biṇaśani/ muri muri/ muci muci/ muli muli/ cili cili/ kili kili/ mili mili suri suri/ kiri kamale bimale/ jaye bijaye/ bijayābahe/ jayabati/

漢本 TK107 作：尾哩尾哩　尾蘗跢引嚩囉拏上　婆去野曩引捨額　蘇上哩蘇哩　唧哩唧哩　劍麼黎引尾麼黎　惹曳惹野引嚩奚去引　惹野嚩底

〔2〕「世尊母」至此數句梵文作：ratnamukuṭa/ maladhari/ bahubibidha/ bibitrabe ṣadhariṇi/ bhagavati/ mahābidyādebi/ rakṣa rakṣamāṃ/ saparivaraṃ/ sarvasatvāś ca/ samantā sarvatra/ sarvapāpaṃ/ biśodhani/

漢本 TK107 作：羅怛曩二合麼矩吒　麼攞引馱哩　嚩護尾尾馱　尾唧怛囉二合吠引灑嚕引跛馱引哩抳上　婆去誐嚩底　摩賀引尾你也二合引禰上尾　喀乞灑二合　喀乞灑二合麼麼　薩嚩薩怛嚩二合引難上引左　三去滿跢去引　薩嚩怛囉二合　薩嚩播引跛　尾戍引馱額

由上可知，寶鬘母，梵文 ratna-mukuṭa，藏文作 rin po che'i cod pan，西夏譯作「[illegible]」（寶大尊母）。

持鬘母，梵文 maladhari，藏文作 phreng ba mnga' ba（具鬘），西夏譯作「[illegible]」（瓔珞美母）。

具種種裝束母，梵文 bahubibidha bibitrabe ṣadhariṇi，藏文作 cha byad rnam pa sna tshogs mang po mnga' ba，西夏譯作「[illegible]」（理需種聚皆具母）。

西夏文及對譯：

[illegible]

護嚕護嚕　祖嚕祖嚕　母嚕母嚕　囉佉囉佉　薩嚩薩埵囊佐／壞有出母

[illegible]

我等依止處無依處無祐助者無△護△△護△／我等諸苦中解脫願得△／

[illegible]

讚膩讚膩　讚禰讚禰　讚膩顊　讚膩顊　吠誐嚩底　婆誐嚩底　薩嚩訥瑟吒

[illegible]

顊嚩囉抳　惹野嚩呬顊　護嚕護嚕　母嚕母嚕　祖嚕祖嚕　素嚕素嚕

[illegible]

阿欲播囉顊　素囉嚩囉　缽囉沫他顊　薩嚩禰嚩誐挐　布吟帝　唧哩唧哩

[illegible]

地哩地哩　三滿跢　阿嚩路枳帝　缽囉陛　缽囉陛　素缽囉婆尾秫第

[illegible]

薩嚩播跛尾戍馱顊　馱囉馱囉　地哩地哩　馱囉抳達囉　素母素母

[illegible]

母素母素　母嚕母嚕　嚕嚕左黎　佐跛攞　佐跛野

[illegible]

吉祥身有者我等之損害心生者願無△護△／我等念依實△畢竟△／

藏文：

hu ru hu ru/ mu ru mu ru/ rakṣa rakṣa ma ma/ mgon ma mchis pa/ skyabs ma mchis pa/ dpung gnyen ma mchis pa/ bdag la bsrung du gsol/ bsrung du gsol/ bdag sdug bsngal thams cad las thar bar mdzad du gsol/ tsaṇḍe tsaṇḍe/ tsaṇḍe tsaṇḍe/ tsaṇḍe tsaṇḍe ṇi/ tsaṇḍe tsaṇḍe ṇi/ be ga ba ti/ sarba duṣta ni bā ra ṇi/ bi dza ya/ bā hi ni/ hu ru hu ru/ mu ru mu ru/ tsu ru tsu ru/ tu ru tu ru/ ā yuḥ pā li ni/ su ra ba ra pra ma tha ni/ sarba de ba ga ṇa pū dzi te/ tsi ri tsi ri/ dhi rid hi ri/ sa manta a ba lo ki te/ pra bhe pra bhe/ su pra bhe/ su pra bha/ bi shud dhe/ sarba pā pa bi shuddhe/ sarba pā pa bi sho dha ne/ dhu ru dhu ru/ dha ra ni/ dha re dha re/ dha ra/ su mu su mu/ su mu su mu/ mu su mu su/ ru ru tsa le/ tsā la ya/ dpal gyi sku mnga' ba/ bdag la gnod par sems pa las bskyab tu gsol/ bdag gi bsam pa rdzogs par mdzad du gsol/

意譯：

護嚕護嚕 祖嚕祖嚕 母嚕母嚕 囉佉囉佉 薩嚩薩埵曩佐〔1〕

願世尊加護我等無依怙及無祐助者，能於一切苦厄中得解脫。

讚膩讚膩 讚禰讚禰 讚膩顊 讚膩顊 吠誐嚩底 婆誐嚩底 薩嚩訥瑟吒 顊嚩囉抳 惹野嚩呬顊 護嚕護嚕 母嚕母嚕 祖嚕祖嚕 素嚕素嚕 阿欲播囉顊 素囉嚩囉 鉢囉沫他顊 薩嚩禰嚩誐拏 布吮啼 唧哩唧哩 地哩地哩 三滿跢 阿嚩路枳帝 鉢囉陛 鉢囉陛 素鉢囉婆尾秫第 薩嚩播跛尾戍馱顊 馱囉馱囉 地哩地哩 馱囉抳達囉 素母素母 母素母素 母嚕母嚕 嚕嚕左黎 佐跛攞 佐跛野〔2〕

願有吉祥身者於生損害心處加護我，我所念者皆得圓滿！

注釋：

〔1〕漢本中未見與本咒相應之咒語。

〔2〕本咒梵文作：caṇḍi caṇḍi caṇḍi caṇḍi/ caṇḍiṇi caṇḍiṇi/ bhgavati/ sarva duṣṭaṇibāraṇi/ śatrpaṣṭhika pramathani/ bijayabāhini/ huru huru/ muru muru/ curu curu/ bhuru bhuru/ āyūḥ pālani/ surapara pramathani/ sarvadevagaṇa/ pūjite/ ciri ciri/ dhiri dhiri/ samantravalo kite/ prabhe prabhe/ suprabhe suprabhe biśuddhe/ sarvapāpaṃ biśuddhe/ sarvapāpaṃ biśodhani/ dhuru dhuru/ dharaṇi dhara/ dhara dhara/ sumu sumu/ musu musu/ ruru cale cālaya/

漢本 TK107 作：讚膩上讚膩上 讚膩顊 吠引誐嚩底 薩嚩訥瑟吒二合 顊嚩引囉抳 設咄嚕二合博乞灑二合沫他去顊 尾惹野嚩引呬顊 護嚕護嚕 母嚕母嚕 祖去嚕祖嚕 素嚕素嚕 阿引上欲播引囉顊 素上囉嚩囉沫他去顊 薩嚩禰上引嚩多引 布引吮帝 地哩地哩 三去滿跢引去 嚩路枳帝引 鉢囉二合陛 鉢囉二合陛 素上鉢囉二合婆去尾秫第引 薩嚩播引跛尾戍引、上馱顊 馱囉馱囉 馱囉抳 達囉達𪘨 素母素母 嚕嚕左黎引 佐引攞野

西夏文及對譯：

[illegible]

薩嚩訥瑟嚕 布囉野阿苫 惹野劍麼黎 岐哩岐哩 岐哩岐哩 嚩囉嚩囉達

[illegible]
阿矩勢 唵 缽納麼尾秫第 戌馱野秫第 羯囉羯囉 唧哩唧哩 矩嚕矩嚕

[illegible]
婆囉婆囉 鼻哩鼻哩 部嚕部嚕 懵誐攞尾秫第 跛尾怛囉穆企

[illegible]
朅囉儗抳朅囉儗抳 佉囉佉囉 惹哩多始佉𡃤 三滿多嚩路枳帝

[illegible]
缽囉陛缽囉陛 素缽囉跛尾秫第 三滿多 缽囉娑哩路

[illegible]
嚩婆悉多尾秫第 嚩攞嚩攞 唵 休哩怛嚕怛 薩嚩禰嚩誐拏

[illegible]
羯囉賀 曩佉怛囉 薩麻阿羯囉舍額 薩底嚩囉底 多囉多囉 跢囉野跢囉野

[illegible]
三滿多 婆納囉捨 三缽哩嚩囉捨 薩嚩薩埵曩佐 薩嚩婆邑 缽納囉吠別

[illegible]
壞有出母大象如觀母我等之△救△／

藏文：

dza ya ka ma le/ kṣi ni kṣi ni/ pa ra da/ oṃ ku she/ oṃ padma bi shud dhe/ sho dha ya sho dha ya/ shud dhe shud dhe/ bha ra bha ra/ bhi ri bhi ri/ bhuru bhuru/ maṅga la bi shud dhe/ pa bi tra mu khi/ khaṅge ni khaṅge ni/ kha ra kha ra/ dzva li ta/ shi kha re/ sa manta a ba lo ki ta pra bhe/ su pra bha bi shud dhe/ sa manta pra sā ri ta/ ā bā bha si ta shud dha/ dzva la dzva la/ sarba dhe ba ga ṇa/ gra ha na kṣa tra/ sa ma ā karṣa ni/ sa tya pra ti/ oṃ hrī tram ta ra ta ra/ tā ra ya tā ra ya/ glang po che'i lta stangs kyis gzigs ma/ bdag mi'i gnod pa las bsgral du gsol/

意譯：

薩嚩訥瑟嗚　布囉野阿苫　惹野劍麼黎　岐哩岐哩　岐哩岐哩　嚩囉嚩囉達　阿矩勢　唵　缽納麼尾秫第　戌馱野秫第　羯囉羯囉　唧哩唧哩　矩嚕矩嚕

娑囉娑囉 鼻哩鼻哩 部嚕部嚕 懵誐攞尾秫第 跛尾怛囉穆企 朅囉儗捉朅囉儗捉 佉囉佉囉 惹哩多始佉[illegible] 三滿多嚩路枳帝鉢囉陛鉢囉陛 素鉢囉跋尾秫第 三滿多 鉢囉娑哩跢 嚩婆悉多尾秫第 嘬攞嘬攞 唵 休哩怛嚕怛 薩嚩禰嚩誐拏 羯囉賀 曩佉怛囉 薩麻阿羯囉舍[illegible] 薩底嚩囉底 多囉多囉 跢囉野跢囉野 三滿多 娑納囉捨 三鉢哩嚩囉捨 薩嚩薩埵曩佉 薩嚩娑邕 鉢納囉吠別〔1〕

願世尊母、如象觀母〔2〕救護我！

注釋：

〔1〕本咒梵文作：jayakamala/ kṣiṇi kṣiṇi/ baradāṃkuśa/ oṃ pandma biśuddhe/ śodhaya śodhaya/ śuddhe śuddhe/ bhara bhara/ bhiri bhiri/ bhuru bhuru/ maṅgala/ biśuddhe/ pabitra mukhi/ khaṅgini khaṅgini/ khara khara/ jvalita/ śikhare/ samantā/ valokite/ prabhe suprabhe/ biśuddhe samanta/ prasaritāba/ bhāsitaśuddha/ jvala jvala/ sarvadevagaṇa/ grahanakṣatra/ samākarṣaṇi/ satyabrabhe/ oṃ hrīḥ traṃ/ tara tara/ tāraya tāraya/

漢本 TK107 作：惹野劍麼黎引 乞史二合柅乞史二合柅 嚩囉禰上嚩囉能上引矩勢引 唵引 鉢納麼二合尾秫第 戍引馱野 戍引馱野戍第引 跋囉跋囉 鼻哩鼻哩 部嚕部嚕 懵上誐攞尾秫第 跛尾怛囉二合穆企 朅儗捉朅儗捉 佉上囉佉囉 入嚩二合哩多始[illegible] 三去滿多 鉢囉二合娑上哩跢引 嚩婆去悉多秫第 入嚩二合攞 入嚩二合攞 薩嚩禰上嚩誐拏 三去麼多羯囉灑二合捉 薩底也二合嚩底 多囉多囉 跢引囉野[illegible]引 曩引誐尾路枳帝

〔2〕如象觀母（[illegible]），西夏意譯藏文 glang po che'i lta stangs kyis gzigs ma。藏文中另有 glang po che'i lta stangs kyis bltas nas（如象觀看），該詞梵文作 Nāga-vilokitenāvalokya。不知這兩個藏文詞語所指是否相同。

西夏文及對譯：

[illegible]
護嚕護嚕 護都護都 地尼地尼 賀哩賀哩 岐哩岐哩 岐哩岐哩 薩嚩屹囉賀

[illegible]
婆佉柅 氷蘖哩氷蘖哩 母祖母祖 母素母素 素尾佐[illegible] 羯囉羯囉 多囉多囉

[illegible]
壞有出母大象如觀母向一切結金剛牆及金剛索以結／我等八難中△救△／

[illegible]
嚩日囉嘬攞　尾秫第　尾戍馱𩕳　部哩部哩　婆蘖嚩底　蘖囉婆三戍馱𩕳

[illegible]
鈎岐三布囉抳　囉佉哩囉佉哩　岐哩岐哩　嘬攞嘬攞　婆蘖嚩底　左攞左攞

[illegible]
嚩攞嚩攞　祖嚕祖嚕　嘬攞嘬攞　左攞左攞

[illegible]
天水新以皆至雨△降／阿蜜嘌多　嚩囉灑柅　禰嚩多　阿嚩跢囉柅

藏文：

la hu la hu/ hu lu hu lu/ hu du hu du/ tu ru tu ru/ ki ṇi ki ṇi/ kṣi ṇi kṣi ṇi/ hu ṇi hu ṇi/ sarba gra ha bha kṣa ṇi/ piṅ ga li/ piṅ ga li/ mu tsu mu tsu/ tsu mu tsu mu/ su bi tsa re/ ta ra ta ra/ bcom ldan 'das ma glang po che'i lta stangs kyis gzigs ma/ thams cad du kun nas phyogs thams cad bcing ba dang/ rdo rje'i ra ba dang/ rdo rje'i zhags pa'i bcing bas bdag 'jigs pa chen po brgyad las bsgral du gsol/ badzra dzvā lā bi shud dhe/ bhu ri bhu ri/ dha ra dha ra/ ti ri ti ri/ tu ru tu ru/ bha ga ba ti/ garbha bi shud dhe/ garbha sam sho dha ni/ ku kṣi sam pū ra ṇi/ dzva la dzva la/ tsa la tsa la/ dzvā li ni/ lha'i chus kun tu char dbab tu gsol/ a mṛ ta barṣa ṇi de ba ta/ a ba tā ra ṇi/

意譯：

護嚕護嚕　護都護都　地尼地尼　賀哩賀哩　岐哩岐哩　岐哩岐哩　薩嚩屹囉賀　婆佉柅　氷蘖哩氷蘖哩　母祖母祖　母素母素　素尾佐𡅏　羯囉羯囉　多囉多囉〔1〕

世尊母、如象觀母諸方乃結，以金剛牆〔2〕及金剛鎖而結，八難〔3〕中救護我！

嚩日囉嘬攞　尾秫第　尾戍馱𩕳　部哩部哩　婆蘖嚩底　蘖囉婆三戍馱𩕳　鈎岐三布囉抳　囉佉哩囉佉哩　岐哩岐哩　嘬攞嘬攞　婆蘖嚩底　左攞左攞　嚩攞嚩攞　祖嚕祖嚕　嘬攞嘬攞　左攞左攞〔4〕

以新天水普降大雨！

阿蜜嘌多　嚩囉灑柅　禰嚩多　阿嚩跢囉柅〔5〕

注釋：

〔1〕本咒梵文作：lahu lahu/ hulu hulu/ hutu hutu/ turu turu/ kiṇi kiṇi/ kṣiṇi kṣiṇi/ huli huli/ sarvagrahabhakṣaṇi/ piṅgale piṅgale/ mucu mucu/ musu musu/ musu bicare/ tara tara/
漢本 TK107 作：攞護攞護　護砮鼻護砮　乞史二合抳乞史二合柅　薩嚩屹囉二合賀薄乞灑二合柅　氷蘖哩氷蘖哩　祖母祖母　素母素母　祖尾左[illegible]引　多囉多囉

〔2〕金剛牆（[illegible]），密教結界法五種之一，又云四方結。西夏意譯藏文 rdo rje'i ra ba。梵文 Vajra-prākāra，漢本作「嚩日囉二合 鉢囉二合迦引囉」。

〔3〕八難（[illegible]），西夏意譯藏文'jigs pa chen po brgyad。漢本作「阿上瑟吒二合摩賀引 婆去曳引毗藥二合」，《大藏全咒》中梵文作 aṣṭamahā tāruṇabhayebhyaḥ。

〔4〕本咒梵文作：bajra jvālābiśuddhe/ bhuri bhuri/ bhagavatigarbha/ saṃśodhano/ kukṣi saṃpūraṇi/ jvala jvala/ cala cala/
漢本 TK107 作：嚩日囉二合　入嚩二合攞尾秫第引　部哩部哩　蘖囉婆去嚩底　蘖囉婆去尾戍引馱[illegible]　鍋乞史二合三去布囉柅上　入嚩二合攞入嚩二合攞　左攞左攞

〔5〕本咒梵文作：amṛta/ pariṣaṇideva/ tāba tāraṇi/
漢本 TK107 作：阿上蜜嘌二合多　嚩囉灑二合柅　禰上引嚩多　嚩跢入引囉柅

西夏文及對譯：

[illegible]

如來語最上特殊醫藥身有／我等之主△受令△／戰鬥戰爭夢惡相惡不吉祥罪

[illegible]

過一切皆願清淨／礙施鬼魅諸龍敗令／怖畏損害一切染病一切疾病一切中

[illegible]

常△護△△護△／

藏文：

bde bar gshegs pa'i gsung rab bdud rtsi mchog gi sku dang ldan pa bdag la dbang bskur du gsol/ 'thab pa dang/ 'thab mo dang/ rtsod pa dang/ 'gyed pa dang/ rmi lam ngan pa dang/ ltas ngan pa dang/ bkra mi shis pa dang/ sdig pa thams cad rnam par sbyong ba/ gnod sbyin dang/ srin po dang/ klu thams cad 'joms pa/ gnod pas 'jigs skrag pa/ bdag 'jigs pa thams cad dang/ gnod pa thams cad dang/ nad 'go ba thams cad dang/ nad thams cad las thams cad du rtag par bsrung du gsol/ bsrung du gsol/

意譯：

如來〔1〕最上言語殊妙甘露之身具，我等皆得灌頂〔2〕。一切戰爭諍訟惡夢惡相不吉罪過皆當除滅，摧伏藥叉鬼魅諸龍，一切怖畏損害，一切傳染病，及一切疾病中常加護我、加護我！

注釋：

〔1〕如來（[illegible]），梵文 Tathāgata。藏文本作 bde bar gshegs pa（善逝），梵文 Sugata。「如來」和「善逝」均爲佛之名號。

〔2〕灌頂，藏文作 dbang bskur，西夏譯作「[illegible]」（主△受）。梵文 abhiṣekaḥ。

西夏文及對譯：

[illegible]

婆蘗嚩底　左攞左攞　麼攞麼攞　麼攞嚩底　惹野惹野惹野　覩㗚

[illegible]

種一切時一切中我等願勝 / 我等此大陰王願成就 / 大中圍當成 /

[illegible]

密語一切當成 / 諸魔當敗 /

[illegible]

悉第悉第　悉馱悉馱　沒馱沒馱　布囉野布囉野　布囉抳布囉抳

藏文：

ba la ba la/ ba la ba ti/ dza ya dza ya/ bi dza ya/ bi dza ya/ thams cad du dus kun tu bdag rgyal bar mdzad du gsol/ bdag la rig pa chen mo 'di grub par mdzad du gsol/ dkyil 'khor chen po bsgrub tu gsol/ gsang sngags rnams bsgrub tu gsol/ bgegs rnams gzhom du gsol/ dza ya dza ya/ sid dhi sid dhi/ siddhya siddhya/ buddhya buddhya/ sū tsa ya sū tsa ya/ pū ra ya pū ra ya/ pū ra ṇi pū ra ṇi/

意譯：

婆蘗嚩底　左攞左攞　麼攞麼攞　麼攞嚩底　惹野惹野惹野　覩㗚〔1〕

於一切種〔2〕一切時中我等最勝，我等成就此大明咒，成就大壇城，成就一切密咒，摧敗諸魔！

悉第悉第 悉馱悉馱 沒馱沒馱 布囉野布囉野 布囉抳布囉抳〔3〕

注釋：

〔1〕本咒梵文作：bala bala/ balavati/ jaya jaya/ bijaya bijaya/

漢本 TK107 作：麽攞麽攞 麽攞嚩底 惹野惹野惹野覩輪引

〔2〕一切種（[illegible]），藏文作 thams cad（一切）。梵文 sarva-tra，漢本作「薩嚩怛啰」。

〔3〕本咒梵文作：siddhe siddhe/ susiddhi/ siddhya siddhya/ buddhya buddhya/ pūraya pūraya/ pūraṇi pūraṇi/

漢本 TK107 作：悉第悉第 素上悉第引 悉地也二合 悉地也二合 沒地野二合 沒地野二合 布引囉野 布囉野 布囉抳 布囉抳

西夏文及對譯：

[illegible]

我等之願事△畢竟／聖咒一切於△生身有／勝勢中勝勢／如來一切

[illegible]

心清淨／壞有出母△住△△住△／記句△護△／八大難中我之△觀△／

[illegible]

薩囉薩囉 缽囉薩囉 缽囉薩囉 薩嚩嚩囉拏 尾戍馱顊 嚩護布囉

[illegible]

薩嚩囉馱顊 三滿哆迦囉 滿拏攞 尾秫第 尾蘖帝 尾蘖帝 尾誐多麽攞

[illegible]

薩嚩麽攞 尾戍馱顊 岐抳岐抳 薩嚩播跛尾秫第

[illegible]

麽攞尾蘖帝 帝惹嚩底 嚩日囉嚩底

藏文：

bdag gi bsam pa rdzogs par mdzad du gsol/ rig pa thams cad las byung ba'i sku can/ rgyal ba lhag par rgyal ba can/ de bzhin gshegs pa'i snying po rnam par dag pa bcom ldan 'das ma bzhugs su gsol/ bzhugs su gsol/ dam tshig bskyang du gsol/ 'jigs pa mi bzad pa chen po brgyad las bdag la gzigs su gsol/ sa ra sa ra/ pra sa ra pra sa ra/ sarba ā ba ra ṇa bi shod ha ni/ sa manta ā ka ra maṇḍa la bi shud dhe/ bi ga te bi ga ti/ bi ga ta ma le/ sarba ma la bi sho dha ni/ kṣi ṇi kṣi ṇi/ sarba pā pa bi shud dhe/ ma la bi ga ti/ dza ya ba ti/ te dzo te dzo ba ti/ badzra badzra ba ti svā hā/

意譯：

我等所願悉能圓滿，一切聖咒〔1〕所生之身具，勝勢中勝勢具，一切如來心清淨，世尊當住，世尊當住，護三昧耶，八大難中我等所觀照！

薩囉薩囉　缽囉薩囉　缽囉薩囉　薩嚩嚩囉拏　尾戍馱額　嚩護布囉　薩嚩囉馱額　三滿哆迦囉　滿拏攞　尾秫第　尾蘖帝　尾蘖帝　尾誐多麼擺　薩嚩麼擺　尾戍馱額　岐抳岐抳　薩嚩播跛尾秫第　麼擺尾蘖帝　帝惹嚩底　嚩日囉嚩底〔2〕

注釋：

〔1〕聖咒（[illegible]），藏文作 rig pa（明），這裡應指本文的「大明咒」。

〔2〕本咒梵文作：sara sara/ prasara prasara/ sarvavaraṇa/ biśodhani/ samanta ikāra/ maṇḍalabiśuddhe/ bigate bigate/ bigate male/ sarvalamalabiśodhani/ kṣiṇi kṣiṇi/ sarvapāpaṃ/ biśuddhe malabigate/ teje tejobati/ bajra bati/

漢本 TK107 作：薩囉薩囉　缽囉二合薩囉　缽囉二合薩囉　薩嚩引嚩囉拏　尾戍引馱額　三去滿哆入迦囉引　滿拏上攞尾秫入第引　尾蘖帝　尾蘖帝　尾誐多麼擺　尾戍上馱額　乞史二合抳乞史二合抳　薩嚩播引跛尾秫第　麼擺尾蘖帝引　帝惹嚩底　嚩日囉二合嚩底

西夏文及對譯：

[illegible]

三世界△攝受之娑賀／如來一切心成就之娑賀／如來一切灌頂主受令

[illegible]

之娑賀／明滿及菩提勇識一切行爲主受令之娑賀／諸天主受令之娑賀／

[illegible]

如來一切之心以△攝受之娑賀／如來一切記句△成之娑賀／

[illegible]

釋帝親主有釋帝觀之娑賀／梵王梵王宮之娑賀／

藏文：

'jig rten gsum du byin gyis brlabs pa la svā hā/ de bzhin gshegs pa thams cad kyis spyi bo nas dbang bskur ba la svā hā/ byang chub sems dpa' thams cad kyis dbang bskur ba la svā hā/ lha thams cad kyis dbang bskur ba la svā hā/ de bzhin gshegs pa thams cad kyi snying pos byin gyis brlabs pa la svā hā/ de bzhin gshegs pa thams cad kyis dam tshig grub pa la svā hā/ dbang po dang ldan pa dbang pos rnam par bltas pa la svā hā/ tshangs pa dang tshangs pa la gnas pa la svā hā/

意譯：

加持三界娑賀，一切如來心成就娑賀〔1〕，一切如來灌頂〔2〕娑賀，一切佛〔3〕菩薩灌頂〔4〕娑賀，諸天神灌頂娑賀，以一切如來心加持娑賀，一切如來三昧耶成就娑賀，帝釋親主具〔5〕帝釋觀娑賀，梵王梵王宮〔6〕娑訶。

注釋：

〔1〕該句藏文本無。

〔2〕灌頂，西夏作「[illegible]」（灌頂主受），藏文作 spyi bo nas dbang bskur ba（灌頂）。

〔3〕佛（[illegible]），藏文本無。

〔4〕灌頂，藏文作 dbang bskur ba，西夏譯作「[illegible]」（主受）。

〔5〕帝釋親主具（[illegible]），藏文作 dbang po dang ldan pa（帝釋具）。

〔6〕梵王宮（[illegible]），梵天王之宮殿，藏文作 tshangs pa la gnas。

西夏文及對譯：

[illegible] / [illegible] / [illegible]

遍入敬禮處之娑賀 / 摩醯首羅敬禮處之娑賀 / 石王持手石王力及精進以△攝

[illegible] / [illegible] / [illegible] / [illegible] / [illegible]

受之娑賀 / 國持天王之娑賀 / 增長天王之娑賀 / 眼廣天王之娑賀 / 多聞天王

[illegible] / [illegible] / [illegible] / [illegible] /
之娑賀 / 四天王敬禮處之娑賀 / 獄帝之娑賀 / 獄帝供養敬禮處之娑賀 /

[illegible] / [illegible] / [illegible] / [illegible] / [illegible] /
水神之娑賀 / 風神之娑賀 / 大風神之娑賀 / 火神之娑賀 / 龍觀之娑賀 /

藏文：

khyab ’jug gis phyag byas pa la svā hā/ dbang phyug chen pos phyag ’tshal zhing mchod pa la svā hā/ rdo rje ’dzin lag na rdo rje’i stobs dang brtson ’grus kyis byin gyis brlabs pa la svā hā/ yul ’khor srung la svā hā/ ’phags skyes po la svā hā/ mig mi bzang la svā hā/ rnam thos kyi bu la svā hā/ rgyal po chen po bzhis phyag byas pa la svā hā/ gshin rje la svā hā/ gshin rjes mchod cing phyag byas pa la svā hā/ chu lha la svā hā/ rlung lha la svā hā/ rlung lha chen po la svā hā/ me lha la svā hā/ klus rnam par bltas pa la svā hā/

意譯：

毘紐天敬禮娑賀，大自在天敬禮娑賀，以金剛持金剛手之威力精進加持娑賀，持國天王娑賀〔1〕，增長天王娑賀，廣目天王娑賀，多聞天王娑賀，四天王〔2〕敬禮娑賀，閻羅王〔3〕娑賀，閻羅王敬禮供養娑賀，水天娑賀，風天娑賀，大風天娑賀，火天娑賀，觀龍〔4〕娑賀。

注釋：

〔1〕持國天王（[illegible]），護世四天王之一，藏文作 yul ’khor srung。梵文 Dhṛita-rāṣṭraḥ。

〔2〕四天王，指護世四天王，即這裡提及的持國天王、增長天王、廣目天王、多聞天王。

〔3〕閻羅王，藏文 gshin rje，西夏譯作「[illegible]」（獄帝）。梵文 Yamaḥ，音譯爲閻魔、琰摩等。

〔4〕觀龍（[illegible]），藏文作 klus rnam par bltas pa。

西夏文及對譯：

[illegible] / [illegible] / [illegible] / [illegible] /
諸天聚之娑賀 / 諸龍聚之娑賀 / 諸礙施聚之娑賀 / 諸鬼魅聚之娑賀 /

[illegible]
諸香食聚之娑賀 / 諸天非聚之娑賀 / 諸金翅鳥聚之娑賀 / 諸不人聚之娑賀 /

[illegible]
諸大腐爛聚之娑賀 / 諸人聚之娑賀 / 諸不人聚之娑賀 / 星宿一切之娑賀 /

[illegible]
魔一切之娑賀 / 生者一切之娑賀 / 餓鬼一切之娑賀 / 諸肉食鬼之娑賀 /

[illegible]
諸忘魔之娑賀 / 諸顛鬼之娑賀 / 諸損害魔之娑賀 / 諸囊瓶之娑賀 /

藏文：

lha'i tshogs rnams la svā hā/ klu'i tshogs rnams la svā hā/ gnod sbyin gyi tshogs rnams la svā hā/ gshin rje'i tshogs rnams la svā hā/ srin po'i tshogs rnams la svā hā/ dri za'i tshogs rnams la svā hā/ lha ma yin gyi tshogs rnams la svā hā/ nam mkha' lding gi tshogs rnams la svā hā/ mi 'am ci'i tshogs rnams la svā hā/ lto 'phye chen po'i tshogs rnams la svā hā/ mi rnams la svā hā/ mi ma yin pa rnams la svā hā/ gdon thams cad la svā hā/ 'byung po thams cad la svā hā/ yi dags la svā hā/ sha za la svā hā/ brjed byed la svā hā/ gnod byed la svā hā/ grul bum la svā hā/

意譯：

天眾娑賀，龍眾娑賀，藥叉眾娑賀〔1〕，羅刹眾娑賀，乾闥婆眾娑賀，阿修羅眾娑賀，蘖路茶眾娑賀，緊那羅眾娑賀，摩戶羅伽眾娑賀，人眾娑賀，非人眾娑賀，一切星曜娑賀〔2〕，一切魔鬼娑賀，一切部多娑賀，一切畢隸多娑賀，畢舍遮娑賀，忘念鬼娑賀，顛鬼娑賀〔3〕，為害鬼娑賀，甕形鬼娑賀〔4〕。

注釋：

〔1〕藏文本該句後有「閻羅眾娑賀」（gshin rje'i tshogs rnams la svā hā）。
〔2〕該句藏文本無。
〔3〕該句藏文本無。
〔4〕甕形鬼，西夏作「[illegible]」（囊瓶），意譯藏文 grul bum。梵文 Kumbhāṇḍa（鳩盤荼），譯作甕形鬼。

西夏文及對譯：

[illegible]
唵 度嚕度嚕 娑嚩賀 唵 覩嚕覩嚕 娑嚩賀 唵 祖嚕祖嚕 娑嚩賀

[illegible]
唵 母嚕母嚕 娑嚩賀 唵 素嚕素嚕 娑嚩賀 唵 賀曩賀曩 薩嚩設

[illegible]
咄嚕喃 娑嚩賀 唵 諾賀諾賀 薩嚩訥瑟吒喃 娑嚩賀 唵 鉢左鉢左

[illegible]
薩嚩鉢囉底 刖迦鉢囉底 弭怛囉喃 娑嚩賀

[illegible]
何△我之害者彼等之身皆

[illegible]
鉢囉嘬攞野 薩嚩訥瑟鴿 唧哆喃 娑賀

藏文：

oṃ dhu ru dhu ru svā hā/ tu ru tu ru svā hā/ mu ru mu ru svā hā/ ha na ha na sarba sha trūm svā hā/ da ha da ha sarba duṣṭā nām svā hā/ pa tsa pa tsa sarba pra tyarthi kā pra tye mi hrā nām svā hā/ gang dag bdag la mi phan par ’dod pa de dag thams cad kyi lus dzva la ya sarba duṣṭam tsi trā nām svā hā/

意譯：

唵 度嚕度嚕 娑嚩賀 唵 覩嚕覩嚕 娑嚩賀 唵 祖嚕祖嚕 娑嚩賀 唵 母嚕母嚕 娑嚩賀 唵 素嚕素嚕 娑嚩賀 唵 賀曩賀曩 薩嚩設 咄嚕喃 娑嚩賀 唵 諾賀諾賀 薩嚩訥瑟吒喃 娑嚩賀 唵 鉢左鉢左 薩嚩鉢囉底 刖迦鉢囉底 弭怛囉喃 娑嚩賀〔1〕

害我者其身皆

鉢囉嘬攞野 薩嚩訥瑟鴿 唧哆喃 娑賀〔2〕

注釋：

〔1〕本咒梵文作：oṃ dhuru dhuru svāhā/ oṃ curu curu svāhā oṃ muru muru svāhā/ hana hana sarvaśatruṃ svāhā/ daha daha sarvaduṣṭapraduṣṭa svāhā/ paca paca sarva pratya/

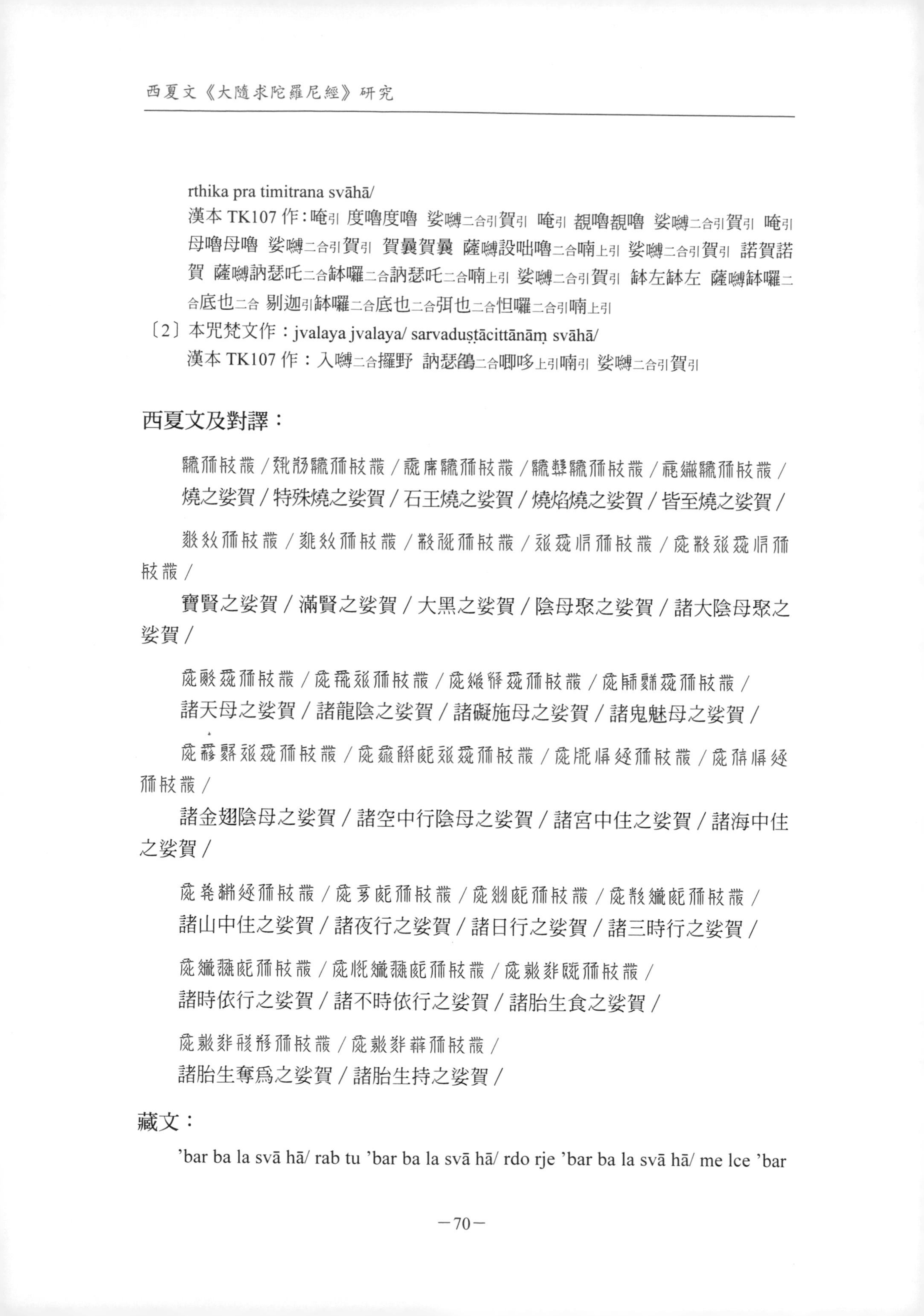

rthika pra timitrana svāhā/
漢本 TK107 作：唵引 度嚕度嚕 娑嚩二合引賀引 唵引 覩嚕覩嚕 娑嚩二合引賀引 唵引 母嚕母嚕 娑嚩二合引賀引 賀曩賀曩 薩嚩設咄嚕二合喃上引 娑嚩二合引賀引 諾賀諾賀 薩嚩訥瑟吒二合缽囉二合訥瑟吒二合喃上引 娑嚩二合引賀引 缽左缽左 薩嚩缽囉二合底也二合 剔迦引缽囉二合底也二合弭也二合怛囉二合引喃上引

〔2〕本咒梵文作：jvalaya jvalaya/ sarvaduṣṭācittānāṃ svāhā/
漢本 TK107 作：入嚩二合攞野 訥瑟鵮二合唧哆上引喃引 娑嚩二合引賀引

西夏文及對譯：

[illegible]
燒之娑賀 / 特殊燒之娑賀 / 石王燒之娑賀 / 燒焰燒之娑賀 / 皆至燒之娑賀 /

[illegible]
寶賢之娑賀 / 滿賢之娑賀 / 大黑之娑賀 / 陰母聚之娑賀 / 諸大陰母聚之娑賀 /

[illegible]
諸天母之娑賀 / 諸龍陰之娑賀 / 諸礙施母之娑賀 / 諸鬼魅母之娑賀 /

[illegible]
諸金翅陰母之娑賀 / 諸空中行陰母之娑賀 / 諸宮中住之娑賀 / 諸海中住之娑賀 /

[illegible]
諸山中住之娑賀 / 諸夜行之娑賀 / 諸日行之娑賀 / 諸三時行之娑賀 /

[illegible]
諸時依行之娑賀 / 諸不時依行之娑賀 / 諸胎生食之娑賀 /

[illegible]
諸胎生奪爲之娑賀 / 諸胎生持之娑賀 /

藏文：

’bar ba la svā hā/ rab tu ’bar ba la svā hā/ rdo rje ’bar ba la svā hā/ me lce ’bar ba la svā hā/ kun tu ’bar ba la svā hā/ nor bu bzang la svā hā/ gang ba bzang po la svā hā/ nag po chen po la svā hā/ ma mo’i tshogs la svā hā/ gnod sbyin mo rnams la svā hā/ srin mo rnams la svā hā/ nam mkha’i ma mo rnams la svā hā/ rgya mtsho na gnas pa rnams la svā hā/ mtshan mo rgyu ba rnams la svā hā/ nyin mo rgyu ba rnams la svā hā/ dus gsum du rgyu ba rnams la svā hā/ dus su rgyu ba rnams la svā hā/ dus ma yin par rgyu ba rnams la svā hā/ zas su mngal za ba rnams la svā hā/ mngal ’dzin pa la svā hā/

意譯：

燒娑訶，殊甚燒娑訶，金剛燒娑訶，火焰燒娑訶，普遍燒娑訶，寶賢娑訶，滿賢娑訶，大黑天娑訶，天母眾娑訶，諸大天母眾娑訶，諸天母娑訶，諸龍女娑訶〔1〕，諸藥叉女娑訶，諸羅刹女娑訶，諸金翅鳥母娑訶〔2〕，諸空行母娑訶，諸宮中住娑訶〔3〕，諸海中住娑訶，諸山中住娑訶〔4〕，諸夜行娑訶，諸日行娑訶，諸三時行娑訶，諸合時行娑訶，諸不時行娑訶，諸食胎娑訶〔5〕，諸奪胎娑訶〔6〕，諸持胎娑訶。

注釋：

〔1〕「諸大天母眾娑訶」至此數句藏、漢文本無。
〔2〕該句藏、漢文本無。
〔3〕該句藏、漢文本無。
〔4〕該句藏、漢文本無。
〔5〕該句漢文本無。
〔6〕該句藏文本無。

西夏文及對譯：

[illegible]
唵　護嚕護嚕　娑嚩賀　唵　祖嚕祖嚕　娑嚩賀　唵　母嚕母嚕　娑嚩賀

[illegible]
唵　娑嚩賀　唵　吽　娑嚩賀　唵　娑嚩娑嚩賀　唵　僕　娑嚩賀　唵　部嚩

[illegible]
娑嚩賀　唵　步囉步嚩　娑嚩賀　唵　賀跋底　娑嚩賀　唧置唧置　娑嚩賀

[illegible]

尾置尾置 娑嚩賀 蘖囉婆蘖囉別 娑嚩賀 馱囉抳 娑嚩賀 馱囉抳

[illegible]

娑嚩賀 阿誐曩曳 娑嚩賀 帝祖嚩補 娑嚩賀 唧理唧理 娑嚩賀

藏文：

hu lu hu lu svā hā/ oṃ svā hā/ sva svā hā/ bhu svā hā/ bhu ba svā hā/ bhur bhū ba svā hā/ tsi ṭi tsi tsi ṭi svā hā/ bi ṭi bi ṭi svā hā/ dhā ra ṇi svā hā/ dhā ra ṇi svā hā/ agni svā hā/ te dzo ba yu svā hā/ tsi li tsi li svā hā/

意譯：

唵 護嚕護嚕 娑嚩賀 唵 祖嚕祖嚕 娑嚩賀 唵 母嚕母嚕 娑嚩賀 唵 娑嚩賀 唵 吽 娑嚩賀 唵 娑嚩娑嚩賀 唵 僕 娑嚩賀 唵 部嚩 娑嚩賀 唵 步囉步嚩 娑嚩賀 唵 賀跋底 娑嚩賀 唧置唧置 娑嚩賀 尾置尾置 娑嚩賀 蘖囉婆蘖囉別 娑嚩賀 馱囉抳 娑嚩賀 馱囉抳 娑嚩賀 阿誐曩曳 娑嚩賀 帝祖嚩補 娑嚩賀 唧理唧理 娑嚩賀〔1〕

注釋：

〔1〕本咒梵文作：hulu hulu svāhā/ oṃ svāhā/ svāḥ svāhā/ bhūḥ svāhā/ bhūbaḥ svāhā/ bhūr bhuba svāḥ svāhā/ ciṭi ciṭi svāhā/ piṭi piṭi svāhā/ dharaṇi svāhā dharaṇi svāhā/ agani svāhā/ tejobasu svāhā/ cili cili svāhā/

漢本 TK107 作：護嚕護嚕 娑嚩二合引賀引 唵引 娑嚩二合引賀引 娑嚩二合 娑嚩二合賀引 僕引娑嚩二合賀引 部嚩 娑嚩二合引賀引 唵 步囉步二合嚩 娑嚩二合 娑嚩二合引賀引 唧置唧置 娑嚩二合引賀引 尾置尾置 娑嚩二合引賀引 馱囉抳 娑嚩二合引賀引 馱囉抳 娑嚩二合引賀引 阿上屹囊二合曳 娑嚩二合引賀引 帝引祖去引嚩補 娑嚩二合引賀引 唧理唧理 娑嚩二合賀引

西夏文及對譯：

[illegible]

尾哩尾哩 娑嚩賀 弭哩弭哩 娑嚩賀 底哩底哩 娑嚩賀 悉哩悉哩

[illegible]

娑嚩賀 沒馱沒馱 娑嚩賀 滿拏攞嚩第 娑嚩賀 悉滿嚩第 娑嚩賀

[illegible]
薩嚩設咄嚕喃　畔惹野　畔惹野　娑嚩賀　染婆野　染婆野　娑嚩賀

[illegible]
娑膽婆野　娑膽婆野　娑嚩賀　親娜野　親娜野　娑嚩賀　牝娜野

[illegible]
牝娜野　娑嚩賀　畔惹野　畔惹野　娑嚩賀　嚩馱野　嚩馱野　娑嚩賀

藏文：

mi li mi li svā hā/ si li si li svā hā/ buddhya buddhya svā hā/ siddhya siddhya svā hā/ maṇḍa la ban dhe svā hā/ sī mā ban dhe svā hā/ dha ra ṇi bhan dhe svā hā/ sarba sha trūm ṇām bhañdza ya svā hā/ dzambha ya dzambha ya svā hā/ stambha ya stambha ya svā hā/ tstshinda tstshinda svā hā/ bhinda bhinda svā hā/ bhañdza bhañdza svā hā/ bandha bandha svā hā/

意譯：

尾哩尾哩　娑嚩賀　弭哩弭哩　娑嚩賀　底哩底哩　娑嚩賀　悉哩悉哩　娑嚩賀　沒馱沒馱　娑嚩賀　滿拏攞嚩第　娑嚩賀　悉滿嚩第　娑嚩賀　薩嚩設咄嚕喃　畔惹野　畔惹野　娑嚩賀　染婆野　染婆野　娑嚩賀　娑膽婆野　娑膽婆野　娑嚩賀　親娜野　親娜野　娑嚩賀　牝娜野　牝娜野　娑嚩賀　畔惹野　畔惹野　娑嚩賀　嚩馱野　嚩馱野　娑嚩賀〔1〕

注釋：

〔1〕本咒梵文作：mili mili svāhā/ sili sili svāhā/ buddhya buddhya svāhā/ siddhya siddhya svāhā/ maṇḍalasiddhya svāhā/ maṇḍalabandhe svāhā/ simabandhe svāhā/ dharaṇi bandhe svāhā/ sarvaśatrūṃ/ jambhaya jambhaya svāhā/ stambhaya stambhaya svāhā/ cchinda cchinda svāhā/ bhinda bhinda svāhā/ bhañja bhañja svāhā/ bandha bandha svāhā/

漢本 TK107 作：悉哩悉哩　娑嚩二合引賀引　沒地野二合沒地野二合　娑嚩二合引賀引　悉地野二合　悉地野二合　娑嚩二合引賀引　滿拏上攞悉第引　娑嚩二合引賀引　滿拏攞滿第　娑嚩二合引賀引　枲引麼滿馱顐　娑嚩二合引賀引　薩嚩設咄嚕二合引喃　漸婆去漸婆去　娑嚩二合引賀引　娑膽二合婆去野　娑膽二合婆去野　娑嚩二合引賀引　親娜親娜　娑嚩二合引賀引　牝娜　娑嚩二合引賀引　畔惹畔惹　娑嚩二合引賀引　滿馱滿馱　娑嚩二合引賀引

西夏文及對譯：

[illegible]
謨賀野 謨賀野 娑嚩賀 麼梶尾秫第 娑嚩賀 素哩曳 素哩曳 尾秫第

[illegible]
娑嚩賀 戍馱頸 娑嚩賀 尾戍馱頸 娑嚩賀 讚涅嚇 讚涅嚇 布囉拏讚涅嚇

[illegible]
娑嚩賀 吃 囉係別 娑嚩賀 諾佉怛囉別 娑嚩賀 始吠別 娑嚩賀 扇底別

[illegible]
娑嚩賀 布瑟底別 娑嚩賀 薩嚩瑟底野寧 娑嚩賀 始鑁羯哩 娑嚩賀

[illegible]
扇底羯哩 娑嚩賀 補瑟置羯哩 娑嚩賀 麼擺羯哩 娑嚩賀 麼擺沫囉達頸

[illegible]
娑嚩賀 室哩羯哩 娑嚩賀 室哩沫囉達頸 娑嚩賀 室哩嚩哩頸 娑嚩賀

[illegible]
曩母呰 娑嚩賀 母呰 娑嚩賀 麼嚕呰 娑嚩賀 唵 吠誐嚩底 娑嚩賀

藏文：

mo ha ya mo ha ya svā hā/ ma ṇi bi shud dhe svā hā/ sūrye svā hā/ sūrya bi shud dhe svā hā/ sho dha ni svā hā/ bi sho dhe ni svā hā/ tsaṇḍe tsaṇḍe pa ri pū ra ṇa tsandre svā hā/ gra he bhyaḥ svā hā/ nakṣa tre bhyaḥ svā hā/ shi bi bhyaḥ svā hā/ shānti bhyaḥ svā hā/ puṣṭi bhyaḥ svā hā/ svā sti ya ne bhyaḥ svā hā/ garbha dha re svā hā/ shi bam ka ri svā hā/ sham ka ri svā hā/ shāntim ka ri svā hā/ puṣṭim ka ri svā hā/ ba la bardha ni svā hā/ ba la bardhi ni ka ri svā hā/ shrī ka ri svā hā/ shrī bardhi ni svā hā/ shrī dzvā li ni svā hā/ mu tsi svā hā/ na mu tsi svā hā/ ma ru tsi svā hā/ be ga ba ti svā hā/

意譯：

謨賀野 謨賀野 娑嚩賀 麼梶尾秫第 娑嚩賀 素哩曳 素哩曳 尾秫第 娑嚩賀 戍馱頸 娑嚩賀 尾戍馱頸 娑嚩賀 讚涅嚇 讚涅嚇 布囉拏讚涅嚇 娑嚩賀 吃囉係別〔1〕娑嚩賀 諾佉怛囉別 娑嚩賀 始吠別 娑嚩賀 扇底別 娑嚩賀 布瑟

底别 娑嚩賀 薩嚩瑟底野寧 娑嚩賀 始鑁羯哩 娑嚩賀 扇底羯哩 娑嚩賀 補瑟置羯哩 娑嚩賀 麼攞羯哩 娑嚩賀 麼攞沫囉達額 娑嚩賀 室哩羯哩 娑嚩賀 室哩沫囉達額 娑嚩賀 室哩[illegible]哩額 娑嚩賀 曩母呰 娑嚩賀 母呰 娑嚩賀 麼嚕呰 娑嚩賀 唵 吠誐嚩底 娑嚩賀〔2〕

注釋：

〔1〕吃囉係别（[illegible]），該句梵文作 grahebhyaḥ，[illegible]的對音是 bhyaḥ，bhyaḥ在漢文本中通常對音爲「毗藥二合」。

〔2〕本咒梵文作：mohaya mohaya svāhā/ maṇibiśuddhe svāhā/ sūrya sūrya sūryasa/ biśuddhe biśodhani svāhā/ candre candre/ pūrṇṇacandre svāhā/ grahebhyaḥ svāhā/ nakṣatrebhyaḥ svāhā/ śibebhyaḥ svāhā/ śāntibhyaḥ svāhā/ puṣṭibhyaḥ svāhā/ svastyayanebhyaḥ svāhā/ śivangkāri svāhā/ śangkari svāhā/ śāntikari svāhā/ puṣṭikari svāhā/ balavardhani svāhā/ balavardhanakari svāhā/ śrīkari svāhā/ śrīvardhanakari svāhā/ śrījvalani svāhā/ muci svāhā/ namuci svāhā/

漢本 TK107 作：謨引賀野 謨引賀野 娑嚩二合引賀引 麼柅尾秫入第 娑嚩二合引賀引 素引哩曳二合 素哩曳二合 素哩野二合 尾秫第引 尾引戍引馱額 娑嚩二合引賀引 讚涅㘑二合 素讚涅㘑二合布囉拏二合 讚涅㘑二合 娑嚩二合引賀引 吃囉二合係毗藥二合 娑嚩二合引賀引 諾乞剎二合怛㘑二合毗藥二合 娑嚩二合引賀引 始吠引 娑嚩二合引賀引 扇引上底孕二合 娑嚩二合引賀引 娑嚩二合引娑底野二合野寧 娑嚩二合引賀引 始鑁羯哩 扇引底孕二合羯哩 補瑟置二合羯哩 麼攞沫囉達額 娑嚩二合引賀引 室哩二合羯哩二合 娑嚩二合引賀引 室哩二合野引沫囉達額 娑嚩二合賀引 室哩二合野入嚩二合攞額 娑嚩二合引賀引 曩母呰 娑嚩二合引賀引 麼嚕呰 娑嚩二合引賀引 吠引誐嚩底 娑嚩二合引賀引

西夏文及對譯：

[illegible]

出有壞母如來一切之身頂最上垢與離／我等情有一切之罪過一切

[illegible]

皆當清淨善當成／我等安樂當得／

[illegible]

唵 母額母額母額母額母額 讚哩讚攞尼 婆誐嚩底 婆野尾誐帝

[illegible]

婆野賀囉抳 冒地冒地 冒馱野 冒馱野 沒地哩 沒地哩 薩嚩怛他

[illegible]

蘗多哩乃也 足瑟帝 娑賀 唵 母顊母顊嚩隸

[illegible]

如來一切之明語主△受／大金剛甲冑手印以△印一切我等之主△受令△／

[illegible]

薩嚩怛他蘗跢 哩乃也 阿地瑟恥多 嚩日隸 娑嚩賀

藏文：

oṃ bcom ldan 'das ma de bzhin gshegs pa thams cad kyi sku mchog dri ma dang bral ba/ bdag gi sdig pa thams cad zhi bar mdzad du gsol/ bdag bde legs su gyur cig/ bi mu ni bi mu ni/ dha ri tsa la tsa la ni/ bha ga ba ti/ bha ya bi ga te/ bha ya ha ri ṇi/ bo dhi bo dhi/ bo dha ya bo dha ya/ bud dhi li bud dhi li/ tsumbu li tsumbu li svā hā/ sarba ta thā ga ta hri da ya dzuṣṭe svā hā/ oṃ mu ni mu ni mu ni ba re/ de bzhin gshegs pa thams cad kyi rig pa'i dbang bskur ba/ rdo rje'i go cha chen po'i phyag rgyas btab pa thams cad kyis bdag la dbang bskur du gsol/ sarba ta thā ga ta hṛ da ya/ a dhi ṣṭhā na/ a dhi ṣṭhi ti badzre svā hā/

意譯：

世尊一切如來無上之身得與垢離，我等一切有情所有罪過悉皆清淨，我等當得安樂！

唵 母顊母顊母顊母顊母顊 讚哩讚攞尼 婆誐嚩底 婆野尾誐帝 婆野賀囉抳 冒地冒地 冒馱野 冒馱野 沒地哩 沒地哩 薩嚩怛他 蘗多哩乃也 足瑟帝 娑賀〔1〕唵 母顊母顊嚩隸〔2〕

一切如來明咒灌頂，大金剛甲印而印，我等皆得灌頂！

薩嚩怛他蘗跢 哩乃也 阿地瑟恥多 嚩日隸 娑嚩賀〔3〕

注釋：

〔1〕本咒梵文作：oṃ muni muni/ bimuni bimuni/ dhari cari calane/ bhagabati/ bhayabigate/ bhayaharini/ bodhi bodhi/ bodhaya bodhaya/ buddhili buddhili/ sarvatathāgata/

漢本作：母顊母顊 尾母顊 左嚇佐攞寧 婆野尾誐帝 婆野賀囉抳 冒地冒地 冒馱野 冒引馱野 沒地裏 沒地裏 薩嚩怛他引誐多 紇哩二合乃也 足瑟𠻴二合 娑嚩二合賀

〔2〕本咒梵文作：oṃ muni muni munibare/ 漢本作：唵 畝顊畝顊畝顊嚩隸

〔3〕本咒梵文作：sarvatathāgata/ hṛdayādhiṣṭhite/ bajre svāhā/
漢本作：薩嚩怛他引誐多　吃哩二合乃夜地瑟恥二合多　嚩日嚩二合　娑嚩二合賀引

西夏文及對譯：

[illegible]
大婆羅門大明女王求隨皆得皆至光明火焰網以圍意如寶印心勝出

[illegible]
者無此大最持者／若善男子善女人聞時／罪過一切中解脫得／大婆

[illegible]
羅門此契經何△心歸念者之身者石王身是知應／彼之身者火以不燒／

[illegible]〔註3〕
何云也／往昔大黃白城邑中兒童羅睺羅母胎在時／仙種女耶輸陀羅

[illegible]
火坑中△沈／火中花出／火變花爲／爾時羅睺羅母胎

[illegible]
中在此明咒念故／彼火一刹那時涼爲／仙女耶輸陀羅火以不燒／

[illegible]
此者何云／此明咒者如來一切行爲△攝受因是／

藏文：

bram ze chen po rig pa'i rgyal mo so sor 'brang ba chen mo/ kun nas me lce'i phreng ba rnam par dag pas rgyas pa yid bzhin gyi nor bu phyag rgya dang/ snying po gzhan gyis mi thub pa'i gzungs 'di rigs kyi bu 'am/ rigs kyi bu mos thos ma thag tu sdig pa thams cad las rnam par grol bar 'gyur ro/ bram ze chen po rig pa 'di gang gi snying la gnas par gyur pa de'i lus rdo rjer rig par bya'o/ de'i lus la mes mi tshugs so/ tsi mngon zhe na/ gang gi tshe grong khyer chen po ser skya'i gnas na/ gzhon nu sgra gcan zin bzang po mngal du zhugs pa de'i tshe ṣākya'i bu mo sa 'tsho ma bdag nyid me'i nang du mchongs pa dang/ der padma dag byung ste/

〔註3〕西夏諸本其後有「[illegible]」（尼），據上下文及漢本知其爲衍，徑去之。

de'i tshe gzhon nu sgra gcan zin bzang po mngal na gnas bzhin du rig pa 'di yid la byas so/ rig pa 'di rjes su dran pa tsam gyis me de skad cig de nyid la bsil bar gyur to/ de nas ṣākya'i bu mo sa 'tsho ma'i lus la mes ma reg go/ de ci'i phyir zhe na/ rig pa 'di ni de bzhin gshegs pa thams cad kyis byin gyis brlabs pa'o/

意譯：

此大婆羅門普遍光明清淨熾盛如意寶印心無能勝大明王隨求大陀羅尼者，若有善男子善女人得聞見時，於一切罪過中悉能解脫。大婆羅門至心念誦此陀羅尼者，當知其身即是金剛身。彼之身火不能燒，何以故？往昔迦毘羅大城〔1〕中，羅睺羅童子在母胎時，仙種女〔2〕耶輪陀羅〔3〕被擲火坑，火中生出蓮花，變蓮花池。爾時羅睺羅在母胎中，憶念此明咒，彼火刹那清冷，不能燒仙女耶輪陀羅，何以故？此明咒是一切如來加持故。

注釋：

〔1〕迦毘羅大城，梵文 Kapilavastu，音譯作迦毘羅婆蘇都、劫比羅伐窣堵等，意爲「黄頭僊人居處」。西夏作「[illegible]」（大黄白城邑），意譯藏文 grong khyer chen po ser skya，grong khyer 意爲「城」，ser skya 意爲「淺黄色」。

〔2〕仙種女，此處西夏作「[illegible]」，文中另作「[illegible]」（仙女），藏文作 ṣākya'i bu mo（釋迦女），漢本作「釋種女」。

〔3〕耶輪陀羅（[illegible]），羅睺羅之母，梵文 Yaśodharā。藏文作 sa 'tsho ma，意爲「養地女」，即耶輪陀羅，梵文 Gopikā（瞿夷、明女、守護大地）。

西夏文及對譯：

[illegible] / [illegible] / [illegible] /

大婆羅門此因緣故火中不燒也 / 毒以亦不死 / 何云也 /

[illegible] / [illegible]

大婆羅門往時大樂至城邑中商主力有之子明説者爲 / 時明咒力以安龍王之

[illegible] / [illegible] / [illegible] / [illegible] /

△攝受 / 放逸以未纏縛 / 彼龍王△嗔明説之△損侵 / 苦楚多受△將命斷將知 /

[illegible] / [illegible] /

復他明持者多繫△召彼毒救無能／爾時樂至城邑中善親女一名者垢無淨／

[illegible]／[illegible]／[illegible]／[illegible]／[illegible]／

大悲有／種咒明女王誦能／彼處△往／此種咒一遍△誦／毒消先如爲／

[illegible]／[illegible]／

大苦中解脫得／此大明咒王種聚何△說如商主子心誠以念持／

藏文：

bram ze chen po rgyu des na mes mi tshig go/ dug gis kyang srog dang 'bral bar mi nus so/ de tsi lta zhe na/ bram ze chen po gang gi tshe grong khyer chen po bde bar pha rol tu 'gro ba zhes bya ba na/ tshong dpon mdzod stobs can gyi bu rig pa smra bar gyur to/ de'i rig pa'i stobs des klu'i rgyal po 'jog po bkug go/ bkug nas kyang bag med pa'i dbang gis ma bcings pas des khros nas de la bzung ba dang/ de tshor ba mi bzad pa myong nas ji ltar yang bdag ni srog dang bral lo snyam du shes so/ de nas smra ba can mang po bos kyang 'ga' tsam gyis kyang dug las gso bar ma nus so/ de nas grong khyer chen po bde bar pha rol tu 'gro ba na dge bsnyen ma dri ma med par dag pa zhes bya ba snying rje chen po dang ldan pa zhig gnas pa des rig pa'i rgyal mo chen mo 'di kha don du shes so/ de de'i gnas su song ste phyin pa dang/ rig pa chen po 'di brjod do/ des de la lan cig brjod pa tsam gyis de dug med par byas shing de dran pa rnyed par byas te/ sdug bsngal chen po de las yongs su thar bar byas nas rig pa chen mo'i snying po 'di cho ga ci ltar bka' stsal pa bzhin du tshong dpon gyi bu de'i snying la gnas par byas so/

意譯：

大梵當知以是因緣火不能燒，毒不能害，何以故？大梵往昔善遊城〔1〕豐才長者子〔2〕持誦明咒，以明咒力召攝德叉迦龍王，其龍放逸未縛〔3〕，生大嗔怒〔4〕。是人受大苦痛命將欲絕，多有諸持明者無能救濟。爾時善遊城中有一優婆夷，名曰無垢清淨。大悲成就，能誦大明王咒，往詣其所，才誦此咒一遍，其毒消滅平復如故，於大苦厄中得解脫，此大明王儀軌，長者子至心念持。

注釋：

〔1〕善遊城，西夏作「[illegible]」（大樂至城邑），譯自藏文 grong khyer chen po bde bar pha rol tu 'gro ba，grong khyer 意爲城，bde 意爲安樂，pha rol tu 'gro ba 意爲往

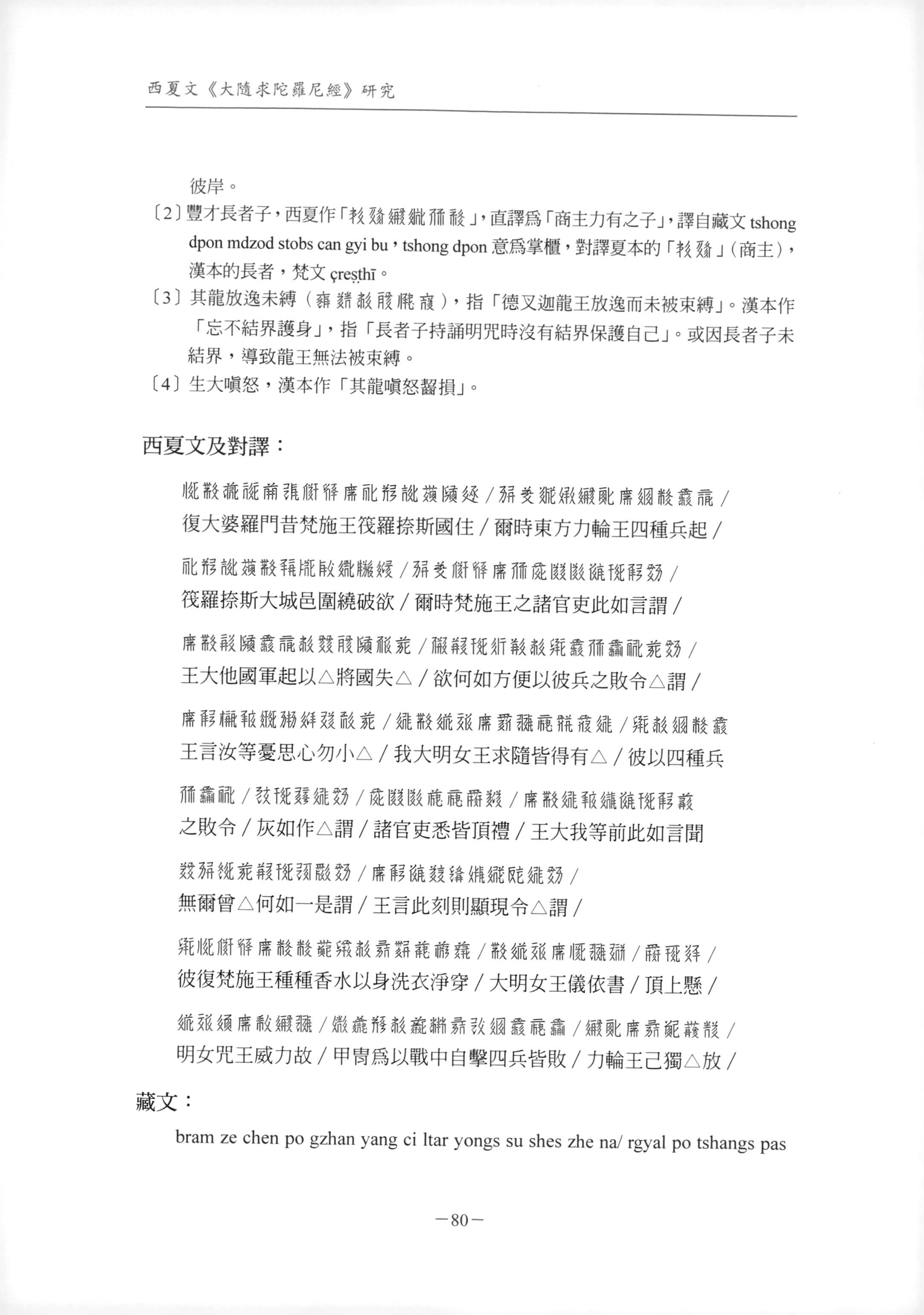

彼岸。

〔2〕豐才長者子，西夏作「[illegible]」，直譯爲「商主力有之子」，譯自藏文 tshong dpon mdzod stobs can gyi bu，tshong dpon 意爲掌櫃，對譯夏本的「[illegible]」（商主），漢本的長者，梵文 çreṣṭhī。

〔3〕其龍放逸未縛（[illegible]），指「德叉迦龍王放逸而未被束縛」。漢本作「忘不結界護身」，指「長者子持誦明咒時沒有結界保護自己」。或因長者子未結界，導致龍王無法被束縛。

〔4〕生大嗔怒，漢本作「其龍嗔怒齧損」。

西夏文及對譯：

[illegible]

復大婆羅門昔梵施王筏羅捺斯國住／爾時東方力輪王四種兵起／

[illegible]

筏羅捺斯大城邑圍繞破欲／爾時梵施王之諸官吏此如言謂／

[illegible]

王大他國軍起以△將國失△／欲何如方便以彼兵之敗令△謂／

[illegible]

王言汝等憂思心勿小△／我大明女王求隨皆得有△／彼以四種兵

[illegible]

之敗令／灰如作△謂／諸官吏悉皆頂禮／王大我等前此如言聞

[illegible]

無爾曾△何如一是謂／王言此刻則顯現令△謂／

[illegible]

彼復梵施王種種香水以身洗衣淨穿／大明女王儀依書／頂上懸／

[illegible]

明女咒王威力故／甲冑爲以戰中自擊四兵皆敗／力輪王己獨△放／

藏文：

bram ze chen po gzhan yang ci ltar yongs su shes zhe na/ rgyal po tshangs pas byin zhes bya ba'i grangs su chud pa zhig grong khyer chen po bā rā ṇa sī na sngon yongs su rgyu ba'i tshe/ de'i shar phyogs kyi mtshams kyi stobs kyi 'khor los sgyur ba'i rgyal po des dpung gi tshogs yan lag bzhi pa go bskon te/ grong khyer chen po bā rā ṇa sī kun nas bskor te/ gzhom par bshams so/ de nas rgyal po tshangs pas byin de la blon po rnams kyis smras pa/ lha pha rol gyi dmag tshogs kyis grong khyer 'phrog la thug na thabs gang gis pha rol gyi dmag tshogs gzhom par bgyi/ bka' stsal du gsol zhes byas pa dang rgyal pos khyed 'tsher 'grib chung dur gyis shig/ rig pa'i rgyal mo so sor 'brang ba chen mo zhes bya ba yod de/ ngas des dpung gi tshogs yan lag bzhi pa 'di pham par bya'o/ thal ba bzhin du bya'o zhes bsgo ba dang/ blon po rnams kyis mgo btud de rgyal po chen po sngon bdag cag gis nam yang ma thos pa 'di ci zhig lags zhes smras pa dang/ rgyal pos ngas de mngon sum du bya'o zhes bsgo'o/ de nas rgyal po tshangs pas byin spos chu sna tshogs kyis mgo bkrus te/ gos gtsang ma bgos nas rig pa'i rgyal mo chen mo 'di cho ga bzhin du bris te/ mgo'i gtsug gi skra'i nang du bzhag nas rig pa'i rgyal mo chen mo 'di nyid kyis go cha byas te/ gyul gyi nang du zhugs pa dang/ gcig pus dpung gi tshogs yan lag bzhi pa thams cad pham par byas te/ ji srid skyabs su dong ba de srid du 'dis tshar bcad nas stobs kyi 'khor los sgyur ba'i rgyal po de gcig pu btang ngo/

意譯：

復次大梵往昔筏羅捺斯城有梵施王〔1〕。爾時東方力輪王〔2〕起四種兵，伐筏羅捺斯大城。爾時諸大臣〔3〕白梵施王言：「大王將被敵軍奪城，王當令我作何計謀〔4〕敗彼之兵。」王言：「汝等且勿憂思，我有大明王隨求皆得經，可摧四種兵令如灰燼。」群臣悉皆稽首，白言大王我等未曾聽聞此言，王曰汝等今者即見效驗。梵施王以香水沐浴而著淨衣，依法書寫此大明咒〔5〕，懸於頭髻〔6〕。以大明咒威力，被甲而戰，擊敗四軍，獨放行力輪王〔7〕。

注釋：

〔1〕梵施王（[illegible]），藏文作 rgyal po tshangs pas byin。梵文 rājā brahma-dattaḥ。

〔2〕力輪王（[illegible]），西夏譯自藏文 stobs kyi 'khor los sgyur ba'i rgyal po。

〔3〕大臣，藏文作 blon po，西夏譯作「[illegible]」（官吏）。梵文 āmātyaḥ。

〔4〕計謀，西夏作「[illegible]」，譯自藏文 thabs（方便、謀略）。

〔5〕依法，藏文 cho ga bzhin（依儀軌），西夏譯作「[illegible]」（依儀）。

〔6〕懸於頭髻，漢本作「入在於篋安頭髻中」。

〔7〕「以大明咒威力」至此數句漢本作「以此大隨求陀羅尼，護身被甲即往入陣，王獨共戰四兵降伏，來歸梵施」。

西夏文及對譯：

[illegible]
大婆羅門其故大明女王母者／如來一切之心手印以△攝受／

[illegible]
大威力現前現持當／如來一切與差異想不起當／後世後時上諸情有

[illegible]
壽短貧窮等之利益爲能也／大婆羅門或或此大明女王母求隨皆得

[illegible]
種聚依書／或手及頸上懸故／彼之如來一切行爲△攝受是知當／

[illegible]
如來一切之身是知當／石王之身是知當／如來一切之舍利心是知當／

[illegible]
如來一切之眼是知當／大石王之身是知當／焰光身是知當／

[illegible]
不壞甲冑是知當／敵寇一切壞令知當／罪過及諸障一切淨令知當／

藏文：

bram ze chen po de ltar na rig pa'i rgyal mo chen mo de bzhin gshegs pa thams cad kyi snying po dang/ phyag rgyas byin gyis brlabs pa/ mthu chen po 'di mngon sum du gyur pa yin te/ mngon sum du gyur to snyam du gzung bar bya'o/ de bzhin gshegs pa thams cad dang mtshungs pa nyid du blta bar bya'o/ phyi ma'i tshe phyi ma'i dus na sems can tshe thung ba rnams dang/ bsod nams chung ba rnams dang/ longs spyod chung ba rnams la phan par 'gyur bar blta'o/ bram ze chen po gang la la zhig rig pa'i rgyal mo so sor 'brang ba chen mo 'di cho ga bzhin du bris te lag pa'am/ mgul du btags na de de bzhin gshegs pa thams cad kyis byin gyis brlabs par rig par bya'o/ de de bzhin gshegs pa thams cad kyi skur rig par bya'o/ rdo rje'i lus yin par rig par bya'o/ de de bzhin gshegs pa thams cad kyi ring bsrel gyi snying po can yin par rig par bya'o/ de de bzhin gshegs pa thams cad kyi spyan yin par rig par bya'o/ de rdo rje chen po'i lus su rig par bya'o/ de 'bar ba 'od 'phro ba'i lus dang ldan par rig par bya'o/ de mi shigs pa'i go cha can du rig par bya'o/ de dgra thams cad rab tu 'joms par rig par bya'o/ de sgrib pa dang sdig pa thams cad 'joms par rig par bya'o/

意譯：

大梵大明王大隨求者，一切如來心印〔1〕之所加持，有大神驗汝當受持。當知此陀羅尼等同諸佛〔2〕，於後末法之時〔3〕，利益眾生短命貧窮者〔4〕。大梵若有〔5〕依法〔6〕書寫此大明王大隨求者，繫於臂及頸下，當知是人是一切如來之所加持，當知是人是一切如來身，當知是人是金剛之身，當知是人是一切如來舍利藏〔7〕，當知是人是一切如來眼，當知是人是大金剛之身〔8〕，當知是人是熾盛光明身〔9〕，當知是人是不壞甲冑，當知是人能摧一切怨敵，當知是人能淨一切罪障。

注釋：

〔1〕心印，西夏作「[illegible]」（心手印）。
〔2〕本句西夏字面作「當不起與一切如來差異想」（[illegible]）。
〔3〕於後末法之時，西夏作「[illegible]」（後世後時上），譯自藏文 phyi ma'i tshe phyi ma'i dus。
〔4〕該句漢本作「短命薄福無福不修福者，如斯有情作利益故。」
〔5〕若有，西夏作「[illegible]」（或或），對譯藏文 la la（有些、若有）。
〔6〕依法，西夏字面作「種聚依」（[illegible]），譯自藏文 cho ga bzhin（依儀軌）。
〔7〕如來舍利藏，漢本作「如來藏身」。舍利藏，藏文作 bsrel gyi snying po，西夏譯作「[illegible]」（舍利心）。
〔8〕該句漢本無。
〔9〕熾盛光明身（[illegible]），西夏譯自藏文'bar ba 'od 'phro ba'i lus。漢本作「一切如來熾盛光明身」。

西夏文及對譯：

[illegible] / [illegible] / [illegible] / [illegible]
情有地獄墮者淨令知當 / 何云也 / 大婆羅門往昔善起信無有 / 如來之戒行

[illegible]
△犯不與取△爲／他之食食奪爲／大眾之及四方眾物等自用飲食／後時

[illegible]
疾病遇大勞累苦極受／護祐者無／大聲音出／大婆羅門爾時善親一／

[illegible]
彼聲音聞／彼處△往／此大明女王求隨皆得書／彼善起之頸上懸爲／

[illegible]
立即疾病△愈／

藏文：

de sems can dmyal ba'i 'gro ba rnams sbyong bar rig par bya'o/ de ci'i phyir zhe na/ sngon yongs su shes pa yin te/ bram ze chen po phyogs gzhan zhig na dge slong ma dad pa/ de bzhin gshegs pa'i rigs la bslab pa 'dral ba/ ma byin par len pa/ bza' ba 'du ba'i sgo 'phrog pa/ dge 'dun gyi dang/ phyogs bzhi dang/ tshogs kyi rdzas su gyur pa de thams cad gang dag gir byin gyis brlabs te za ba zhig dus gzhan zhig na nad tshabs chen pos btab pa dang/ sdug bsngal chen po'i tshor ba myong ngo/ nyon mongs te skyabs med dpung gnyen med nas ku co'i sgra chen po 'byin to/ bram ze chen po de nas phyogs de na dge bsnyen zhig gnas pa des sgra de thos so/ thos nas kyang dge slong de ga la ba der song ste phyin nas rig pa'i rgyal mo so sor 'brang ba chen mo 'di bris te/ dge slong de'i mgul du btags so/ rig pa'i rgyal mo so sor 'brang ba chen mo dge slong de'i mgul du btags ma thag tu tshor ba thams cad ni rab tu zhi/ nad thams cad las ni yongs su thar te/

意譯：

當知眾生能淨地獄趣，何以故？大梵往昔有苾芻無信〔1〕，如來之戒有所違犯不與取〔2〕，奪他人食財，僧物及四方僧物〔3〕將入已用。後遇疾病受大勞苦，無護祐者〔4〕，作大叫聲。爾時大婆羅門一優婆塞，聞其叫聲往詣彼所，書此大明王大隨求陀羅尼，繫彼苾芻頸下，疾病得愈〔5〕。

注釋：

〔1〕有苾芻無信（[illegible]），漢本作「有苾芻心懷淨信」。

〔2〕不與取（[illegible]），即「不施與只索取」。「不與」譯自 ma byin，「取」譯自

len pa。

〔3〕四方僧，西夏作「[illegible]」（四方眾）。

〔4〕護祐（[illegible]），漢本作「救濟」。

〔5〕疾病得愈，漢本作「苦惱皆息」。

西夏文及對譯：

[illegible] /

彼夜天曉時心不雜亂以身△終無間地獄中△生 /

[illegible] / [illegible] /

彼之屍諸善起行為土現處△置 / 此大明女王求隨皆得彼之頸上懸 /

[illegible] / [illegible] /

彼信無善起無間地獄中△生立即 / 彼地獄中苦受者情有皆苦與△離悉皆安樂 /

[illegible] / [illegible] / [illegible] /

大火聚亦自然已熄 / 爾時獄主一切悉皆驚愕 / 法王獄帝之此言廣說 /

藏文：

sos par gyur nas de'i mtshan mo zad pa dang/ dran pa shin tu nye bar bzhag ste 'chi ba'i dus byas so/ lus de bor ba dang/ sems can dmyal ba chen po mnar med par skyes so/ de'i ro de yang dge slong dag gi sgang bu zhig la bzhag go/ rig pa chen mo so sor 'brang ba chen mo de yang de'i mgul du btags pa bzhin du gnas so/ dge slong de mnar med pa der skyes ma thag tu sems can dmyal ba'i sems can de dag gi sdug bsngal gyi tshor ba thams cad rab tu zhi nas sems can dmyal ba'i sems can de dag thams cad bde ba thams cad kyis tshim par gyur to/ mtshams med pa'i me'i phung po chen po gang yin pa de dag thams cad kyang yongs su zhi bar gyur to/ de nas gshin rje'i mi de dag thams cad ngo mtshar skyes nas chos kyi rgyal po gshin rje la nges pa'i tshig 'di dag rgyas par brjod do/

意譯：

天拂曉時心不雜亂〔1〕，命終生無間地獄〔2〕。其苾芻屍殯在塔〔3〕中，大明王大隨求陀羅尼帶於頸上，彼無信苾芻即生無間地獄，地獄中受苦眾生咸皆離苦得樂，猛火自然熄滅。是時獄主〔4〕悉皆驚愕〔5〕，而白閻羅王曰：

注釋：

〔1〕該句漢本無。

〔2〕無間地獄（[illegible]），藏文作 dmyal ba chen po mnar med，dmyal ba 意爲地獄，梵文 Naraka（那落迦）；mnar med 意爲無間斷。

〔3〕塔，又作塔婆、兜婆等，皆梵語窣堵波（Stūpa）之訛略。高積土石，以藏遺骨者。西夏作「[illegible]」（諸比丘行爲土現處），譯自藏文 dge slong dag gi sgang，dge slong 意爲比丘，sgang 意爲小丘、高地。

〔4〕獄主（[illegible]），藏文作 gshin rje'i mi（閻羅王的人），漢本作「閻羅卒」。

〔5〕驚愕（[illegible]），藏文作 ngo mtshar。

西夏文及對譯：

[illegible] / [illegible] / [illegible] / [illegible] / [illegible] /
情有業因生 / 最極苦受中 / 閃時寂淨爲 / 最勝見未曾 / 此如相見我 /

[illegible] / [illegible] / [illegible] / [illegible] / [illegible] /
地獄畏當可 / 身有苦皆有 / 火坑變淨爲 / 鋸以損不得 / 刀以斷不能 /

[illegible] / [illegible] / [illegible] / [illegible] / [illegible] /
鐵樹自損裂 / 釜沸自然涼 / 劍林山等以 / 業因害不能 / 法王獄帝汝 /

[illegible] / [illegible] / [illegible] / [illegible] / [illegible] /
諸人之法說 / 此因緣非小 / 汝今△說△ / 彼復法主者 / 彼獄帝法王 /

[illegible] / [illegible] / [illegible] / [illegible] / [illegible] /
悲無彼等之 / 此如言聞復 / 此事何是謂 / 彼復獄人之 / 傷害者彼等 /

[illegible] / [illegible] / [illegible] / [illegible] / [illegible] /
法王獄帝之 / 此如以言謂 / 無間業造者 / 情有此中生 / 何故無間謂 /

藏文：

sems can las las skyes pa yi/ sdug bsngal mi bzad rab tu zhi/ shin tu ngo mtshar 'di ni lha/ sems dmyal nyam nga rnams na gda'/ lus can lus la rtag gnas pa'i/ me ma mur de rab tu zhi/ sog le rnams kyis gshegs ma mchis/ spu gri'i sos yang gcod mi bgyid/ lcags sdong shal ma ri yang chag/ lcags zangs thams cad rab tu zhi/ ral gri lo ma can nags na/ las skyes lo ma gnod mi ’gyur/ chos kyi rgyal po gshin rje khyod/ mi rnams la ni chos kyi ston/ rgyu ’di mi chung bdag cag la/ khyod kyis brjod par mdzad pa’i rigs/ de nas chos kyi bdag nyid can/ chos nges chos kyi rgyal po des/ snying rje’i bsam pa nyams rnams kyi/ ’di ’dra’i tshig de thos gyur nas/ myur du ’di ni ci yin smros/ ’di ni ci ’dra yang smros shig/ de nas mi bzad gshin rje’i mi/ gnod pa’i rgyun can de dag gis/ chos kyi rgyal po gshin rje la/ ’di skad kyi ni tshig smras so/ mnar med rab tu nyam nga bar/ sems can chen po ’di skyes lha/ gang gi ming ni mnar med pa/

意譯：

有情生業因〔1〕，受極大苦厄。忽然得止息〔2〕，未曾見最勝。我見如是相〔3〕，地獄當可畏。有身苦皆有，火坑得熄滅。鋸解自停止，利刀不能割。鐵樹自開裂，沸釜自然涼。以及劍葉林〔4〕，業因不能害。閻羅法王者，爲人解說法〔5〕。此因緣非小，汝今所言說。其又法主者，彼閻羅法王。從無悲獄卒〔6〕，又聞如是言。此事是何謂，復又獄之人。彼等爲害者，其閻羅法王。而作如是言，造無間業者。有情生此中，何故謂無間。

注釋：

〔1〕業因（[illegible]），即「業」，梵文 Karma。漢本作「惡業」，藏文作 las（業）。

〔2〕止息，藏文作 zhi，西夏譯作「[illegible]」（寂淨）。

〔3〕「未曾見最勝」及「我見如是相」兩句漢本作「此事甚奇特」，藏文作 shin tu ngo mtshar ’di ni lha，直譯爲「極驚奇此天」。

〔4〕劍葉林，即劍樹地獄，也作劍林地獄，十六小地獄之一。藏文作 ral gri lo ma can nags，西夏譯作「[illegible]」（劍林山）。梵文 Asi-pattra-vanam。

〔5〕爲人解說法，該句漢本作「以法治有情」。

〔6〕從無悲獄卒，該句西夏作「[illegible]」（無悲彼等之）。

西夏文及對譯：

[illegible] / [illegible] / [illegible] / [illegible] / [illegible] /

最極苦受故 / 今皆安樂得 / 種種業受中 / 彼因皆安樂 / 後天上生得 /

[illegible] / [illegible] / [illegible] / [illegible] / [illegible] /

法王獄帝亦 / 見時△驚愕 / 此者大神有 / 先時修習故 / 多百千舍利 /

[illegible]

如來塔美如／求隨皆得咒／假若頭上懸／彼身最美麗／

藏文：

des na de ni nyam ngar brjod/ gang gis sems can bde bgyis pa/ rnam pa sna tshogs las la gzigs/ ’di ni kun tu bde gyur nas/ slar yang lha yi gnas su mchis/ chos kyi rgyal po gshin rjes kyang/ mthong nas ngo mtshar smras pa ni/ ’di ni rdzu ’phrul che ba ste/ ’di ni tshe rabs snga lus tshe/ ci ltar sku gdung brgya mang pos/ ston pa’i mchod rten mdzes pa ltar/ so sor ’brang ba mgul btags pas/ de yi lus ni de bzhin mdzes/

意譯：

因受大苦楚，今皆得安樂。所受種種業，因此皆安樂。後得生天上，及閻羅法王。見時甚驚愕，此咒有神力。先時修習故，百千多舍利〔1〕。美如如來塔〔2〕，隨求皆得咒。設若懸頭上，其身最美麗。

注釋：

〔1〕舍利（[illegible]），藏文作 sku gdung（身骨）。

〔2〕如來（[illegible]），藏文本作 ston pa，意爲天人師，佛十名號之一。梵文 Devamanuṣyaśāstṛ。塔（[illegible]），藏文作 mchod rten，梵文 Stūpa。

西夏文及對譯：

[illegible]

爾時獄主礙施等法王獄帝之此如言謂／何云求隨皆得謂／

[illegible]

法王獄帝言若人句等各念時／彼者惡趣中不墮／求隨皆得念故

[illegible]

慧有樂趣中生／諸獄主汝等／最勝廣大事／土現妙高上／諸天圍看當／

[illegible]

彼見情有皆／悲心當有△／爾時彼獄主等夜初分時彼處看往言謂／

[illegible]

爾時彼等皆／王宮城邊上／土現妙高處／火焰光燒所／人屍之頸上／

[illegible] / [illegible] / [illegible] / [illegible] / [illegible] /
求隨咒懸見 / 天龍及香食 / 礙施鬼非人 / 悉皆圍經行 / 最上供養爲 /

[illegible] / [illegible] /
彼諸礙施等 / 求隨土宮謂 /

藏文：

de nas sems can dmyal ba'i srung ma gnod sbyin de dag gis chos kyi rgyal po gshin rje la 'di skad ces smras so/ lha ci ltar na 'di so sor 'brang ba zhes bgyi/ chos kyi rgyal pos smras pa/ gang gi tshig rnams so sor dran/ de ni ngan 'gror 'gro mi 'gyur/ so sor 'brang ba bsgoms pa yi/ shes rab can de bde 'gror 'gro/ sems can dmyal ba'i srung ma khyed/ rab tu rgyas dang ldan par dong/ der ni sgang bu mthon po la/ lha rnams kyis ni bskor ba ltos/ de mthong sems can thams cad la/ byams pa'i sems su 'gyur bar gyis/ de nas gshin rje'i mi de dag de nyid kyi nub mo rgyas pa dang ldan par dong ngo/ de tshe der ni de dag gis/ rgyal po'i pho brang nye ba na/ sgang bu de yi khor yug na/ 'bar ba gcig gis gang bar mthong/ mi ro zhig gi mgul pa na/ so sor 'brang ba btags pa'ang mthong/ lha dang klu dang dri za dang/ gnod sbyin srin po mi 'am cis/ kun nas 'khor bar bskor nas ni/ bla na med pa'i mchod pa byed/ de la gnod sbyin de dag gis/ so sor 'brang ba'i sgang zhes btags/

意譯：

爾時獄主〔1〕藥叉白閻羅王：「云何謂大隨求陀羅尼？」閻羅王曰若有人持念此文句，其人不墮惡趣。念誦大隨求陀羅尼故，具慧生善趣。一切諸獄主，最勝廣大事。其妙高山上〔2〕，諸天圍當看。彼見諸有情，當具大悲心。爾時獄主於初夜時分往詣彼處睹視，爾時彼等者，至王宮城邊。於妙高山處〔3〕，火焰熾盛光。於屍體頸上，而懸大隨求。天龍乾闥婆，藥叉鬼非人〔4〕。悉皆繞經行，作無上供養。彼等諸藥叉〔5〕，號爲隨求塔〔6〕。

注釋：

〔1〕獄主（[illegible]），藏文作 sems can dmyal ba'i srung ma（有情地獄之守護神）。

〔2〕其妙高山上（[illegible]），藏文作 der ni sgang bu mthon po la，sgang 意爲小丘，mthon po 意爲高。

〔3〕於妙高山處（[illegible]），藏文作 sgang bu de yi khor yug na，khor yug 意爲

周圍，舊譯輪圍。

〔4〕鬼（[illegible]），即羅刹。非人（[illegible]），即緊那羅。

〔5〕該句漢本作「時彼焰魔卒」。

〔6〕塔，西夏作「[illegible]」（土宮），藏文作 sgang（小丘）。

西夏文及對譯：

[illegible]

爾時礙施等法王獄帝之言△信△還天△說△者言實是也／彼言謂竟然後彼

[illegible]

信無善起地獄中身終三十三天上△生／此因緣故彼之求隨皆得天子謂／

[illegible]

大婆羅門昔事知當／彼因此大求隨皆得者甚爲受持當／書寫誦讀當／

[illegible]

種聚依常身上懸持／故常諸苦一切中解脫得／惡趣怖畏一切與離／

[illegible]

復閃電以亦害不得／何云也／大婆羅門往昔大城邑最上森林中長者有名

[illegible]

者大商主垢無螺食財多有／金銀寶珠倉庫皆滿種種主聚／

藏文：

de nas gnod sbyin de dag gis chos kyi rgyal po gshin rje'i nges pa de rtogs te slar log nas lha khyod kyis bka' stsal pa bzhin no zhes rgyas par brjod do/ de skad ces smras ma thag tu tshig de smras pa'i tha ma la sems can chen po de sems can dmyal ba'i lus de bor nas sum cu rtsa gsum pa'i lha rnams kyi nang du skyes so/ rgyu des na sngon so sor 'brang ba'i lha'i bu zhes bya'o/ bram ze chen po des na sngon chad yongs su shes so/ de'i phyir so sor 'brang ba chen mo 'di gdon mi za bar gzung bar bya'o/ yi ger bri bar bya/ bklag par bya'o/ cho ga bzhin du rtag tu lus la btags nas bcang bar bya ste/ de rtag tu sdug bsngal zhing nyam thag pa thams cad las yongs su thar bar 'gyur/ ngan 'gro'i 'jigs skrag pa thams cad las rgal bar 'gyur ro/ glog gis 'gyel bar byed mi nus so/ glog gis ci ltar mi nus zhe na/ bram ze chen po sngon yongs su shes te/ grong khyer chen po'i mchog shing kun rdzib na/ tshong dpon chen po dri med dung zhes bya ba nor mang ba/ gser shin tu 'byor pa/ mdzod dang/ bang ba kun tu gang zhing phun sum tshogs pa zhig gnas te/

意譯：

爾時諸藥叉還至王所，具以上事白閻羅王。其無信苾芻於地獄中最終得生三十三天〔1〕，因號此天爲隨求皆得天子〔2〕。大梵應知昔日之事〔3〕，因此當受持、書寫、讀誦、依法佩帶。常得遠離一切苦惱，一切惡趣怖畏，不被電雹傷害，何以故？大梵往昔大城無上森林中〔4〕，有一長者名大商主無垢螺〔5〕，錢財富足，金銀珠寶充滿倉庫。

注釋：

〔1〕該句漢本作「其苾芻承此陀羅尼威力，罪障消滅得生三十三天。」

〔2〕隨求皆得天子（[illegible]），藏文作 sngon so sor 'brang ba'i lha'i bu（前生隨求天子），漢本作「先身隨求天子」。

〔3〕該句漢本作「大梵當知此陀羅尼有大威力。」

〔4〕大城無上森林（[illegible]），西夏意譯藏文 grong khyer chen po'i mchog shing kun rdzib。又，該句漢本作「大梵於形愚末壇城。」

〔5〕大商主無垢螺，漢本作「尾麼羅商佉」。

西夏文及對譯：

[illegible]

爾時大商主船乘／大海中入／摩羯大魚行爲船之壞欲／

[illegible]

諸龍△亂天雷聲出／閃電星折石王石落／爾時諸商者諸苦逼以心不安樂／

[illegible]

大龍意亂／閃電星折石王石落／摩羯大魚船△持見故／大啼哭聲出／諸天處

[illegible]

呼告△人略救者無／爾時諸商者商主垢無螺之彼等如是言謂／大者汝我

[illegible]

等之△救大苦難中△解脫令△／時垢無螺諸商者意亂等之如是言謂／

藏文：

ded dpon zhes bya bar grags so/ de nas ded dpon chen po des gru bo che de rnyed nas/ rgya mtsho chen por zhugs pa dang/ nya mid rnams kyis de'i gru de bzung nas/ rnam par gzhig par 'dod pa'i klu rnams kyang 'khrugs te/ 'brug sgra chen po sgrog go/ glog dang skar mda' yang gtong ngo/ rdo rje'i lce 'bebs par yang bshams so/ de nas tshong pa de dag sdug bsngal chen pos sems non to/ klu 'khrugs pa chen po de dang/ glog dang skar mda' dang/ rdo rje'i lce 'bebs pa dang/ nya mid de dag gis kyang gru bo che bzung bar mthong nas ku co'i sgra chen po bton te/ de dag lha khyad par can rnams la gsol ba btab kyang 'ga' tsam yang de dag gi dpung gnyen du ma gyur to/ de nas de dag tshong dpon sems rab tu brtan pa'i gan du song nas/ de dag gis snying rdo rje skad du tshig 'di skad smra so/ sems can chen po khyod kyis bdag cag bskyab cing 'jigs pa chen po las thar bar mdzad du gsol/ de nas ded dpon chen po sems brtan pa blo gros chen po des tshong pa 'khrugs par gyur pa rnams la tshig 'di skad smras so/

意譯：

爾時大商主乘船入海，遇摩魔竭大魚〔1〕欲壞其船。海中龍王生嗔怒，起大雷震哮吼，掣電雨金剛雹〔2〕。時諸商人各懷憂惱，龍王復生嗔怒，掣電雨金剛雹。諸商人見摩羯大魚持船，悲聲號哭，於諸天處呼告求救，無救濟者。時眾商人白商主無垢螺言：「大者〔3〕當設何計救護我等令離苦難？」爾時無垢螺告諸憂惱商人言。

注釋：

〔1〕魔竭大魚（[illegible]），藏文作 nya mid（大鯨魚）。梵文 Makara（摩伽羅），即魔竭魚。漢本作「低彌魚」，即「抵彌」，大魚名，梵文 Timi。

〔2〕掣電雨金剛雹，西夏作「[illegible]」（閃電星折金剛石落），「[illegible]」（閃電），譯自藏文 glog，「[illegible]」（星），譯自藏文 skar mda'（流星），「[illegible]」（金剛石），譯自藏文 rdo rje'i lce（金剛隕鐵）。

〔3〕大者，漢本作「仁者」，這裡應指商主。

西夏文及對譯：

[illegible] / [illegible] / [illegible] / [illegible] / [illegible] /

諸商者之謂 / 汝等△莫畏 / 今此大苦極 / 海中救拔△ / 商者心堅得 /

[illegible]
商主之言謂／大者若何是／難離速△說／大意汝力以／我等壽於至／

[illegible]
大智我等護／何如技藝是／彼又行者主／此者咒△說／我今求隨咒／

[illegible]
大陰名稱有／害者一切除／大威力他鎮／諸苦與離令／大畏中救△／

[illegible]
聖大明女王求隨皆得契經上卷

[illegible]〔註4〕
一番校同

藏文：

ma 'jigs ma 'jigs tshong pa rnams/ khyed cag brtan bar dengs shig dang/ khyed sdug bsngal chen po yi/ de nas yid ni brtan gyur nas/ tshong pa rnams kyis tshig 'di smras/ sems can chen po 'di ci lags/ bgegs bral myur du bka' stsol cig/ blo gros chen po khyod kyi mthus/ bdag cag ji srid 'tsho ba'i tshe/ ye shes che ba'i bdag nyid gsungs/ khyod kyis ci zhig bgyi/ de nas 'gron mang bdag po yis/ de dag la ni tshig 'di brjod/ nga la so sor 'brang ba yi/ rig pa chen por grags pa yod/ gnod byed thams cad sel bar byed/ stobs chen pha rol gnon byed pa/ des ni rab tu sdug bsngal ba'i/ 'jigs pa che las ngas bsgral lo/

意譯：

告諸商人言，汝等勿怖畏。今此大苦厄，海中得救拔。商人心勇健，而告商主言。商主乃謂何，息除災難法。以汝智慧〔1〕力，我等命存濟。大智護我等，以汝何技藝。時彼行者主〔2〕，而說此神咒。我有大隨求，名爲大明王。能除一切害，大力能降伏。諸苦皆遠離，怖畏得解脫。

聖大明王隨求皆得經卷上

一番校同

〔註4〕其後似還有文字，但字跡過於模糊，難以辨識。

注釋：

〔1〕智慧，藏文爲 blo gros，西夏譯作「[illegible]」（大意、大謀）。梵文 matiḥ。
〔2〕行者主（[illegible]），這裡應指商主。

西夏文及對譯：

[illegible]
聖大明女王求隨皆得契經下卷

[illegible]
天奉道顯武耀文宣神謀睿智義制邪去惇睦懿恭皇帝嵬名 御校

[illegible]
爾時大商主此明女王求隨皆得寫／桅上懸／立即摩羯魚彼船之大火如見／

[illegible]
爾時諸龍悲心以彼等之面前來供養供給／魔竭魚等亦此大明女王求隨皆得

[illegible]
威力故△燒各自△散／諸商者等亦諸大龍行爲大寶洲院中投／彼故智有此

[illegible]
大明女王求隨皆得者如來一切行爲△攝受是／大婆羅門此因緣故此之大

[illegible]
求隨皆得謂／此者桅上懸持△是／復非時風非時寒非時雲閃電石墮

[illegible]
一切愷悌作／天人天非鬥爭一切中實解脫令／

藏文：

de nas ded dpon chen po de'i tshe rig pa'i rgyal mo chen mo 'di bris nas rgyal mtshan gyi rtse mo la btags pa dang/ rig pa'i rgyal mo chen mo so sor 'brang ba chen mo rgyal mtshan gyi rtse mo la btags ma thag tu nya mid de dag thams cad kyis gru bo che de me lce gcig tu gyur pa mthong ngo/ de nas klu de dag byams pa'i yid kyis de dag gi drung du lhags nas mchod pa bya bar bshams so/ nya mid de dag kyang rig pa'i rgyal mo so sor 'brang ba chen mo 'di nyid kyi mthus tshig nas byer te zhi bar gyur to/ 'gron po phal po che de dag kyang klu chen po de dag gis rin po che' i gling chen por phyin par byas so/ de ltar na ye shes dang ldan pa rig pa chen mo so sor 'brang ba chen mo ni de bzhin gshegs pa thams cad kyis byin gyis brlabs pa ste/ bram ze chen po rgyu des na 'di rig pa chen mo zhes grags so/ 'di ni nges par rgyal mtshan gyi rtse mo la btags te bcang bar bya'o/ rlung dang/ grang ba dang/ dus ma yin pa'i sprin dang/ glog dang/ lce 'bab pa thams cad rab tu zhi bar byed do/ lha dang/ mi dang/ lha ma yin gyi 'thab pa dang/ rtsod pa las yongs su thar bar byed do/

意譯：

聖大明王隨求皆得經卷下

奉天顯道耀武宣文神謀睿智制義去邪惇睦懿恭皇帝嵬名 御校

爾時大商主書寫此大明王大隨求陀羅尼，安幢刹上〔1〕，其摩羯魚應時即見此船如熾盛火。爾時諸龍悉起慈心，來彼面前廣作供養。此大明王大隨求威力故，燒魔竭魚，令其各自退散，諸龍令彼商人等直至大寶洲〔2〕。因此大智大明王大隨求，是一切如來之所加持，大梵以此因緣名爲大隨求。若此大隨求安幢刹上，能息〔3〕一切非時風非時寒非時雲〔4〕雷電霹靂，一切天、人、非天鬥諍中令得解脫〔5〕。

注釋：

〔1〕幢刹，指桅杆，西夏作「[illegible]」（桅），藏文作 mtshan gyi rtse mo。

〔2〕該句漢本作「令此船舶直至寶洲」。

〔3〕息，藏文作 zhi，西夏譯作「[illegible]」（愷悌）。

〔4〕非時風非時寒非時雲，漢本作「惡風雹雨非時寒熱」。

〔5〕該句漢本作「能息一切諸天鬥諍言訟」。

西夏文及對譯：

[illegible] /

復唇長蚊蠅虻蚋鼠諸命有種種身像等稼穡之害者一切威力無令愷悌作 /

[illegible] / [illegible]

野獸飛禽虎狼害者一切亦害不能 / 花及又果枝葉叢林藥穀等一切皆

[illegible]
增盛令／甜味香美滋潤爲深深熟令／雨澤不超過雨澤不稀少／時合雨△降／

[illegible]
非時雨不降／△屬國內住大龍等時合雨好△降／何△國內此大明女王

[illegible]
求隨皆得置誦處情有等知所／香種種以熏／花種種以供養恭敬爲／

藏文：

sbrang bu mchu rings dang/ sha sbrang dang/ byi ba dang/ srog chags kyi rigs gzugs rnam pa sna tshogs lo tog ma rung bar byed pa thams cad mthu med cing rab tu zhi bar ’gyur ro/ ri dags dang/ bya dang/ gcan gzan gnod par sems pa thams cad rnam par ’yig par ’gyur ro/ me tog dang/ ’bras bu dang/ lo ma dang/ ngas tshal dang/ sman dang/ lo tog la sogs pa thams cad ’phel bar ’gyur te/ rab tu bro zhing zhim pa dang ’jam par ’gyur ro/ legs par yongs su smin par ’gyur ro/ ha cang char che ba dang/ char dkon pa’i nyes pa rnams yongs su mi ’byung ngo/ char dus su ’bab cing/ dus ma yin par mi ’bab par ’gyur ro/ yul de’i klu chen po gang yin pa de dag kyang dus dus su char gyi rgyun legs par ’bebs so/ yul gang na rig pa’i rgyal mo so sor ’brang ba chen mo zhes bya ba ’di spyod pa’i yul der sems can de dag gis shes par bya ste/ spos sna tshogs dang/ bdug pa sna tshogs dang/ me tog sna tshogs kyis mchod cing bsti stang byas la/

意譯：

能除一切蚊蠅虻蚋鼠及諸餘類食苗稼者〔1〕，一切野獸飛禽虎狼〔2〕亦不能害，一切苗稼花果藥草悉皆增長，其味香美柔軟潤滑。不澇不旱，降及時雨，無非時雨，國中龍王雨澤及時〔3〕。若有流佈此大隨求陀羅尼之處，是諸有情既知是已，當以種種香熏，以種種花恭敬供養。

注釋：

〔1〕該句漢本作「能除一切蚊虻蝗蟲及諸余類食苗稼者，悉當退散」。

〔2〕野獸飛禽虎狼（[illegible]），漢本作「應言利王爪」。

〔3〕「不澇不旱」至此數句漢本作「若其國內旱澇不調，由此陀羅尼威力，龍王歡喜雨澤及時」。

西夏文及對譯：

[illegible]
繒綵以繫爲／桅木上懸／歌舞遊戲道行禮拜時／諸天釋帝梵眾等

[illegible]
彼人之求隨皆畢竟令／復種聚依寫時何求故成／若子求時子得／

[illegible]
胎住不害／胎住安樂生／胎住安樂生時合誕生／何云也／大婆羅門

[illegible]
前猶如聞△／昔摩伽陀國王有名者手伸／男子不有／何云手伸謂／

[illegible]
其王△生而後立即手伸／母之乳執／奶飲飽滿／其二奶上手△放

[illegible]
時乳上金色光生／因此奶增／此因緣故故手伸王謂／

藏文：

tshon sna tshogs kyis dkris te rgyal mtshan gyi rtse mo la btags nas glu dbyangs dang/ rol mo sil snyan byas te/ bskor ba byas nas lha rnams dang/ brgya byin dang/ tshangs pa la sogs pas sems can chen po de dag gi bsam pa yi lta ba bzhin du/ re ba yongs su rdzogs par byed par ’gyur ro/ cho ga ci lta ba bzhin du de lta de lta bur ’grub ste/ bu pho ’dod na’ang khyer ’grub/ mngal na ’dzin pa dam par ’gyur/ mngal na bde bar skye ba dang/ mngal nas bde bar btsas par ’gyur/ mngal na dus bzhin skye ba dang/ dus bzhin rab tu btsas par ’gyur/ cis mngon zhe na/ bram ze chen po snga ma bzhin du te nyon cig/ yul ma ga dhā ’di nyid na/ rgyal po lag brkyang zhes bya ba de bu med par gyur to/ ci’i phyir lag brkyang zhes bya zhe na/ rgyal po de btsas ma thag tu lag pa brkyang nas ma’i nu zho la bzung ste/ nu zho ngoms ngoms su ’thungs so/ nu ma de gnyis la reg ma thag tu gser gyi kha dog tu gyur to/ dus kun tu nu zho ’phel bar gyur to/ rgyu des na rgyal po lag brkyang zhes bya bar btags par gyur to/

意譯：

以繒綵纏繞，安幢刹上，歌舞遊戲旋繞禮拜〔1〕，諸天帝釋梵眾等令彼人之所求悉皆滿足〔2〕。若能依法書寫所求皆可成就，求子得子〔3〕，懷胎安隱，漸增圓滿，產生安樂〔4〕。何以故？大梵如前所聞，往昔曾於摩伽陀國有王名施願手〔5〕，求子不得。云何名施願手？其王初生之時即展其手，執母奶嘲奶足已。手觸母奶，時其母奶變為金色，母奶增長〔6〕，以是因緣名施願手。

注釋：

〔1〕該句漢本作「以種種音樂歌詠讚歎，旋繞供養虔誠禮拜」。

〔2〕該句漢本作「彼等有情心所思惟，所希求願皆得滿足」。

〔3〕該句漢本作「求男得男求女得女」。

〔4〕懷胎安隱漸增圓滿產生安樂，西夏作「[illegible]，[illegible]，[illegible]」（胎住不害，胎住安樂生，胎住安樂生時合誕生）。

〔5〕施願手，西夏作「[illegible]」（伸手），譯自藏文 lag brkyang。

〔6〕該句漢本作「母奶增長自然流出」。

西夏文及對譯：

[illegible]

又其王處乞丐來時／其菩提勇識王空中手舒時正覺之崇信者諸天行為天

[illegible]

之寶大勝殊金寶珠等手中滿施／其王乞丐等之布施／乞丐一切何念隨所需

[illegible]

種種皆施／若男子求欲故／諸天之供養恭敬為／男子不得／故昔如來皆之

[illegible]

塔廟面前供養敬奉恭敬／布施行近戒持／大福修不盡布施行當／

藏文：

gzhan yang gang gi tshe rgyal po'i gan du skye bo slong mo pa 'ongs pa de'i tshe rgyal po de lag pa gyas pa bar snang la brkyang ba dang/ rgyal po byang chub sems dpa' de rgyu des sangs rgyas la mngon par dad pa'i lha rnams kyis lha'i rin po che khyad par du 'phags pa gser dang/ nor bu rnams kyis lag pa gang bar byed do/ rgyal po des kyang skye bo slong mo pa lhags pa rnams la rab tu byin no/ bsams pa m gyis slong mo pa thams cad la 'dod pa bzhin du bde ba phun sum tshogs pa thams cad byin no/ bu pho 'dod pa'i phir lha rnams la mchod pa dang/ bsti stang cher byas kyang bu pho ma rnyed nas de sngon gyi de bzhin gshegs pa dag gi mchod rten rnams kyi mdun du bsti stang bya bar brtsams te mchod pa dang/ bsti stang chen po byas so/ sbyin pa yang byin to/ bsnyen gnas la yang nye bar gnas so/ bsod nams chen po byas so/ sbyin pa chen po de dag kyang mi zad par byin no/

意譯：

若有眾人來乞求者，王於空中而舒其手〔1〕，有淨信佛菩薩諸天，傾瀉種種諸妙珍寶入王手中，王施彼求乞者，隨其所須皆得滿足〔2〕。其王爲求子故，恭敬供養諸天，求子不得，如來塔廟前恭敬供養〔3〕，行布施持齋戒〔4〕，當修大福德行無盡布施。

注釋：

〔1〕該句漢本作「王舒右手」。
〔2〕該句漢本後有「一切悉得安樂成就，以是因緣名施願手」。
〔3〕該句漢本作「供養諸佛及諸塔廟」。塔廟（[illegible]），藏文作 mchod rten。
〔4〕齋戒，西夏作「[illegible]」，譯自藏文 bsnyen gnas（齋戒、近住戒）。

西夏文及對譯：

[illegible]
何云也／大婆羅門昔摩伽陀國力大邑俱舍大市場中多寶壞有出之正法中入／

[illegible]
商主一名者法慧／法念情有一切之大悲以導師此大明女王求隨皆得法說／

[illegible]
爾時貧窮人一此法聞故大商主之如是言謂／尊者我今汝於力施力價不取

[illegible]
故法聽／我今微略得亦法之供養作△謂／彼處事做法聞後時其商主彼之

[illegible]
帝那羅一△與／彼人情有一切之利益故菩提心△發／情有一切與共同△爲

[illegible]
大寶珠一掬此大求隨皆得處△供／此布施果報以我等情有一切貧窮苦惱

[illegible] / [illegible] / [illegible] / [illegible] /
皆△離謂 / 其因緣由布施實無盡爲 / 彼如爲有福多多爲 / 諸天之供養 /

[illegible] /
明滿壞有出等之亦供養 /

藏文：

de ci'i phyir zhe na/ bram ze chen po sngon byung ba yul ma ga dhā 'di nyid na/ gyad yul zhes bya ba'i grong kher ku sha'i tshong dus chen po'i mchog na bcom ldan 'das rin chen mang gi bstan pa la zhugs pa tshong dpon chos kyi blo gros zhes bya ba chos la sems pa'i sems can chen po zhig gnas pa de sems can thams cad la snying rje chen po'i sems nye bar gzhag nas rig pa chen po so sor 'brang ba 'di nyid las brtsams te chos ston to/ de nas mi dbul po zhig gis chos de thos nas tshong dpon chen po de la tshig 'di skad ces bdag jo bo'i khab tu gla bgyi'o/ chos kyang nyan to/ gang gi tshe bdag gis cung zad rnyed par gyur pa de'i tshe bdag chos la mchod pa bgyid do/ zhes smras nas/ de'i khyim na las byed cing chos kyang nyan to/ dus gzhan zhig na de la tshong dpon des di na ra cig byin pa dang/ des sems can thams cad yongs su bskyab pa'i phyir byang chub kyi sems bskyed nas/ sems can thams cad dang thun mong du byas nas rin po che snyim pas so sor 'brang ba chen mo la phul nas sbyin pa'i 'bras bu chen po 'dis bdag dang sems can thams cad kyi dbul ba kun tu gcod par gyur cig ces smon lam de skad kyang btab bo/ rgyu des na sbyin pa de yongs su mi zad par gyur to/ de ltar bsod nams mngon par 'du bya ba rnam pa mang po rnam pa du ma byas te/ lha rnams kyang mchod pa nas sangs rgyas bcom ldan 'das kyi bar du mchod pa dang/

意譯：

何以故？大梵過去於此摩伽陀國境俱尸那〔1〕城大力士聚落多如來教法中，有一長者名曰法慧，於一切眾生起大悲心，爲諸有情說此大隨求陀羅尼法要。爾時有一貧人，聞此妙法告長者言：「尊者我今於汝家中作務不取酬勞〔2〕，常樂聽法，我今所得少許當供養此法。」彼處做事聞法後長者與一帝那羅〔3〕，彼人一切有情之利益故發菩提心，以一掬珠寶〔4〕供養此大隨求陀羅尼。願此布施果報能斷一切有情之貧匱苦惱，由此因緣布施無有盡期。如是多種福因緣故，供養諸天，供養諸佛世尊。

注釋：

〔1〕俱尸那，梵文 Kuśinagara（拘尸那揭羅），譯言角城、茅城等，是世尊入滅之處。西夏文作「[illegible]」（俱舍），音譯藏文 ku sha。

〔2〕作務，西夏作「[illegible]」（力施）。酬勞，西夏作「[illegible]」（力價）。又，該句漢本作「長者子我於汝家中作務」。

〔3〕帝那羅（[illegible]），西夏音譯藏文 di na ra。漢本作「金錢」。

〔4〕以一掬珠寶，漢本作「所得金錢便將」。

西夏文及對譯：

[illegible]
爾時淨居諸天彼之夢令此如言謂／稀有／王大此大求隨皆得普遍熾盛清淨

[illegible]
圓滿如意寶印心勝出無大最持明女王種聚依書寫／後宮皇后大之齋戒持

[illegible]
令／種聚依身上懸／即汝之子生謂／爾時其王睡醒／後日諸婆羅門之召／

[illegible]
星曜善惡文字以算數令／文字上懸故魔曜屬日皇后大之身體沐浴

[illegible]
齋戒持令／此大明女王求隨皆得種聚依書寫／頸上懸爲／復明滿塔廟等

[illegible]
之大供養爲／大寶勝殊等亦諸情有之施／其後九月份爲／子一△產／

[illegible]
身相微妙色容具足／見者皆愛／大婆羅門因此知當大明女王者

[illegible]
如來一切亦供養爲／所需皆得／勝出者無大求隨皆得寶名謂／

藏文：

de'i tshe gnas gtsang ma'i ris kyi lha rnams kyis rmi ltas su bstan te/ 'di skad du/ kye rgyal po chen po so sor 'brang ba chen mo zhes bya ba kun nas me lce'i phreng ba rnam par dag pas rgyas pa yid bzhin gyi nor bu phyag rgya dang/ snying po gzhan gyis mi thub pa'i gzungs chen mo rig pa'i rgyal mo cho ga las yi skad 'byung ba bzhin du cho ga bzhin bris la btsun mo dam pa smyung ba byas la/ cho ga bzhin du lus la btags na khyod bu pho yod par 'gyur ro zhes bsgo'o/ de nas rgyal po de sad de mtshan mo zad nas rtsis dang/ yi ge'i 'bru dang/ rgyu skar dang/ gza' rnam par 'byed pa'i bram ze rnams bsogs nas cho ga las 'byung ba bzhin du rgyu skar gyi rgyal po rgyal gyi nyin par btsun mo dam pa lus shin tu legs par bkrus te/ smyung ba byas nas rig pa'i rgyal mo chen mo so sor 'brang ba 'di yang cho ga bzhin du bris te btsun mo dam pa'i mgul du btags so/ sangs rgyas kyi mchod rten rnams la mchod pa chen po byas so/ rin po che khyad par can du ma yang sems can rnams la sbyin pa byin no/ de nas zla ba dgu lon pa dang bu pho gzugs bzang ba/ mdzes pa/ blta na sdug pa/ kha dog bzang po rgyas pa mchog dang ldan pa zhig btsas so/ bram ze chen po de ltar shes nas rig pa'i rgyal mo chen mo de bzhin gshegs pa thams cad kyis mchod pa/ 'dod pa thams cad du 'gro ba/ gzhan gyis mi thub pa so sor 'brang ba chen mo dkon mchog ces grags so/

意譯：

爾時淨居天子現於夢中而告王言，稀有〔1〕，大王今可依法書寫此普遍清淨熾盛圓滿如意寶印心無能勝大明王大隨求陀羅尼〔2〕，令皇后大人齋戒受持〔3〕，依法帶於身上，即有子息。爾時其王覺已，後日召婆羅門，以文字卜吉凶星曜，懸於文字，屬魔曜日，皇后大人沐浴身體齋戒受持，依法書寫此大隨求陀羅尼，帶於頸下〔4〕。復更供養諸佛塔廟，施諸有情殊勝珍寶，九月滿足，產下一子〔5〕，身相微妙容貌具足〔6〕，見者歡喜。大梵因此當知大明王者，一切如來之所供養，所求願者皆得稱心，名無能勝大隨求寶印心大明王陀羅尼。

注釋：

〔1〕稀有（[illegible]），漢本無。

〔2〕該句漢本作「大王今可依法書寫此隨求陀羅尼」。

〔3〕皇后（[illegible]），西夏譯自藏文 btsun mo；大人（[illegible]），藏文作 dam pa（聖賢、正士）。

〔4〕「後日召婆羅門」至此數句漢本作「召占相人及有智婆羅門眾，擇吉宿曜值日，依法齋戒書寫此陀羅尼，令夫人帶於頸下」。

〔5〕「復更供養諸佛塔廟」至此數句漢本作「復更供養窣睹波塔諸佛菩薩，廣行捨施，應時有胎，日月滿足產生一子」。

〔6〕該句漢本作「色相具足端嚴殊勝」。

西夏文及對譯：

此者釋帝之髻中寶如／諸天釋帝天非與二軍交欲時／此以甲冑爲種咒頂戴／

天非敗令／善以樂受天宮中還／諸天非障礙不能／大婆羅門先大菩提心發

於發此大明女王求隨皆得受持者菩提勇識之諸魔障礙爲不能／

若身上懸若頭上懸／即如來一切之攝受當爲／菩提勇識一切之實守護當爲／

天人國王大臣婆羅門室尊等之亦常續不斷禮拜供養敬奉當爲／

天及天非金翅鳥非人大腐爛等之亦供養當爲／壞有出諸魔皆敗令／

故大情有謂／病一切與離／疾病危害染病等皆愷悌爲／

其大情有憂惱一切與離／諸天彼之恒守護覆蓋／

藏文：

’di ni rtag tu brgya byin gyi gtsug gi nor bu yin no/ gang gi tshe lha’i dbang po brgya byin lha ma yin rnams dang/ gyul chen po ’gyed par ’dod pa de’i tshe ’di nyid kyis go cha byas nas spyi gtsug tu btags te/ lha ma yin thams cad pham par byas/ pha rol pham par byas nas dge ba dang/ bde bas bde bar lha’i grong khyer du ’jug ste/ lha ma yin thams cad kyis mi tshugs pa yin no/ bram ze chen po de ltar na sems dang po bskyed pa nas bzung ste/ rig pa’i rgyal mo chen mo so sor ’brang ba chen mo ’di ’chang ba’i byang chub sems dpa’ la bdud thams cad kyis mi tshugs so/ ’di gang gis lus la btags sam/ mgul du btags pa de de bzhin gshegs pa thams cad kyis byin gyis brlabs par ’gyur ro/ de la byang chub sems dpa’ thams cad yang dag par bsrung bar 'gyur ro/ lha dang/ mi 人 dang/ rgyal po dang/ rgyal po'i blon po dang/ bram ze dang/ khyim bdag thams cad kyis kyang rtag par rgyun du phyag bya zhing mchod pa dang/ rim gro byed par 'gyur ro/ lha dang/ lha ma yin dang/ nam mkha' lding dang/ mi 'am ci dang/ lto 'phye chen pos rjed cing mchod par 'gyur ro/ bcom ldan 'das bdud kyi dpung rab tu 'joms pas kyang de la sems can chen po zhes gsungs so/ nad thams cad dang bral bar 'gyur ro/ de la yams kyi nad dang/ gnod pa thams cad dang/ nad 'go ba thams cad rab tu zhi bar 'gyur ro/ sems can chen po de mya ngan thams cad dang bral bar 'gyur ro/ de la lha thams cad kyang rtag par rgyun du srung ba dang/ skyob pa dang sbed par byed par 'gyur ro/

意譯：

此者如釋帝髻中之寶，諸天帝釋與阿修羅兩軍交戰時，以此陀羅尼爲甲胄頂髻中帶，戰敗阿修羅，安穩還宮，諸阿修羅不能障礙。大梵先時發大菩提心，受持此大隨求陀羅尼者諸菩薩，一切諸魔不能爲礙〔1〕。繫於身上或頸上，一切如來之所加持，一切菩薩之所護念，一切人、天、國王〔2〕、大臣、婆羅門、長者〔3〕，常恒恭敬禮拜承事，一切天〔4〕及阿修羅、檗路茶、緊那羅、摩睺羅伽等悉皆供養。世尊能敗諸魔，故名大有情，離一切疾病，平息疾病危害傳染病等。彼大有情離一切憂惱，恒爲諸天之所加護庇祐〔5〕。

注釋：

〔1〕「大梵先時發大菩提心」至此數句漢本作「初發心菩薩乃至究竟地菩薩，帶持能離種種障難魔業故」。

〔2〕國王（[illegible]），漢本其後有「王子」。

〔3〕長者，西夏作「[illegible]」（室尊），藏文作 khyim bdag（戶主、家長）。

〔4〕天，漢本作「天龍」。

〔5〕「世尊能敗諸魔」至此數句漢本作「彼等天龍八部皆言，彼人是大丈夫。如來復言彼善男子善女人，能摧一切魔障，離一切疾病，離一切災橫，除一切憂惱，恒爲一切天龍之所守護」。

西夏文及對譯：

[illegible] / [illegible]

此勝出者無大種咒心眞四種書寫常續不斷身上懸受持當／常心中記誦

[illegible]
實心以念持／故苦惱夢惡相惡不吉祥等皆破／安樂主聚一切得也／

[illegible]
此者四種密咒善一切成令／唵　阿蜜哩多嚩隸　嚩囉嚩囉　缽囉嚩囉

[illegible]
尾秫第吽吽　頗吒頗吒　娑嚩賀　唵　阿蜜哩多　尾路枳𩕳　蘗囉婆僧囉佉抳

[illegible]
矩岐僧布囉抳　阿羯哩灑抳　吽吽　頗吒頗吒　娑嚩賀

藏文：

des gzhan gyis mi thub pa'i gsang sngags chen po'i snying po 'di dag bris te/ rtag par rgyun du lus la gdags shing bcang bar bya/ rtag par rgyun du yid la bya'o/ kha ton du bya'o/ bsam pa thag pa nas bsgom par bya'o/ sdug bsngal ba dang/ rmi lam ngan pa dang/ ltas ngan pa dang/ bkra mi shis pa'i dngos po thams cad rnam par 'joms par 'gyur ro/ bde ba phun sum tshogs pa thams cad 'byung bar 'gyur ro/ 'di ni gsang sngags kyi gzhi las thams cad byed pa dge ba rnams brub pa'o/ tadya thā/ oṃ a mṛ te/ a mṛ ta ba re/ ba re ba re/ pra ba re bi shud dhe/ hūṃ hūṃ phaṭ phaṭ svā hā/ oṃ a mṛ ta bi lo ki ni garbhe saṃ rakṣa ṇi/ ā karṣa ṇi hūṃ hūṃ phaṭ phaṭ svā hā/

意譯：

應當書寫此四種無能勝妃大心眞言，恒常受持帶佩於身，記誦於心誠心念持〔1〕。能除苦惱惡夢惡相不詳之事〔2〕，一切安樂皆得成就〔3〕。此四種密咒能成就一切善〔4〕。

唵　阿蜜哩多嚩隸　嚩囉嚩囉　缽囉嚩囉　尾秫第吽吽　頗吒頗吒　娑嚩賀　唵　阿蜜哩多　尾路枳𩕳　蘗囉婆僧囉佉抳　矩岐僧布囉抳　阿羯哩灑抳　吽吽　頗吒頗吒　娑嚩賀〔5〕

注釋：

〔1〕「應當書寫此四種無能勝妃大心眞言」至此數句漢本作「佛告大梵復有四陀羅尼，是無能勝妃大心眞言。若有書寫帶佩於身，常應誦持深心思惟觀行」。

〔2〕惡相（[illegible]），西夏意譯藏文 ltas ngan。又，該句漢本作「能除惡夢不祥之事」。

〔3〕該句西夏文作「[illegible]」（安樂主聚一切得也），其中「[illegible]」（主聚）對譯藏文的 phun sum tshogs（圓滿、完備）。

〔4〕該句漢本無。

〔5〕「無能勝妃大心眞言」，梵文作：tad yathā/ amṛta/ amṛta bare/ bare bare/ prabharabiśud dhe/ hūṃ hūṃ phaṭ phaṭ svāhā/ oṃ amrita/ bilokini/ garbhasaṃrakṣaṇi/ akarṣaṇi/ hūṃ hūṃ phaṭ phaṭ svāhā/

漢本作：唵　阿蜜哩二合多嚩隸　嚩囉嚩囉　鉢囉二合嚩囉尾戍入第　吽引吽　頗吒頗吒　娑嚩二合賀引　唵　阿蜜哩二合多　尾盧引枳顭　蘖婆僧囉乞灑二合抳　阿引去羯哩灑二合抳　吽引吽引　頗吒頗吒　娑嚩二合引賀

西夏文及對譯：

[illegible]

勝出者無心眞是／唵　尾麼攞　尾補攞　惹野嚩隸　阿蜜哩帝　吽吽

[illegible]

頗吒頗吒　娑嚩賀　唵　跛囉跛囉　僧跛囉　僧跛囉　印捺哩野

[illegible]

嚩攞尾秫馱顭　吽吽嚕嚕佐攞　頗吒頗吒　娑嚩賀

[illegible]

近心明咒是

[illegible]

唵　麻抳馱哩　嚩日哩抳　摩賀鉢羅底薩隸　吽吽　頗吒頗吒　娑嚩賀

藏文：

gzhan gyis mi thub pa’i snying po’o/ oṃ bi ma le bi pu le/ dza ya ba re/ dza ya bā hi ni/ a mṛ te/ bi ra dze/ hūṃ hūṃ phaṭ phaṭ svā hā/ oṃ bha ra bha ra/ saṃ bha ra saṃ bha ra/ indri ya ba la bi sho dha ni/ ru ru tsa le hūṃ hūṃ phaṭ phaṭ svā hā/ nye ba’i snying po’i rig pa’o/ oṃ ma ṇi dha ri/ badzri ṇi ma hā pra ti sa re hūṃ hūṃ phaṭ phaṭ svā hā/ rab tu gsang ba’i snying po’o/

意譯：

無能勝妃大心眞言〔1〕

唵 尾麼攞 尾補攞 惹野嚩隸 阿蜜哩帝 吽吽 頗吒頗吒 娑嚩賀 唵 跛囉 跛囉 僧跛囉 僧跛囉 印捺哩野 嚩攞尾秫馱顊 吽吽嚕嚕佐攞 頗吒頗吒 娑嚩賀〔2〕

近心明咒

唵 麻抳馱哩 嚩日哩抳 摩賀鉢羅底薩隸 吽吽 頗吒頗吒 娑嚩賀〔3〕

注釋：

〔1〕無能勝妃大心眞言，西夏譯作「[illegible]」（無勝出者心眞）。

〔2〕本咒梵文作：oṃ bimale/ bimale/ jayabare/ amṛta hūṃ hūṃ phaṭ phaṭ svāhā/ oṃ bhara bhara/ saṃbhara saṃbhara/ indrayabala/ biśodhani/ ruru cale hūṃ hūṃ/ phaṭ phaṭ svāhā/

漢本作：唵 尾磨黎 惹也嚩隸 阿蜜哩二合帝 吽引吽引吽引吽引 頗吒頗吒 頗吒頗吒 娑嚩二合賀引 唵引 跛囉跛囉 三跛囉 三跛囉 印捺囉二合也尾戍馱顊 吽引吽引嚕左隸引 娑嚩二合引賀引

〔3〕「近心明咒」，漢本無，梵文作：oṃ maṇidharibajraṇi mahāpratisare hūṃ hūṃ phaṭ phaṭ svāhā/

西夏文及對譯：

[illegible]

明滿及菩提勇識皆△會△集/一音以此四種總持密咒△說/

[illegible]

此四種密咒大明女王求隨皆得心眞甲冑是 / 如來一切手印以△印 /

[illegible]

聞難悟難 / 復書寫讀誦受持他之說爲故謂當何有 / 明滿之爲當△爲知當 /

[illegible]

此者如來一切讚歎隨喜記受所爲 / 此大求隨皆得勝出者無最持者最中難是 /

[illegible]

此大求隨皆得名聞亦難 / 此大最持罪過一切淨令 / 大神力有 / 彼之鎮能 /

[illegible]

大威儀有 / 大光明有 / 德功廣大 / 諸魔種神一切皆壞破能 /

[illegible] /
煩惱習氣一切生續魔之罥索斷能 /

藏文：

sangs rgyas dang byang chub sems dpa' ma lus pa thams cad thabs cig tu 'dus nas sgra dbyangs gcig tu gzungs kyi gsang sngags kyi gzhi 'di dag gsungs so/ gsang sngags 'di dag ni rig pa'i rgyal mo chen mo so sor 'brang ba chen mo'i snying po dang go cha'o/ de bzhin gshegs pa thams cad kyi phyag rgyas btab pa'o/ 'di thos par yang rab tu dka' na yi ger bri ba dang/ tshig tu 'don pa dang/ klog pa dang/ 'chang ba dang/ gzhan la yang ston pa lta ci smos te/ de ni sangs rgyas la bya ba byas par rig par bya'o/ 'di ni de bzhin gshegs pa thams cad kyis rab tu bsngags so/ rjes su yi rang ngo/ lung bstan to/ so sor 'brang ba chen mo gzhan gyis mi thub pa'i gzungs 'di mchog tu dkon pa'o/ so sor 'brang ba chen mo 'di'i ming thos par yang shin tu dka' ste/ gzungs chen mo 'di ni sdig pa thams cad byang bar byed pa/ stobs che ba/ pha rol gnod pa/ gzi brjid che ba/ 'od che ba/ yon tan brjod par che ba/ mthu che ba/ bdud kyi ris kyi lha thams cad rnam par 'joms par byed pa/ bag chags kyi mtshams sbyor ba'i bdud kyi zhags pa gcod pa/

意譯：

一切諸佛菩薩咸皆會聚，異口同音說此四種陀羅尼。此四種密咒乃大明王大隨求眞心甲冑〔1〕，以一切如來印印之，甚難得聞，何況書寫讀誦受持爲他宣說？是故當知是大佛事〔2〕。一切如來讚歎隨喜授記〔3〕，此大隨求皆得無能勝陀羅尼者極難，聞名亦難。此大陀羅尼能淨諸罪，有大神驗，具降伏力，有大威儀大光明，功德無量，能摧諸魔神，能斷一切習氣聚〔3〕及魔羅罥。

注釋：

〔1〕「一切諸佛菩薩咸皆會聚」至此數句漢本作「才說此四大陀羅尼已，一切諸佛諸大菩薩聲聞，異口同音說此大隨求大明王無能勝陀羅尼甲冑密言句」。

〔2〕佛事，西夏作「[illegible]」（明滿之爲），意譯藏文 sangs rgyas la bya ba。

〔3〕隨喜（[illegible]），梵文 anu-modana，藏文作 rjes su yi rang。授記（[illegible]），梵文 Vyākaraṇa（和伽羅那），藏文作 lung bstan。

〔4〕聚，西夏作「[illegible]」（生續），藏文作 mtshams sbyor ba（結合、連接）。

西夏文及對譯：

[illegible]

他之咒及手印毒行 / 復咒作亂令行加以危害爲 / 極行行損害心起者

[illegible]

等壞破令能 / 明滿菩提勇識聖眾一切處無上供養爲愛者皆之實護 /

[illegible]

大乘受持書寫讀誦聽受勇勤爲等之實護也 / 大婆羅門此

[illegible]

大明女王求隨皆得者明滿菩提上至實究竟令 / 障礙皆無 / 導師敵中勝爲 /

[illegible]

我今亦大供養爲曾 / 何云也 / 此明女王魔及顛倒魔一切皆敗令昔故知當 /

藏文：

pha rol gyi sngags dang/ phyag rgya dang/ dug dang/ byad dang/ gyengs byed kyi sbyor ba dang/ gnod par bya ba dang/ drag shul du spyod pa gnod pa'i sems dang ldan pa rnams rnam par sbyong bar byed pa/ sangs rgyas dang/ byang chub sems dpa' dang/ 'phags pa'i tshogs thams cad la mchod pa dam pa byed par mngon par dga' ba rnams la yongs su skyong bar byed pa/ theg pa chen po 'dzin pa dang/ yi ger 'dri ba dang/ klog pa dang/ tshig tu 'don pa dang/ kha ton byed pa dang/ nyan pa dang/ 'chang bar mngon par brtson pa rnams la yongs su skyong ba'o/ bram ze chen po so sor 'brang ba chen mo rig pa'i rgyal mo 'di ni sangs rgyas kyi byang chub kyi bar du yongs su rdzogs par byed pa ste/ gang du yang thogs pa med do/ ston pa dgra las rgyal ba nga ci lta ba bzhin du thams cad du yang mchod pa chen po thob par 'gyur ro/ cis mngon zhe na/ rig pa chen mo bgegs dang log 'dren thams cad rnam par 'joms par byed pa 'di ni sngon yongs su shes te/

意譯：

他眞言及手印毒，詛咒作亂更行危害，作兇惡事起損害心者等皆能除滅[1]。能護愛樂供養一切佛菩薩聖眾之人，能護勇勤受持書寫讀誦聽聞大乘[2]經典者。大梵此大明王大隨求者，又能滿足修佛菩提者，不被障礙，導師是敵中勝者〔3〕，我今作大供養，何以故？當知此明王能摧一切諸魔及顛倒魔〔4〕。

注釋：

〔1〕「他眞言及手印毒」至此數句漢本作「能除他眞言毒壓禱藥法相憎法降伏法，能令噁心眾生起大慈心」。

〔2〕大乘（[illegible]），藏文作 theg pa chen po。梵文 mahāyānam（摩訶衍那）。

〔3〕該句漢本作「如佛大師兩足之尊」。按，兩足尊，佛之尊號。以佛在有兩足之有情中第一尊貴故。

〔4〕該句漢本作「此明王能摧一切諸魔」。

西夏文及對譯：

[illegible]

爾時壞有出如來阿羅漢實眞究竟明滿廣大特殊△喜口中寶珠

[illegible]

金大寶等光出聖王／先現前究竟明滿爲時／菩提樹下△往明滿一切

[illegible]

△攝受地上法輪轉欲／爾時壞有出之魔眷屬百千俱胝圍繞／種種身

[illegible]

醜陋怖畏聲惡出／魔軍種種化爲／兵器種種雨如來令／四方圍繞間斷爲欲／

藏文：

gang gi tshe bcom ldan ’das de bzhin gshegs pa dgra bcom pa yang dag par rdzogs pa’i sangs rgyas rgya cher rab tu bzhad pa’i zhal nor bu dang/ gser dang/ rin po che ’bar ba’i ’od zer snang ba mngon par ’phags pa’i rgyal po dang po mngon par sangs rgyas nas byang chub kyi snying po ga la ba der gshegs te/ sangs rgyas thams cad kyis bsngags pa’i chos kyi ’khor lo rab tu bskor bar bzhed pa de’i tshe/ bcom ldan ’das de la bdud gyog dang bcas pa bdud bye ba khrag khrig brgya stong du mas bskor ba gzugs sna tshogs mi sdug pa/ ’jigs ’jigs ltar ’dug pa/ sgra mi snyan pa/ bdud kyi yul rnam pa sna tshogs rnam par ’phrul par byin gyis rlob pa/ mtshon cha rnam pa sna tshogs kyi char ’beb pa/ mngon par sprul nas lhags te/ phyogs bzhi nas bskor nas bar chad bya bar brtsams pa dang/

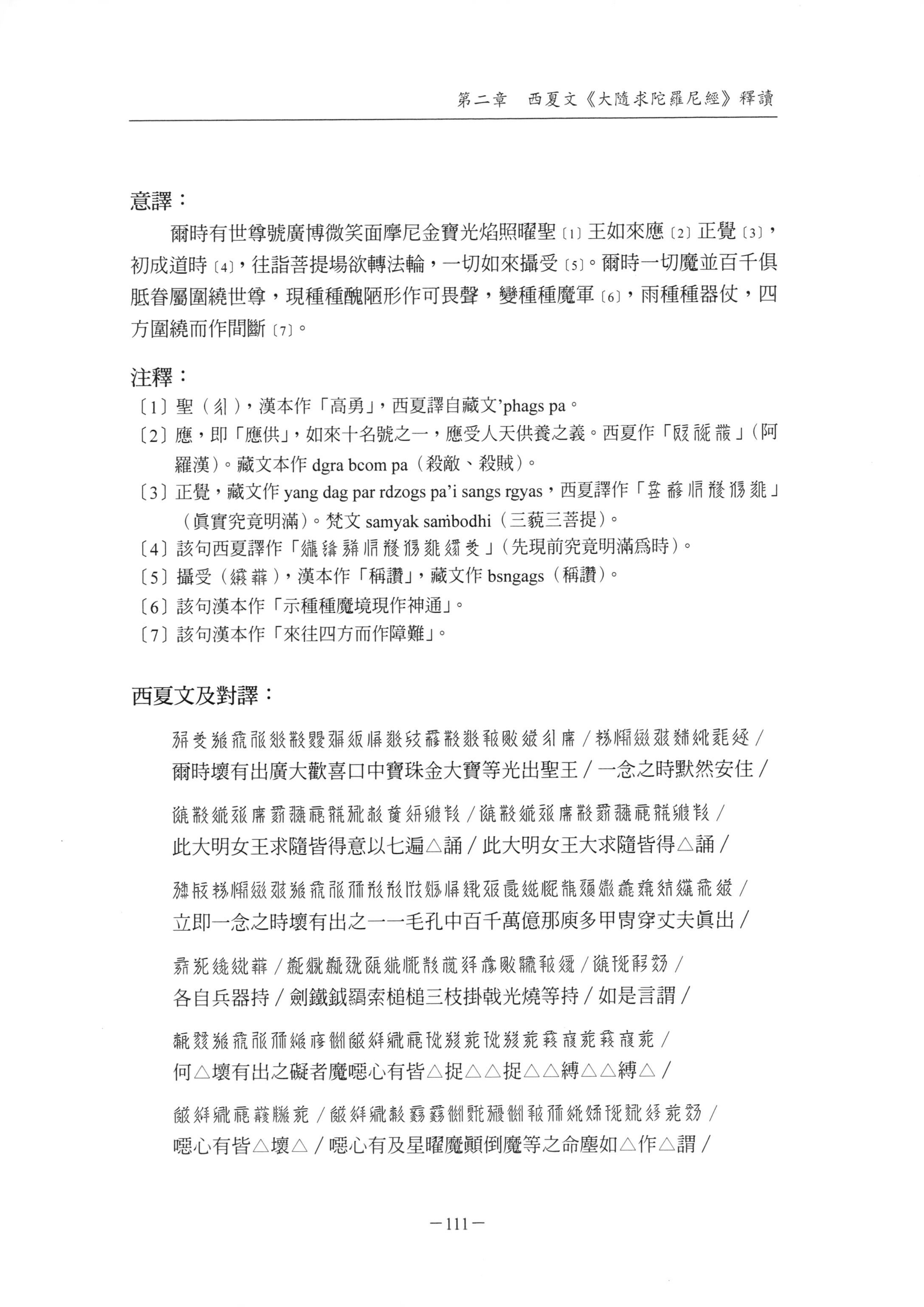

意譯：

爾時有世尊號廣博微笑面摩尼金寶光焰照曜聖〔1〕王如來應〔2〕正覺〔3〕，初成道時〔4〕，往詣菩提場欲轉法輪，一切如來攝受〔5〕。爾時一切魔並百千俱胝眷屬圍繞世尊，現種種醜陋形作可畏聲，變種種魔軍〔6〕，雨種種器仗，四方圍繞而作間斷〔7〕。

注釋：

〔1〕聖（[illegible]），漢本作「高勇」，西夏譯自藏文'phags pa。

〔2〕應，即「應供」，如來十名號之一，應受人天供養之義。西夏作「[illegible]」（阿羅漢）。藏文本作 dgra bcom pa（殺敵、殺賊）。

〔3〕正覺，藏文作 yang dag par rdzogs pa'i sangs rgyas，西夏譯作「[illegible]」（眞實究竟明滿）。梵文 samyak saṁbodhi（三藐三菩提）。

〔4〕該句西夏譯作「[illegible]」（先現前究竟明滿爲時）。

〔5〕攝受（[illegible]），漢本作「稱讚」，藏文作 bsngags（稱讚）。

〔6〕該句漢本作「示種種魔境現作神通」。

〔7〕該句漢本作「來往四方而作障難」。

西夏文及對譯：

[illegible]

爾時壞有出廣大歡喜口中寶珠金大寶等光出聖王／一念之時默然安住／

[illegible]

此大明女王求隨皆得意以七遍△誦／此大明女王大求隨皆得△誦／

[illegible]

立即一念之時壞有出之一一毛孔中百千萬億那庾多甲冑穿丈夫眞出／

[illegible]

各自兵器持／劍鐵鉞羂索槌槌三枝掛戟光燒等持／如是言謂／

[illegible]

何△壞有出之礙者魔噁心有皆△捉△△捉△△縛△△縛△／

[illegible]

噁心有皆△壞△／噁心有及星曜魔顛倒魔等之命塵如△作△謂／

藏文：

de nas bcom ldan 'das rgya cher rab tu bzhad pa'i zhal nor bu dang/ gser dang/ rin po che 'bar ba'i 'od zer snang ba mngon par 'phags pa'i rgyal po yud tsam zhig cang mi gsung bar bzhugs nas rig pa'i rgyal mo so sor 'brang ba chen mo 'di yid kyis lan bdun brjod do/ rig pa'i rgyal mo chen mo so sor 'brang ba chen mo 'di brjod ma thag tu skad cig de nyid la bdud sdig can de dag thams cad kyis bcom ldan 'das kyi ba spu'i bu ga re re nas skyes bu go cha gyon pa bye ba khrag khrig brgya stong du ma ral gri dang/ dgra sta dang/ zhags pa dang/ tho ba dang/ rtse gsum pa 'bar ba lag na thogs pa sha stag tshig 'di skad du gang dag bcom ldan 'das la gnod par byed pa/ bdud gnod sems can rnams zung shig zung shig/ chings shig chings shig/ gnod par sems pa thams cad rab tu choms shig/ gnod sems can dang/ gza' dang/ bgegs dang/ log 'dren thams cad kyi srog phye mar gyis shig/ ces 'dzer cing 'thon pa mthong ngo/

意譯：

爾時廣博微笑面摩尼金寶光焰照曜聖王如來，於須臾頃寂然而住，意誦此大明王大隨求陀羅尼七遍。誦此陀羅尼已，於剎那頃彼如來一一毛孔出百千萬億那庾多丈夫〔1〕，身披甲胄〔2〕，各持刀劍鉞斧罥索杖棒三叉戟〔3〕等兵器，出如是言，作如來障礙者諸惡魔悉皆捉縛，有噁心者悉皆摧壞，有噁心及星曜魔顛倒魔等悉皆粉碎〔4〕。

注釋：

〔1〕丈夫（[illegible]），漢本作「金剛使者」。

〔2〕漢本該句後有「放大光明」。

〔3〕三叉戟，西夏作「[illegible]」（三枝掛戟），藏文作 rtse gsum pa（三尖、三叉）。

〔4〕「作如來障礙者諸惡魔悉皆捉縛」至此數句漢本作「捉縛惡魔摧噁心者，斬斷其命粉粹諸魔作如來障礙者」。

西夏文及對譯：

[illegible] / [illegible] / [illegible]

爾時諸魔皆慈悲劍以△調伏 / 或禁戒持 / 或無上菩提

[illegible]

實眞究竟菩提記受／他神有等如來之毛孔中△出大丈夫等見時／

[illegible]

其魔等各邑宮中遁逃／神通△失／辯才不有／勇健力無／弓及兵器皆折／

[illegible]

各自驚走／爾時壞有出行爲魔及倒魔諸魔一切敗令／明滿法輪△轉／

藏文：

de nas bdud de dag thams cad byams pa'i ral gris mngon par btul nas/ la las ni bslab pa'i gzhi rnams bzung ba nas/ la las ni bla na med pa yang dag par rdzogs pa'i byang chub tu lung bstan pa'i bar du'o/ de la mthu che ba gzhan dag ni de bzhin gshegs pa'i ba spu'i bu ga nas 'thon pa'i skyes bu chen po de dag mthong nas/ grong khyer de nyid du spa gong bar gyur/ rdzu 'phrul yongs su nyams shing spobs pa dang/ stobs dang rtsal med par gyur cing/ mda' gzhu dag kyang chag nas byer ro/ de nas bcom ldan 'das kyis bgegs dang/ log 'dren dang/ bdud sdig can thams cad rab tu bcom nas sangs rgyas gzhan dag yi lta ba bzhin du chos kyi 'khor lo rab tu bskor to/

意譯：

爾時如來以大慈劍調伏諸魔，持禁戒〔1〕，成無上菩提〔2〕。見如來毛孔中出大丈夫，其魔各逃城邑之中，失大神通，無有辯才及勇健力，弓箭兵器悉皆斷折，各自驚走。爾時如來摧敗諸魔顛倒魔等，即轉法輪。

注釋：

〔1〕禁戒（[illegible]），西夏意譯藏文 bslab pa。漢本無此文義。

〔2〕成無上菩提，西夏作「[illegible]」（或無上菩提實眞究竟菩提記受）。

西夏文及對譯：

[illegible]

死生中出彼岸上至／大婆羅門因此大明女王求隨皆得者／力大極行有變化

[illegible]
以彼岸至／此思念時／情有心實清淨者及又噁心有等亦苦及諸怖畏一切中

[illegible]
實解脫得令／大婆羅門此故常意如念當／書寫常身上懸受持當／

[illegible]
前如△聞△／何云也／昔淨施王己國大邑宮增長勝城中人一罪△爲／

[illegible]
淨施王殺者之指揮此人之殺令／其殺者天子教依／其人△領山穴中入／

[illegible]
劍拔殺欲／爾時其人此大明女王求隨皆得意上△悟／書寫右手上懸△居／

[illegible]
此明女王威力故／劍變火焰塵如爲段段折／其殺者王於其事△說／

藏文：

brgyal to pha rol tu rab tu gshegs so/ bram ze chen po de ltar na rig pa'i rgyal mo so sor 'brang ba chen mo stobs kyi drag shul che ba/ rdzu 'phrul gyi pha rol tu phyin pa 'di dran pa m gyis sems can bsam pa yongs su dag pa rnams dang/ gzhan gnod sems can rnams kyang sdug bsngal ba dang/ 'jigs skyrag pa thams cad las yongs su thar bar byed do/ bram ze chen po de lta bas na rtag par rjes su dran pa'i yid la byed pas yid la bya'o/ yi ger bris te rtag tu lus la gdags shing bcang bar bya'o/ cis mngon zhe na/ snga ma bzhin du nyon cig rgyal po tshangs pas byin gyi yul na grong khyer chen po 'phags rgyal du mi zhig la nyes pa byung nas rgyal po tshangs pas byin gyis gshed ma'i mi rnams la khyed kyis mi 'di sod cig ces bsgo'o/ de nas gshed ma'i mi de dag gis rgyal pos bsgo ba bzhin du mi de khrid de ri sul zhig tu phyin nas/ ral gri shubs nas phyung ste bsad par bshams pa dang/ de'i tshe mi des rig pa'i rgyal mo so sor 'brang ba chen mo 'di yid la dran no/ yi ger bris nas lag pa gyas pa la btags shing 'dug go/ sems can chen po de'i rig pa 'di'i mthus/ ral gri me lce gcig tu gyur nas rdul gtor ba bzhin du dum bu dum bur gyur to/ de nas gshed ma'i mi de dag gis nges pa 'di rgyal po la zhib tu bsnyad do/

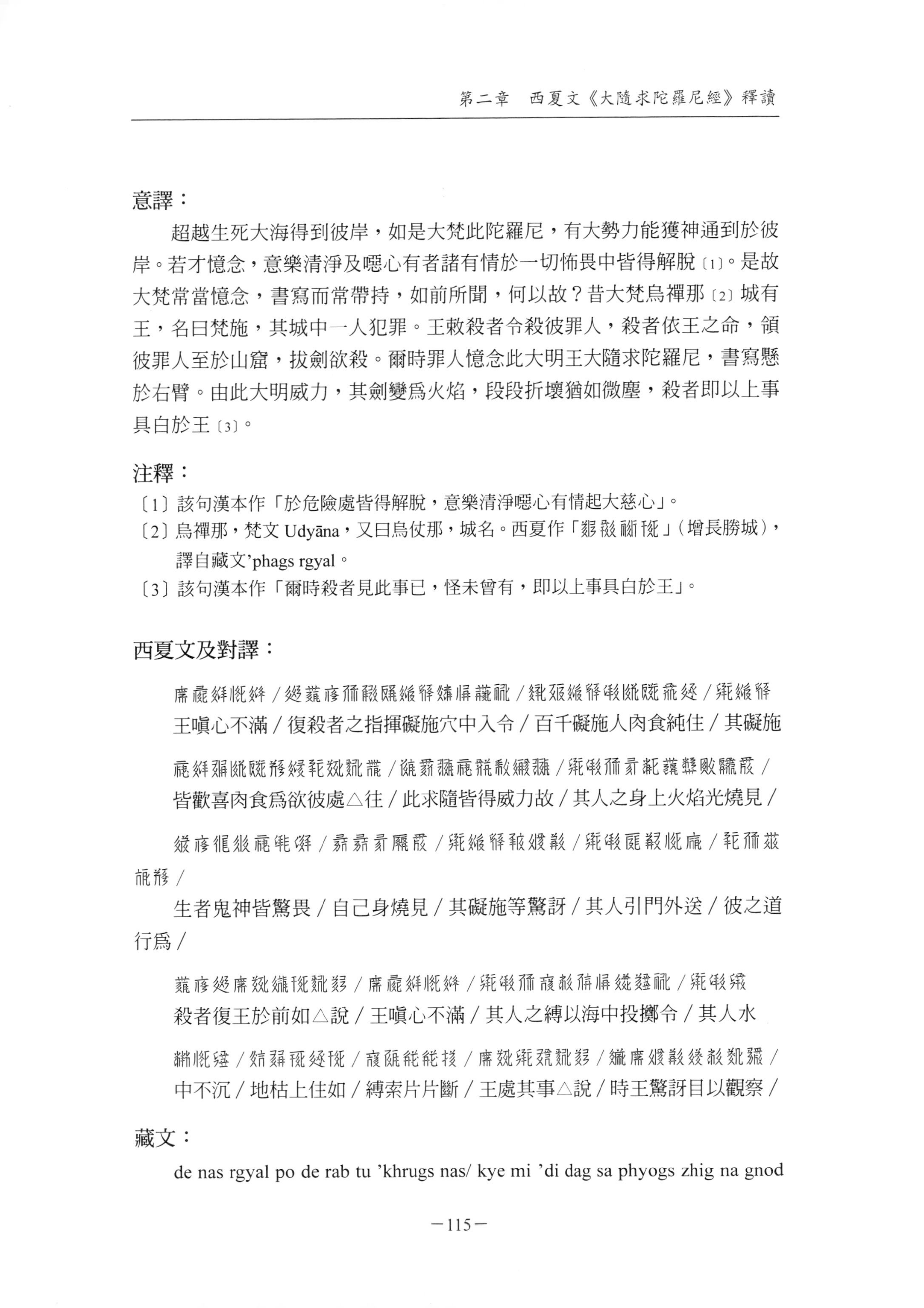

意譯：

超越生死大海得到彼岸，如是大梵此陀羅尼，有大勢力能獲神通到於彼岸。若才憶念，意樂清淨及嗯心有者諸有情於一切怖畏中皆得解脫〔1〕。是故大梵常當憶念，書寫而常帶持，如前所聞，何以故？昔大梵烏禪那〔2〕城有王，名曰梵施，其城中一人犯罪。王敕殺者令殺彼罪人，殺者依王之命，領彼罪人至於山窟，拔劍欲殺。爾時罪人憶念此大明王大隨求陀羅尼，書寫懸於右臂。由此大明威力，其劍變爲火焰，段段折壞猶如微塵，殺者即以上事具白於王〔3〕。

注釋：

〔1〕該句漢本作「於危險處皆得解脫，意樂清淨嗯心有情起大慈心」。

〔2〕烏禪那，梵文 Udyāna，又曰烏仗那，城名。西夏作「[illegible]」（增長勝城），譯自藏文’phags rgyal。

〔3〕該句漢本作「爾時殺者見此事已，怪未曾有，即以上事具白於王」。

西夏文及對譯：

[illegible]

王嗔心不滿／復殺者之指揮礙施穴中入令／百千礙施人肉食純住／其礙施

[illegible]

皆歡喜肉食爲欲彼處△往／此求隨皆得威力故／其人之身上火焰光燒見／

[illegible]

生者鬼神皆驚畏／自己身燒見／其礙施等驚訝／其人引門外送／彼之道行爲／

[illegible]

殺者復王於前如△說／王嗔心不滿／其人之縛以海中投擲令／其人水

[illegible]

中不沉／地枯上住如／縛索片片斷／王處其事△說／時王驚訝目以觀察／

藏文：

de nas rgyal po de rab tu ’khrugs nas/ kye mi ’di dag sa phyogs zhig na gnod sbyin gyi phug yod de/ de na gnod sbyin brgya stong mang po sha rjen za ba gnas kyis/ der khrid de ’or cig ces bsgo’o/ de nas mi de gshed ma mi de dag gis gnod sbyin gyi phug der bor ro/ gnod sbyin gyi phug gyi der bor ma thag tu de nas gnod sbyin de dag thams cad yid dga’ ste/ mi sha bza’o snyam du brgyugs pa dang/ de dag gis so sor ’brang ba ’di’i mthus mi de la me lce gcig tu gyur pa’i ’od ’phro bar rab tu ’bar bar mthong ngo/ mthong nas kyang thams cad dngangs nas rang rang gi lus tshig par yang mthong ngo/ de nas gnod sbyin de dag ngo mtshar skyes nas mi de khrid de sgo’i phyi rol du bzhag nas bskor ba bya bar brtsams pa nas gshed ma’i mi de dag gis rgyal po la zhib tu bsnyad pa’i bar du snga ma bzhin no/ de nas rgyal po cher ’khrugs te rngams nas gal te de ltar na khyed cag deng la mi ’di chings te/ chur bor cig ces bsgo ba dang/ gshed ma’i mi de dag gis khrid de chur bor ro/ mi de chu bor ma thag tu mi de yi ltar thang la ’dug pa bzhin du chu med par gyur to/ chings ma de dag kyang dum bur chad do/ rgyal pos de skad thos pa dang/ de nas rgyal po ngo mthsar du gyur nas mig tshugs su bltas te/

意譯：

其王聞已便生大怒，復敕殺者將此罪人送藥叉窟。於彼窟中有百千藥叉，令食此罪人。藥叉眾歡喜踊躍奔走向前，欲食罪人。以彼罪人帶大隨求威力故，眾藥叉見其人之身光明熾盛，諸藥叉鬼神悉皆驚怖，見此火欲燒己身，甚大驚訝〔1〕，送此罪人於窟門外，旋繞禮拜。殺者具以上事復白於王，其王聞已倍更瞋怒，又敕殺者縛彼罪人擲入大海。彼人海中不沉，猶在枯地之上〔2〕，所縛繩索片片斷絕，殺者以其事白於王，時王極大驚怪，雙目圓睜。

注釋：

〔1〕見此火欲燒己身甚大驚訝，漢本作「各作是念，此火欲來燒我，彼藥叉眾見是事已甚大驚怖」。

〔2〕彼罪人海中不沉猶在枯地之上，漢本作「奉教往擲，才入河中，河便枯竭猶如陸地，時彼罪人便住於岸」。

西夏文及對譯：

[illegible] / [illegible] / [illegible] / [illegible] / [illegible] /

此人稀有／技藝何有我疑△謂／時王其人之召／汝何藝有△問／彼人答言／

[illegible]

王大我差異不能 / 唯大明女王求隨皆得受持我謂 / 王大彼之威力故是 /

[illegible]

王言此者稀有事是也 / 大明女王善△說 / 死主剛趣之迷令 / 明滿行為△攝受 /

[illegible]

情有一切度脫令 / 病及苦中解脫得 / 明女王母威力大 / 非時死等皆去能 /

[illegible]

疾病一切皆除斷 / 世尊慈悲有者說

藏文：

e ma'o mi 'di ngo mtshar to/ 'di la rgyu ci zhig yod snyam du rnam par rtog par gyur to/ zhes smras so/ de nas rgyal po des mi de bkug ste/ kye mi khyod ci zhig shes zhes de skad smras so/ mi des smras pa rgyal po chen po rig pa chen mo so sor 'brang ba chen mo 'chang ba las gzhan ni ci yang ma 'tshal te/ lha de ni de'i mthu lags so/ rgyal pos smras pa ngo mtshar che'o/ rig pa chen mo dge bar gsungs/ 'chi bdag nan tur rmongs byed pa/ sangs rgyas kun gyis byin gyis brlabs/ sems can thams cad rab tu sgrol/ nad dang sdug bsngal thar bar byed/ rig pa chen mo gzi brjid che/ dus min 'chi las rab tu sgrol/ nad chen rnams ni zlog byed pa/ mgon po thugs rje can gyis gsungs/

意譯：

此人稀有，我不解其有何術。時王喚彼罪人，問言：「汝有何能」？彼人答言：「我別無所能，唯受持大明王大隨求陀羅尼」。大王彼陀羅尼之威力故，王即贊言此者甚大奇特〔1〕。大明王者善所說，能夠迷惑諸死罰〔2〕。一切諸佛所加持，拔濟一切諸有情。苦病之中得解脫，大明妃者大威力。能脫一切非時死，能止一切大疾病。具大悲心世尊說〔3〕。

注釋：

〔1〕「此人稀有」至此數句漢本作「熙怡微笑生大奇特，喚彼罪人問其所緣。汝何所解，罪人白言大王我無所解，我於身上唯帶大隨求無能勝大明王陀羅尼。王即

贊言甚大奇特，此大明微妙能摧死罰，說伽陀曰」。

〔2〕罰，西夏作「[illegible]」（剛趣），藏文作 nan tur，該詞有頑強、處罰等義，西夏可能取其「頑強」義，疑誤。

〔3〕「大明王者善所說」至此數句漢本作「大明甚微妙，能摧於死罰。諸佛所加持，拔濟諸有情。能解脫苦病，大明大威德。能脫非時死，大悲尊所說。能止大疾病，速證大菩提」。

西夏文及對譯：

[illegible]

爾時國王特殊歡喜心以大明女王求隨皆得之供養讚歎 / 彼人之亦官位△

[illegible]

施 / 邑宮中大爲令 / 大婆羅門彼如此大明女王求隨皆得者時一切中大供養

[illegible]

爲當 / 情有噁心有皆礙不能 / 因此此大明女王之昔因緣是知當最中障礙無 /

[illegible]

因此疑當非身上懸常持當 / 大婆羅門宿善日種聚善善爲此大明女王書當 /

藏文：

de nas rgyal po rab tu dga’ ba’i yid kyis rig pa’i rgyal mo chen mo so sor ’brang ba chen mo la mchod nas mngon par bstod do/ mi de yang blon thabs byin te/ rang gi gnyen gyi mdun du grong khyer gyi gtso bor dbang bskur to/ bram ze chen po de ltar na rig pa’i rgyal mo so sor ’brang ba chen mo ’dis thams cad du yang mchod pa chen po rnyed do/ sems can gnod sems can thams cad kyis kyang ’gal bar mi bya’o/ de ltar na rig pa’i rgyal mo chen mo ’di yongs su shes te/ gang du yang thogs pa med do/ de lta bas na gdon mi za bar rtag tu lus la gdags shing bcang bar bya’o/ bram ze chen po skar ma bzang po la cho ga legs par byas te/ rig pa’i rgyal mo ’di bri bar bya’o/

意譯：

爾時國王歡喜踊躍，即供養讚歎大明王大隨求陀羅尼。授彼罪人官職，封爲城主〔1〕。大梵當於一切時供養此大明王大隨求陀羅尼，諸有噁心眾生皆不能礙。是故當知此大明王大隨求昔因緣也，諸障礙無〔2〕。因此必當常帶持此大陀羅尼，大梵應擇吉宿日依法書此陀羅尼。

注釋：

〔1〕授彼罪人官職封爲城主，西夏作「[illegible]」（彼人之亦官位△施，邑宮中大爲令），其中「[illegible]」（大）譯自藏文 gtso bo（首腦、主尊）。又，該句漢本作「即以繒帛繫罪人首，與其灌頂冊稱爲城主」。

〔2〕「大梵當於一切時供養此大明王大隨求陀羅尼」至此數句漢本作「如是大梵此大隨求無能勝大陀羅尼，若有帶者於一切處獲大供養，若難調伏嚜心眾生，咸起慈心皆相順伏」。

西夏文及對譯：

[illegible] / [illegible] / [illegible]

爾時大婆羅門心意歡喜 / 壞有出處五體地投禮拜請教 / 大德壞有出

[illegible] / [illegible] / [illegible] /

此大明女王種聚依何云書壞有出之問 / 壞有出曰 / 大婆羅門△聞△ /

[illegible] / [illegible] / [illegible] / [illegible] /

情有一切慈憫故 / 我今汝之解說我 / 何△情有安樂令 / 畏所行中解脫得 /

[illegible] / [illegible] / [illegible] / [illegible] /

諸疾病等皆除滅 / 設若女人衣襟闊 / 又諸情有貧苦罰 / 諸瘡一切皆醫愈 /

[illegible] / [illegible] / [illegible] / [illegible] /

日數齋戒常持當 / 此者鬼宿日善時 / 勤以明滿供養時 / 菩提心發爲當是 /

[illegible] / [illegible] / [illegible] /

慈悲淨心諸水以 / 常情有類一切之 / 勇勤心以利益作 /

藏文：

de nas bram ze chen po de yid rab tu dga' nas bcom ldan 'das la yan lag lngas phyag 'tshal te zhus pa/ btsun pa bcom ldan 'das rig pa'i rgyal mo chen mo 'di'i cho ga ni zi ltar bgyis te bri bar bgyi/ bcom ldan 'das kyis bka' stsal pa/ bram ze chen po khyod nyon cig/ sems can kun la snying brtse'i phyir/ ngas ni khyod la bshad par bya/ gang gis sems can bde byed cing/ nyam nga ba yi las las 'grol/ nad rnams las kyang thar bya dang/ bud med sbrum mar 'gyur ba dang/ sems can rnams kyi dbul ba yi/ rma rnams gso bar bya phyir ro/ bsnyen gnas dag la gnas gyur nas/ rgyu skar rgyal du shes pa la/ sangs rgyas mchod la brtson byas te/ byang chub phyir ni sems kyang bskyed/ snying rjes kun tu brlan sems dang/ byams pa dang yang ldan gyur nas/ rtag tu sems can thams cad la/ phan pa bskyed pa brtson par bya/

意譯：

爾時大梵甚大歡喜，於世尊處五體投地頂禮請教〔1〕，而白世尊言以何方法書寫此大隨求陀羅尼，世尊言：大婆羅門汝當聞，愍念一切有情故。我今爲汝作解說，令諸有情得安樂。於怖畏中得解脫，一切疾病悉除滅。諸婦人能有胎孕〔2〕，諸有情等離貧匱。一切惡瘡皆治癒，日日應當持齋戒。此者應於吉宿時〔3〕，勤而供養一切佛。應當發大菩提心，復生悲愍大慈心。常於一切有情類，勇勤而作大利益。

注釋：

〔1〕該句漢本作「五輪著地頂禮佛足」。

〔2〕有胎孕，西夏作「[illegible]」（衣襟闊），藏文作 sbrum。

〔3〕該句漢本作「當於吉宿時，布沙宿相應」。

西夏文及對譯：

[illegible]

諸旃檀及又故君／霹香與和身沐浴／香善種種以薰習／淨新衣好著當是／

[illegible]

土及牛糞和合以／其又中圍壇爲當／四方四瓶滿置當／中圍中心一瓶置／

[illegible]

價高花及香好燒／旃檀畢力迦彼如／阿伽魯及都魯迦／舍迦囉等五種混／

[illegible]

熏香種聚供當是／種聚依時一切中／諸稼穡等種種皆／花果及又種子等／

[illegible]

諸香等以美麗熏／酥及蜜汁及乳以／青稞食及乳乳等／食施淨瓶滿當是／

藏文：

tsandan dang ni gur gum dang/ gla rtsir bsres pa'i chus bkrus te/ bdug pa rnams kyis bdugs pa yi/ gos gtsang rnams ni bgo bar bya/ sa dang lci ba bsres pa yis/ de yi tu dkyil 'khor bya/ bum pa gang ba bzhi bzhag ste/ lnga pa dkyil 'khor dbus su gzhag/ de la rin thang chen po yi/ me tog bdug pa spos rnams gsol/ tsandan spṛ ka de bzhin du/ a ka ru dang du ruska/ sha kha ra dang lnga sbyar ba'i/ bdug pa cho ga bzhin du 'bul/ cho ga ci bzhin dus bzhin bya/ lo tog rnam pa sna tshogs rnams/ me tog 'bras bu sa bon dang/ spos rnams kun gyis legs par brgyan/ mar dang sbrang rtsi 'o ma dang/ nas thug 'o thug la sogs pas/ gtor ma'i bum pa dgang bar bya/

意譯：

一切檀香及紅花〔1〕，混合麝香〔2〕沐浴身。種種好香而薰習，應當著好新淨衣。土與牛糞〔3〕相和合，當用以作曼荼羅。置四滿瓶於四方，壇城中央置一瓶。名貴〔4〕花又燒好香，如是檀香畢力迦〔5〕。沉香以及蘇合香〔6〕，並石蜜〔7〕等五種混。依法熏香而供奉，依法於一切時中。所有種種諸莊稼，以及花果與種子。一切香等莊嚴熏，酥油蜜汁及乳酪。青稞粥以及乳糜〔8〕，當盛滿施食淨瓶。

注釋：

〔1〕檀香，香木名，梵文 Candana（旃檀那）。西夏作「[illegible][illegible]」（旃檀），音譯藏文 tsandan。紅花，藏文作 gur gum，西夏音譯作「[illegible][illegible]」（故君）。

〔2〕麝香（[illegible][illegible]），藏文作 gla rtsir。

〔3〕牛糞（[illegible][illegible]），藏文作 lci ba。漢本作「瞿摩夷」，梵文 Gomatī。

〔4〕畢力迦（[illegible][illegible][illegible]），又作必栗迦，香名，譯曰目蓿香，梵文 Pṛkkā 或 Spṛkkā。藏文作 spṛ ka，漢本作「颯畢迦」。

〔5〕名貴，西夏作「[illegible][illegible]」（價高），意譯藏文 rin thang chen po（價值大）。

〔6〕沉香，梵文 Agaru。西夏作「[illegible][illegible][illegible]」（阿伽魯），音譯藏文 a ka ru，漢本略作「沉」。蘇合香，梵文 Turuṣka（都嚧瑟迦）。西夏作「[illegible][illegible][illegible]」（都魯迦），藏文作 du ruska，漢本作「酥合」。

〔7〕石蜜，即冰糖，梵文 Phāṇita（頗尼多）。西夏作「[illegible][illegible][illegible]」（舍迦囉），音譯藏文 sha kha ra。

〔8〕青稞粥，藏文作 nas thug，西夏譯作「[illegible][illegible][illegible]」（青稞食）。乳糜（[illegible][illegible]），西夏意譯藏文'o thug（奶粥）。

西夏文及對譯：

[illegible]

相好最勝吉祥求／四方各自置當是／中圍中心亦置當／香好燒用香爐等／

[illegible]

四方角上一各置／中圍壇之四面上／檀樹木杵四根植／及亦五種雜縷以／

[illegible]

中圍壇之圍繞當／設若自己成就求／是如作當婆羅門／及亦食白食當是／

[illegible]

利益爲故書寫當／絹及軟皮及布以／所言其上書寫當／設若女人子求欲／

[illegible]

牛黃好以書寫當／中心童子相一寫／種種衣以莊嚴當／種種寶滿具有嚴／

藏文：

mtshan ma shin tu bkra shis pa/ phyogs bzhi rnams su gzhag par bya/ lnga pa dkyil 'khor dbus su gzhag/ spos kyis bkang ba'i phor pa rnams/ grva bzhi dag tu gzhag par bya/ dkyil 'khor gyi ni 'gram logs su/ seng ldeng phur bu bzhi btsugs la/ tshon skud kha dog sna lnga yis/ 'khor bar dam du dkri bar bya/ gal te bdag 'grub 'dod na ni/ bram ze de ltar byas nas bri/ kha zas dkar po zos nas su/ phan par 'dod pas bri bar bya/ dar ram ras sam gro ga 'am/ ci yang rung ba gzhan la bri/ bud med dag la bu 'dod na/ gi'u vang gis ni legs par bri/ dbus su khye'u zhig bris nas ni/ rgyan rnams kun gyis rnam par brgyan/ de bzhin rin chen gang ba'i snod/

意譯：

相好最勝吉祥求，應當置於壇四方。壇城中央亦放置，以燒好香之香爐。各自置於四角上，於曼荼羅之四面〔1〕。豎立四根檀木杵〔2〕，並以五色雜縷線。而纏繞彼曼荼羅，設若欲求成就〔3〕者。婆羅門當如是作〔4〕，復又應當食白食〔5〕。作利益故當書寫，絹或軟皮〔6〕或布上。書寫此大陀羅尼，設若女人欲求子。當以好牛黃〔7〕書寫，中心畫一童子相。以種種衣莊嚴身，以種種寶滿器具。

注釋：

〔1〕面（[illegible]），藏文作’gram logs（旁、側）。

〔2〕檀木，漢本作「佉陀羅木」，梵文 Khadira（珂地羅、朅地羅）。西夏作「檀樹木」（[illegible]），意譯藏文 seng ldeng。杵（[illegible]），藏文作 phur bu（橛子）。

〔3〕成就（[illegible]），藏文作’grub。漢本作「悉地」，音譯梵文 siddhi。

〔4〕該句漢本作「大梵以此儀」。

〔5〕該句漢本作「應食三白食」。

〔6〕軟皮（[illegible]），藏文作 gro ga（樺皮），漢本亦作「樺皮」。

〔7〕牛黃（[illegible]），藏文作 gi’u vang。

西夏文及對譯：

[illegible]

他之左手以執令 / 特殊具足花好以 / 他之中心坐令當 / 瓔珞寶珠金等以 /

[illegible]

種種寶以莊嚴當 / 最勝調伏難畫當 / 諸四角上山畫當 / 若己安樂求欲故 /

[illegible]

勇勤爲以書寫當 / 設若諸男子之故 / 故君好以書寫當 / 各自理需望求時 /

[illegible]

是故成就無疑當 / 二葉花及三葉花 / 四葉花及複五葉 / 花淨上中手印畫 /

[illegible]

種種身像書寫當 / 彼如花葉種種等 / 花淨臺以圍繞畫 / 花葉特殊圓滿令 /

藏文：

lag pa gyon na thogs par bya/ padma rab tu rgyas gyur cing/ brgyan pa la ni de ’dug bya/ nor bu do shal gser dag dang/ rin chen sna tshogs rnams kyis brgyan/ gdul bar shin tu dka’ ba bri/ grnva bzhi dag tu ri bo bri/ gal te bde bar ’tsho ’dod na/ rab tu bsgrims te de ltar bri/ bye brag tu ni skyes pa rnams/ gur gum gyis ni bri bar bya/ de yi dgos pa ’dod pa rnams/ ’grub ’gyur ’di la the tsom med/ padma gnyis sam yang na gsum/ bzhi ram yang na lnga bris te/ padma la ni phyag rgya’i mtshan/ rnam pa sna tshogs gzugs su bri/ de bzhin du ni padma rnams/ ze bas kun tu ’khor bar bri/ padma ’dab ma rab rgyas la/

意譯：

應以左手而執持，用殊妙具足好花。應當坐於花中央，以諸瓔珞珠寶金。而以種種寶莊嚴，最勝難調伏當畫。諸四角上應畫山，若欲求得安樂故。勇勤而作大書寫，設若諸丈夫之故〔1〕。當用好紅花〔2〕書寫，各自所求一切事。是故成就當無疑，二葉花及三葉花。又畫四葉五葉花，於蓮花上畫手印。當畫種種諸身相，如是種種諸花葉。圍繞蓮花臺而畫，花葉殊妙得圓滿。

注釋：

〔1〕該句漢本作「丈夫求子者」。
〔2〕紅花（[illegible]），漢本作「鬱金」。

西夏文及對譯：

[illegible]
花淨幹之絹繫畫／花上三枝戟畫當／四方四角幔帳畫／又亦花上鐵鉞畫／

[illegible]
八葉花淨書寫當／彼花上中劍畫當／彼花又亦白畫當／花淨上中螺畫當／

[illegible]
一切畫時具足令／皆之種聚諸相等／巧智畫工畫令當／設若危害心起者／

[illegible]
童子相如不書當／種種特殊以莊嚴／復亦天像書寫當／善起及又石王持／

[illegible]
礙施之畏勤以畫／復諸四大天王等／四方各自畫當是／婆羅門故主有畫／

藏文：

sdong bu dar gyis bcings par bri/ padma la ni rtse gsum pa/ zur brgyad la ni dar dpyangs bri/ de bzhin padma dgra star bcas/ ’dab ma brgyad dang ldan par bri/ padma bcas pa’i ral gri bri/ padma de ni dkar por bya/ padma’i steng du dung yang bri/ thams cad du yang rgyas par bya/ kun tu cho ga’i mtshan ma rnams/ mkhas pa dag gis bri bar bya/ gang la gnod pa’i sems ’byung ba/ byis pa’i gzugs rnams mi bri’o/ sna tshogs rgyan gyis brgyan pa yi/ lha yi gzugs ni bri bar bya/

dge slong phyir ni rdo rje ’chang/ gnod sbyin bsdigs par brtson par bri/ rgyal po chen po bzhi rnams kyang/ ngos bzhi rnams su bri bar bya/ bram ze’i phyir ni dbang ldan no/

意譯：

蓮花莖〔1〕上繫以絹，於花上畫三叉戟〔2〕。四方四角畫幔帳〔3〕，又畫鉞斧於蓮花。應當畫八葉蓮花，於彼花上而畫劍。又應當畫白蓮花，於蓮花上畫商佉。所畫一切皆具足，所有儀軌及諸相。當令巧智〔4〕畫工畫，若有生危害心者。不應當畫童子相，種種殊妙而莊嚴。又亦應畫彼天像，苾芻故畫持金剛〔5〕。諸藥叉等大怖畏，又應當畫四天王。分別畫於四角上，婆羅門故畫自在〔6〕。

注釋：

〔1〕莖（[illegible]），藏文作 sdong bu（樹幹）。

〔2〕三叉戟，西夏作「[illegible]」（三枝戟），藏文作 rtse gsum pa（三尖）。

〔3〕四方四角（[illegible]），藏文作 zur brgyad（八角）。幔帳（[illegible]），藏文作 dar dpyangs，意爲懸綵，如繫在旗杆上的絲帶。

〔4〕巧智（[illegible]），藏文作 mkhas pa（熟練、巧妙、智者）。

〔5〕該句漢本作「若是苾芻帶，應畫持金剛。」持金剛（[illegible]），藏文作 rdo rje ’chang。按，持金剛又作執金剛，梵文 Vajradhāra（伐折羅陀羅）。

〔6〕自在，即大自在天，漢本作「伊舍那」。西夏作「[illegible]」（主有），譯自藏文 dbang ldan。

西夏文及對譯：

[illegible]

王種故故大主富／種惡故常善畫當／遍入神之美麗畫／尊高故故多聞畫／

[illegible]

摩醯首羅百施畫／童子故群生主畫／大意有亦書寫當／何△青白色等故／

[illegible]

嗔示形象書寫當／色白母故名稱有／種種相像書寫當／粗大及又諸寶賢／

[illegible]

特殊勤以書寫當／瘦令母及又滿賢／自竟等我說依書／衣襟闊故大黑母／

[illegible] / [illegible] / [illegible] / [illegible] /
諸梵天等書寫當 / 何云及他種聚中 / 前△說如書寫當 / 業種聚等皆見時 /

藏文：

rgyal rigs la ni dbang phyug che/ dmangs rigs phyir ni rtag zhi ba/ khyab 'jug legs par bri bar bya/ rje'u rigs phyir ni rnam thos bu/ lha yi dbang phyug dbang po bri/ khye'u yi phyir ni skye dgu'i bdag/ blo gros chen po bri bar bya/ sngo bsangs mdog ni gang yin pa/ de yi ched du khros pa bri/ dkar mo'i phyir ni grags ldan pa/ phun sum tshogs pa'i gzugs su bri/ sbom mo'i phyir ni nor bu bzang/ rab tu bsgrims te bri bar bya/ skem mo'i phyir ni gang ba bzang/ rang 'byung nga yis bstan par bri/ sbrum ma'i phyir ni nag mo che/ tshangs lha rnams kyang bri bar bya/ gzhan yang ci ltar cho ga las/ gong du bshad pa bzhin du bri/ las kyi cho ga mthong nas ni/

意譯：

剎利故畫大自在〔1〕，首陀羅〔2〕故常當畫。美妙而畫毘紐天〔3〕，毘舍〔4〕故畫多聞天。畫摩醯首羅帝釋〔5〕，童子故畫眾生主〔6〕。又應當畫大智者，若有青色女人帶。應畫大嗔怒形象〔7〕，白女帶畫名稱天〔8〕。當畫種種諸形象，若有肥充〔9〕女人者。當勇勤畫寶賢將，若有瘦女人帶者。而應當畫彼滿賢，懷妊婦人畫黑天。又應當畫諸梵天，以及其餘諸儀軌。當如前說各自畫，儀軌業等咸皆見。

注釋：

〔1〕剎利，梵文 Kṣatriya，也作剎帝利，古印度四種姓之第二，是掌握軍事和政治大權的等級。西夏作「[illegible]」（王種），意譯藏文 rgyal rigs。大自在，漢本作「摩醯首羅」，西夏作「[illegible]」（大主富），意譯藏文 dbang phyug che。

〔2〕首陀羅，梵文 Śūdra，古印度四種姓之第四，農人奴隸階層。西夏作「[illegible]」（種惡），譯自藏文 dmangs rigs。

〔3〕毘紐天，漢本作「那羅延」。西夏作「[illegible]」（遍入神），譯自藏文 khyab 'jug。

〔4〕毘舍，梵文 Veśa，也作吠舍，古印度四種姓之第三，商賈階層。西夏作「[illegible]」（尊高），譯自藏文 rje'u rigs。

〔5〕該句漢本作「畫於天帝釋」。

〔6〕眾生主（[illegible]），西夏意譯藏文 skye dgu'i bdag。漢本作「波闍波提」，音譯梵文 Prajāpati。

〔7〕嗔怒形象（[illegible]），西夏意譯藏文 khros pa（忿怒）。漢本作「盧陀羅天」，梵文應爲 Rudra（魯達羅、嚕捺羅），譯曰暴惡。

〔8〕名稱天，西夏作「[illegible]」（名稱有），譯自藏文 grags ldan pa。

〔9〕肥充，西夏作「[illegible]」（粗大），藏文作 sbom。

西夏文及對譯：

[illegible]

善善勤以彼如書／常其持者身上懸／此故其故常安樂／幢尖及又花淨上／

[illegible]

意如寶珠光燒畫／花淨心及又羂索／及其輪等書寫當／花淨上中石王畫／

[illegible]

花淨中心槌槌畫／種聚業中何說依／花淨中心戟短畫／種聚業中△說如／

[illegible]

諸寶珠等光尖燒／光明遇盛皆具足／絹以繫縛書寫當／九頭懸龍書寫當／

[illegible]

髻中珠上光焰燒／彼等皆之及心上／勤以石王書寫當／及諸王惡威力有／

藏文：

rab tu bsgrims te de bzhin bri/ rtag tu mgul du btags na ni/ de ni bde bar ’gyur ba yin/ rgyal mtshan rtse mo’i padma la/ yid bzhin nor bu ’bar ba bri/ padma’i snying por zhags pa dang/ de bzhin ’khor lo’ang bri bar bya/ padma’i steng du rdo rje dang/ padma’i snying po tho ba bri/ cho ga las ni ’byung ba bzhin/ padma’i steng du mdung thung bri/ cho ga las ni brjod pa bzhin/ nor bu thams cad rtse mo ’bar/ ’od zer ’phro bas rgyas pa dang/ dar gyis bcings pa bri bar bya/ klu mgo gdengs ka dgu yod la/ nor bu rab tu ’bar ba dang/ de dag kun gyi snying gar yang/ rdo rje gnas par bsgrims te bri/ rgyal po rnams phyir stobs can dang/

意譯：

依法勇勤而書寫，恒常帶持於身上。是故常能得安樂，於幢剎之蓮花上。畫火焰形如意珠〔1〕，蓮花心以及罥索。復又當畫大轉輪，蓮花上畫金剛杵。蓮花中心應畫棒，如儀軌業中所說。蓮花中心畫短戟〔2〕，如儀軌業中所說。

一切寶珠耀幢刹，放大光明皆圓滿。所繫繒幡應當畫，又亦應畫九頭龍。頭上寶珠流火焰，應於彼等龍心上。殷勤而畫金剛杵，諸惡王故畫有力。

注釋：

〔1〕如意珠（[illegible]），藏文作 yid bzhin nor bu。梵文 Cintāmaṇi，從寶珠中出種種所求如意，故名。出自龍王或摩竭魚之腦中。或爲佛舍利所變成。

〔2〕短戟（[illegible]），藏文作 mdung thung。漢本作「爍訖底」，梵文 Sakti。

西夏文及對譯：

[illegible]
逼主巧智書寫當 / 諸種咒等持者皆 / 諸天明女書寫當 / 月及復日諸星等 /

[illegible]
羅睺彗星及八曜 / 種聚業依書寫當 / 意有人行爲書寫 / 母胎門黃及內官 /

[illegible]
彼二悉皆男子得 / 此故一切成就令 / 罪過消滅吉祥得 / 如來△說敕言依 /

[illegible]
復亦最上位獲得 / 世間住亦常娛樂 / 身變彼岸至安樂 / 三十三天諸天宮 /

[illegible]
其諸天上必定生 / 贍部洲國意心悅 / 勝殊種及又名稱 / 及亦王種最勝殊 /

藏文：

ded dpon mkhas pas rtag tu bri/ rig pa ’dzin pa thams cad kyi/ rig pa’i lha mo rnams kyang bri/ zla ba nyi ma rgyu skar bcas/ sgra gcan mjug rings gza’ brgyad bri/ cho ga bzhin du nges bris la/ blo gros ldan pa’i mis bsrel na/ za ma dang ni ma ning yang/ bu pho rnyed par ’gyur ba yin/ ’dis ni thams cad ’grub par byed/ shis shing sdig pa zhi bar byed/ rang byung gi ni bka’ bzhin du/ gnas kyi dam pa thob par ’gyur/ ’jig rten ’di na’ang mchog tu bde/ ’jig rten pha rol shin tu bde/ sum cu rtsa gsum gnas la sogs/ lha gnas de yi gnas su ’gyur/ ’dzam gling bzang zhing nyams dga’ bar/ khyad par can rigs grags pa dang/ rgyal rigs khyad par ’phags pa dang/

意譯：

商主〔1〕巧智常當畫，一切種咒受持者。諸天應寫大明咒，畫諸日星及月星。及羅睺彗星〔2〕八曜，應當依法而書寫。具智慧者應書寫，母胎黃門及內官〔3〕。彼二種人皆得子，是故一切能成就。除滅罪過得吉祥，依如來所說教敕。復又獲得最上位，能於世間常喜樂。他世亦能得安樂〔4〕，三十三天諸天宮。其人必生諸天上，而能悅意贍部洲〔5〕。得生殊勝族姓家，或生最勝剎帝利。

注釋：

〔1〕商主，藏文作 ded dpon，西夏譯作「[illegible]」（逼主）。

〔2〕彗星（[illegible]），藏文作 mjug rings。梵文 ketu（計都），九曜之一。

〔3〕母胎黃門及內官（[illegible]），藏文作 za ma dang ni ma ning yang，za ma 和 ma ning 均意爲「黃門」（謂男子不育），西夏之「內官」（[illegible]）這裡當指太監。又，該句漢本作「或有石女人，扇姹半姹迦」。

〔4〕他世，藏文作'jig rten pha rol，西夏譯作「[illegible]」（身至彼岸）。

〔5〕贍部洲，梵文 Jambudvipa，藏文作'dzam gling。西夏作「[illegible]」，「[illegible]」《夏漢字典》標音 dzja^1 bu^2，梵文原詞爲 Jambu；「[illegible]」（洲），意譯藏文 gling（洲）。

西夏文及對譯：

[illegible]

婆羅門亦最特殊／我今及亦他中生／常悟及亦安樂受／求隨皆得咒持者／

[illegible]

彼人得當福德者／諸明滿等一切皆／其福說時盡可無／地獄門者悉皆閉／

[illegible]

諸天門者悉皆開／安樂種種皆主聚／何△生處大智有／明滿菩提勇識亦／

[illegible]

及常他之休息令／身心安樂種需聚／大威力有等者無／勝勢何云△說如／

[illegible]

及亦輪轉聖王爲／諸人天之休息令／噁心有者皆驚怖／此明女王△說故／

藏文：

bram ze khyad par 'phags rnams su/ bdag nyid chen po de skyes te/ rtag tu rig dang bde bar 'gyur/ so sor 'brang ba 'chang ba'i mis/ bsod nams thob pa gang yin pa/ sangs rgyas dag ni thams cad kyis/ bsod nams phung po brjod mi nus/ sems can dmyal ba'i sgo rnams bcad/ mtho ris sgo rnams rab tu phye/ bde ba phun sum tshogs pa dang/ blo gros chen por 'gyur ba yin/ sangs rgyas byang chub sems dpas kyang/ rtag tu dbugs ni 'byin par 'gyur/ lus kyi bde ba phun sum tshogs/ stobs kyang che bar 'gyur ba yin/ rgyal bas ji skad gsungs pa ltar/ 'khor los sgyur bar 'gyur ba yin/ mi dang lha rnams dbugs 'byin te/ gnod par sems pa skrag par byed/ gang phyir rig pa legs bshad pa/

意譯：

復或得生婆羅門，我今生此最勝處。常能開悟得安樂，持大隨求陀羅尼。彼人當得大福德，所有一切諸如來。而說其福不能盡，地獄門〔1〕者悉關閉。一切天門〔2〕皆得開，種種安樂皆圓滿。成就一切大智慧，諸佛以及諸菩薩。常使其人得休息〔3〕，身心安樂皆圓滿〔4〕。有大威力無能勝，一切如來誠言說〔5〕。復又爲轉輪聖王，令諸人天得休息〔6〕。驚怖一切噁心者，乃說此大明咒故。

注釋：

〔1〕地獄門（[illegible]），藏文作 sems can dmyal ba'i sgo（有情地獄之門）。

〔2〕天門（[illegible]），藏文作 mtho ris sgo。漢本作「天趣」。

〔3〕該句漢本作「常安慰其人」。

〔4〕圓滿，藏文作 phun sum tshogs，西夏譯作「[illegible]」（種需聚）。

〔5〕有大威力無能勝，一切如來誠言說，漢本作「驍勇有大力，如來誠言說」。

〔6〕復又爲轉輪聖王，令諸人天得休息，漢本作「當獲轉輪位，安慰人天眾」。

西夏文及對譯：

[illegible]

此者多時不停也／兵器以亦害不得／及毒火以害不能／非時死及又罪過／

[illegible]

是如種種皆遠離／聞見受持及信起／生者害及又鬥爭／及亦水及火畏等／

[illegible] / [illegible] / [illegible] / [illegible] /
虎狼蛇及又獅子／諸龍及又病極等／此明女王咒持故／彼等畏懼皆與離／

[illegible] / [illegible] / [illegible] / [illegible] /
此人情有中最上／諸魔及時一切中／一切皆之養處爲／實△說△△聞△／

藏文：

de ni ring por mi thogs so/ de ni mtshon gyis mi tshugs te/ dug dang mes kyang tshugs mi 'gyur/ dus min 'chi ba'i sdig pa yang/ de las thag ni ring du 'gro/ rnam pa kun tu nyan pa 'am/ mthong ba dang ni reg pa'ang rung/ 'byung po gdon dang rtsod pa dang/ chu dang me yis 'jigs pa dang/ gcan gzan sbru dang seng ge dang/ klu dang nad ni mi bzad rnams/ gang la rig pa legs bshad pa/ de la de dag kun mi 'byung/ de dag sems can kun mchog 'gyur/ bdud rnams kun gyis thams cad du/ mchod par 'gyur ba'i 'os yin te/ yang dag bshad kyis mnyan par byos/

意譯：

此者當於不久後，諸兵器等不能害。毒藥大火不能害，非時死〔1〕及諸罪過。如是種種皆遠離，見聞受持及生信〔2〕。鬼魅以及諸鬥諍，又亦水火諸怖畏。虎狼毒蛇及獅子〔3〕，一切龍及大疾病。持此大明王咒故，彼等怖畏皆遠離。此人有情中最上〔4〕，諸魔眾於一切時。於一切處而供養，我所說者汝當聞。

注釋：

〔1〕非時死（[illegible]），藏文作 dus min 'chi ba。
〔2〕該句漢本作「見聞及觸身」。
〔3〕虎狼（[illegible]），藏文作 gcan gzan（野獸）。又，該句漢本作「惡蟲及毒蛇」。
〔4〕該句漢本作「人中得最勝」。

西夏文及對譯：

[illegible] /
此大明女王求隨皆得種聚爲法△說△已／

[illegible] /
爾時情有一切之慈愍故種咒受持守護法種聚△說／

[illegible]
何△守護種聚皆／大成就求得△及／何如守護爲欲故／悉皆成就疑所無／

[illegible]
怖畏當無病不遇／諸宿曜之回遮能／諸曜與亦皆隨順／業鐵鈎亦切斷能／

[illegible]
飲食罪及影像踏／敵寇聚者△爲皆／害者視及又寫罪／蠱毒法及又最極／

[illegible]
麵之加持及咒誦／毒△飲及合和毒／何△種咒持者之／彼等悉皆愷悌爲／

藏文：

rig pa'i rgyal mo so sor 'brang ba chen mo'i cho ga rdzogs so/ de nas sems can thams cad la snying brtse ba'i phyir rig sngags 'chang ba bsrung ba'i tshul gyi cho ga bshad par bya'o/ bsrung ba'i cho ga gang zhig gis/ dngos grub chen po 'grub 'gyur ba/ gang dang gang du bsrung byas na/ don yod 'gyur te the tshom med/ 'jigs med rims kyis mi btab ste/ gza' rnams thams cad zlog par byed/ rgyu skar rnams kyang mthun par 'gyur/ las kyi lu gu rgyud kyang gcod/ bza' nyes pa dang sgom nyes dang/ dgra tshogs kun gyis byas pa dang/ gnod par bltas dang bri nyes dang/ byad dang gang yang mi bzad dang/ phye ma sngags kyis btab pa dang/ dug 'thung ba dang sbyar ba'i dug/ gang zhig bsrung ba 'chang de la/ de dag thams cad zhi bar 'gyur/

意譯：

爾時世尊說此大明王大隨求儀軌已，愍念諸有情故，而說持明咒加護儀軌。由此守護儀軌故，而當獲得大成就。能於諸處作加護，悉皆成就無所疑。無有怖畏及疾病，能回遮〔1〕一切宿曜。亦能隨順於諸曜，復又切斷業鈎鎖〔2〕。飲食罪及踐影像，諸敵寇眾之所爲。害者視〔3〕以及寫罪，蠱毒以及諸不良〔4〕。亦或施咒之粉末〔5〕，飲毒以及混合毒〔6〕。持此大陀羅尼故，彼等悉皆得止息。

注釋：

〔1〕回遮（[illegible]），藏文作 zlog pa。
〔2〕鈎鎖，西夏作「[illegible]」（鐵鈎），[illegible]作 lu gu rgyud（連環套）。
〔3〕害者視（[illegible]），西夏譯自藏文 gnod par bltas。漢本作「惡視」。

〔4〕不良，藏文作 mi bzad，西夏譯作「[illegible]」（最極）。
〔5〕粉末，藏文作 phye ma，西夏譯作「[illegible]」（麵）。漢本作「藥」。
〔6〕混合毒（[illegible]），西夏譯自藏文 sbyar ba'i dug。

西夏文及對譯：

[illegible]

設若此咒語出時／自身及亦果報受／求隨皆得誓以畏／他魔圍繞最中極／

[illegible]

大怖畏所諸敵寇／彼等悉皆各自逃／明滿一切智智及／菩提勇識他之護／

[illegible]

難行行者聲聞及／獨覺等亦他之護／他及所有一切及／天龍大神通有者／

[illegible]

常不休息勇勤以／永常他之守護爲／今此明女種咒者／聞者最中上人是／

[illegible]

怖畏一切皆遠離／人能如來此言說／

藏文：

gang zhig rig las 'gal byed pa/ yan lag rnams la rnam par smin/ so sor 'brang ba'i dmod bsdigs na/ pha rol 'khor ni mi bzad dang/ 'jigs pa chen po dgra yi rnams/ de dag thams cad rab tu 'bros/ sangs rgyas thams cad mkhyen pa dang/ byang chub sems dpa' des pas bsrung/ nyan thos dka' thub chen po dang/ rang sangs rgyas kyis bsrung bar 'gyur/ gzhan yang rnam pa mang po yi/ lha klu rdzu 'phrul chen po rnams/ 'di la rtag tu brtson byed pa/ de la srung ba byed par 'gyur/ rig pa yi ni rgyal mo 'di/ thos pa tsam gyis mi mchog rnams/ kun tu 'jigs pa med 'gyur zhes/ thub pa yis ni de skad gsungs/

意譯：

設若違〔1〕此明咒時，自身復又受果報。大隨求咒而怖畏，他魔圍繞諸不良。一切大怖畏敵寇，彼等悉皆各逃散。一切智佛所加護，菩薩亦彼之加護。一切苦行並聲聞，以及緣覺彼之護。及餘一切諸種類，並有大神通天龍〔2〕。恒常不息大勇勤，永遠彼之作加護。今此大明王密咒，聞者乃爲最上人。一切怖畏皆遠離，牟尼〔3〕而作如是說。

注釋：

〔1〕違，藏文作'gal byed，西夏譯作「[illegible]」(出)。

〔2〕及餘一切諸種類，並有大神通天龍，漢本作「及餘多種類，大威德天龍」。

〔3〕牟尼，西夏作「[illegible]」(人能如來)，譯自藏文 thub pa，該詞意爲能者、能仁，梵音作牟尼，即釋迦牟尼佛號省稱。

西夏文及對譯：

[illegible]

諸夢惡及又相苦／設若染病及病極／疾病遇及又大病／△害侵及又血吐／

[illegible]

諸他疾病一切及／癰蛆疥瘡及瘡疱／何△危害及病極／群生人之害侵及／

[illegible]

又亦人之損害等／最中極者魔害等／大守護以他之護／彼之悉皆害不得／

[illegible]

此以守護△爲時／諸纏敷中解脫得／求隨皆得書寫者／若時死至索中入／

[illegible]

領以獄帝宮中入／他之壽限皆中長／及亦若人壽盡時／七日國中必定死／

藏文：

rmi lam ngan dang ngan byas dang/ gang yang nad 'go mi bzad dang/ nad kyis btab dang nad chen gyis/ gang dag zin cing khrag skyugs dang/ gzhan yang rnam pa mang po'i nad/ 'bras dang shu ba skem po dang/ gang yang gnod pa mi bzad pas/ mi yi skye dgu zin pa dang/ mi rnams ma rungs bya ba'i phyir/ mchog tu mi bzad gnod byed rnams/ bsrung ba stobs chen ga la bar/ de dag thams cad mi 'byung ngo/ 'di las bsrung ba byas nas ni/ bcings pa dag kyang grol bar 'gyur/ so sor 'brang ba bris pas kyang/ gal te dus kyi zhags pa yis/ bzung nas gshin rje'i gnas khrid pa/ de yi tshe ni rnam par 'phel/ gang zhig tshe zad gyur tam/ zhag bdun na ni 'chi 'gyur ba/

意譯：

諸惡夢以及苦相〔1〕，傳染病與大疾病。遭遇一切諸疾病，諸侵害以及吐血〔2〕。及餘多種諸疾病，一切膿瘡及傷疤。所有危害及重病，又亦侵害諸眾生。以及損傷他人者，種種不良大魔害。於彼而作大加護，彼等悉皆不能害。以此明咒加護時，諸纏數中得解脫。書寫大明隨求者，若合死時入索中。將至彼閻羅宮中，其人壽命得延長。又若有人壽盡時，七日之後必當死。

注釋：

〔1〕該句漢本作「惡夢及惡作」。

〔2〕「諸惡夢以及苦相」至此數句漢本作「惡夢及惡作，極惡諸逼迫。疾病以纏身，瘦病銷骨肉」。

西夏文及對譯：

[illegible]

此種咒王書寫故／其人壽長疑所無／諸種聚依守護爲／設若此妙法聞時／

[illegible]

善行一切皆獲得／欲求樂求一切得／三十三天諸天宮／六十八千諸天人／

[illegible]

及亦百千那庾多／釋帝圍繞一切皆／諸天眾等所有等／情有皆之守護故／

[illegible]

常其隨逐恭侍奉／四方守護大天王／及亦力大手石王／諸明種有數百等／

[illegible]

集聚他之守護爲／月及意賢及日等／淨梵遍入及大主／寶賢及又獄帝等／

藏文：

yi ge bris pa'i bar tsam gyis/ 'tsho bar 'gyur te the tshom med/ cho ga bzhin du bsrung byas p'am/ yang na thos pa tsam gyis kyang/ kun tu dge ba thob par 'gyur/ 'dod pa bzhin du bde bar 'tsho/ gang dag sum cu rtsa gsum lha/ stong phrag drug cu rtsa brgyad dang/ bye ba khrag khrig phrag brgya dang/ brgya byin mdun nas 'gro ba kun/ sems can de la bsrung ba'i phyir/ phyi bzhin 'brang zhing gnas par byed/ 'jig rten skyong ba bzhi po dang/ lag na rdo rje stobs chen yang/ rig

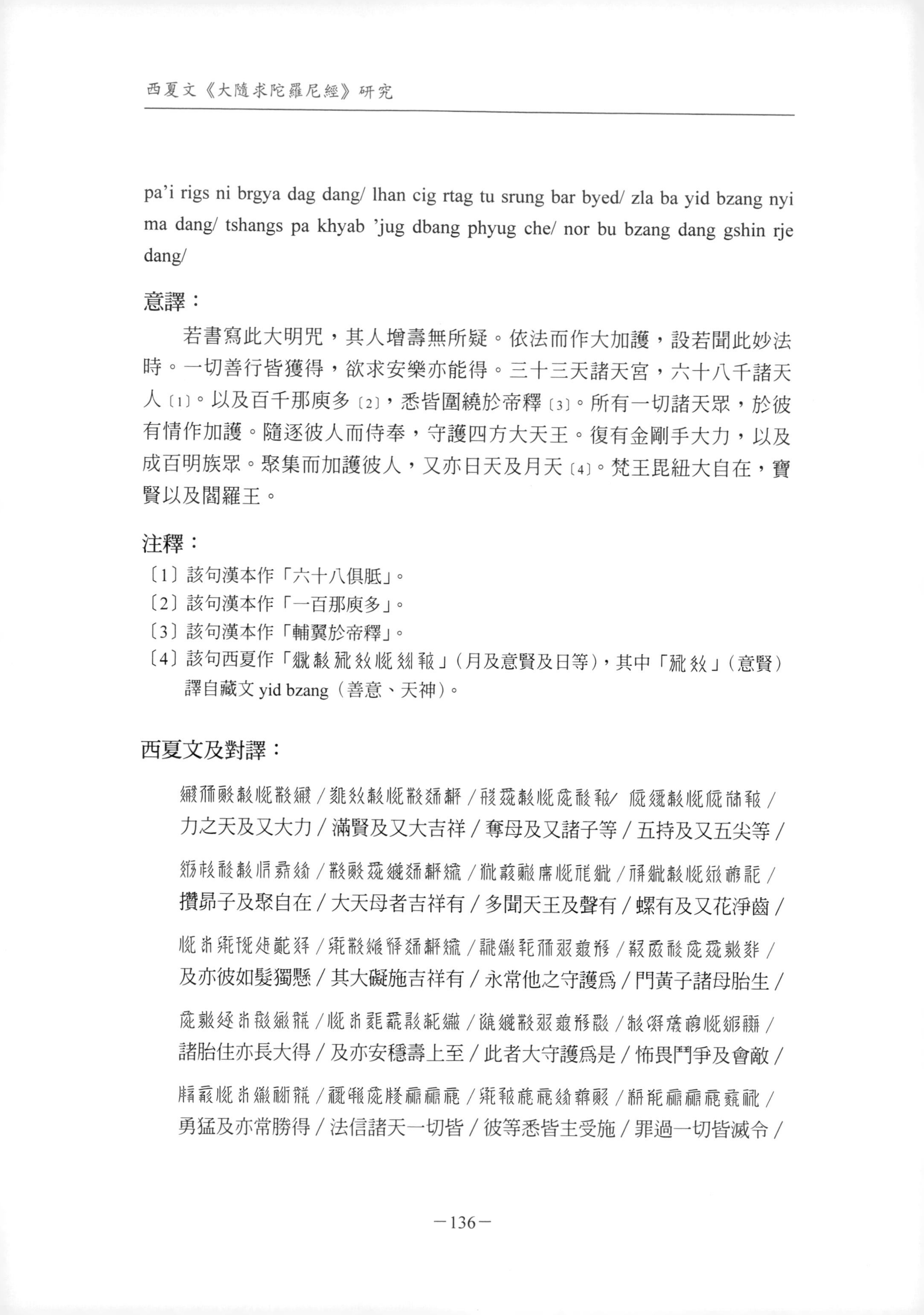

pa'i rigs ni brgya dag dang/ lhan cig rtag tu srung bar byed/ zla ba yid bzang nyi ma dang/ tshangs pa khyab 'jug dbang phyug che/ nor bu bzang dang gshin rje dang/

意譯：

若書寫此大明咒，其人增壽無所疑。依法而作大加護，設若聞此妙法時。一切善行皆獲得，欲求安樂亦能得。三十三天諸天宮，六十八千諸天人〔1〕。以及百千那庾多〔2〕，悉皆圍繞於帝釋〔3〕。所有一切諸天眾，於彼有情作加護。隨逐彼人而侍奉，守護四方大天王。復有金剛手大力，以及成百明族眾。聚集而加護彼人，又亦日天及月天〔4〕。梵王毘紐大自在，寶賢以及閻羅王。

注釋：

〔1〕該句漢本作「六十八俱胝」。

〔2〕該句漢本作「一百那庾多」。

〔3〕該句漢本作「輔翼於帝釋」。

〔4〕該句西夏作「[illegible]」（月及意賢及日等），其中「[illegible]」（意賢）譯自藏文 yid bzang（善意、天神）。

西夏文及對譯：

[illegible]

力之天及又大力／滿賢及又大吉祥／奪母及又諸子等／五持及又五尖等／

[illegible]

攢昴子及聚自在／大天母者吉祥有／多聞天王及聲有／螺有及又花淨齒／

[illegible]

及亦彼如髮獨懸／其大礙施吉祥有／永常他之守護為／門黃子諸母胎生／

[illegible]

諸胎住亦長大得／及亦安穩壽上至／此者大守護為是／怖畏鬥爭及會敵／

[illegible]

勇猛及亦常勝得／法信諸天一切皆／彼等悉皆主受施／罪過一切皆滅令／

藏文：

stobs kyi lha ni stobs chen dang/ gang ba bzang po dpal chen dang/ 'phrog ma bu dang bcas pa dang/ lnga 'dzin pa dang lngas rtsen dang/ smin drug bu dang tshogs dbang dang/ lha mo chen mo dpal can dang/ rnam thos bu dang dbyangs can dang/ dung can dang ni me tog go/ de bzhin ral pa gcig pa dang/ gnod sbyin chen po dpal yon can/ rtag tu srung ba byed par 'gyur/ za ma rnams kyi bu yang skyed/ mngal na gnas pa bde bar byed/ de ni ji srid 'tsho ba'i bar/ 'di ni bsrung ba chen por 'gyur/ 'jigs med 'thab mo'i gyul 'gyed par/ dpa' po rnams la rtag rgyal sbyin/ chos la nges pa'i lha rnams la/ 'dis ni snang ba sbyin par byed/ sdig pa rnam par gzhig pa'i phyir/

意譯：

力天以及具大力，滿賢復又大吉祥〔1〕。訶利帝以及諸子，半遮羅及半只迦〔2〕。昴宿男及聚自在，以及吉祥大明妃。多聞天王與辯才，有螺復又蓮花齒〔3〕。復又如是一髻神〔4〕，彼大藥叉有吉祥。常當彼人而擁護，黃門之子母胎生〔5〕。胎孕咸能得增長，乃至安穩壽命存。此大明咒加護故，一切怖畏及鬥爭。勇士亦能常得勝〔6〕，所有一切信法天〔7〕。彼等悉皆施受主，一切罪過悉消滅。

注釋：

〔1〕該句漢本作「滿賢大勇猛」。

〔2〕半遮羅，梵文 pāñcala，夜叉八大將之一。西夏作「[illegible]」（持五），意譯藏文 lnga 'dzin pa。半隻迦（pāñcika），此處西夏作「[illegible]」（五尖），譯自藏文 lngas rtsen（五層、玩五）。

〔3〕該句漢本作「商棄尼華齒」。

〔4〕一髻神，這應指「一髻羅剎女」或「一髻羅剎王菩薩」。西夏作「[illegible]」（髮獨懸），譯自藏文 ral pa gcig pa。又，該句漢本作「一髻大威德」。

〔5〕該句漢本作「石女生子息」。

〔6〕勇士，藏文作 dpa' po，西夏譯作「[illegible]」（勇猛）。又，該句漢本作「丈夫常得勝」。

〔7〕該句漢本作「由依淨信天」。

西夏文及對譯：

[illegible] / [illegible] / [illegible] / [illegible] /

若恭敬以書寫故 / 如來一切皆觀察 / 菩提勇識亦其如 / 他之名稱種種增 /

[illegible] / [illegible] / [illegible] / [illegible] /
福德及又壽命長 / 諸財穀物皆具足 / 悉皆主聚疑所無 / 設若睡時安樂得 /

[illegible] / [illegible] / [illegible] / [illegible] /
及睡覺亦殊安樂 / 生者聚集一切及 / 諸魔行爲損不得 / 設若鬥爭會敵時 /

[illegible] / [illegible] / [illegible] / [illegible] /
此明女王思念故 / 最上守護者是故 / 常種種中最勝得 / 明女念故安樂得 /

[illegible] / [illegible] / [illegible] / [illegible] /
他之危害不生也 / 其者何念一切成 / 諸中圍中△入是 / 及亦後世所生處 /

藏文：

gus par byed de bris na ni/ de bzhin gshegs dang de bzhin du/ byang chub sems dpa' 'ang blta bar 'gyur/ de yi grags pa rnam par 'phel/ bsod nams dang ni tshe yang 'phel/ nor rnams dang ni 'bru dag kyang/ 'byor par 'gyur te the tshom med/ bde bar gnyid kyis log pa dang/ bde bar rab tu sad par 'gyur/ 'byung po'i tshogs rnams thams cad dang/ dgra kun gyis kyang mi rdzi'o/ gyul 'gyed pa yi tshe na yang/ rig pa sgrub pa byas na ni/ bsrung ba bla na med pa 'dis/ rtag tu rgyal bar 'gyur bar byed/ bde bar rig pa sgrub byed cing/ de la bgegs ni 'byung mi 'gyur/ de yis bsam pa thams cad 'grub/ dkyil 'khor kun tu zhugs pa yin/ skye ba dag ni thams cad du/

意譯：

恭敬書寫此明咒，一切如來皆觀察。又諸菩薩亦如是，彼之名稱得增長。福德壽命能延長，財物穀糧皆豐足。悉皆圓滿無所疑，設若睡時得安樂。睡覺〔1〕亦能得安樂，一切鬼神咸聚集。諸魔不能作危害，設若鬥爭打仗時。能憶念此大明咒，此爲無上守護者〔2〕。常種種中得最勝，修明咒故獲安樂〔3〕。彼之危害不得生，一切所念悉成就。能入一切壇城中〔4〕，又亦後世所生處。

注釋：

〔1〕睡覺（[illegible]），藏文作 sad pa（覺、悟、醒），漢本作「覺悟」。
〔2〕能憶念此大明咒，此爲最上守護者，漢本作「若修密言時，此護最爲勝」。
〔3〕該句漢本作「安樂修諸明」。
〔4〕該句漢本作「成入一切壇」。

西夏文及對譯：

[illegible]
彼者立即記句悟／勝勢德功受持故／彼之心意堅固是／吉祥一切實畢竟／

[illegible]
何如念故皆成就／此明女王書寫時／安樂一切皆俱全／若安樂而夭折時／

[illegible]
上諸天趣中生也／設若軍交鬥爭時／會敵最極亂畏中／諸怖畏中解脫得／

[illegible]
勝勢何云△說依／及亦世世所生處／常宿命知疑所無／國王皇后圍繞等／

[illegible]
悉皆彼之主主是／世間善根名稱等／悉皆成就不得無／見者悉皆愛敬起／

[illegible]
及亦世間人天等／日及又亦常夜長／彼之悉皆守護爲／實眞究竟明滿說／

[illegible]
此咒句以成就得／

藏文：

de ni myur du dam tshig shes/ rgyal ba'i yon tan 'dzin pa'i phyir/ de ni yid brtan 'os yin no/ bkra shis thams cad rab tu rdzogs/ bsam pa thams cad grub par byed/ 'di ni bris pa m gyis kyang/ bde ba thams cad 'byor par 'gyur/ bde bar 'chi ba'i dus byas nas/ mtho ris su ni 'gro bar 'gyur/ 'thab pa dang ni rtsod pa dang/ 'gyed pa mchog tu mi bzad par/ 'jigs pa kun las grol 'gyur te/ rgyal bas ji skad gsungs bzhin no/ skye ba rnams su skye ba na/ rtag tu skye dran the tshom med/ rgyal po btsun mo 'khor bcas pa/ 'di yi dbang du 'gyur ba yin/ 'jig rten dge bar grags pa yin/ rtag tu thun mong 'gyur ba yin/ de ni kun la sdug par 'gyur/ lha dang mi ni gang yang rung/ nyin dang mtshan rnams rtag par yang/ de la srung ba byed par 'gyur/ yang dag rdzogs pa'i sangs rgyas gsungs/ sngags tshig 'di dag 'dir 'grub bo/

意譯：

彼者速成三昧耶，勝勢功德持明故。彼之心意乃堅固，一切吉祥實圓滿。

諸所念者悉成就，書寫大明王咒時〔1〕。一切安樂皆具足，設若安樂而夭折〔2〕。定能生於諸天趣，設若交戰及爭訟〔3〕。以及戰爭大怖畏，諸怖畏中得解脫。如勝勢之所言說〔4〕，又亦世世所生處。常知宿命無所疑，國王及皇后眷屬。悉皆而爲彼之主，世間善根名稱等。悉皆成就無不得，見者咸起恭敬心。復又世間人與天，恒常日日又夜夜。於彼悉皆作加護，正等覺而作宣說。以此明咒得成就〔5〕。

注釋：

〔1〕諸所念者悉成就，書寫大明王咒時，漢本作「意願悉成就，由才書此明」。

〔2〕一切安樂皆具足，設若安樂而夭折，漢本作「一切樂豐盛，安樂而捨壽」。

〔3〕爭訟（[illegible]），藏文作 rtsod pa。梵文 vādaḥ。

〔4〕該句漢本作「如佛誠言說」。

〔5〕「國王及皇后眷屬」至此數句漢本作「國王皆歡喜，及後宮眷屬。盡皆常恭敬，常與善人和。皆悉生憐愍，並人及與天。令彼作加護，常恒於晝夜。大護成就明，等正覺所說」。

西夏文及對譯：

[illegible] / [illegible] / [illegible] / [illegible]

明滿之敬禮 / 法之敬禮 / 大眾之敬禮 / 壞有出如來阿羅漢

[illegible] / [illegible] /

實眞究竟明滿大悲有釋迦牟尼之敬禮 / 實眞究竟明滿一切之敬禮 /

[illegible] / [illegible] / [illegible] / [illegible] /

明滿正教增盛故 / 彼數等之恭敬禮 / 情有皆之慈憫故 / 我今此語解說△ /

[illegible] / [illegible] / [illegible] / [illegible] /

明女王之大威力 / 他之力大威神鎮 / 金剛座上△至皆 / 此持說時速立即 /

[illegible] / [illegible] / [illegible] / [illegible] /

諸魔及又魔之種 / 宿曜及又顛倒魔 / 諸魔所有一切等 / 悉皆一切皆驚走 /

藏文：

sangs rgyas la phyag 'tshal lo/ chos la phyag 'tshal lo/ dge 'dun la phyag 'tshal lo/ bcom ldan 'das de bzhin gshegs pa dgra bcom pa yang dag par rdzogs pa'i sangs rgyas thugs rje chen po dang ldan pa shākya thub pa la phyag 'tshal lo/ yang dag par rdzogs pa'i sangs rgyas thams cad la phyag 'tshal lo/ sangs rgyas bstan pa 'phel bya'i phyir/ de la gus pas phyag 'tshal nas/ sems can kun la snying brtse'i phyir/ da ni nga yis brjod par bya/ rig pa gzi brjid chen po 'di/ stobs chen pha rol gnon pa ste/ rdo rje gdan la thug pa yis/ 'di ni gsungs ma thag tu yang/ bdud dang bdud kyi ris rnams dang/ gza' dang log par 'dren pa dang/ bgegs rnams ji snyed gang yod pa/ thams cad de yi mod la 'byer/

意譯：

敬禮佛、法、僧！敬禮世尊、大悲如來阿羅漢正等覺、釋迦牟尼〔1〕！敬禮一切正等覺！佛之教法增盛故，彼之恭敬而禮拜。慈愍一切諸有情，我今此語作解說。大明咒之大威力，能降餘諸大威神。至於金剛座之上，而演說此明咒時。諸魔以及魔族眾，復又宿曜顛倒魔。所有一切諸魔神，悉皆而作大驚逃。

注釋：

〔1〕釋迦牟尼（[illegible]），梵文 Śākyamuni，藏文作 shākya thub pa。

西夏文及對譯：

[illegible]

恒達他　唵　儗哩儗哩　儗哩抳　儗哩抳　儗哩嚩底　儗哩嚩底　虁拏嚩底

[illegible]

虁拏嚩底　阿迦捨嚩底　阿迦捨秫第　薩嚩播跛尾誐帝　阿迦勢誐誐曩怛黎

[illegible]

阿迦捨尾佐哩抳　囉裏多失佉嚩　麼抳穆迦底迦　佉唧多冒裏馱嚩

[illegible]

蘇計勢　蘇吠勢　蘇嚩訖怛嚩　蘇細寧　蘇嚩嚩尼　素嚩囉拏驕裏　阿底帝

[illegible]

阿砮怛跛寧　阿曩引蘖帝　缽囉覩帝跛寧　曩莫薩並扇　母馱南　囉裏多

[illegible]

帝惹三　母第素母第　婆誐嚩底　素囉佉抳　素契銘　素缽囉陛　素難帝

[illegible] [illegible] [illegible] [illegible] [illegible] [illegible] [illegible]
素娜銘 素難帝嚩嚇 嚩嚇帝 婆誐嚩底 跛捺囉嚩底 跛捺嚇 素跛捺嚇

藏文：

tadya thā/ oṃ gi ri gi ri/ gi ri ṇi gi ri ṇi/ gi ri ba ti/ guṇ ba ti/ ā kā sha ba ti/ ā kā sha bi shud dhe/ sarba pā pa bi ga te/ ā kā sha/ ga ga na ta le/ ā kā sha bi tsā ri ṇi/ dzvā li ta shi kha re/ ma ṇi mukti ka/ kha tsi ta mau li dha re/ su ke she/ me ke she su ṣa su baktre/ su ne tre/ su barṇṇe/ su barṇṇa gau ri/ a tī te/ a nudpanne/ a nā ga te/ pratyutpanne na ma/ na maḥ sarbe ṣān/ buddhā nān dzva li ta/ te dza sā na/ buddhe/ su buddhe/ bha ga ba ti/ su rakṣa ṇi/ su kṣa me/ su pra bhe/ su da me/ su dānte/ ba re barte/ bha ga ba ti/ bha dra ba ti/ bha dre su bha dre/

意譯：

怛達他 唵 儗哩儗哩 儗哩抳 儗哩抳 儗哩嚩底 儗哩嚩底 虁拏嚩底 虁拏嚩底 阿迦捨嚩底 阿迦捨秫第 薩嚩播跛尾誐帝 阿迦勢誐誐曩怛黎 阿迦捨尾佐哩抳 嚁裏多失佉嚇 麼抳穆迦底迦 佉唧多冒裏馱嚇 蘇計勢 蘇吠勢 蘇嚩訖怛嚇 蘇細寧 蘇嚩嚇尼 素嚩囉拏驕裏 阿底帝 阿弩怛跛寧 阿曩引蘖帝 鉢囉覩帝跛寧 曩莫薩並扇 母馱南 嚁裏多 帝惹三 母第素母第 婆誐嚩底 素囉佉抳 素契銘 素鉢囉陛 素難帝 素娜銘 素難帝嚩嚇 嚩嚇帝 婆誐嚩底 跛捺囉嚩底 跛捺嚇 素跛捺嚇〔1〕

注釋：

〔1〕「隨求大護明王大心陀羅尼」，該咒梵文作：tad yathā/ oṃ giri giri/ giriṇi giriṇi/ giribati/ guṇabati/ ākāśabati/ ākāśabiśuddhe/ sarvabāpaṃ bigate/ ākāśe/ gagatele/ ākāśibacāriṇi/ jālitaśikhare/ maṇimaugati/ khacitamauladhare/ sukeśe/ subagatre/ subarṇṇe/ subarṇagaure/ adide anāgate/ bratyudbanane /namaḥ sarveṣāna/ buddhanām ajilate/ teja svāna/ buddhe subuddhe/ bhagavati/ surakāni/ sukṣame/ subrabhe/ sudenime/ sudānate/ bare barete/ bhagavati/ bhagre subhadhe/
漢本作：怛你也二合他去引 儗哩儗哩 儗哩抳 儗哩嚩底 虁拏上嚩底 阿迦捨嚩底 阿去引迦引捨秫弟 播引跛尾誐帝 阿去引迦引勢 誐誐曩怛黎 阿去引迦引捨尾佐引哩抳 入嚩二合裏多失嚇 麼抳穆訖底二合 佉上唧多冒上引裏馱嚇 蘇上計引勢 蘇上嚩訖怛嚇三合 蘇上甯引怛嚇引二合 素韈囉拏二合冒上引裏 阿底引帝 阿努鼻答半二合寧 麼曩蘖帝 鉢囉二合底聿二合答半二合寧 曩莫薩吠引釤引 母馱引南引 入嚩二合裏多帝惹引三去引 母弟引素母帝引 婆誐嚩底 素囉乞灑二合抳 素乞灑二合銘 素鉢囉二合

陛 素娜銘 素難上引帝引左嚇 婆誐嚩底 跛捺囉二合嚩底 跛捺嚇二合 素跛捺嚇二合

西夏文及對譯：

[illegible]

尾麼黎 惹野跋捺嚇 鉢囉讚膩讚膩 嚩日囉讚膩 摩賀讚膩 矯哩母哩

[illegible]

巘馱哩 驕哩讚拏裏 麼蹬儗 麼哩抳 嚩囉讚斯 素麼底 卜羯斯 薩嚩哩

[illegible]

捨引嚩哩 捨賀哩 捨羯哩 捺弭膩 捺囉弭膩 嘮捺哩抳 薩嚩伽囉賀

[illegible]

轉嚩哩抳 薩嚩囉他 娑馱轉 賀曩賀曩 薩嚩設咄嚕喃 諾賀諾賀

[illegible]

薩嚩訥瑟吒喃 跛佐跛佐 鉢囉怛撲怛 比設讚喃 麼馱麼馱 惹佉囉佉捨

[illegible]

撲怛喃 麼拏灑 阿麼拏灑拏引佐 麼馱麼馱 鉢囉麼馱 哩達野

藏文：

bi ma le/ dza ya bha dre/ pra tsaṇḍe/ tsaṇḍe/ pra tsaṇḍe/ pra tsaṇḍe/ badzra tsaṇḍe/ ma hā tsaṇḍe/ ma hā tsaṇḍe/ gau ri/ gandhā ri/ gau ri/ tsau ri/ tsaṇḍa li/ mā tam gi/ bartsa si/ pukka si/ su ma ti/ sha ba ri/ shā ba ri/ sham ka ri/ dra mi ḍi/ drā mi ḍi/ rau tri ṇi/ sarba gra ha bi dā ri ṇi/ artha sā dha ni/ ha na ha na/ sarba sha trū ṇām/ da ha da ha/ sarba duṣṭān/ pre ta bi shā tsa ḍā ki nī nām/ ma nu ṣyā/ a ma nu ṣyā nānytsa/ pa tsa pa tsa / hṛ da yan/

意譯：

尾麼黎 惹野跋捺嚇 鉢囉讚膩讚膩 嚩日囉讚膩 摩賀讚膩 矯哩母哩 巘馱哩 驕哩讚拏裏 麼蹬儗 麼哩抳 嚩囉讚斯 素麼底 卜羯斯 薩嚩哩 捨引嚩哩 捨賀哩 捨羯哩 捺弭膩 捺囉弭膩 嘮捺哩抳 薩嚩伽囉賀 轉嚩哩抳 薩嚩囉他 娑馱轉 賀曩賀曩　薩嚩設咄嚕喃 諾賀諾賀 薩嚩訥瑟吒喃 跛佐跛佐 鉢囉怛撲怛 比設讚喃 麼馱麼馱 惹佉囉佉捨 撲怛喃 麼拏灑 阿麼拏灑拏引佐 麼馱麼馱 鉢囉麼馱 哩達野[1]

注釋：

〔1〕「隨求大護明王大心陀羅尼」，該咒梵文作：bimale/ jayabhadre/caṇaṭi caṇaṭi/ bracaṇaḍe bracaṇaḍe/ bajra caṇaḍe/ mahācaṇaḍe/ gauri/ gandhāri/ cari/ caṇaḍali mātaṃgi/ bacasi/ bugakasi/ sumati/ śabari/ śābari/ śakari/ drāmiḍi/ drāmaḍi/ rotriṇi/ sarva arthasādhani/hana hana/ sarvaśatrūna/ daha daha/ sarvaduṣṭana/ pratapiśācaḍākinīnāna manuṣya/ amanuṣyunāca/baca baca yana /
漢本作：尾麼鼻黎 惹野跛捺嚇二合 缽囉二合贊拏贊膩 嚩日囉二合 贊膩 摩賀引贊膩 矯引哩 巘馱引哩 制上贊拏上引裏 麼上引蹬儗 卜羯斯 捨嚩哩 捺囉二合引弭膩 嘮引捺哩二合抳 薩嚩引囉他二合娑去引馱額 賀曩賀曩 薩嚩設咄嚕二合喃 諾賀諾賀 薩嚩訥瑟吒二合南 畢嚇二合引多 比舍引左拏引枳額引南引 麼努灑引 麼努鼻灑喃引 跛左跛左 紇哩二合乃闇

西夏文及對譯：

[illegible]

諸魔惡之命△斷作／壞有出母我等之罪過一切△壞△△壞△／

[illegible]

怖畏一切及危害一切中我等之△護△△護△／魔惡一切△縛△／

[illegible]

薩嚩枳裏尾灑曩捨額 沫囉迦娜 蜜哩覩難娜 抳嚩囉抳 麼蹬帝

[illegible]

麼額額 麼賀 麼額額 尾唧帝 讚擺 唧帝唧帝 尾麼黎 底致底致

[illegible]

枳帝唧帝 尾帝多怛多怛 底致 額覩帝 薩哩抳 驕哩矯哩抳 尾哩抳

[illegible]

缽囉嚩囉 三麼嚇 讚拏裏 麼蹬祇 因囉斯 素囉斯 嚕馱斯

[illegible]

嚩囉讚斯 素麼帝 卜羯斯 捨嚩哩 捨嚩哩 僧迦哩 捺囉弭哩

[illegible]

捺囉弭哩 諾賀額 跛佐額 薩囉擺 薩囉黎 薩囉攬陛 呬曩麼地怛

[illegible]

訖哩瑟吒 尾娜哩抳 呬裏弭呬裏 麼賀弭呬裏

藏文：

gdon ma rungs pa rnams kyi srog gzhom du gsol/ bcom ldan 'das ma bdag gi sdig pa thams cad gzhig tu gsol/ gzhig tu gsol/ thams cad du 'jigs pa dang/ gnod pa thams cad las bdag la bsrung du gsol/ bsrung du gsol/ ma rungs pa thams cad bcing du gsol/ sarba kilpi ṣa nā sha ni/ mārtaṇḍa/ mṛ tyu daṇḍa ni bā ra ṇi mā na na/ daṇḍa mā na ni/ ma hā mā ni ni/ ma hā bi ṇi ṭi tsa le tsa le/ tsi ṭi tsi ṭi/ bi ṭi bi ṭi/ ni ṭi ni ṭi/ ti ṭi ti ṭi/ na tu ṭi/ gau ri ni/ bī ri ṇī/ pra ba ra sa ma re/ tsaṇḍā li/ mā tam gi/ rundha si/ sa ra si/ bartsa si/ su ma ti/ pukka si/ sha ba ri/ shā ba ri/ sham ka ri/ dra mi ḍi/ drā mi ḍi/ da ha ni pa tsa ni/ ma tha ni/ marda ni/ sa ra li/ sa ra le/ sa ra lam bhe/ hī na ma dhyod kriṣṭa/ bi dhā ra ṇi/ bi dhā ri ṇi/ ma hi le/ ma hi le/ ma hā ma hi le/

意譯：

能斷一切惡魔之命，世尊摧壞我等一切罪過，一切怖畏及危害中我等之加護，捉縛一切惡魔！

薩嚩枳裏尾灑曩捨𩕳 沬囉迦娜 蜜哩覩難娜 抳嚩囉抳 麼蹬帝 麼𩕳𩕳 麼賀 麼𩕳𩕳 尾唧帝 讚攞 唧帝唧帝 尾麼黎 底致底致 枳帝唧帝 尾帝多怛 多怛 底致 𩕳覩帝 薩哩抳 驕哩矯哩抳 尾哩抳 鉢囉嚩囉 三麼[口+隸] 讚拏裏 麼蹬祇 因囉斯 素囉斯 嚕馱斯 嚩囉讚斯 素麼帝 卜羯斯 捨嚩哩 捨嚩哩 僧迦哩 捺囉弭哩 捺囉弭哩 諾賀𩕳 跛佐𩕳 薩囉攞 薩囉黎 薩囉攬陛 呬曩麼地怛 訖哩瑟吒 尾娜哩抳 呬裏弭呬裏 麼賀弭呬裏〔1〕

注釋：

〔1〕「隨求大護明王大心陀羅尼」，該咒梵文作：sarvakilabiṣanāśani/ murtananṭe/ mrityuṭanaṭani bāraṇi/ mānini/ mahāmānini/ cale cale/ ciṭi ciṭi/ biṭi biṭi/ niṭi niṭi/ maṇini cale/ tiṭi tiṭini/ tuṭe kaurini/ bīriṇī/ brabāramase/ canḍāli/ mātāṃgi/ rundhasi/ sarasi/ barcasi/ sumati/ pugakasiśabari/ śābari śaṃkaridrimaṭi/ dramiḍi/ dahani/ bacani mathāni/ marardani/ sarale/ sarale/ saralaṃbhe/ hīnaṃ dhyodkriṣṭa/ bidhāraṇi/ bidhāraṇi/ mahila/ mahila/ mahāmahīla/

漢本作：薩嚩枳裏尾二合灑曩引捨𩕳 沬鼻引多難上膩 麼上引𩕳𩕳左黎 底致上底致𩕳 咄[齒+末]具引囉抳 味引囉抳 鉢囉二合韈囉 三去麼[口+隸] 贊拏上引裏 麼蹬祇 韈拶斯 素母

嚕 卜羯斯 捨嚩哩 餉迦裏捺囉二合尾膩 諾賀䫱 跛佐䫱 沫娜䫱 薩囉薩囉黎 薩囉攬陛 呬去引曩末 地庾二合引得訖哩二合瑟吒二合 尾娜引哩抳 尾馱引哩抳 麼呬裏 麼護引麼護引裏

西夏文及對譯：

[illegible]
䫱蘗嚟䫱蘗嚟 䫱蘗嚟伴霽 滿帝滿底䫱 娜帝 讚訖囉

[illegible]
讚訖囉 嚩枳䫱 惹黎惹黎 娑嚩賀 薩嚩哩 捨嚩哩 娑嚩賀

[illegible]
薩嚩喻地賀哩抳 祖裏祖裏祖裏䫱 䫱弭䫱弭䫱弭䫱弭馱哩

[illegible]
底哩路迦 惹曩䫱 底哩路迦 路迦羯哩 怛[口*賴]馱睹迦 喻嚩路枳䫱

[illegible]
嚩日囉 跛囉戍播捨 渴囉誐 僧渴 讚訖囉 底哩蘇囉 震跢麼抳

[illegible]
麼賀穆難 馱囉抳

[illegible]
我等住處一切中住魔惡行爲怖畏及人不人怖畏一切病一切

[illegible]
畏一切中△護△△護△/

藏文：

ni ga ḍe/ ni ga ḍa/ bhanydze/ matti/ matti ni/ dānti/ tsakre/ tsakra bā ki ni/ dzva le dzva le/ dzvā le dzvā le/ dzvā la ni/ sha ba ri sha ba ri/ shā ba ri shā ba ri/ sarba byā dhi ha ra ni/ tsū ḍi tsū ḍi/ tsū ḍa ni tsū ḍa ni/ ma hā tsū ḍi ni/ ni mi ni mi/ ni mindha ri/ tri lo ka/ da ha ni/ tri lo ka ā lo ka kā ri/ trai dhā tu ka byā ba lo ki ni/ badzre/ pa ra shu/ pā sha/ mungga ra/ khadga/ sham kha/ tsa kra/ tri shū la/ tsin tā ma ṇi/ ma hā bidyā dha ri ṇi/ bdag thams cad du gnas thams cad na gnas pa na ma rungs pa thams cad dang/ mi dang mi ma yin pa'i 'jigs pa thams cad dang/ nad thams cad dang/ 'jigs pa thams cad las bsrung du gsol bsrung du gsol/

意譯：

〔1〕顊蘖嚇顊蘖嚇 顊蘖嚇伴霽 滿帝滿底顊 娜帝 讚訖囉 讚訖囉 嚩枳顊 惹黎惹黎 娑嚩賀 薩嚩哩 捨嚩哩 娑嚩賀 薩嚩唥地賀哩抳 祖裏祖裏祖裏顊 顊弭顊弭顊弭顊弭馱哩 底哩路迦 惹囊顊 底哩路迦 路迦羯哩 怛嚩馱睹迦唥嚩路枳顊 嚩日囉 跛囉戍播捨 渴囉誐 僧渴 讚訖囉 底哩蘇囉 震踰麼抳 麼賀穆難 馱囉抳〔1〕

願於一切處，惡行怖畏，人不人怖畏，一切疾病，一切怖畏中我等之加護！

注釋：

〔1〕「隨求大護明王大心陀羅尼」，該咒梵文作：nigaṭe nigaṭe / sacini/ sanabhanje madte/ madtini/ dānte/ cakrabākini/ jvale jvale/ jvāle jvāle/ jvālani/ śabari śabari śabari śabari/ sarvabyāti/ harina/ cūṭi cūṭi/ cūḍani cūḍani/ mahācūṭini/ nimi nimi/ nimin dhari/ triloka/ dahani/ triloka/ lokākari/ traidhātukabyavalokini/ bajro baraśu/ bāśāmudgara khaḍaga/ śakha/ cakra/ triśūla/ cantrimaṇi/ mahābityādharani/
漢本作：顊蘖奶 顊蘖拏 伴霽滿帝 滿底顊 滿帝斫訖囉二合枳顊 惹黎祖黎 捨嚩哩 捨麼哩 舍引嚩哩 薩嚩弭野二合引地賀囉抳 祖引膩祖引膩顊 顊弭顊弭顊沒馱哩 底哩二合路引迦 惹賀顊哩二合路迦 路迦羯哩 怛嚩二合馱引睹迦弭野二合嚩路引枳顊 嚩日囉二合引 跛囉戍 播引捨渴誐 斫訖囉二合 底哩二合戍引囉 震踰引麼抳 摩賀引尾你野二合引馱引囉抳

西夏文及對譯：

[illegible]
嚩日囉 嚩日囉 嚩日囉嚩底 嚩日囉 播抳馱嚇 呬裏呬裏呬裏呬裏

[illegible]
弭裏弭裏 唧裏唧裏 尾裏尾裏 悉裏悉裏 悉裏悉裏 嚩囉嚩囉 嚩囉禰

[illegible]
薩嚩怛囉 惹野擺嚩第 娑嚩賀 薩嚩播跛尾娜囉抳 娑嚩賀

[illegible]
薩嚩唥地賀囉抳 娑嚩賀 僧婆囉抳 娑嚩賀 薩嚩婆野賀囉抳 娑嚩賀

薩嚩薩覩嚕婆野賀囉抳 娑嚩賀 瑟馱哩抳 娑嚩賀 娑瑟底婆嚩覩銘

娑嚩賀 唵 部 娑嚩賀 扇底 娑嚩賀 補瑟置 娑嚩賀 嚩攞嚩囉馱頸

娑嚩賀 惹野都惹曳 惹野尾麼攞嚩底惹野尾麼黎 尾補攞 娑嚩賀

唵 薩嚩怛他蘗多 母囉底 娑嚩賀 唵 部部嚩 唵 部哩部哩 嚩日囉

嚩日囉 嚩底 薩嚩怛他蘗多 哩達野 布囉哩 散馱囉哩 佐攞佐攞

末羅末羅 惹野惹野 母禰 唵 吽吽 頗吒頗吒 娑嚩賀

藏文：

badzre badzre badzra pa ti/ badzra pā ṇi dha re/ hi li hi li/ mi li mi li/ ki li ki li/ tsi li tsi li/ bi li bi li/ si li si li/ ba ra ba ra/ ba ra de/ sarba tra/ dza ya la ba dhe svā hā/ sarba pā pa/ bi dā ri ṇi svā hā/ sarba tra/ sarba byā dhi ha ra ṇi svā hā/ sarba tra/ sarba sha trum bha ya ha ra ṇi svā hā/ sarba bha ra ṇi svā hā/ sva stir bha ba tu mām svā hā/ shāntim ka ri svā hā/ puṣṭim ka ri svā hā/ ba la bar dha ri ṇi svā hā/ dza ya tu/ dza ye dza ye/ dza ya bha ti/ ka ma le/ bi ma le/ bi pu le svā hā/ sarba ta thā ga ta murte svā hā/ oṃ bhu ri ma hā shānti svā hā/ oṃ bhu ri bhu ri/ badzra ba ti/ sarba ta thā ga ta hṛ da ya/ pū ra ṇi/ ā yuḥsan dhā ṛa ṇi/ ba la ba la/ ba la ba ti/ dza ya bi dzye/ hūṃ hūṃ/ phaṭ phaṭ svā hā/

意譯：

嚩日囉 嚩日囉 嚩日囉嚩底 嚩日囉 播抳馱嚟 呬裏呬裏呬裏呬裏 弭裏弭裏 唧裏唧裏 尾裏尾裏 悉裏悉裏 悉裏悉裏 嚩囉嚩囉 嚩囉禰 薩嚩怛囉 惹野攞嚩第 娑嚩賀 薩嚩播跛尾娜囉抳 娑嚩賀 薩嚩喻地賀囉抳 娑嚩賀 僧婆囉抳 娑嚩賀 薩嚩婆野賀囉抳 娑嚩賀 薩嚩薩覩嚕婆野賀囉抳 娑嚩賀 瑟馱哩抳 娑嚩賀 娑瑟底婆嚩覩銘 娑嚩賀 唵 部 娑嚩賀 扇底 娑嚩

賀 補瑟置 娑嚩賀 嚩攞嚩囉馱顐 娑嚩賀 惹野都惹曳 惹野尾麼攞嚩底惹野尾麼黎 尾補攞 娑嚩賀 唵 薩嚩怛他蘗多 母囉底 娑嚩賀 唵 部部嚩 唵部哩部哩 嚩日囉 嚩日囉 嚩底 薩嚩怛他蘗多 哩達野 布囉哩 散馱囉哩佐攞佐攞 末羅末羅 惹野惹野 母禰 唵 吽吽 頗吒頗吒 娑嚩賀〔1〕

注釋：

〔1〕「隨求大護明王大心陀羅尼」，該咒梵文作：bajre bajre/ bajre pati/ bajre pānidhare/ hili hili/ mili mili/ kili kili/ cili cili/ bili bili/ sili sili/ bara bara/ baradhe/ sarvatra/ jayalabadhe svāhā/ sarvapāpabidāriṇi svāhā/ sarvatra sarvabyādhiharani svāhā/ sarvatra/ sarvabhayaharani svāhā/ sarvabharaṇi svāhā/ svāstirabhabatumāṃ svāhā/ śaṃtikari svāhā/ buśṭikari svāhā/ balabardhariṇi svāhā/ jayatu jaye jaye jayabati/ kamale bimale/ biphule svāhā/ sarvatathāgata murate svāhā/ oṃ bhuri mahāśaṃti svāhā/ oṃ bhuri bhuri/ bajra bati/ sarvatathāgatāhridaya/ burani/ ayusandhārani bala bala/ pālapati/ jayabidhe/ hūṃ hūṃ phaṭ phaṭ svāhā/

漢本作：嚩日𡃤二合 嚩日囉二合嚩底 嚩日囉二合 播引抳馱𡃤 呬裏呬裏 弭裏弭裏 唧裏唧裏 悉裏 嚩囉嚩囉 嚩囉禰引 薩嚩怛囉二合 惹野臘第 娑嚩二合引賀 播引跛尾娜引囉抳 薩嚩弭野二合引地賀囉抳 娑嚩二合引賀 薩嚩怛囉婆去野賀囉抳 娑嚩二合引賀引 補瑟置二合 娑嚩二合娑底二合婆嚩都麼麼 娑嚩二合引賀 扇引底 娑嚩二合引賀 補瑟置二合引 娑嚩二合賀 惹野都惹曳 惹野嚩底 惹野尾補羅 尾麼黎 娑嚩二合引賀 薩嚩怛他去引蘗多引地瑟姹二合 曩布囉底二合 娑嚩二合賀 唵 步哩步哩 嚩日囉二合嚩底 怛他蘗多紇哩二合乃野 布囉抳 散馱引囉抳 末羅末羅 惹野尾你曳二合引 吽吽 發吒發吒 娑嚩二合賀引

西夏文及對譯：

[illegible] /

大婆羅門或或如來之身明女王咒最持以守護爲故實復護爲實持實護 /

[illegible] / [illegible] / [illegible] / [illegible] / [illegible] /

愷悌安樂得令 / 杖事與離 / 兵器與離 / 其人壽當盡亦壽限增盛 / 多時世住 /

[illegible] / [illegible] / [illegible] / [illegible] /

種種覺得 / 石王以病者之指 / 非時死及諸魔遠離 / 大疾病中實解脫得 /

[illegible] / [illegible] / [illegible] /

他之疾病一切愷悌當爲 / 病長之指時弱爲 / 日數讀誦故大智慧得 /

[illegible]
威力精進辯才種種主聚爲 / 他之罪過業障必定受當一切亦皆離也 /

[illegible]
明滿菩提勇識天龍礙施等一切亦他之身上威力精進祐助 / 大心歡起 /

藏文：

bram ze chen po gang la la zhig gis de bzhin gshegs pa'i sku rig pa'i gsang sngags kyi gzhi'i gzungs 'dis yongs su bsrung ba byas shing yongs su bskyab pa dang/ yongs su gzung ba dang/ yongs su bskyang ba dang/ zhi ba dang bde legs su 'gyur ba dang/ dbyug pa spang ba dang/ mtshon cha spang ba byas na/ de tshe yongs su zad pa las kyang rnam par 'phel te ring du bde bar 'tsho bar 'gyur ro/ dran pa phun sum tshogs par 'gyur ro/ bskrad pa tsam dang/ rdo rjes byabs pa tsam gyis dus ma yin par 'chi ba dang/ nad chen po las yongs su thar bar 'gyur ro/ de'i nad thams cad kyang rab tu zhi bar 'gyur ro/ rgyun ring du na ba la yang byabs pa tsam gyis rab tu zhi bar 'gyur ro/ nyin gcig bzhin du kha ton du bton na shes rab chen por 'gyur ro/ gzi brjid dang/ stobs dang/ brtson 'grus dang/ spobs pa phun sum tshogs par 'gyur ro/ de'i sdig pa dang las kyi sgrib pa gdon mi za bar myong bar 'gyur ba thams cad kyang ma lus par yongs su zad par 'gyur ro/ sangs rgyas dang/ byang chub sems dpa' dang/ lha dang/ klu dang/ gnod sbyin la sogs pa thams cad kyang de'i lus la gzi brjid dang/ stobs dang/ brtson 'grus snon par 'gyur ro/ dga' ba chen po mang bar 'gyur ro/

意譯：

佛告大梵若有人以如來身明咒作加持救濟擁護，能得平和安樂，遠離杖罰，遠離兵器〔1〕。若人壽命欲盡復得延命增壽，久久命存，得種種覺〔2〕。若以金剛杵指其病人，非時死及諸魔悉皆遠離，大疾病中能得解脫〔3〕，彼之疾病皆得除滅，所指長患病者其病減弱〔4〕。日日讀誦者得大智慧，威力精進辯才等咸得圓滿，一切罪過定受業障亦能遠離。諸佛菩薩並天龍藥叉等，增益威力精進於彼受持者之身，令心生喜悅。

注釋：

〔1〕「可得平和安樂」至此數句漢本作「能作息災作吉祥法，遮止謫罰成大加護」。

〔2〕覺（[illegible]），藏文作 dran pa（念），梵文 smṛti，漢本作「念持」。又，該句漢本作「常獲安樂得大念持」。

〔3〕「若以金剛杵指其病人」至此數句漢本作「若以金剛杵才念誦加持，或有非命患大疾者，皆得解脫」。

〔4〕該句漢本作「長患病者誦此眞言，加持袈裟角拂彼病人便即除差」。

西夏文及對譯：

[illegible]

大婆羅門此大明咒句誦持時／牲畜野獸飛禽等聞亦彼等一切最上實眞

[illegible]

究竟菩提於不退轉得／此大求隨皆得最持若善男子善女人善起

[illegible]

善起女善親善親女國王大臣婆羅門王種等一遍聞時大信心生／

[illegible]

恭敬思念自書寫／若他書寫令／受持讀誦意以思念／他之廣大實解說者

[illegible]

謂當何懸／大婆羅門非時死八難與不遇／他之身上大疾病不遇／

藏文：

bram ze chen po tha na rig pa chen mo'i gsang sngags kyi gzhi 'di dud 'gro'i skye gnas su song ba ri dags dang/ bya'i rna lam du thos na yang de dag thams cad bla na med pa yang dag par rdzogs pa'i byang chub las phyir mi ldog par 'gyur na/ so sor 'brang ba chen mo'i gzungs 'di la dad pa'i rigs kyi bu 'am rigs kyi bu mo'am/ dge slong ngam/ dge slong ma'am/ dge bsnyen nam/ dge bsnyen ma'am/ rgyal po'am/ rgyal po'i blon po 'am/ bram ze'am/ rgyal rigs sam/ de las gzhan pa 'ga' zhig gis lan cig thos te/ thos nas kyang dad pa chen po dang/ gus pa dang/ lhag pa'i bsam pas yi ger 'dri 'am/ yi ger 'drir 'jug gam/ 'chang ngam/ klog gam/ yid drag pos sgom pa 'am/ gzhan dag la yang rgya cher yang dag par rab tu ston pa lta ci smos te/ bram ze chen po de la dus ma yin par 'chi ba brgyad rnam pa thams cad du 'byung du ma dogs shig/ de'i lus la nad chen po rnams 'byung bar mi 'gyur ro/

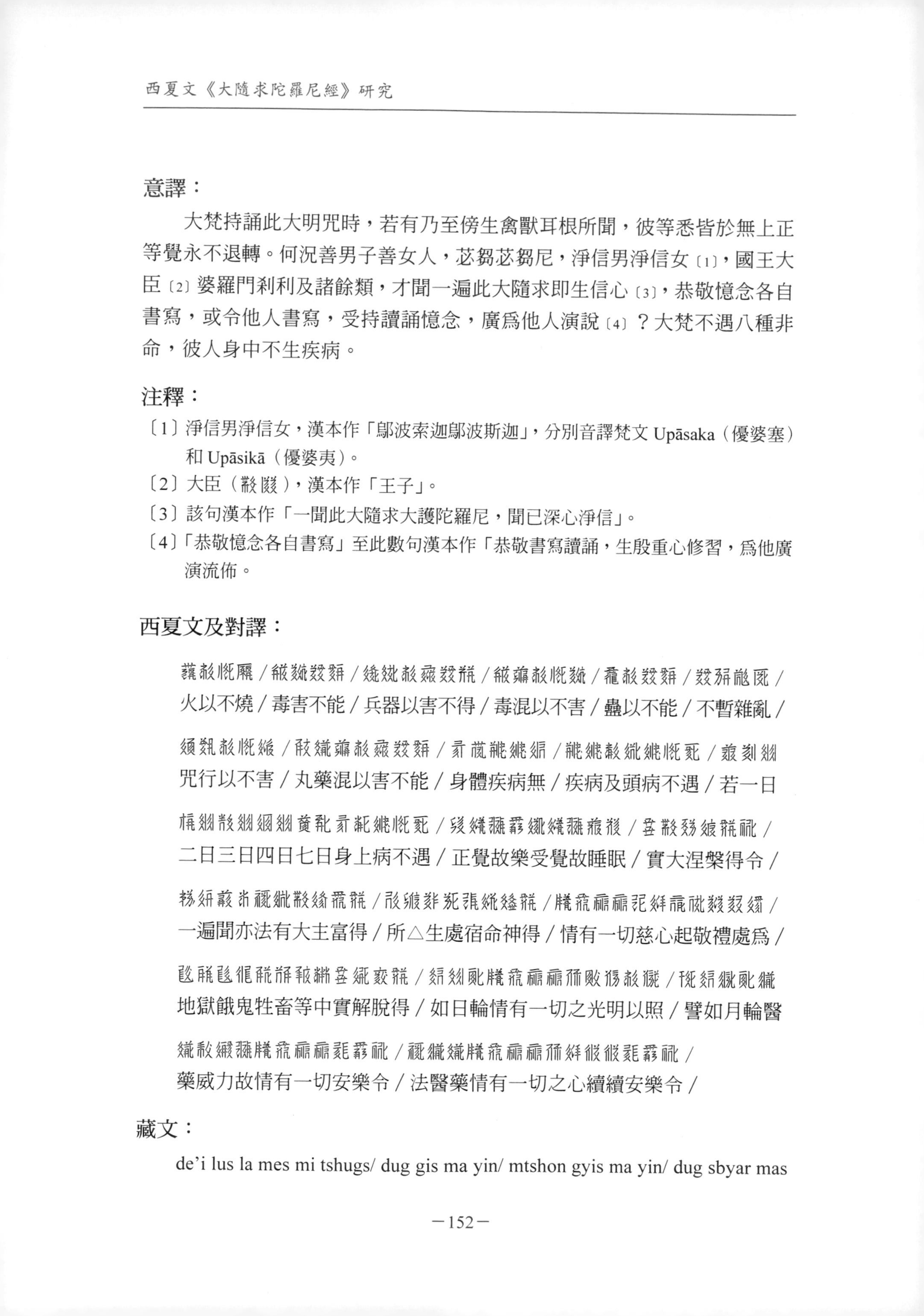

意譯：

大梵持誦此大明咒時，若有乃至傍生禽獸耳根所聞，彼等悉皆於無上正等覺永不退轉。何況善男子善女人，苾芻苾芻尼，淨信男淨信女〔1〕，國王大臣〔2〕婆羅門剎利及諸餘類，才聞一遍此大隨求即生信心〔3〕，恭敬憶念各自書寫，或令他人書寫，受持讀誦憶念，廣爲他人演說〔4〕？大梵不遇八種非命，彼人身中不生疾病。

注釋：

〔1〕淨信男淨信女，漢本作「鄔波索迦鄔波斯迦」，分別音譯梵文 Upāsaka（優婆塞）和 Upāsikā（優婆夷）。

〔2〕大臣（[illegible]），漢本作「王子」。

〔3〕該句漢本作「一聞此大隨求大護陀羅尼，聞已深心淨信」。

〔4〕「恭敬憶念各自書寫」至此數句漢本作「恭敬書寫讀誦，生殷重心修習，爲他廣演流佈。

西夏文及對譯：

[illegible]
火以不燒 / 毒害不能 / 兵器以害不得 / 毒混以不害 / 蠱以不能 / 不暫雜亂 /

[illegible]
咒行以不害 / 丸藥混以害不能 / 身體疾病無 / 疾病及頭病不遇 / 若一日

[illegible]
二日三日四日七日身上病不遇 / 正覺故樂受覺故睡眠 / 實大涅槃得令 /

[illegible]
一遍聞亦法有大主富得 / 所△生處宿命神得 / 情有一切慈心起敬禮處爲 /

[illegible]
地獄餓鬼牲畜等中實解脫得 / 如日輪情有一切之光明以照 / 譬如月輪醫

[illegible]
藥威力故情有一切安樂令 / 法醫藥情有一切之心續續安樂令 /

藏文：

de'i lus la mes mi tshugs/ dug gis ma yin/ mtshon gyis ma yin/ dug sbyar mas ma yin/ byad kyis ma yin/ gyengs byed kyis ma yin/ sngags kyi las kyis ma yin/ phye ma'i sbyor bas ma yin/ yan lag na bar mi 'gyur/ rims kyis btab par mi 'gyur/ klad pa na ba dang/ ngin gcig pa dang/ nyin gnyis pa dang/ nyin gsum pa dang/ nyin bzhi pa dang/ nyin bdun pa'i rims rnams de'i lus la 'byung bar mi 'gyur ro/ dran bzhin du bde bar gnyid log cing dran bzhin du bde bar sad par 'gyur ro/ yongs su mya ngan las 'das pa chen po yang 'thob par 'gyur ro/ lan cig gis chos dang ldan pa'i dbang phyug chen po thob par 'gyur ro/ de gang dang gang du skye ba'i skye ba de dang der skye ba dran par 'gyur ro/ sems can thams cad kyang byams par 'gyur ro/ phyag bya ba'i gnas su 'gyur ro/ sems can dmyal ba dang/ dud 'gro'i skye gnas kyi 'gro ba thibs po kun dang/ yi dags su skye ba rnams las yongs su thar bar 'gyur ro/ ji ltar nyi ma'i dkyil 'khor sems can thams cad la snang bar byed pa de bzhin du 'od zer gyis snang ba byed par 'gyur ro/ ji ltar zla ba'i dkyil 'khor bdud rtsi'i mthus sems can thams cad kyi lus sim par byed pa de bzhin du/ chos kyi bdud rtsis sems can thams cad kyi rgyud sim par byed par 'gyur ro/

意譯：

火不能燒，毒不能害，兵器不侵，混毒不能害，巫蠱不能損，無有雜亂。詛咒不能損，混藥不能害，身無疾病，不染身痛頭痛〔1〕。一日二日三日四日乃至七日疾病皆不爲患，正念〔2〕睡眠正念覺悟，證大涅槃〔3〕。聞一遍即得大富貴自在，所生之處常得宿命。一切有情起大慈心爲禮敬處〔4〕，地獄餓鬼傍生中皆得解脫。猶如日輪以光明照曜一切有情，譬如月輪以甘露〔5〕之威力使一切有情皆得安樂，以法甘露使一切有情之心常得喜樂〔6〕。

注釋：

〔1〕「火不能燒」至此數句漢本作「不被火毒刀杖蠱毒壓禱咒詛諸惡藥法之所損害，不被身痛頭痛」。

〔2〕正念，藏文作 dran bzhin，西夏譯作「[illegible][illegible]」（正覺）。梵文作 Samyak-smṛti。

〔3〕涅槃（[illegible][illegible]），梵文 Nirvāna。藏文作 mya ngan las 'das pa，字面義爲脫離愁苦，舊譯寂滅，梵音涅槃。

〔4〕該句漢本作「一切人天皆悉愛敬容儀端正」。

〔5〕甘露，梵文 Amṛta（阿密哩多）。藏文作 bdud rtsi（甘露、不死藥），西夏譯作「[illegible][illegible]」（醫藥）。

〔6〕該句漢本作「以法甘露遍入一切有情心相續中，皆令滋澤歡喜」。

西夏文及對譯：

[illegible]
此大明女王求隨皆得威力故／他之礙施惡鬼生者餓鬼肉食瘦魔忘魔

[illegible]
空行母／諸魔惡一切及顛倒魔等皆傷害不得／彼等傷害來時此大明女

[illegible]
王念當／此大明女王求隨皆得威力以諸魔惡一切明女王受持者之主

[illegible]
悟所爲／教奉謂聞／他之敵寇怖畏一切離／敵寇聚集一切及國王大臣

[illegible]
婆羅門室尊等他之不愛恭無／若持者死罪△爲／殺者之與刀以殺時／

[illegible]
刀折塵如爲謂／爾時他之法一切現前相顯／念故大力有爲／

藏文：

rig pa'i rgyal mo chen mo so sor 'brang ba chen mo'i mthus de la gnod sbyin dang/ srin po dang/ 'byung po dang/ yi dags dang/ sha za dang/ skem byed dang/ brjed byed dang/ mkha' 'gro ma dang/ gdon ma rungs pa thams cad dang/ bgegs dang/ log 'dren la sogs pa thams cad kyis gtse bar mi nus so/ de dag 'ongs na yang rig pa'i rgyal mo chen mo 'di dran par bya'o/ 'on kyang 'di lta ste/ rig pa'i rgyal mo chen mo so sor 'brang ba chen mo 'di nyid kyi mthus ma rungs pa de dag thams cad rig pa 'dzin pa'i dbang du 'gyur te/ bsgo ba bzhin du ngag nyan par 'gyur ro/ de la dgra'i 'jigs pa mi 'byung ngo/ dgra'i tshogs thams cad dang/ rgyal po dang/ rgyal po'i blon po chen po dang/ bram ze dang/ khyim bdag rnams kyang 'gal bar byed par mi 'gyur ro/ tha na gsad par 'os pa zhig la gshed ma mi rnams kyis mtshon gdab par gzas na yang mtshon rnams rdul bzhin dum bu dum bur chag par 'gyur ro/ de nyid kyi dus na de la chos thams cad mngon sum du 'gyur ro/ de'i dran pa'i stobs kyang cher 'gyur ro/

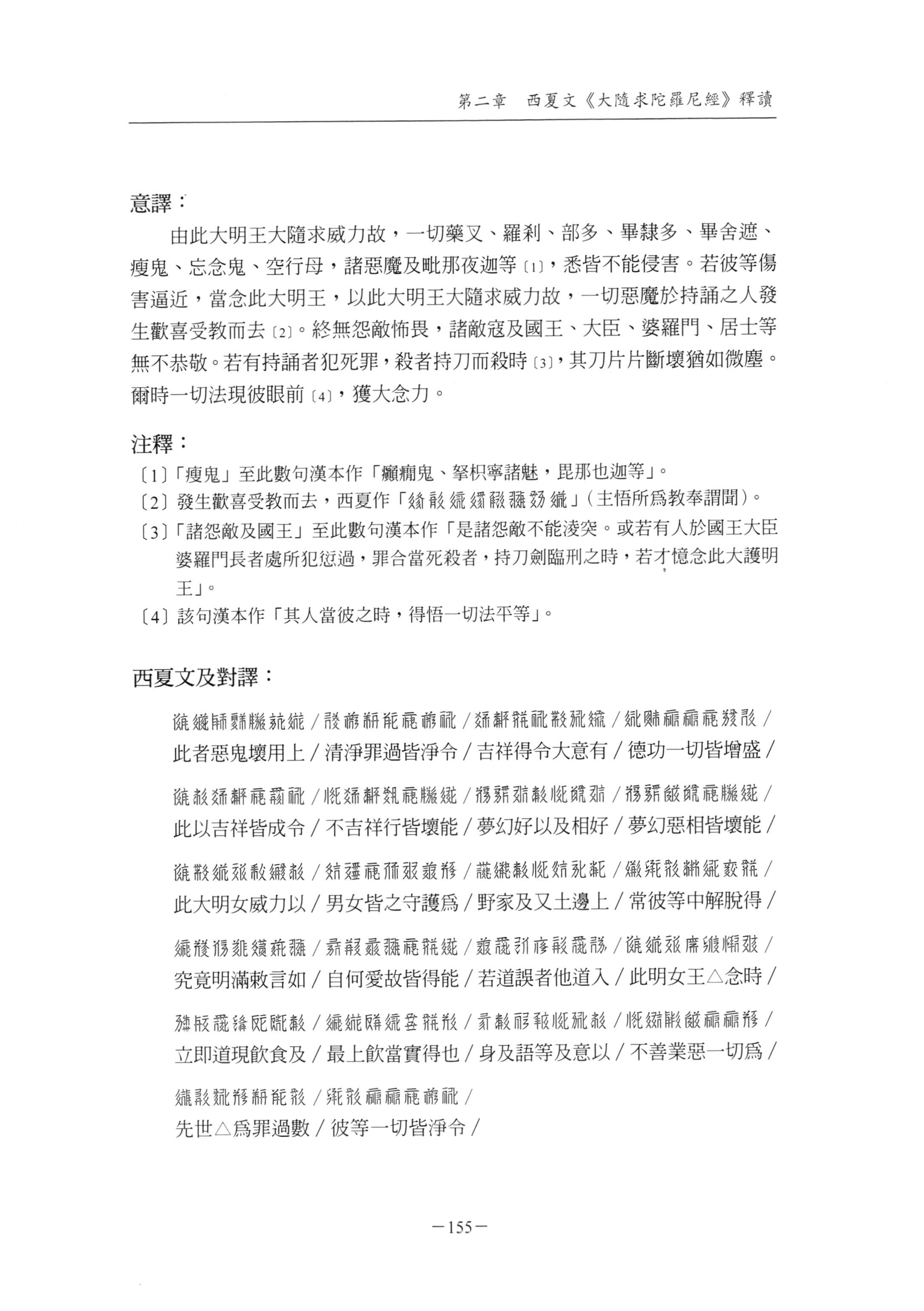

意譯：

由此大明王大隨求威力故，一切藥叉、羅刹、部多、畢隸多、畢舍遮、瘦鬼、忘念鬼、空行母，諸惡魔及毗那夜迦等〔1〕，悉皆不能侵害。若彼等傷害逼近，當念此大明王，以此大明王大隨求威力故，一切惡魔於持誦之人發生歡喜受教而去〔2〕。終無怨敵怖畏，諸敵寇及國王、大臣、婆羅門、居士等無不恭敬。若有持誦者犯死罪，殺者持刀而殺時〔3〕，其刀片片斷壞猶如微塵。爾時一切法現彼眼前〔4〕，獲大念力。

注釋：

〔1〕「瘦鬼」至此數句漢本作「癲癇鬼、拏枳寧諸魅，毘那也迦等」。

〔2〕發生歡喜受教而去，西夏作「[illegible]」（主悟所爲教奉謂聞）。

〔3〕「諸怨敵及國王」至此數句漢本作「是諸怨敵不能淩突。或若有人於國王大臣婆羅門長者處所犯愆過，罪合當死殺者，持刀劍臨刑之時，若才憶念此大護明王」。

〔4〕該句漢本作「其人當彼之時，得悟一切法平等」。

西夏文及對譯：

[illegible]

此者惡鬼壞用上／清淨罪過皆淨令／吉祥得令大意有／德功一切皆增盛／

[illegible]

此以吉祥皆成令／不吉祥行皆壞能／夢幻好以及相好／夢幻惡相皆壞能／

[illegible]

此大明女威力以／男女皆之守護爲／野家及又土邊上／常彼等中解脫得／

[illegible]

究竟明滿敕言如／自何愛故皆得能／若道誤者他道入／此明女王△念時／

[illegible]

立即道現飲食及／最上飲當實得也／身及語等及意以／不善業惡一切爲／

[illegible]

先世△爲罪過數／彼等一切皆淨令／

藏文：

'di ni srin po 'joms pa'i mchog/ gtsang zhing sdig pa 'jig par byed/ dpal du byed cing blo yang byed/ yon tan thams cad rnam par 'phel/ 'di ni bkra shis thams cad byed/ bkra shis ma yin rnam par 'jig/ rmi lam bzang po rmi bar byed/ rmi lam ngan pa rnam par 'jig/ rig pa mthu stobs chen mo 'di/ skyes pa bud med bsrung ba'i mchog/ 'brog dgon dang ni mya ngan las/ rtag tu de yi mod la thar/ rdzogs pa'i sangs rgyas bka' bzhin du/ 'dod pa dag ni kun kyang rnyed/ lam las lam gol zhugs na yang/ rig pa 'di ni rjes dran na/ myur du lam dang bza' ba dang/ btung ba mchog kyang rnyed par 'gyur/ lus dang ngag dang yid rnams kyis/ mi dge mang po gang yang rung/ tshe rabs snga mar ci byas pa/ de dag thams cad byang bar 'gyur/

意譯：

此者能摧諸惡鬼，清淨而滅一切罪。能得吉祥具智慧，一切功德皆增長。由此成就諸吉祥，除滅一切不吉祥。又能夢見妙好夢，除滅一切諸惡夢。以此大明大威力，丈夫女人悉得護。復又曠野及郊外〔1〕，常於彼等得解脫。若依正等覺敕言〔2〕，諸所欲願〔3〕悉獲得。若有行失道路者，念此大明王之時。速疾能現彼正道，並獲得殊勝飲食。以諸身語〔4〕意業等，所作一切不善業。先世所爲諸罪過，一切悉皆得消滅。

注釋：

〔1〕該句西夏作「[illegible]」（野家及又土邊上），藏文作'brog dgon dang ni mya ngan las，'brog dgon 意爲「荒野、荒郊」，mya ngan 意爲「愁苦」。又，該句漢本作「曠野及險怖」。

〔2〕該句漢本作「如正等覺說」。

〔3〕欲願，藏文作'dod pa，西夏譯作「[illegible]」（愛）。梵文 abhilāṣaḥ。

〔4〕語（[illegible]），西夏譯自藏文 ngag，漢本作「口」。

西夏文及對譯：

[illegible]

念及又受持／持及又書寫／誦持及讀視／他之解說爲／此者多不停／

[illegible]

諸法皆通達／彼如法味得／諸罪過皆滅／意以何求故／所需一切成／

[illegible]

夭折怖畏等／國王及火水／閃電及群盜／此等皆之救／明女一億誦／

[illegible]

會敵及爭鬥／若及虎狼惡／勝得皆驚走／諸明滿△說／此明女上成／

[illegible]

說時厭不生／菩提究竟令／自他利益故／自所住宮中／明女行加爲／

[illegible]

自求行一切／無求明女故／成就疑當無／諸病人之醫／今實解說△／

藏文：

dran pa dang ni ’chang ba dang/ ’dzin dang yi ger ’dri ba dang/ tshig tu ’don tam klog pa dang/ bzlas brjod byed dam gzhan ston na/ de ni ring por mi thogs par/ chos kun rtogs par khong du chud/ de ltar chos kyi ro rnyed na/ sdig pa rnams ni zad par ’gyur/ yid kyis ci dang ci ’dod pa/ dgos pa thams cad grub par byed/ ’chi ba’i ’jigs pa thams cad dang/ rgyal po dang ni me dang chu/ glog dang de bzhin kun ’joms las/ ’di ni de las skyob par ’gyur/ rig pa ’bum du bzlas na ni/ gyul ’gyed pa dang rtsod pa dang/ gang yang gcan gzan ma rungs pa/ de dag thams cad ’bros par ’gyur/ sangs rgyas kun gyis gsungs pa yi/ dngos grub mchog gi rig pa ’di/ brjod na sgyid lug mi ’gyur bar/ byang chub tshogs rnams rdzogs par byed/ bdag dang gzhan gyi don bsgrubs phyir/ gnas kyi rnam pa thams cad du/ rig pa ’di la sbyor na ni/ ’dod pa’i las rnams gang yin pa/ bsgrim mi dgos par rig ’di las/ ’grub ’gyur ’di la the tshom med/ nad pa rnams ni gso bya ba/ da ni rab tu bshad par bya/

意譯：

憶念及受持，受持又書寫。復又作誦讀，爲他人宣說。此者不多時，諸法皆通達。如是得法味〔1〕，諸罪即消滅。心意所樂求，所需皆成就。一切死怖中，國王及水火。閃電〔2〕並劫賊，此者皆救護。明咒誦億遍〔3〕，鬥戰及諍訟。若有惡虎狼〔4〕，一切皆逃走。一切諸佛說，速成就此明。說時不生厭，菩提得圓滿〔5〕。自他利益故，一切所住處。用大明加行，所欲及不欲。由此大明故，成就無所疑。能醫諸病患，我今實宣說。

注釋：

〔1〕法味（[illegible]），藏文作 chos kyi ro。

〔2〕閃電（[illegible]），藏文作 glog，漢本作「霜雹」。

〔3〕該句漢本作「由誦洛叉遍」。洛叉，數量名，梵文 Lakṣa，十萬也，即一億。

〔4〕該句漢本作「利牙爪獸難」。

〔5〕所說不生厭，菩提得圓滿，漢本作「稱誦令歡喜，滿菩提資糧」。

西夏文及對譯：

[illegible]

土及牛糞混／中圍四角爲／五色粉爲以／中圍書寫當／巧智種聚依／

[illegible]

四淨瓶滿置／他遍花散灑／香好以熏當／大情有調故／食施行爲當／

[illegible]

先如及花香／此種聚依養／角上四箭立／絹以中圍繞／其復疾病人／

[illegible]

香以身沐浴／淨衣等著時／中圍中坐令／東方處面向／此明女王誦／

[illegible]

七遍△足時／巧智守護爲／病人利益故／二十一遍足／此明女王誦／

[illegible]

疾病皆滅令／食施淨瓶等／此咒七遍誦／此咒食之誦／食施花種聚／

[illegible]

彼如南方於／七遍散灑當／西方亦七遍／北方亦一樣／上方下方亦／

[illegible]

皆此與一樣／彼等守護是／婆羅門此者／特殊微妙是／爲時諸苦離／

藏文：

sa dang lci ba bsres pa yis/ dkyil 'khor gru bzhi lham par bya/ tshon gyi phye ma sna lnga yis/ dkyil 'khor sdug gur bri bar bya/ mkhas pa rnams kyis cho ga bzhin/ bum pa gang ba bzhi yang bzhag/ de la me tog sil mas gtor/ bdug pa mchog gis bdug par bya/ sems can chen po gdul ba'i phyir/ gtor ma yi ni las kyang bya/

snga ma bzhin du me tog spos/ cho ga bzhin du 'di la mchod/ dar gyis bcings pa'i mda' bzhi yang/ dkyil 'khor grva bzhir gzugs par bya/ de yi 'og tu nad pa yang/ dri zhim spos kyis lus bskus te/ gtsang ma'i gos rnams bskon nas ni/ dkyil 'khor dbus su gzhag par bya/ de nas shar phyogs kha bstan te/ rig pa 'di ni brjod par bya/ lan bdun bzlas brjod byas nas su/ mkhas pas de la bsrung bar bya/ de nas nad pa'i don gyi phyir/ lan grangs nyi shu rtsa gcig tu/ rig pa 'di ni brjod byas na/ des ni nad kun zhi bar 'gyur/ de nas gtor ma'i bum pa la/ lan bdun legs par sngags kyis gdab/ de nas bshos kyang sngags gdab ste/ gtor ma me tog cho ga bzhin/ de ltar lho phyogs ngos su ni/ lan bdun kho nar gtor bar bya/ nub phyogs su yang bdun nyid de/ byang phyogs su yang de bzhin no/ 'og dang steng du'ang lan bdun te/ bsrung ba byas par 'gyur ba yin/ bram ze dam pa de lta bur/ byas na sdig bsngal kun las grol/

意譯：

土泥混牛糞，應作四方壇。當用五色粉〔1〕，而畫曼荼羅。智者依儀軌，四瓶安四角。壇上散諸花，應燒妙好香。調伏大有情，應當施飲食。如是用香花，依法而供養〔2〕。四角插四箭，以絹纏繞壇。復又其病人，以香而沐浴。身著清淨衣，令坐壇中心。而面向東方，誦此大明王。七遍滿足時，智者作加護。利益病人故，滿二十一遍〔3〕。誦此大明王，能除諸疾病。取施食淨瓶，誦此咒七遍。施食而誦咒，花食皆依法〔4〕。如是於南方，應當灑七遍。西方亦七遍，北方亦復然。上方及下方，悉皆亦如是。彼等乃加護，婆羅門此者。是殊勝微妙，能除一切苦〔5〕。

注釋：

〔1〕五色粉（[illegible]），藏文作 tshon gyi phye ma sna lnga。指五種染粉，塗壇所用之染料。有白色、黃色、赤色、青色和黑色。

〔2〕供養（[illegible]），藏文作 mchod，漢本作「奉獻」。

〔3〕二十一（[illegible]），藏文作 nyi shu rtsa gcig。漢本作「三七」。

〔4〕該句漢本作「花香食如教」。

〔5〕「取施食淨瓶」至此數句漢本作「即取一水瓶，盛香花飲食。七遍作加護，東方遠棄擲。次取南方瓶，花香食如教。準前誦七遍，遠棄擲南方。次用西方瓶，花香及飲食。依前加持法，北方亦復然。爾時持誦者，仰面向上方。誦此明一遍，成最勝加持。大梵作是已，一切苦悉除」。

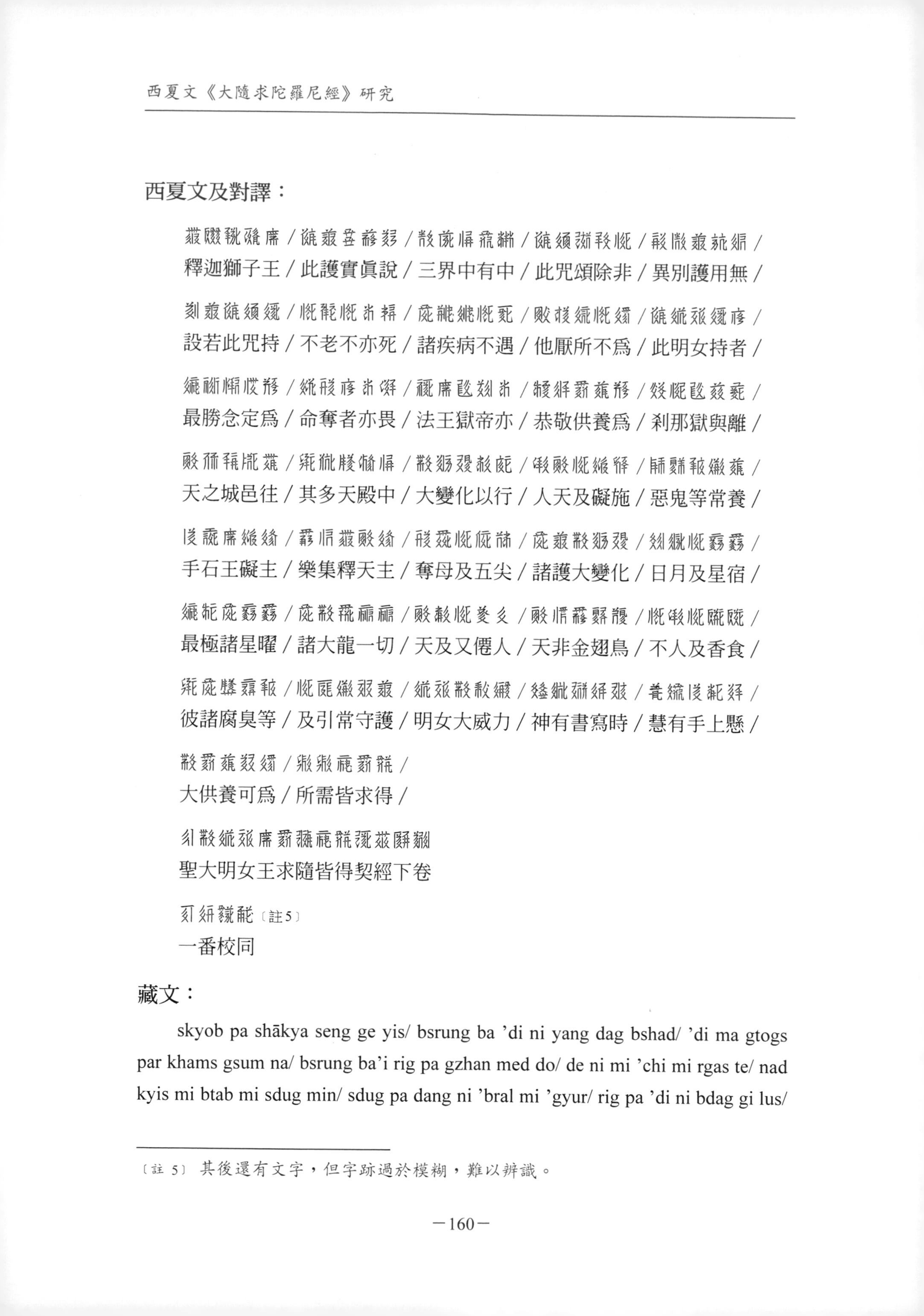

西夏文及對譯：

[illegible]
釋迦獅子王／此護實眞說／三界中有中／此咒頌除非／異別護用無／

[illegible]
設若此咒持／不老不亦死／諸疾病不遇／他厭所不爲／此明女持者／

[illegible]
最勝念定爲／命奪者亦畏／法王獄帝亦／恭敬供養爲／剎那獄與離／

[illegible]
天之城邑往／其多天殿中／大變化以行／人天及礙施／惡鬼等常養／

[illegible]
手石王礙主／樂集釋天主／奪母及五尖／諸護大變化／日月及星宿／

[illegible]
最極諸星曜／諸大龍一切／天及又僊人／天非金翅鳥／不人及香食／

[illegible]
彼諸腐臭等／及引常守護／明女大威力／神有書寫時／慧有手上懸／

[illegible]
大供養可爲／所需皆求得／

[illegible]
聖大明女王求隨皆得契經下卷

[illegible]〔註5〕
一番校同

藏文：

skyob pa shākya seng ge yis/ bsrung ba ’di ni yang dag bshad/ ’di ma gtogs par khams gsum na/ bsrung ba’i rig pa gzhan med do/ de ni mi ’chi mi rgas te/ nad kyis mi btab mi sdug min/ sdug pa dang ni ’bral mi ’gyur/ rig pa ’di ni bdag gi lus/

〔註 5〕 其後還有文字，但字跡過於模糊，難以辨識。

shin tu bsgom pa byas na ni/ de la 'chi bdag tshogs kyis mchod/ chos kyi rgyal po dam pa gshin rje yang/ gus dang bcas pas de la mchod par 'gyur/ skad cig nga yi sems dmyal 'di byos la/ lha yi grong khyer song zhes smra bar 'gyur/ de nas gzhal med khang pa rnam mang pos/ rdzu 'phrul chen po lha gnas bzang por 'gro/ de ltar der ni lha mi gnod sbyin dang/ srin po rnams kyis de la rtag mchod 'gyur/ lag na rdo rje gnod sbyin dbang/ bde sogs bdag po dbang po dang/ 'phrog ma dang ni lngas rtsen dang/ 'jig rten skyong ba 'phrul chen dang/ zla ba nyi ma rgyu skar bcas/ mchog tu mi bzad gza' rnams dang/ gang yang klu chen thams cad dang/ lha dang de bzhin drang srong dang/ lha min mkha' lding dri za dang/ mi 'am ci dang lto 'phye che/ bsrung phyir rtag tu 'brang bar byed/ gang gis rig pa stobs chen mo/ rdzu 'phrul chen mo bris nas ni/ shes rab can gyi lag la gdags/ mchod pa chen po 'thob par 'gyur/ rtag tu phun sum tshogs par 'ong/ 'phags pa rig pa'i rgyal mo so sor 'brang ba chen mo rdzogs so/

意譯：

釋迦獅子王，如實說加護。三界中有中，除此明咒外，無有能與比。設若持此咒，無老亦無死。不染諸疾病，不為他所厭。持此大明者，作最勝念定〔1〕。奪命者怖畏，閻羅之法王。恭敬而供養，刹那離地獄。速往於天城〔2〕。彼無量宮〔3〕中，大神通而往。人天及藥叉，羅刹常供養。金剛手藥叉，樂集主帝釋〔4〕。奪母半支迦〔5〕，護世大威德。日月及星宿，執曜猛惡者。一切大龍王，諸天並仙眾。非天金翅鳥，緊那羅食香。彼摩戶羅伽，隨逐常守護。大明大威力，神通而書寫，智慧手上懸。獲得大供養，所需皆滿足。

聖大明王隨求皆得經卷下

一番校同

注釋：

〔1〕念定（[illegible]），藏文作 bsgom pa（修習）。

〔2〕天城，漢本作「天趣」。西夏作「[illegible]」（天之城邑），譯自藏文 lha yi grong khyer。

〔3〕無量宮，藏文作 gzhal med khang，西夏譯作「[illegible]」（多天殿）。

〔4〕樂集主，帝釋異名，藏文作 bde sogs bdag po，西夏譯作「[illegible]」（樂集）。

〔5〕該句漢本作「訶利帝母眾，半支迦藥叉」。

參考文獻

1. 安婭：《西夏文藏傳〈守護大千國土經〉研究》，中國社會科學院研究生院博士學位論文，2011 年。
2. 崔紅芬：《英藏西夏文〈華嚴經普賢行願品〉殘葉釋讀》，《文獻》，2009 年第 2 期。
3. 崔紅芬：《武威博物館藏西夏文〈金剛經〉及讚頌殘經譯釋研究》，《西夏學》（第 8 輯），2011 年
4. 荻原雲來：《梵和大辭典》，新文豐出版公司，臺北，1979 年。
5. 段玉泉：《語言背後的文化流傳：一組西夏藏傳佛教文獻解讀》，蘭州大學博士學位論文，2009 年。
6. 段玉泉：《〈聖勝慧到彼岸功德寶集偈〉夏漢藏文本對勘研究》，中國社會科學院博士後研究工作報告，2012 年。
7. 丁福保：《佛學大辭典》，上海：上海書店，1991 年。
8. 俄羅斯科學院東方研究所聖彼得堡分所、中國社會科學院民族研究所、上海古籍出版社編：《俄藏黑水城文獻》，上海：上海古籍出版社，1996 年至今。
9. 高楠順次郎、渡邊海旭等：《大正新修大藏經》第 19 冊，東京：大正一切經刊行會，1928 年。
10. 格西曲吉礽巴：《藏文辭典》，北京：民族出版社，1957 年。
11. 荒川愼太郎：《西夏文〈金剛經〉の研究》，京都大學博士論文，2002 年。
12. 李範文編著：《夏漢字典》，北京：中國社會科學出版社，1997 年。
13. 李範文：《西夏陵墓出土殘碑粹編》，北京：文物出版社，1984 年。
14. 林光明編修：《新編大藏全咒》，臺北：嘉豐出版社，2001 年。
15. 林英津：《西夏語譯〈眞實名經〉釋文研究》，《語言暨語言學》專刊甲種之八，中央研究院語言學研究所，2006 年。

16. 羅福成：《大寶積經卷第二十七釋文》，《國立北平圖書館館刊》第四卷三號（西夏文專號），1932 年。
17. 羅福成：《佛説地藏菩薩本願經卷下殘本釋文》，《國立北平圖書館館刊》第四卷三號（西夏文專號），1932 年。
18. 羅福成：《六祖大師法寶壇經殘本釋文》，《國立北平圖書館館刊》第四卷三號（西夏文專號），1932 年。
19. 羅福成：《不空羂索神變眞言經卷第十八釋文》，《國立北平圖書館館刊》第四卷三號（西夏文專號），1932 年。
20. 羅福成：《佛説寶雨經卷第十釋文》，《國立北平圖書館館刊》第四卷三號（西夏文專號），1932 年。
21. 羅福成：《佛説佛母出生三法藏般若波羅密多經卷第十七釋文》，《國立北平圖書館刊》第四卷第三號（西夏文專號），1932 年。
22. 羅福成：《大般若波羅密多經卷第一釋文》，《國立北平圖書館刊》第四卷第三號（西夏文專號），1932 年。
23. 羅福成：《聖大明王隨求皆得經下卷釋文》，《國立北平圖書館館刊》第四卷第三號（西夏文專號），1932 年。
24. 羅福萇：《妙法蓮華經弘傳序釋文》，《國立北平圖書館館刊》第四卷第三號（西夏文專號），1932 年。
25. 羅福萇：《大方廣佛華嚴經卷一釋文》，《國立北平圖書館館刊》第四卷第三號（西夏文專號），1932 年。
26. 聶鴻音：《〈仁王經〉的西夏譯本》，《民族研究》，2010 年第 3 期。
27. 聶鴻音：《西夏文獻論稿》，上海：上海古籍出版社，2012 年。
28. 聶鴻音：《西夏文〈五部經序〉考釋》，《民族研究》，2013 年第 1 期。
29. 聶鴻音：《西夏佛教術語的來源》，《固原師專學報》（社會科學版），2002 年第 2 期。
30. 聶鴻音：《西夏的佛教術語》，《寧夏社會科學》，2005 年第 6 期。
31. 聶鴻音：《西夏文藏傳〈般若心經〉研究》，《民族語文》，2005 年第 2 期。
32. 聶鴻音：《〈聖曜母陀羅尼經〉的西夏譯本》，中國古典文獻學研究學術研討會會議論文，中國國家圖書館，2009 年 11 月 13～16 日。
33. 聶歷山、石濱純太郎：《西夏文〈八千頌般若經〉合璧考釋》，《國立北平圖書館館刊》第四卷第三號（西夏文專號），1932 年。
34. 榊亮三郎：《翻譯名義大集》，京都：京都文科大學，1916 年。
35. 任繼愈主編：《敦煌遺書》，北京：北京圖書館出版社，2005 年。
36. 史金波、聶鴻音、白濱譯注：《天盛改舊新定律令》，北京：法律出版社，2000 年。

37. 史金波：《西夏佛教史略》，銀川：寧夏人民出版社，1988 年。
38. 史金波主編：《王靜如文集》（上），北京：社會科學文獻出版社，2013 年。
39. 孫伯君：《西夏文〈妙法蓮華心經〉考釋》，《西夏學》（第 8 輯），2011 年。
40. 孫伯君：《西夏文〈觀彌勒菩薩上生兜率天經〉考釋》，《西夏研究》，2013 年第 4 期
41. 孫伯君：《國外早期西夏學研究論集》（一）、（二），北京：民族出版社，2005 年。
42. 孫伯君：《西夏仁宗皇帝的校經實踐》，《寧夏社會科學》，2013 年第 4 期。
43. 孫伯君：《〈佛說阿彌陀經〉的西夏譯本》，《西夏研究》，2011 年第 1 期。
44. 孫昌盛：《西夏文〈吉祥遍至口合本續〉研究》，南京大學博士論文，2006 年。
45. 孫穎新：《西夏文〈無量壽經〉研究》，中國社會科學院研究生院博士學位論文，2013 年。
46. 王靜如：《金光明最勝王經夏藏漢合壁考釋》，國立中央研究院歷史語言研究所單刊之十一、十三，《西夏研究》（第 2、3 輯），1933 年。
47. 王靜如：《〈佛母大孔雀明王經〉夏梵藏漢合璧校譯》，國立中央研究院歷史語言研究所單刊之八，《西夏研究》（第 1 輯），1932 年
48. 王培培：《〈維摩詰所說經〉研究》，中國社會科學院研究生院博士論文，2010 年。
49. 王堯、陳慶英：《藏文大藏經》（德格版），西藏人民出版社，浙江人民出版社，1998 年。
50. 西田龍雄：《西夏文華嚴經》（三卷），京都：京都大學文學部，1975～1977 年。
51. 西北第二民族學院、上海古籍出版社、英國國家圖書館：《英藏黑水城文獻》，1～4 冊，上海：上海古籍出版社，2005 年。
52. 宇井伯壽等：《德格版西藏大藏經總目錄》，臺北：華宇出版社，1985 年。
53. 楊志高：《西夏文〈慈悲道場懺罪法〉卷二殘葉研究》，《民族語文》，2009 年第 1 期。
54. 張怡蓀：《藏漢大辭典》，北京：民族出版社，1993 年。
55. З. И. Горбачева и Е. И. Кычанов：*Тангутские рукописи и ксилографы*, Москва: Издательство восточной литературы, 1963.
56. Е. И. Кычанов.：*аталог тангутских буддийских памятников*, Киото: Университет Киото, 1999.

不空漢文本

普遍光明清淨熾盛如意寶印心無能勝大明王大隨求陀羅尼經

普遍光明清淨熾盛如意寶印心無能勝大明王大隨求陀羅尼經卷上

開府儀同三司特進試鴻臚卿肅國公食邑三千戶賜紫贈司空謚大鑒正號大廣智大興善寺三藏沙門不空奉　詔譯

序品

如是我聞：一時婆伽梵住大金剛須彌盧峰樓閣，安住大金剛三摩地。以大金剛莊嚴劫樹，於大金剛池寶蓮花光照，金剛沙而布於地，於大金剛加持，金剛道場天帝釋宮殿，以俱胝那庾多百千莊嚴大金剛師子之座。說法神通處，一切如來神力之所加持，入一切法平等，出生薩婆若智，與八十四俱胝那庾多菩薩眾俱，皆是一生補處。於阿耨多羅三藐三菩提得不退轉，皆得大勢，皆悉示現大金剛解脫三摩地佛刹神通，於刹那間隨入一切有情心行。成就種種美妙廣大甚深巧說諸法，辯才無礙得大神通，悉能供養無量佛世界如來，大供養雲海解脫三摩地自在神通。不共覺分道支一切地波羅蜜，善巧四攝慈悲喜舍力遠離清淨心相續中。其名曰：

金剛藏菩薩摩訶薩、金剛眼菩薩摩訶薩、金剛身菩薩摩訶薩、金剛慧菩薩摩訶薩、金剛手菩薩摩訶薩、金剛相擊菩薩摩訶薩、金剛那羅延菩薩摩訶薩、金剛遊戲菩薩摩訶薩、金剛積菩薩摩訶薩、金剛髻菩薩摩訶薩、金剛妙菩薩摩訶薩、金剛幢菩薩摩訶薩。

如是上首菩薩摩訶薩眾俱。復與大聲聞眾皆大阿羅漢，斷除有結盡一切漏，得善正知心善解脫。悉能現不思議神通力神境通遊戲，皆得大勢，於見無著，離一切垢焚燒習氣種。其名曰具壽舍利子、足壽滿慈子、具壽劫賓那、具壽須菩提、具壽迦葉波、具壽大迦葉波、具壽優樓頻螺迦葉波。與如是等上首大聲聞眾俱。復有大自在天子爲上首，與無量無邊不可說阿僧衹淨居天子眾俱。

復有娑訶世界主大梵天王爲上首，與梵眾天子俱。

復有蘇夜摩天子，化樂天子，他化自在天子，及天帝釋各與諸天子以爲眷屬俱。

復有毗摩質多羅阿蘇羅王，末離阿蘇羅王，令歡喜阿蘇羅王，照曜阿蘇羅王，羅睺阿蘇羅王，如是上首阿蘇羅王，與無量無邊阿蘇羅王以爲眷屬俱。

復有娑伽羅龍王，德叉迦龍王，嚩蘇枳龍王商佉波羅龍王，羯句吒迦龍王，蓮華龍王，大蓮華龍王，如是等上首龍王，與無量無邊阿僧衹龍王眾俱。

復有樹緊那羅王，與無量緊那羅王眷屬俱。

復有一切義成就持明仙王，與無量持明仙王眷屬俱。

復有五髻乾闥婆王，與無量乾闥婆王眷屬俱。

復有金銀蘗路茶王，與無量蘗路茶王眷屬俱。

復有多聞藥叉王，寶賢藥叉王，滿賢藥叉王，半支迦藥叉王，與無量無邊藥叉王眷屬俱。

復有訶利帝母，與五百子以爲眷屬俱。復有七護世母天，七大羅刹母，遊虛空七仙天，九執曜天，方隅地天，辯才天女，名與眷屬俱。

復有作障者毗那夜迦，並畢隸多，部多，一切皆是大威德者，各與眷屬俱。

復有一切山王，一切海王，及護世王水天，並持國天王，增長天王，惡目天王，持棒羅刹主，七風天，伊舍那天並及其後，與千俱胝那庾多眷屬俱。

復有那羅延天與眷屬俱。

復有捺多迦那麼迦，嚕賀迦，大伽那鉢底，彌瞿羅迦如是等毗那夜迦王，與無量無邊毗那夜迦以爲眷屬俱。

復有六十遊行諸城堡王與眷屬俱。

復有四姊妹女天並兄以爲眷屬俱。

復有金剛商羯羅女與六十四金剛女以爲眷屬俱。

復有金剛軍童子，蘇摩呼童子，頂行童子，與無量金剛族以爲眷屬俱。

復有淨信佛法僧，天龍、藥叉、乾闥婆、阿蘇羅、蘗路茶、緊那羅、摩戶羅伽、部多、畢舍遮、阿缽娑麼囉、嗢摩那娑赧娑、呬裏迦、烏薩多羅迦，並日月天子、晨朝天、日午天、黃昏天、中夜天，及一切時天，與無量無邊阿僧衹眷屬俱。於是世尊善轉法輪佛事已終，福德智慧究竟圓滿。善攝受一切智大菩提，獲得熾盛地波羅蜜。以三十二大丈夫相莊嚴法身，八十四隨好莊嚴一切支分。一切有情無所觀頂相，超勝一切魔羅，通達一切智智。具足五眼，一切相成就，一切智智成就，一切佛法成就。摧一切魔異論，高顯名稱大雄猛師子吼，壞無明黑闇，以無量無邊阿僧衹百千俱胝那庾多劫之所積集，施戒忍勤勇靜慮般若方便願力智波羅蜜難行苦行，轉得三十二大人相八十四隨好莊嚴。其身坐大寶金剛蓮華藏師子之座，其座以無量金剛寶珠羅網莊嚴，微風搖擊出妙音聲。以無量金剛界安住神足，以無量金剛寶莊嚴。摩竭口吐於赤珠，復含在口。以無量寶嚴飾蓮花蕊，虎珀大虎珀，帝青大帝青。補沙羅伽莊嚴光網普遍端嚴，以無量金剛寶莊嚴幰蓋柄以無量俱胝那庾多百千劫樹，蔭影莊嚴。其座廣博大如須彌，猶如金山。吉祥熾盛光明莊嚴，照過千日，其地圓滿猶如淨月，令諸有情深所樂見如來之法，如大劫樹其花開敷。所說妙法初中後善，其義深遠其語巧妙，清淨潔白純一無雜。

爾時世尊從頂毫相放大光明，其光名曰現一切如來光網。由此光明，普照三千大千世界乃至如恒河沙數佛世界，於彼世界所有如來，於大莊嚴樓閣無量寶莊嚴師子座上說法。並一切菩薩及大聲聞、苾芻、苾芻尼、淨信男、淨信女、天龍、藥叉、乾闥婆、阿蘇羅、蘗路茶、緊那羅、摩戶羅伽，悉皆照曜顯現分明。爾時世尊普爲一切說伽陀曰：

我今說隨求　　愍念諸有情
此大陀羅尼　　能摧難調者
諸極惡重罪　　若得才聞此
隨求陀羅尼　　一切罪消滅
安樂諸有情　　解脫一切病
大悲眾生故　　是故世尊說
爲獲解脫故　　遠離諸惡趣

若入修羅宮　　藥叉羅刹宮
步多龍鬼神　　如是諸宮殿
隨意悉能入　　皆用此大明
而作於加護　　鬥戰危險處
不被怨沮壞　　並諸鬼魅等
由稱陀羅尼　　諸魅悉壞滅
娑謇嗢未那　　畢舍拏吉儞
猛惡吸精氣　　常害有情類
彼皆悉殄滅　　由隨求滅德
他敵皆滅壞　　所作劇厭禱
咒詛法無效　　定業不受報
不被蠱毒中　　水火及刀杖
雷電與霜雹　　黑風惡暴雨
諸難皆得脫　　冤敵悉降伏
若人持此明　　或帶於頸臂
所求願悉成　　一切所希願
悉皆得如意　　天王皆加護
及諸大龍王　　菩薩大勤勇
緣覺及聲聞　　一切諸如來
明妃大威德　　悉皆而擁護
受持隨求者　　金剛秘密主
護世四天王　　於彼持誦人
晝夜常加護　　帝釋忉利眾
梵王毗紐天　　及摩醯首羅
眾生俱摩羅　　大黑喜自在
一切天母眾　　及餘諸魔眾
苦行威德仙　　及餘密語天
皆悉來擁護　　持此隨求者
大威德菩薩　　明妃大悲尊
勇猛具神力　　摩摩毗俱胝
多羅央俱尸　　及餘金剛鎖

白衣及太白　　聖摩訶迦離
使者金剛使　　妙索金剛索
執輪大力者　　金剛鬘大明
甘露軍吒利　　無能勝明妃
黑耳吉祥天　　大福威德尊
蓮花軍吒利　　花齒及珠髻
金髮賓蘗羅　　大威德吉祥
及電莊嚴天　　一髻大羅刹
及佛地護尊　　迦波利明女
楞伽自在尊　　及餘多類眾
彼等皆擁護　　由大明在手
訶利帝及子　　半支迦大將
商棄尼積齒　　吉祥及辯才
由持此密言　　晝夜常隨逐
若有諸女人　　持此陀羅尼
彼皆悉成就　　男女在其胎
安隱胎增長　　產生皆安樂
一切病悉除　　諸罪皆消滅
福力常具足　　穀麥及財寶
悉皆得增長　　出言令樂聞
所至獲恭敬　　男子及女人
清淨能受持　　常懷慈悲心
拔濟諸有情　　皆願獲安樂
令彼離疾病　　國王並後宮
皆生恭敬心　　吉祥常熾盛
福聚皆增長　　一切眞言法
皆悉得成就　　成入一切壇
得成三昧耶　　如來誠實說
惡夢不能侵　　諸罪悉除滅
煩惱及怨敵　　執曜災禍滅
大智自在說　　能滿他願欲

是故我今說　　大眾咸諦聽

曩莫 薩嚩怛他（去、引）誐跢（去、引）南（引）曩莫 曩莫 薩嚩沒馱（引）冒（引）地薩多嚩（二合）沒馱達摩 僧（去）契（引）毘藥（二合）唵（引）尾補攞蘖陛 尾補攞尾麼（鼻聲後同）黎（上）惹（子曳）野蘖陛 嚩日囉（二合）入嚩（二合、引）攞蘖陛 誐底（丁以反）誐賀寧 誐誐曩 尾戍（引）陀寧 薩嚩播（引）跛尾戍（引）陀（去）寧 唵虞拏（鼻音）嚩底（同前）誐誐哩抳（尼貞反）儗（妍以反）哩儗哩 誐麼（鼻音）哩誐麼（如前）哩 虐賀虐賀 蘖誐（引）哩蘖誐（引）哩 誐誐哩（引）誐誐哩 儼婆（上）哩儼婆（去）哩 誐底誐底 誐麼（鼻音）𩕳誐隸 虞（上）嚕虞（上）嚕 虁（上）嚕抳（尼整反）佐黎阿（上）佐隸母佐黎 惹曳尾惹曳 薩嚩婆野 尾誐帝蘖婆 三（去）婆囉抳（尼整反）悉哩悉哩 弭哩弭哩 岐哩岐哩 三滿跢 迦囉灑（二合）抳 薩嚩設咄嚕（二合）鉢囉（二合）末他（上）𩕳 囉吃灑（二合）囉吃灑（二合）麼（上）麼（某甲）薩嚩薩多嚩（二合、引）難（上、引）佐 尾哩尾哩 尾誐跢（引）嚩囉拏（上）婆野 曩（引）舍𩕳 蘇（上）哩蘇哩 唧哩劍麼（上）黎 尾麼（上）黎 惹曳惹夜（引）嚩奚惹野嚩底 婆（上）誐嚩底 囉怛曩（二合）麼矩吒 麼（引）邏（引）馱哩 麼護尾尾馱 尾唧怛囉（二合）吠（引）灑嚕（引）跛馱（引）哩抳 婆（上）誐嚩底 摩賀（引）尾儞也（二合）涅（上）尾 囉吃灑（二合）囉吃灑（二合）麼麼（某甲）薩嚩薩多嚩（二合、引）難（上）佐 三滿跢 薩嚩怛囉（二合）薩嚩播（引）跛尾戍（引）馱𩕳 戶嚕戶嚕 諾乞察（二合）怛囉（二合）麼（引）邏馱（引）哩抳 囉吃灑（二合）輡麼（鼻）麼（某甲鼻）阿曩（引）他（上）寫怛囉（二合）拏（鼻）跛囉（引）耶拏（鼻）寫跛哩謨（引）佐野冥（引）薩嚩耨契（引）毗藥（二合）戰尼戰尼 贊膩𩕳 吠（引）誐嚩底 薩嚩訥瑟吒（二合）𩕳嚩（引）囉抳設咄嚕（二合）博吃叉（二合）鉢囉（二合）末他（上）𩕳 尾惹野嚩（引）呬𩕳 戶嚕戶嚕 母嚕母嚕 祖嚕祖嚕 阿（去引）欲播（引）攞𩕳 蘇（上）囉嚩囉末他𩕳 薩嚩泥（上）嚩跢 布（引）呲（此以反）帝 地哩地哩 三滿跢（引）嚩路（引）枳帝 鉢囉（二合）陛 鉢囉（二合）陛 蘇鉢囉（二合）婆尾秫弟 薩嚩播（引）跛尾戍（引）馱寧 達囉達囉 達囉抳囉囉達隸 蘇（上）母蘇（上）母 嚕嚕佐黎 佐（引）攞耶努瑟鴿（二合、引）布（引）囉野銘 阿（去引）苫（去引）室哩（二合引）嚩補陀難 惹野劍麼（上）黎 吃史（二合）抳吃史（二合）抳 嚩囉泥嚩囉能（引）矩勢 唵（引）鉢納麼（二合）尾秫第 戍（引）馱野 戍（引）馱野舜（入）第 跋囉跋囉 鼻哩鼻哩 步嚕步嚕 懵（去）誐攞 尾舜（入）第 跛尾怛囉（二合）穆棄渴（祛蘖反）儗抳渴儗抳 佉（上）囉佉（上）囉 入嚩（二合）裏多始隸 三（上）滿多 鉢囉（二合）娑（上）哩跢嚩 婆（去引）悉多秫第 入嚩（二合）攞入嚩（二合）攞 薩嚩泥（上）嚩誐孥三（上）麼多 迦囉灑（二合）抳薩底也（二合）嚩帝 跢囉怛囉（二合）哆（引）哩野鈐 曩（引）誐尾嚕帝 攞護攞護 戶弩（鼻聲）戶弩（同上）乞史（二合）抳乞史（二合）抳 薩嚩擬囉（二合）賀薄乞灑（二合）抳 冰（畢孕反）誐裏冰誐裏 祖母祖母蘇母蘇母 祖母佐𨁈 多囉多囉 曩（引）誐尾路枳顊 跢囉野睹鈐 婆誐嚩底 阿瑟吒（二合）摩賀 婆曳毗藥（二合）三悶（上）捺 囉（二合）娑（去、引）誐囉 缽哩演（二合）擔（平）播（引）跢（引）攞誐誐曩 怛嚩薩嚩怛囉（二合）三（上）滿帝 曩儞（泥以反）舍滿第（引）曩 嚩日囉（二合、引）缽囉（二合）迦（引）囉 嚩日囉（二合）播（引）舍滿彈（去）寧（引）曩 嚩日囉（二合）入嚩（二合引）羅尾秫弟 步哩步哩 蘗婆嚩底蘗婆（去）尾戍馱顊 鈎吃史（二合）三（去）布囉抳 入嚩（二合）羅 入嚩（二合）羅 佐羅佐羅入嚩（二合）裏顊 缽囉（二合）襪灑睹泥（引）嚩 三滿帝（引）曩儞（泥以反）眇（引）娜計（引）曩 阿蜜栗（二合）多 嚩囉灑（二合）抳泥（引）嚩 跢嚩跢羅抳 阿鼻詵者睹銘蘇（上）誐多嚩佐（上）曩（引）密栗（二合）多嚩囉嚩補囇囉吃灑（二合）灑吃灑（二合）麼麼（某甲）薩嚩薩多嚩（二合）難佐 薩嚩怛囉（二合）薩嚩娜 薩嚩婆曳毗藥（二合）薩冒缽捺囉（二合）吠毗藥（二合）薩冒跛僧霓毗藥（二合）薩嚩訥瑟吒（二合）婆野鼻怛寫 薩嚩迦（去）裏迦攞 賀尾蘗囉（二合）賀尾（引）嚩娜 耨薩嚩（二合）跛難（二合）訥顊弭跢誓（去）誐羅（盧遮反）播（引）跛 尾曩舍顊 薩嚩藥吃叉（二合）囉（引）吃灑（二合）娑 曩誐顊（引）嚩囉抳 薩囉抳娑𨁈 麼攞麼攞 麼攞嚩底 惹野惹野惹野睹鈐 薩嚩怛囉（二合）薩嚩迦（引）覽悉鈿睹銘 噎鈐摩賀尾撚（儞琰反、引）娑（引、去）陀野 娑（去、引）陀野 薩嚩曼拏（上）攞娑（引）陀顊伽（去、引）多（上）野 薩嚩尾覲曩（二合、引）惹野惹野 悉遞悉遞蘇（上）悉遞 悉地野（二合）悉地野（二合）沒地野（二合）沒地野（二合）布囉野 布囉野 布囉抳 布囉抳 布囉野銘 阿（引）苫（去、引）薩嚩尾儞也（二合引）地誐多 沒（引）咽帝（二合）惹愈（引）多哩 惹夜嚩底 底瑟吒（二合）底瑟吒（二合）三（上）麼（去）野 麼（上）弩播（引）攞野 怛他（去）蘗多 訖哩（二合）乃野舜（入）第弭也（二合）嚩路（引）迦野鈐（引）阿瑟吒（二合）鼻摩賀娜嚕拏（鼻）婆裔 薩囉薩囉缽囉（二合）薩囉 缽囉（二合）薩囉 薩嚩（引）嚩囉拏（鼻）戍（引）陀顊 三滿跢 迦（引）囉曼拏（上）攞尾舜（入上）第 尾誐帝 尾誐帝 尾誐多 麼（鼻）攞尾戍（引）陀顊 乞史（二合）抳乞史（二合）抳 薩嚩播（引）跛尾舜（入）第麼攞尾蘗帝帝惹（子攞反）嚩底 嚩日囉（二合）嚩底 怛嚨 （二合）路（引）枳野（二合）地瑟恥（二合）帝 娑嚩（二合）賀 薩嚩怛他（引）蘗多 沒馱毗色訖帝（二合）娑嚩（二合）賀 薩嚩冒地薩多嚩（二合）毗色訖帝（二合）娑嚩（二合）賀 薩嚩泥（上）嚩多毗色訖帝（二合）

娑嚩（二合）賀 薩嚩怛他（去、引）誐多 訖哩（二合）乃夜地瑟恥（二合）多紇哩（二合）乃曳（引）娑嚩（二合）賀 薩嚩怛他（去引）誐多 三麼野悉第 娑嚩（二合）賀 印捺𡁠（二合）印捺囉（二合）嚩底 印捺囉（二合）弭也（二合）嚩路（引）枳帝 娑嚩（二合）賀 沒囉（二合）憾銘（二合）沒囉（二合）憾麼（二合）底庾（二合）史帝 娑嚩（二合）賀 尾瑟弩（二合）曩莫塞訖哩（二合）帝 娑嚩（二合）賀 摩係濕嚩（二合）囉滿儞多（上）布爾（而皆反）跢曳 娑嚩（二合）賀 嚩日囉（二合）陀囉嚩日囉（二合）播抳 麼攞尾（引）哩野（二合）地瑟恥（二合）帝 娑嚩（二合）賀地呬（二合）多羅（引）瑟吒囉（二合）野薩嚩（二合）賀尾嚕（引）荼（去）迦（引）野薩嚩（二合）賀尾嚕播（引）吃灑（二合）野 薩嚩（二合）賀 吠（武每反引）室囉（二合）摩拏（上）野 薩嚩（二合）賀 拶咄摩賀（引）囉（引）惹 曩莫塞訖哩（三合）跢野 薩嚩（二合）賀 焰麼（上引）野 薩嚩（二合）賀 焰麼（引）布（引）爾（同前）多 曩莫塞訖哩（二合）跢野 薩嚩（二合）賀 嚩嚕（引）拏（上引）野 薩嚩（二合）賀 麼嚕跢野 薩嚩（二合）賀 摩賀麼嚕跢野 薩嚩（二合）賀 阿啒曩（二合）曳（引）薩嚩（二合）賀 曩誐尾路枳跢野 薩嚩（二合）賀 泥嚩誐奶（引）毗藥（二合）薩嚩（二合）賀 曩誐誐奶（引）毗藥（二合）薩嚩（二合）賀 藥乞灑（二合）誐奶毗藥（二合）薩嚩（二合）賀 囉（引）乞灑（二合）娑誐奶（引）毗藥（二合）薩嚩（二合）賀 彥達嚩薩奶毗藥（二合）娑嚩（二合）賀 阿蘇囉誐奶毗藥（二合）薩嚩（二合）賀 誐嚕拏誐奶毗藥（二合）薩嚩（二合）賀 緊捺囉誐奶毗藥（二合）薩嚩（二合）賀 麼護（引）囉誐禰毗藥（二合）薩嚩（二合）賀 麼（上）努灑毗藥（二合）薩嚩（二合）賀 阿麼努曬毗藥（二合）薩嚩（二合）賀 薩嚩蘖囉（二合）係毗藥（二合）薩嚩（二合）賀 薩嚩步帝毗藥（二合）薩嚩（二合）賀 必哩帝毗藥（二合）薩嚩（二合）賀 比舍（引）際毗藥（二合）薩嚩（二合）賀 阿跛娑麼（二合引）𡁠毗藥（二合）薩嚩（二合）賀 禁畔（引）禰毗藥（二合）薩嚩（二合）賀 唵 度嚕度嚕 薩嚩（二合）賀 唵 睹嚕睹嚕 薩嚩（二合）賀 唵 畝嚕母畝 薩嚩（二合）賀 賀曩賀曩 薩嚩設睹嚕（二合）喃（引）薩嚩（二合）賀 娜賀娜賀 薩嚩（二合）訥瑟吒（二合、引）鉢囉（二合）訥瑟吒（二合、引）喃 薩嚩（二合）賀 鉢佐鉢佐 薩嚩鉢囉（二合）底也（二合）剔迦 鉢囉（二合）底也（二合）弭怛囉（二合、引）喃 曳麼麼阿呬帝 史拏（入）帝鈐（引）薩吠衫（引）舍哩囕 入嚩（二合、引）攞野 訥瑟吒（二合）唧哆喃 薩嚩（二合）賀（引）入嚩（二合）裏跢野 薩嚩（二合）賀（引）鉢囉（二合）入嚩（二合）裏跢野 薩嚩（二合）賀 儞（引）鉢多（二合引）入嚩（二合、引）攞野 薩嚩（二合）賀 三（去）滿多 入嚩（二合、引）攞野 薩嚩（二合、引）賀 麼抳跋捺囉（二合）野 薩嚩（二合）賀 布（引）囉拏（二合）跋捺囉（二合引）野 薩嚩（二合）賀 摩賀迦攞野 薩嚩（二合）賀 麼底哩（二合）誐拏（上引）野 薩嚩（二合）賀 也乞史（二合）抳（引）腩（上引）薩嚩（二合）賀 囉（引）吃麼（二合）枲腩（引）薩嚩（二合）賀 阿（去）迦（引）舍麼（引）底哩（二合）喃 薩嚩（二合）賀 三（去）畝捺囉（二合）嚩枲（星以反）𩕳腩 薩嚩（二合）賀 囉（引）底哩（二合）左囉（引）腩（引）薩嚩（二合）賀 儞嚩娑拶攞（引）喃（引）薩嚩（二合）賀 底哩（二合）散𪘨（二合）拶囉（引）喃 薩嚩（二合）賀 尾（上引）攞（引）拶囉（引）喃 娑嚩（二合）賀 阿尾（上引）邏拶囉喃 薩嚩（二合）賀 蘖婆賀𡃤毗藥（二合）娑嚩（二合）賀 蘖婆（去）散跢囉抳 戶嚕戶嚕 薩嚩（二合）賀 唵 薩嚩（二合）賀 薩嚩（入短）薩嚩（二合）賀 僕（重）薩嚩（二合）賀 步嚩（無博反）薩嚩（二合）賀（引）唵 部（引）囉步（二合）嚩（無博反）薩嚩（二合、入聲）薩嚩（二合、引）賀 唧徵（知以反）唧徵 薩嚩（二合）賀 尾徵尾徵 薩嚩（二合）賀 馱囉抳 薩嚩（二合）賀 馱（引）囉抳 薩嚩（二合）賀 阿埵 𩕳（二合）薩嚩（二合）賀 帝祖（宗固反）嚩補 薩嚩（二合）賀 唧哩唧哩 薩嚩（二合）賀 悉裏悉裏 薩嚩（二合）賀 沒𪘨沒𪘨 薩嚩（二合）賀 悉𪘨悉𪘨 娑嚩（二合）賀 曼拏攞悉第（引）薩嚩（二合）賀 曼拏攞滿第 薩嚩（二合）賀 枲麼（引）滿陀𩕳 薩嚩（二合）賀 薩嚩設咄嚕（二合）喃 漸（子琰反）婆漸婆 薩嚩（二合）賀 娑瞻（二合）婆野娑瞻（二合）婆野（去）薩嚩（二合）賀 親（去）娜親娜 薩嚩（二合）賀 牝娜牝娜 薩嚩（二合）賀 畔惹畔惹 薩嚩（二合）賀 滿馱滿馱 薩嚩（二合）賀 莾賀野莾賀野 薩嚩（二合）賀 麼抳尾舜第 薩嚩（二合）賀 素哩曳（二合）素哩曳（二合）素哩野（二合）尾舜第尾戍馱𩕳 娑嚩（二合）訶（引）戰涅隸（二合）素戰涅𡃤（二合）布囉拏（二合）戰涅𡃤（二合）薩嚩（二合）賀 蘖囉（二合）儞（引）毗藥（二合）薩嚩（二合引）賀 諾吃察（二合）底𡃤（二合）毗藥（二合）薩嚩（二合）賀 始吠 薩嚩（二合）賀 扇（引）底 薩嚩（二合）賀 薩嚩（二合、短）娑底也（二合）野寧 薩嚩（二合）賀 始鑁（無犯反）羯哩 扇（引）底羯哩 補瑟置（二合）羯哩（二合）麼邏末達𩕳 薩嚩（二合）賀（引）室哩（二合）羯哩 薩嚩（二合）賀 室哩（二合）野末達𩕳 薩嚩（二合）賀 室哩（二合）野入嚩（二合）攞𩕳 薩嚩（二合）賀 曩母呰 薩嚩（二合）賀 麼嚕呰 薩嚩（二合）賀 吠誐嚩底 薩嚩（二合）賀 唵 薩嚩怛他（引）誐多 沒（引）哩帝（二合）缽囉（二合）嚩囉 尾誐多婆曳 舍麼野 薩嚩（二合、短）銘 婆誐嚩底 薩嚩播閉毘喻（二合）娑嚩（二合）娑底（二合）婆嚩睹 母𩕳母𩕳 尾母𩕳 左𡃤佐攞寧 婆野尾誐帝 婆野賀囉抳 冒地冒地 冒馱野 冒（引）馱野 沒地裏 沒地裏 薩嚩怛他（引）誐多 紇㗚（二合）乃野足（泥又浴反）瑟𪘨（二合）薩嚩（二合）賀 唵 嚩日囉（二合）嚩底 嚩日囉（二合）缽囉（二合）底瑟恥（二合）帝 舜第怛他（引）誐多 母捺囉（二合）地瑟吒（二合）曩　地瑟恥（二合）帝　薩嚩（二合）賀　唵　畝䫊畝䫊畝䫊嚩𠻮　阿鼻詵（去）佐睹軨　薩嚩怛他（去、引）蘖多　薩嚩尾儞也（二合）鼻曬罽（引）摩賀嚩日囉（二合）迦嚩佐　母（上）捺囉（二合）母（上）捺哩（二合）帶（引）薩嚩怛他（引）誐多　吃㗚（二合）乃夜地瑟恥（二合）多　嚩日𠻮（二合）娑嚩（二合）賀（引）

爾時婆伽梵說此普遍光明清淨熾盛如意寶印心無能勝大明王隨求大陀羅尼已，告大梵等言，大梵若有善男子善女人，若才聞此陀羅尼者，所有一切罪障悉皆消滅。若能讀誦受持在心，當知是人即是金剛堅固之身，火不能燒刀不能害，毒不能中。大梵云何得知火不能燒？於迦毗羅大城，羅睺羅童子在母胎時，其母釋種女耶輸陀羅被擲火坑，於是羅睺羅在母胎中憶念此陀羅尼，其大火坑便自清冷，尋即變成蓮華之池。何以故？此陀羅尼是一切如來加持力故，大梵當知以是因緣火不能燒。復次大梵毒不能害者，如善遊城豐才長者子，持誦世天所說密言，以持明力故，鉤召德叉迦龍王，忘不結界護身，其龍嗔怒齧損，是人受大苦痛命將欲絕，多有諸持明者無能救濟。於其城中有一優婆夷，名曰無垢清淨，常誦持此隨求大明陀羅尼。其優婆夷大悲成就，起悲愍心往詣其所，以此陀羅尼加持，才經一遍，其毒消滅平復如故。時長者子於無垢清淨所，受此陀羅尼，憶念在心，大梵當知毒不能害。

復次大梵筏羅捺斯城有王，名曰梵施。時鄰國王有大威力，起四種兵來罰梵施。梵施輔佐白大王言：「大王今被他敵奪王城邑，王當令我作何謀計卻彼怨敵」？是時梵施告群臣言：「汝等今者勿生匆遽，我有隨求大明王陀羅尼，由此陀羅尼威力，能摧他敵令如灰燼」。時諸群臣即便稽首，白言大王我等臣下曾所未聞，王復告言汝等今者即見效驗。其時梵施即以香水沐浴著新淨衣，依法書寫此陀羅尼，入在於篋安頭髻中，以此大隨求陀羅尼，護身被甲即往入陣，王獨共戰，四兵降伏來歸梵施。大梵當知此大隨求無能勝陀羅尼，是一切如來心印之所加持，有大神驗，汝當受持，當知此陀羅尼等同諸佛，於後末法之時，短命薄福無福不修福者，如斯有情作利益故。大梵此大隨求陀羅尼，依法書寫繫於臂上，及在頸下，當知是人是一切如來之所加持，當知是人等同一切如來身，當知是人是金剛堅固之身，當知是人是一切如來藏身，當知是人是一切如來眼，當知是人是一切如來熾盛光明身，當知是人是不壞甲冑，當知是人能摧一切怨敵，當知是人能燒一切罪障，當知是人能淨地獄趣。大梵云何得知？曾有苾芻心懷淨信，如來制戒有所違犯不與取，現前僧物僧祇眾物四方僧物將入已用，後遇重病受大苦惱。時彼苾芻無救濟者，作大叫聲，則於其處有一婆羅門優婆塞，聞其叫聲即往詣彼病苾芻所，起大悲愍。即爲書此隨求大明王陀羅尼，繫於頸下，苦惱皆息，便即命終生無間獄，其苾芻屍殯在塔中，其陀羅尼帶於身上，因其苾芻才入地獄，諸受罪者所有苦痛悉得停息咸皆安樂。阿鼻地獄所有猛火，由此陀羅尼威德力故悉皆消滅。是時焰魔卒見是事已，甚大驚怪，具以上事白琰魔王。說伽陀曰：

大王今當知　此事甚奇特
於大危險處　苦惱皆休息
眾生諸惡業　猛火聚消滅
鋸解自停止　利刀不能割
刀樹及劍林　屠割等諸苦
鑊湯餘地獄　苦惱息皆除
焰魔是法王　以法治有情
此因緣非小　爲我除疑惑
時彼閻魔王　從無悲獄卒
聞如此事已　而作如是言
此事甚奇特　皆由業所感
汝往滿足城　當觀有何事
獄卒受教已　於其夜分時
至滿足城南　見彼苾芻塔
乃見於屍上　帶此大明王
隨求陀羅尼　而放大光明
其光如火聚　天龍及藥叉
八部眾圍繞　恭敬而供養
時彼焰魔卒　號爲隨求塔

爾時焰魔卒還至王所，具以上事白閻魔王。其苾芻承此陀羅尼威力，罪障消滅得生三十三天，因號此天爲先身隨求天子。大梵當知此陀羅尼有大威力，汝當受持書寫讀誦依法佩帶，常得遠離一切苦惱一切惡趣，不被電雹傷害，云何得知？大梵於形愚末壇城，有一長者名尾麼羅商佉，其家巨富庫藏盈溢，金銀充滿多饒財谷。於是長者身作商主，乘大船舶入海採寶。於大海中遇低彌魚欲壞其船，海中龍王復生嗔怒，起大雷震哮吼掣電雨金剛雹。時諸商人見此雷雹，各懷憂惱生大恐怖。叫呼求救無救濟者，時眾商人前詣商主，悲聲號哭白商主言：「仁者當設何計救護我等令離憂怖？」

爾時商主其心無畏，志性堅固有大智慧。見諸商人恐怖逼迫，而告之言，汝等商人勿怖勿怖生勇健心，我令汝等免斯怖畏。其諸商人心生勇健，復作是言，大商主唯願速說除災難法，令我等命皆得存濟。於是商主即告商人言，我有大明王名隨求陀羅尼，能降伏諸難調者，有大神通，令汝解脫如此憂惱。即便書寫此隨求陀羅尼，安幢刹上（船舶上檣幹是），其低彌魚應時即見此船，光明赫奕如熾盛火。由此陀羅尼大威力智火，燒低彌魚即便銷融。彼諸龍等見是相已，悉起慈心，從空而下廣作供養，令此船舶直至寶洲。大梵此皆大智大明大隨求，以一切如來神力之所加持，是故名爲大明王。若有書寫此陀羅尼安於幢刹，能息一切惡風雹雨非時寒熱雷電霹靂，能息一切諸天鬥諍言訟，能除一切蚊虻蝗蟲及諸餘類食苗稼者，悉當退散。一切應言利王爪者不能爲害，一切苗稼花果藥草悉皆增長其味香美柔軟潤滑。若其國內旱澇不調，由此陀羅尼威力，龍王歡喜雨澤及時。

復次大梵，若有流佈此大隨求陀羅尼之處，是諸有情既知是已。當以上妙香花幢蓋種種供養，應以殊勝繒綵纏裹經夾安於塔中，或置幢刹。以種種音樂歌詠讚歎，旋繞供養虔誠禮拜。彼等有情心所思惟，所希求願皆得滿足。若能依法書寫，身上帶持，所求皆得。求男得男，求女得女，懷胎安隱漸增圓滿產生安樂。

大梵云何得知？往昔曾於摩伽陀國有王名施願手。以何因緣名施願手？其王初生之時，即展其手，執母奶嗍奶足已。由手觸母奶，是其母奶變爲金色，母奶增長自然流出。若有眾人來乞求者，王舒右手，有淨信佛菩薩諸天，傾寫種種諸妙珍寶，入王手中施求乞者，隨其所須皆得滿足，一切悉得安樂成就以是因緣名施願手。其王爲求子故，供養諸佛及諸塔廟。求子不得，王持齋戒廣設無遮施會，大作福業護持三寶，修理未來破壞寺舍故，置一庫藏。何以故？大梵我念過去，於此摩伽陀國境俱尸那城大力士聚落多如來教法中，有一長者名曰法慧，於一切眾生起大悲心，爲諸有情說此大隨求陀羅尼法要。當彼之時於長者家有一貧人，聞此妙法告長者子言，長者子我於汝家中作務常樂聽法，我當供養此法。彼貧匱人於長者家營事，復供養法，於過後時其長者子與一金錢。其人得已發菩提心，爲拔濟眾生故，以此福回施一切有情，所得金錢便將供養此大隨求陀羅尼。作是願言，以此捨施之福，願一切有情斷其貧匱之業。由此因緣其捨施福無有盡期，如是多種福因緣故。

供養諸佛菩薩，由此福業。淨居天子現於夢中而告王言，大王今可依法書寫此隨求陀羅尼，令國大夫人齋戒帶持，即有子息。其王覺已。召占相人及有智婆羅門眾，擇吉宿曜值日，依法齋戒書寫此陀羅尼，令夫人帶於頸下。復更供養窣睹波塔諸佛菩薩，廣行捨施，應時有胎，日月滿足，產生一子，色相具足，端嚴殊勝，見者歡喜。大梵當知此是無能勝無礙大隨求寶印心大明王陀羅尼威力故，一切如來之所供養，所求願者皆得稱心。

復告大梵，彼時法慧長者子家傭力貧人者，豈異人乎？施願手王是也。由往昔捨一金錢，供養此大隨求陀羅尼，回施一切有情。以是因緣其福無盡，於末後身復爲國王，淨信三寶心不退轉，廣行捨施成就檀波羅蜜。

普遍光明清淨熾盛如意寶印心無能勝大明王大隨求陀羅尼經卷上。

天阿蘇羅藥叉等　　來聽法者應至心
擁護佛法使長存　　各各勤行世尊教
諸有聽徒來至此　　或在地上或居空
常於人世起慈心　　日夜自身依法住
願諸世界常安樂　　無邊福智益群生
所有罪業並消除　　遠離眾苦歸圓寂
恒用戒香塗瑩體　　常持定服以資身
菩提妙花遍莊嚴　　隨所住所常安樂

普遍光明清淨熾盛如意寶印心無能勝大明王大隨求陀羅尼經卷下

復次大梵。其天帝釋共阿蘇羅鬥戰之時，帝釋常以此陀羅尼，置於頂髻珠中帶持，帝釋天眾不被傷損，而常得勝安隱還宮。初發心菩薩乃至究竟地菩薩，帶持能離種種障難魔業故。若有人帶此陀羅尼，一切如來之所加持，一切菩薩之所護念，一切人天國王王子大臣婆羅門長者，常恒恭敬禮拜承事。一切天龍、阿蘇羅、蘖路茶、緊那羅、摩睺羅伽、人非人等，皆供養彼帶持者。彼等天龍八部皆言，彼人是大丈夫。如來復言彼善男子善女人，能摧一切魔障，離一切疾病，離一切災橫，除一切憂惱，恒爲一切天龍之所守護。

佛告大梵復有四陀羅尼，是無能勝妃大心眞言。若有書寫帶佩於身，常應誦持，深心思惟觀行。能除惡夢不祥之事，一切安樂皆得成就。

唵 阿蜜哩（二合）多嚩隸 嚩囉嚩囉 鉢囉（二合）嚩囉尾戍（入）第 吽（引）

吽 頗吒頗吒 娑嚩（二合）賀（引）唵 阿蜜哩（二合）多 尾盧（引）枳𩕳（一）蘖婆僧囉乞灑（二合）抳 阿（引、去）羯哩灑（二合）抳 吽（引）吽（引）頗吒頗吒 娑嚩（二合、引）賀 唵 尾磨黎 惹也嚩𠼪（一）阿蜜哩（二合）帝（二）吽（引）吽（引）吽（引）吽（引）頗吒頗吒 頗吒頗吒 娑嚩（二合）賀（引）唵（引）跛囉跛囉 三跛囉 三跛囉（二）印捺囉（二合）也 尾戍馱𩕳 吽（引）吽（引）嚕左𠼪（引）娑嚩（二合、引）賀（引）

才說此四大陀羅尼已，一切諸佛諸大菩薩聲聞，異口同音說此大隨求大明王無能勝陀羅尼甲冑密言句。以一切如來印印之，此甚難得聞，何況書寫受持讀誦爲他宣說？是故當知是大佛事，如來深極讚歎說隨喜者，極難得聞，此大隨求大無能勝陀羅尼名，極難得聞極甚難得。能盡諸罪，大力勇健，具大威德神力，能生無量功德，能摧一切魔眾，能斷一切習氣聚及魔羅罥，能除他眞言毒壓禱藥法相憎法降伏法，能令噁心眾生起大慈心，能護愛樂供養佛菩薩聖眾之人，能護書寫受持讀誦聽聞大乘經典者，又能滿足修佛菩提者。大梵持此大隨求無能勝明王，不被沮壞，於一切處獲大供養，如佛大師兩足之尊，云何得知？此明王能摧一切諸魔。大梵過去有佛，號廣博微笑面摩尼金寶光焰照曜高勇王如來應正覺。初成道時，往詣菩提場欲轉法輪，一切如來稱讚。爾時一切魔並無量俱胝那庾多眷屬圍繞，現種種形，作可畏聲，示種種魔境現作神通，雨種種器仗來往四方而作障難。

爾時廣博微笑面摩尼金寶光焰照曜高勇王如來，於須臾頃寂然而住，意誦此大隨求大明王無能勝大陀羅尼七遍。才誦此陀羅尼已，於刹那頃一切魔波旬，見彼如來一一毛孔出無量俱胝百千那庾多金剛使者，身彼甲冑放大光明，各持刀劍鉞斧罥索杖棒三戟叉，各出如是言，捉縛惡魔摧噁心者，斬斷其命粉粹諸魔作如來障礙者。即彼一切難調惡魔，以如來大威力，於毛孔中出大丈夫，是諸魔眾悶絕擗地，皆失自性神通辯才四散馳走。如來以大慈劍，得勝魔境，成無上菩提，即轉一切如來法輪。如一切佛一切障者毗那夜迦，諸惡魔等，悉皆摧壞如來即轉法輪，超越生死大海得到彼岸。如是大梵此陀羅尼，有大勢力，能獲神通到於彼岸。若才憶念，於危險處皆得解脫，意樂清淨噁心有情起大慈心。是故大梵常當憶念，如理作意依法書寫而常帶持。

復次大梵烏禪那城有王，名曰梵施。彼有一人犯王重罪，王敕殺者一人領彼罪人將往山中令斷其命。殺者受教領彼罪人，至於山窟將刀欲殺。是其罪人先於右臂帶此隨求無能勝陀羅尼，心復憶念，由此大明威力，其刀光焰狀如火聚，片片段壞猶如微塵。爾時殺者見此事已，怪未曾有，即以上事具白於王。其王聞已便生大怒，復敕殺者將此罪人送藥叉窟。於彼窟中有眾多藥叉，令食此罪人。受王敕已，即領罪人送藥叉窟。才送窟中時，藥叉眾歡喜踊躍奔走向前，欲食罪人。以彼罪人帶大隨求威德力故，時眾藥叉見彼罪人身上有大光明熾盛晃曜，諸藥叉眾悉皆驚怖。各作是念，此火欲來燒我。彼藥叉眾見是事已甚大驚怖，送此罪人安窟門外旋繞禮拜。

爾時使者具以上事復白於王，其王聞已倍更嗔怒。又敕使者縛彼罪人擲深河中，奉教往擲。才入河中，河便枯竭猶如陸地，時彼罪人便住於岸，所被繫縛繩索片片斷絕。王聞此事極大驚怪，熙怡微笑生大奇特，喚彼罪人問其所緣。汝何所解？罪人白言大王我無所解，我於身上唯帶大隨求無能勝大明王陀羅尼。王即贊言甚大奇特，此大明微妙能摧死罰。說伽陀曰：

大明甚微妙　能摧於死罰
諸佛所加持　拔濟諸有情
能解脫苦病　大明大威德
能脫非時死　大悲尊所說
能止大疾病　速證大菩提

爾時彼王歡喜踊躍，即取彼隨求供養禮拜。即以繒帛繫罪人首，與其灌頂冊稱爲城主（五天竺國法，若授官榮。皆以繒帛繫首，灌頂然後授職也）。如是大梵此大隨求無能勝大陀羅尼，若有帶者於一切處獲大供養。若難調伏噁心眾生，咸起慈心皆相順伏，是故常帶持此大陀羅尼。

復次大梵若欲帶此陀羅尼者，應擇吉日吉宿吉祥之時，依法書此陀羅尼。時大梵王聞是語已，甚大歡喜，五輪著地頂禮佛足，而白佛言以何方法書寫此大隨求無能勝陀羅尼。

爾時如來即說伽陀，告大梵言：

大梵汝當知　我今爲汝說
愍念諸有情　令得大安樂
遠離逼迫業　解脫諸疾病
婦人有胎孕　有情離貧匱
窮業悉皆除　當於吉宿時
布沙宿相應　應當持齋戒
而供養諸佛　發大菩提心

復生悲愍心　及起大慈心
於他思利益　遍諸有情類
龍惱麝檀香　以此香湯浴
著新淨衣服　更以燒香熏
當用瞿摩夷　塗小曼荼羅
應取五賢瓶　皆盛滿香水
雜插諸花果　置於壇四角
餘一置壇中　花鬘及燒香
及與妙塗香　應燒五味香
檀香颯畢迦　酥合沉石蜜
和合而燒之　種種諸妙花
諸花果種子　隨時而供養
塗香用嚴飾　酥蜜並乳酪
[illegible]麥及乳糜　盛滿供養器
應量皆吉祥　以瓷瓦碗盛
四角滿香器　佉陀羅木橛
釘於壇四角　用五色縷纏
於壇四角外　大梵以此儀
若求悉地者　應食三白食
書此隨求人　當於壇中坐
敷以淨茅薦　依法而書寫
或素或繒帛　或用於樺皮
或葉或餘物　寫此陀羅尼
女人求子息　當用牛黃書
中心畫童子　瓔珞莊嚴身
滿缽盛珍寶　左手而執持
坐在蓮華上　其華而開敷
又於西隅角　而畫四寶山
其山金寶飾　殷勤應畫此
能令胎安隱　丈夫求子者
應用鬱金書　彼所求之事

悉皆得成就　　於眞言四面
應畫種種印　　又畫於蓮華
或二或三四　　乃至五蓮華
其華悉開敷　　八葉具鬚蕊
華莖以繒繫　　華上畫三戟
戟上復繫繒　　復畫於鉞斧
亦在蓮華上　　又於白蓮華
於上應畫劍　　復在蓮華上
而畫於商佉　　所畫諸蓮華
皆在寶池内　　若丈夫帶者
不應畫童子　　應畫天人形
種種寶莊嚴　　帝王若帶者
於中應當畫　　觀自在菩薩
又於其四面　　畫種種印契
若是苾芻帶　　應畫持金剛
右執金剛杵　　左拳豎頭指
擬彼難調者　　又當於四角
而畫四天王　　婆羅門帶者
畫於伊舍那　　剎利若帶持
畫摩醯首羅　　毗舍若帶者
畫於天帝釋　　或畫毗沙門
若是首陀帶　　而畫那羅延
童男及童女　　畫波闍波提
青色女人帶　　畫盧陀羅天
女人白色者　　應畫名稱天
女人若肥充　　畫彼寶賢將
瘦女人帶者　　畫滿賢藥叉
若懷妊婦人　　應畫大黑天
或畫梵天王　　如是諸人類
各畫本所尊　　依法而書寫
常帶於身上　　所求悉如意

金銅作蓮華　　於上安寶珠
如意火燄形　　置在幢剎上
而於此珠內　　安置大隨求
於是隨求中　　畫彼邑城主
若是己捨宅　　建此隨求剎
而畫本家主　　於隨求四面
周匝畫蓮華　　於華胎蕊上
畫於一罥索　　金剛杵及輪
棒及爍訖底　　如是諸契印
各在蓮華上　　剎上懸繒幡
應如法供養　　由此隨求剎
能護國城邑　　及以護家族
災禍悉除滅　　疫病及諸疾
飢饉不流行　　他敵不相侵
國土皆安樂　　若遇天亢旱
並以滯雨時　　應畫九頭龍
頭上有寶珠　　火焰而流出
當於龍心上　　畫一金剛杵
於龍身四面　　寫此大隨求
置在於篋中　　亦安幢剎上
應時降甘雨　　滯雨即便晴
商主領眾人　　或在於水陸
諸商人帶者　　應畫商主形
如前安剎上　　離賊及諸怖
悉皆到彼岸　　是故當殷勤
帶持及讀誦　　吉祥滅諸罪
若是念誦人　　應畫自本尊
若日月熒惑　　辰星及歲星
太白與鎮星　　彗及羅睺曜
如是等九執　　淩逼本命宿
所作諸災禍　　悉皆得解脫

或有石女人　扇姹半姹迦
如是之人類　由帶大隨求
尚能有子息　若此類帶者
應畫九執曜　二十八宿天
中畫彼人形　所求悉如意
如世尊所說　獲得最勝處
現世及他世　常獲殊勝樂
三十三天宮　隨意而所生
悅意贍部洲　最勝族姓家
得生如是族　或生刹利天
或婆羅門家　由帶大隨求
生此最勝處　書寫持讀誦
依法而帶之　得往安樂刹
蓮華而化生　決定無疑惑
一切諸如來　贊說斯功德
稱揚不能盡　關閉地獄門
能開諸天趣　安樂悉成就
智慧皆圓滿　諸佛及菩薩
常安慰其人　身常受快樂
驍勇有大力　如來誠言說
當獲轉輪位　安慰人天眾
驚怖噁心者　修此陀羅尼
不久當獲得　不被刀所傷
毒藥反水火　悉皆不能害
非命及夭壽　諸罪皆遠離
見聞及觸身　於一切時處
鬼魅及鬥諍　諸怖皆消滅
惡蟲及毒蛇　囚閉悉解脫
種種疾大病　悉皆盡除滅
由修持此明　於諸摩羅眾
無礙得通達　能於一切處

而獲大供養　　人中得最勝
加護修眞言

修行菩薩隨求大護大明王陀羅尼品第二

爾時世尊告大梵說伽他曰：

我今爲宣説　　修行持明者
説加護儀則　　愍念諸有情
由此擁護故　　獲得大成就
所居諸方處　　用此作加持
獲得無障礙　　決定心無疑
無怖無熱惱　　除滅一切魅
隨順於宿曜　　能斷業𧾷鎖
惡食惡跳驀　　厭書悉消滅
一切諸怨家　　不被淩逼傷
惡視及壓禱　　咒藥並蠱毒
於他敵險處　　大怖怨敵處
一切悉消融　　由大隨求力
諸佛皆擁護　　一切智菩薩
悉皆作加護　　緣覺及聲聞
及餘多種類　　大威德天龍
皆當而擁護　　誦此密言者
由才聞此故　　明王最勝尊
一切處無畏　　牟尼作是説
惡夢及惡作　　極惡諸逼迫
疾病以纏身　　瘦病銷骨肉
及餘多種病　　丁瘡諸毒腫
惡痓及災禍　　齧嚼諸有情
爲損有情故　　大害極恐怖
悉皆得除滅　　由加護大明
以此明加護　　合死得解脱
若以黑索罥　　將至燜魔宮
命復倍增壽　　由書帶大護

若有壽盡者　　七日後當死
才書帶此明　　無上大加護
或若才聞故　　依法加持者
處處獲安隱　　隨意受安樂
六十八俱胝　　一百那庾多
三十三諸天　　輔翼於帝釋
來護於此人　　隨逐作加護
四大護世王　　金剛手大力
一百明族眾　　常加護彼人
日天及月天　　梵王與毗紐
自在夜摩天　　寶賢及力天
滿賢大勇猛　　訶利帝及子
半遮羅半支　　俱摩羅眾主
吉祥大明妃　　多聞及辯才
商棄尼華齒　　一髻大威德
如是大藥叉　　常當而擁護
石女生子息　　胎孕咸增長
常加護彼人　　乃至壽命存
丈夫常得勝　　恐怖鬥戰處
由此滿諸願　　由依淨信天
諸罪悉消滅　　由書此大明
諸佛常觀察　　大威德菩薩
彼名稱增長　　福壽亦復然
財穀皆豐盛　　獲得悉無疑
睡眠及覺悟　　悉皆得安樂
怨家及鬼神　　皆不能沮壞
當於鬥戰時　　常皆獲得勝
若修密言時　　此護最爲勝
安樂修諸明　　悉得無障礙
一切密言教　　悉皆得成就
成入一切壇　　速成三昧耶

乃至於來世　　諸佛皆委寄
由持此大護　　諸吉祥皆滿
意願悉成就　　由才書此明
一切樂豐盛　　安樂而捨壽
必生於善趣　　欲生極樂國
持帶此明王　　決定無疑惑
鬥諍於言訟　　戰陣大怖中
諸怖皆遠離　　如佛誠言說
常獲宿命智　　生生皆無疑
國王皆歡喜　　及後宮眷屬
盡皆常恭敬　　常與善人和
皆悉生憐愍　　並人及與天
令彼作加護　　常恒於晝夜
大護成就明　　等正覺所說

爾時薄伽婆即說隨求大護明王大心陀羅尼曰：

曩謨（引）母馱（引）野 曩謨（引）達磨野 娜莫 僧（去）伽（去、引）野 曩謨（引）婆（去）誐嚩帝 舍（引）枳也（二合）母曩曳 摩賀（引）迦（引）嚕抳迦（引）野 怛他（去引）蘖跢（去、引）夜 囉賀（二合）帝 三（去）藐三（去）母馱（引）野 娜莫 颯答毗藥（二合）三藐三（去）沒第（引）毗藥（二合）曀釤（去、引）娜莫裟訖哩（三合）怛嚩（二合、引）母馱（引）舍（引）婆曩物呬（二合）馱曳（引）阿（上）賀弭娜（引）䫂寅（二合、引）三（去）鉢囉（二合）嚩乞灑（二合）銘 薩嚩薩怛嚩（二合、引）努（鼻）劍跛夜（引）伊（上）軩（引）尾淰（引）摩賀（引）帝旨（引）摩賀（引）摩攞跛囉（引）訖囉（二合）軩（引）拽暹（引、去）婆（去）史單（上）摩（鼻、引）怛囉（二合）琰（引）嚩日囉（二合、引）娑曩摩䫂（引）史鼻（入）疙囉（二合）賀（引）薩吠（微閉反、引）尾曩（引）野迦（引）室制（二合）嚩怛得乞灑（三合）拏（鼻引）尾攞孕薩跢（引）怛儞也（二合）他（去、引）儗（霓以反）哩儗（準上）哩 儗哩抳（尼貞反下同）儗哩嚩底 虁拏（上）嚩底 阿迦舍嚩底 阿（去、引）迦（引）舍秫弟 播（引）跛尾誐帝 阿（去引）迦（引）勢 誐誐曩怛黎 阿（去引）迦（引）舍尾佐（引）哩抳 入嚩（二合）裏多失𡃤 麼抳穆訖底（二合下丁以反）佉（上）唧多冒（上引）裏馱𡃤 蘇（上）計（引）勢 蘇（上）嚩訖怛𡃤（三合）蘇（上）寧（引）怛𡃤（引、二合）素韈囉拏（二合）冒（上、引）裏 阿底（丁以反引）帝 阿砮（鼻）答半（二合）寧麼曩蘖帝缽囉（二合）底聿（二合）答半（二合）寧曩莫 薩吠（引）釤（引）毋馱（引）南（引）入嚩（二合）裏多 帝惹（自攞反、引）三（去、引）毋弟（引）素毋帝（引）婆誐嚩底 素囉乞灑（二合）抳 素乞灑（二合）銘 素缽囉（二合）陛 素娜銘 素難（上、引）帝（引）左𡃘 婆誐嚩底 跛捺囉（二合）嚩底 跛捺𡃘（二合）素跛捺𡃘（二合）尾麼（鼻）黎 惹野跋捺𡃘（二合）缽囉（二合）贊拏贊膩 嚩日囉（二合）贊膩 摩賀（引）贊膩 矯（魚矯反引）哩 巘馱（引）哩制（上）贊拏（上、引）裏 麼（上、引）蹬儗（霓夷反）卜羯斯 舍嚩哩 捺囉（二合、引）弭膩 嘮（引）捺哩（二合）抳 薩嚩（引）囉他（二合）娑（去引）馱𩕳 賀曩賀曩 薩嚩設咄嚕（二合）喃 諾賀諾賀 薩嚩訥瑟吒（二合）南 畢𡃘（二合、引）多 比舍（引）左拏（引）枳𩕳（引）南（引）麼努灑（引）麼努（鼻）灑喃（引）跛左跛左 紇哩（二合）乃閻 尾陀網（二合）娑野爾（引）尾耽 薩嚩訥瑟吒（二合）疙囉（二合）賀（引）喃（引）曩（引）舍野 曩舍野 薩嚩播（引）播（引）跛𩕳銘 囉乞灑（二合）囉乞灑（二合）辂（引）薩嚩薩怛嚩（二合）難（上）左 薩嚩婆（去）庾（引）缽捺囉（二合）吠（引）毗藥（二合）薩嚩訥瑟吒（二合、引）南（引）滿馱能 矩嚕 薩嚩枳裏尾（二合）灑曩（引）舍𩕳 沫（鼻、引）多難（上）膩 麼（上、引）𩕳𩕳左黎 底致（上）底致（準上）𩕳 咄穌 具（引）囉抳 味（引）囉抳 缽囉（二合）韈囉三（去）麼𡃘 贊拏（上、引）裏 麼蹬只韈拶斯 素毋嚕 卜羯斯 舍嚩哩 餉迦裏捺囉（二合）尾膩 諾賀𩕳 跛左𩕳 沫娜𩕳 薩囉薩囉黎 薩囉攬陛呬（去、引）曩末地庾（二合、引）得訖哩（二合）瑟吒（二合）尾娜（引）哩抳 尾馱（引）哩抳 麼呬裏 麼護（引）麼護（引）裏 𩕳蘖奶𩕳蘖拏 伴霽滿帝 滿底（丁以反）𩕳 滿帝斫訖囉（二合）枳𩕳 惹（自娜反）黎祖（祖嚕反）黎 舍嚩哩 舍麼哩 舍（引）嚩哩 薩嚩弭野（二合、引）地 賀囉抳 祖（引）膩祖（引）膩𩕳 𩕳弭𩕳弭𩕳沒馱哩 底哩（二合）路（引）迦 惹賀𩕳哩（二合）路迦 路迦羯哩 怛𡃈（二合）馱（引）睹迦弭野（二合）嚩路（引）枳𩕳 嚩日囉（二合、引）跛囉戍 播（引）舍濕誐 斫訖囉（二合）底哩（二合）戍（引）囉 震跢（引）麼抳 摩賀（引）尾儞野（二合、引）馱（引）囉抳 囉乞灑（二合）囉乞灑（二合）辂（引）薩嚩薩怛嚩（二合、引）難（上）左 薩嚩怛囉（二合）薩嚩娑他（二合、引）曩 蘖怛寫 薩嚩訥瑟吒（二合）婆（去）曳（引）毗藥（二合）薩嚩麼砮（鼻）灑（引）麼努（鼻）灑婆曳（引）毗藥（二合）薩嚩尾野（二合）地毗藥（二合）嚩日𡃘（二合）嚩日囉（二合）嚩底嚩日囉（二合）播（引）抳馱𡃘 呬裏呬裏 弭裏弭裏 唧裏唧裏 悉裏 嚩囉嚩囉 嚩囉禰（引）薩嚩怛囉（二合）惹野臘第 娑嚩（二合、引）賀 播（引）跛尾娜（引）囉

抳 薩嚩弭野（二合、引）地賀囉抳 娑嚩（二合、引）賀 薩嚩怛囉婆（去）野賀囉抳 娑嚩（二合）賀（引）補瑟置（二合）娑嚩（二合）娑底（二合）婆嚩都麼麼（某甲）娑嚩（二合、引）賀 扇（引）底 娑嚩（二合、引）賀 補瑟置（二合、引）娑嚩（二合）賀 惹（自攞反，下同）野都惹曳 惹野嚩底 惹野尾補羅 尾麼黎 娑嚩（二合、引）賀 薩嚩怛他（去引）蘖多（引）地瑟姹（二合）曩布囉底（二合）娑嚩（二合）賀 唵 步哩步哩 嚩日囉（二合）嚩底 怛他蘖多紇哩（二合）乃野 布囉抳 散馱（引）囉抳 末羅末羅 惹野尾儞曳（二合、引）吽吽 發吒發吒 娑嚩（二合）賀（引）

佛告大梵，若有人以如來身明陀羅尼句，作加持救濟攝受加護，能作息災作吉祥法，遮止讁罰成大加護。若人壽命欲盡，誦此眞言復得延命增壽，久久命存常獲安樂得大念持。若以金剛杵才念誦加持，或有非命患大疾者，皆得解脱。一切疾病皆得除滅，長患病者誦此眞言，加持袈裟角拂彼病人便即除差。日日誦持者，得大聰慧威力大勤勇辯才成就，一切罪障定受業報悉皆消滅。一切佛菩薩，並天龍藥叉等，於受持陀羅尼者，當令精氣入身增加威力，身心常得喜悦。大梵此大明王大護陀羅尼，若有乃至傍生禽獸耳根所聞，彼等悉皆於無上菩提永不退轉。何況淨信善男子、善女人、苾芻、苾芻尼、鄔波索迦、鄔波斯迦、國王、王子、婆羅門、刹利及諸餘類，一聞此大隨求大護陀羅尼，聞已深心淨信恭敬書寫讀誦，生殷重心修習，爲他廣演流佈，大梵悉皆遠離八種非命。彼人身中不生疾病，不被火毒刀杖蠱毒壓禱咒詛諸惡藥法之所損害，不被身痛頭痛，及諸瘧病一日二日三日四日乃至七日。及癲癇病悉不能爲患，正念睡眠正念覺悟，證大涅槃，現世得大富貴自在，所生之處於彼彼處常得宿命。一切人天皆悉愛敬容儀端正，一切地獄餓鬼傍生皆得解脱，猶如日輪以光明照曜一切有情，譬如月輪以甘露灌灑一切有情身，得適悦其人。以法甘露遍入一切有情心相續中，皆令滋澤歡喜。一切諸惡藥叉羅刹，步多，畢隸多，畢舍遮，癲癇鬼，拏枳寧諸魅，毗那也迦等，悉皆以此大隨求大護威力不能侵惱。若來逼近，憶念此大護明王，則一切噁心之類，於持誦之人發生歡喜，受教而去。由此大隨求大護明王威力，終無怨敵怖畏，是諸怨敵不能淩突。或若有人，於國王大臣婆羅門長者處，所犯愆過罪合當死殺者，持刀劍臨刑之時，若才憶念此大護明王，其刀片片斷壞猶如微塵。其人當彼之時，得悟一切法平等，獲大念力。爾時如來説伽陀曰：

此大護加持　清淨滅諸罪
能作慧吉祥　增長諸功德

能滿諸吉慶　　除滅不吉祥
能見妙好夢　　能淨諸惡夢
此大明大護　　護丈夫女人
曠野及險怖　　刹那得解脫
獲諸所欲願　　如正等覺說
若行失道路　　念此大明王
速疾得正道　　得殊勝飲食
以身口意業　　先時作諸罪
所作不善業　　才憶此明故
悉皆得消滅　　書寫及受持
轉讀並念誦　　及爲他宣說
諸法皆通達　　如是得法味
諸罪即消滅　　心意所樂求
諸事皆成就　　一切死怖中
畢獲而救護　　王官及水火
霜雹並劫賊　　鬥戰及言訟
利牙爪獸難　　一切悉消融
由誦洛叉遍　　速成就此明
一切諸佛說　　稱誦令歡喜
滿菩提資糧　　一切所住處
若用此大明　　而作於加持
欲作諸事業　　自他利益事
任運得成就　　以大護無疑
大梵汝當知　　我今復宣說
爲患重病人　　應作四方壇
瞿摩和土泥　　用五色粉畫
而作曼荼羅　　四瓶安四角
智者依儀軌　　壇上散諸花
應燒殊勝香　　及種種飲食
人見令淨信　　如是用香花
依法而奉獻　　四角插四箭

用五色縷纏	令病者澡浴
身著清淨衣	遍體而塗香
引入壇中心	面對東方坐
爾時持明者	先誦此大明
令滿於七遍	自加持己身
次誦三七遍	加持於病者
由誦此大護	諸疾皆息除
即取一水瓶	盛香花飲食
七遍作加護	東方遠棄擲
次取南方瓶	花香食如教
準前誦七遍	遠棄擲南方
次用西方瓶	花香及飲食
依前加持法	北方亦復然
爾時持誦者	仰面向上方
誦此明一遍	成最勝加持
大梵作是已	一切苦悉除
如是加持法	釋師子所説
一切諸法中	無有能與比
三界中勝護	彼人無夭死
無老亦無病	怨憎離別苦
若能在理觀	心離於憂苦
及離受蘊苦	燄魔眾供養
燄魔之法王	恭敬而承事
告彼持明者	速往於天趣
由此大明故	地獄盡無餘
則乘妙宮殿	具威至天上
一切人及天	藥叉羅刹眾
悉皆而供養	常當獲此福
是故常受持	金剛手菩薩
秘密藥叉將	帝釋捨脂後
訶利帝母眾	半支迦藥叉

護世大威德　　日月及星宿
執曜猛惡者　　一切大龍王
諸天並仙眾　　阿蘇羅及龍
金翅乾闥婆　　緊那摩睺羅
由書帶此明　　恒常而隨逐
由依法誦持　　獲得大榮盛

爾時世尊說是經已，諸大菩薩大聲聞眾，及梵天王，一切天龍、藥叉、阿蘇羅、乾闥婆、蘗路茶、緊那羅、摩呼羅伽、人非人等，皆大歡喜信受奉行！

普遍光明清淨熾盛如意寶印心無能勝大明王大隨求陀羅尼經卷下。

後記

完成這篇論文，三年研究生生涯將畫上句號，我也將踏上新的征程。

當初選擇一部藏傳西夏佛經來解讀，心中有許多忐忑。自己的西夏語只是剛剛入門，藏語更是零基礎，對佛學也只是接觸到一點點皮毛，好在這部佛經夏、漢、藏三語並存，爲我的解讀帶來很大便利，即便如此，我也一直擔心駕馭不了這樣的題材，在業師聶先生的鼓勵和指導下，現在算是勉強完成了這篇畢業論文。但我深知論文中還有不少有待完善的地方，例如對經文中某些讓人費解的部份以及個別名詞術語的翻譯我還不太確定；論文中大量的藏文轉寫也可能會出現一些錯誤等等。所以，心中對論文質量充滿歉意。

幸運的是，身邊的良師益友給了我莫大的關心和幫助，陪伴我一路走到現在。因此，請允許我在論文的結尾，向他們表達最衷心的感謝。

「仰之彌高，鑽之彌堅。」予則幸而遇恩師。三載問學，先生於我耳提面命，躬自教化，關懷之殷，情同骨肉。先生教我以學，誨我以禮，愛我以仁，則我以身，予始知古之君子爲何人。得其師，明其志，修其勤，以下愚而獲微績，幸何如之！

感謝我的恩師聶鴻音先生，先生學爲人師，行爲世範。其治學嚴謹，博學儒雅；其虛懷若谷，高風亮節。自有幸忝列先生門牆以來，他總是以慈愛之心寬容地對待我的莽撞冒失，治學不端。自始至終盡心盡力，無微不至地幫助我，鼓勵我。他的言傳身教，深深的影響了我。這本醞釀了一年多的博士論文，傾注了我最大的心力，無論別人如何評價，我都懷著敝帚自珍的情感，將它敬獻給我的導師。感荷隆情，永識於心！蘇軾在《上梅直講書》說：「有大賢焉而爲其徒，則亦足恃矣」，我爲能成爲老師的學生而驕傲！除了感謝聶老師外還要特別謝謝師母，每次去家中叨擾，師母都毫無怨言，照顧有加，高誼厚愛，銘感不已！

感謝孫伯君老師，得益於您太多無私和慷慨的幫助與提攜。您的專業學養，性情志趣，思維品行對我的人格影響至深至巨。我會謹記老師的教導，精益求精，奮勇前行！感謝黃延軍師姐，在我爲考博備戰的那段日子裏幫了我很多；感謝安婭師姐，在論文寫作初期給了我很多建議；感謝李若愚師弟、曲世峰同學在論文寫作中給我藏文方面的幫助和解答；感謝關心和幫助我的所有同門和同學，在此雖然不能一一謝過，但是我會永遠珍藏那些屬於我們的美好記憶，珍惜時光中與我同行的每一個人。

感謝我的父母和親人們，謝謝你們的關心、規箴和鞭策！你們是我最大的財富！

三年前爲考博而努力挑戰極限的時光依然散發著拼搏的味道，如今畢業的鐘聲卻越來越近，心裏的絲絲不捨又平添了幾分惆悵。回望來時的路，除了感歎時間匆匆，我還會牢記這三年間的點點滴滴！

乙未年於北京

西夏本《佛頂心觀世音菩薩大陀羅尼經》述略

西夏本《佛頂心觀世音菩薩大陀羅尼經》述略

摘要：《佛頂心觀世音菩薩大陀羅尼經》的西夏譯本存世較多，與敦煌、宋、遼、金等漢文本內容基本一致。文章對目前所見各西夏本的內容進行了扼要論述，以期對該經有一個總體認識。

關鍵詞：西夏文；佛經；佛頂心觀世音經

《佛頂心觀世音菩薩大陀羅尼經》通常簡稱「佛頂心觀世音經」，自古以來被視為「僞經」，不爲傳統大藏經所收，但宋元以降在民間頗爲流行，存世版本較多，不同版本間有文字歧異〔1〕21-48。這部經書的西夏譯本分藏俄羅斯科學院東方文獻研究所、英國國家圖書館和日本天理圖書館，經題著錄見戈爾巴喬娃和克恰諾夫的《西夏文寫本和刊本》〔2〕100，以及西田龍雄的《西夏文佛經目錄》〔3〕38-39，部份原始文獻照片由格林斯蒂德於 1973 年刊佈〔4〕2195-2201。

1999 年，克恰諾夫在其《西夏文佛教文獻目錄》中著錄了《佛頂心觀世音經》的 16 個編號，並給出了詳細的版本和存況描述〔5〕467-471，從中可知俄羅斯科學院東方文獻研究所的藏品中至少有西夏時代的卷子裝寫本 8 種、經摺裝寫本 2 種、經摺裝刻本 5 種和蝴蝶裝刻本 1 種。另外，上海古籍出版社蔣維崧、嚴克勤二位先生 20 世紀末在聖彼得堡拍攝的照片裏還有殘頁一紙（инв.№6916），可以考定爲同一部經書的孑遺。

天理圖書館收藏的兩種經摺裝元刊本曾由西田龍雄作過介紹〔6〕[292]，全文公佈於《日本藏西夏文文獻》〔註1〕。英國國家圖書館藏《佛頂心觀世音經》公佈於《英藏黑水城文獻》〔註2〕，除正確定名的以外，還有一些被粗略地定爲「佛經」或「陀羅尼」之類，蓋因其保存狀況不佳而難以辨認。就目前所知，還有如下編號實爲該經殘片：如 Or.12380-0050、1099、1164、1419、1420、2132、2761、3185、3218 等。

此外，20 世紀初和 20 世紀末在內蒙古的黑水城和寧夏的拜寺溝方塔還出土過兩種漢文本〔註3〕，方廣錩曾據房山石經中《佛頂心觀世音經》的金刻本對拜寺溝方塔本作過校補〔7〕[380-395]。

像漢文本那樣，西夏本《佛頂心觀世音經》分上中下三卷，諸卷經題各不相同——卷上題「[illegible]」（佛頂心觀世音菩薩大陀羅尼經卷上），卷中題「[illegible]」（佛頂心觀世音菩薩療病催產方卷中），卷下題「[illegible]」（佛頂心觀世音菩薩救難神驗經卷下）。

俄藏本 6535、105、116 號以及英藏本卷上經題後存題款一行：「[illegible]」，可譯爲「講經律論沙門法戒奉敕譯」。譯者法戒的生平於史無徵，西夏文獻中此前也從未發現過其相關作品，故該經於何時譯成不得而知。所幸眾多抄本中有一件（инв.№4357）在卷尾明確記載了抄寫時間，即「[illegible]」，譯爲「天盛丙子八年三月十四日書竟」，既然這個抄本完成於西夏仁宗皇帝天盛八年（1156 年），則翻譯時間當不晚於此。

多個西夏譯本的卷尾有發願者的題名，但書寫相當潦草，唯 инв.№4880、4357 所存兩行題記較爲清楚，4880 號作「[illegible]〔註4〕[illegible]」，可譯爲「發願者善女平耶氏」，4357 號作「[illegible]」

〔註 1〕參見武宇林，荒川愼太郎編《日本藏西夏文文獻》下冊，頁 251、272、316～317、413～433，北京：中華書局，2010 年。

〔註 2〕此經多幅文獻照片散見於西北第二民族學院、上海古籍出版社、英國國家圖書館編，上海古籍出版社出版《英藏黑水城文獻》。

〔註 3〕黑水城漢本見《俄藏黑水城文獻》第 4 冊，頁 119～122，上海古籍出版社，1997 年。拜寺溝方塔本見《中國藏西夏文獻》第 15 冊，頁 183～191，甘肅人民出版社、敦煌文藝出版社，2005 年。

〔註 4〕[illegible]，此字的識讀從克恰諾夫[5]470。

〔註5〕，字面意爲「發願助寫者善男子布藥訛遇」，其中「[illegible]」（助）在這裡的意思相當於「助緣」，也就是「助緣發願」。這兩行題記中的番姓「[illegible]」（phjij ·jij）和「[illegible]」（pụ ·jiw）不見於《三才雜字》等西夏文獻，相關漢文文獻中也未見到可與之勘同的姓氏。

西夏本在經文之外還有一些附加內容，應該是從前代漢文本裏繼承而來。例如俄藏本 105、6535 和 116 號的卷首存有版畫，其中 105 號所存版畫和 6535 號靠近經題的一折相同，116 號所存版畫的主體或爲「觀音相」，無法和 6535 號所存版畫拼接。6535 號的版畫存榜題八則，是對經文內容的描述：

[illegible]（持經故善神守護處）

[illegible]〔註6〕[illegible]（不欲予城主錢，抛擲和尚入水）

[illegible]（長者子生壽短，持寫經故壽長）

[illegible]（觀音化居士身，罽賓國中治病）

[illegible]（持經故面見彌陀佛）

[illegible]（化作和尚，說宿緣解寃處）

[illegible]（普光精舍中城主取常住錢處）

[illegible]（觀世音菩薩說此神咒，佛言善哉）

以上榜題與宋崇寧元年刻《佛頂心觀世音經》卷首版畫中的榜題相近〔1〕，不過西夏本所存並不完整，比宋刻本版畫少了一則榜題。宋刻本榜題作「其人持誦此經，日夜常有百千羅刹暗守護衛之」、「官人與和尚同船欲不還錢，以布袋盛和尚抛入江中處」、「夜叉報言此子合只壽十六，功德卻延至九十，長者又造千卷」、「觀世音菩薩化居士身入罽賓國施此經救眾生病處」、「此人命終，此經功德西方面見阿彌陀佛之處」、「觀世音菩薩化僧行此三生寃家解寃處」、「官人從普光寺主借錢，寺主令小和尚分付處」、「觀世音菩薩曰佛念此陀羅尼神咒，佛言善哉善哉」、「……廳上□見抛入江中小和尚，官人問有何法術」。夏宋兩本榜題雖大同小異，但版畫的具體畫面並不相同，如宋本中題爲「觀世音菩薩化僧行此三生寃家解寃處」的這幅畫裏出現了三個人物：化作僧人的觀音菩薩，一個女人和一個面目猙獰的夜叉。夜叉站立水中，右

〔註5〕[illegible]（gju），克恰諾夫識爲此字，捷連提耶夫～卡坦斯基識爲「[illegible]」（ŋwər），暫從克恰諾夫。

〔註6〕脱，從字形來看亦有可能爲「[illegible]」。

手持棍狀長物，左臂高舉，似在對女人訴說前世孽緣，而西夏本相應畫面中的夜叉只在水面上露出頭部。那麼西夏文《佛頂心觀世音經》所據的翻譯底本應該是一個和宋本相似但又有所不同的本子。

幾個西夏本的卷尾還有咒語、念誦法和秘字印：

[illegible] [illegible] （一字頂輪王陀羅尼 唵齒𠿒）

[illegible] [illegible] （自在王治瘟毒陀羅尼 唵部林）

[illegible] （一氣念二十一遍）

「唵齒𠿒」（oṃ kṣṇī）即「文殊一字咒」，見於唐寶思惟譯《大方廣菩薩藏經中文殊師利根本一字陀羅尼經》〔8〕780-781，其功效被描述爲「能救產難」：

> 若有女人產難之時，取阿吒盧沙迦根或郎伽利迦根，咒之七遍，以無蟲水和摩之，塗於產女臍中，兒即易生。……若婦人五年乃至二十三十年不生男女者，或自有病，或男子有病，……當以十年已上酥五兩、孔雀羽一兩內於酥中，咒之二十一遍，煎之，搗爲末。以石蜜一兩、大呵梨勒三顆，去核取皮相和，咒之一百八遍。常以清旦空腹盡服之，於七日中即有男女。

「唵部林」（oṃ bhrūṃ）即「末法中一字心咒」或「大輪一字咒」，見於唐寶思惟譯《大陀羅尼末法中一字心咒經》〔8〕315-320，其功效被描述爲：

> 當來惡世時，我法將欲滅。能於此時中，護持我末法。能除世間惡，毒害諸鬼神。及諸天魔人，一切諸咒法。若聞此咒名，皆悉自摧伏。我滅度之後，布分舍利已。當隱諸相好，變身爲此咒。

所謂的秘字印實際是道家的符籙（見右圖，4357 號卷尾秘字印），這是依照漢文原本描摹來的。捷連提耶夫——卡坦斯基曾推測它和「治病的經」有關〔9〕82-83，而漢文本《佛頂心觀世音經》此符籙旁恰有「能救產難」或「朱書此符，能救產難」等字樣，看來當時人們認爲這個符可幫助孕婦順利生產。《佛頂心觀世音經》中說，婦人難產時「以好朱砂書此陀羅尼及密字印，用香水吞之」，可「產下智慧之男，有相之女」。

《佛頂心觀世音經》的多個西夏譯本在內容上幾乎沒有任何差異，它們應該是同一個西夏文本的翻刻或者複抄。我們知道拜寺溝方塔和黑城遺址還出土了此經的漢文本，雖然方塔本殘損嚴重，但依然可以看出其內容和黑城本頗爲一致，只是在個別細節上兩者稍有不同，這種情況下我們尚無法判斷西夏本究竟是從哪一個漢本譯出的。例如方塔本的「泗洲普光寺內」黑城本作「泗洲普光寺內院主邊」，西夏本作「[illegible]」，這顯然像從方塔本譯出；方塔本的「又昔有官人」黑城本作「又昔有一官人」，西夏本作「[illegible]」（字面義爲「又昔有一爲君者」），這又像從黑城本譯出。也就是說這兩個漢文本雖然和西夏本十分接近，但卻不能和西夏本完全對應。還有一個比較特殊的例子，方塔本和黑城本均有「時有百千婇女，常隨娛樂，不離其側」一句，西夏本竟然沒有相應的譯文。這啓發我們假設，或許西夏本並非譯自這兩個漢文本，而是譯自另外一個和這兩個漢文本略有不同的本子，遺憾的是這個本子偏偏沒能保存下來。

參考文獻：

〔1〕鄭阿財，敦煌寫本《佛頂心觀世音菩薩大陀羅尼經》研究〔J〕，敦煌學，2001（23）.

〔2〕З.И. Горбачева и Е.И. Кычанов. *Тангутские рукописи и ксилографы*〔M〕. Москва：Издательство восточной литературы, 1963.

〔3〕西田龍雄，西夏文華嚴經 III〔M〕，京都：京都大學文學部，1977。

〔4〕Eric Grinstead · *The Tangut Tripitaka*〔M〕· New Delhi：Sharada Rani, 1973。

〔5〕Е. И. Кычанов. *Каталог тангутских буддийских памятников*〔M〕. Киото：Университет Киото，1999.

〔6〕西田龍雄，西夏語の研究〔M〕，京都：京都大學文學部，1964。

〔7〕方廣錩，藏外佛教文獻（第 7 輯）〔M〕，北京：宗教文化出版社，2000。

〔8〕高楠順次郎，渡邊海旭等，大正新修大藏經〔M〕，大正一切經刊行會，1924。

〔9〕捷連提耶夫——卡坦斯基著，王克孝，景永時譯，西夏書籍業〔M〕，銀川：寧夏人民出版社，2000。

（本文原刊於《寧夏社會科學》，2015 年第 3 期。）

《佛頂心觀世音菩薩大陀羅尼經》的西夏譯本

摘要：文章首次刊佈了《佛頂心觀世音菩薩大陀羅尼經》的西夏文錄文，並參照敦煌漢文本對這部經書進行翻譯和校注，可以爲西夏佛教史和西夏語言研究提供一份新資料。

關鍵詞：西夏文；佛經；《佛頂心觀世音菩薩大陀羅尼經》

《佛頂心觀世音菩薩大陀羅尼經》分上中下三卷，卷上主要讚美該經可救拔眾生、除滅疾病、障蔽煩惱等；卷中側重宣說其幫助婦女安全生產的功效；卷下篇幅最長，記錄了四則情節生動的故事，以顯示《佛頂心觀世音菩薩大陀羅尼經》的靈驗。整部經書沒有講述深奧的佛教義理，在內容上顯得十分切合普通民眾的現實需要，是佛教中國化、世俗化的典型代表。

該經的西夏譯本於 20 世紀初出土，今分藏俄羅斯科學院東方文獻研究所、英國國家圖書館和日本天理圖書館，經題著錄見戈爾巴喬娃和克恰諾夫的《西夏文寫本和刊本》〔1〕(P100)，以及西田龍雄的《西夏文佛經目錄》〔2〕(P38～39)，之後又有克恰諾夫的版本和內容描述〔3〕(P467-471)。1973 年，格林斯蒂德刊佈了俄藏本的部份原始文獻照片〔4〕(P2195～2201)，英國國家圖書館藏品也陸續在《英藏黑水城文獻》中刊出，天理圖書館收藏的兩種經摺裝元刊本西田龍雄曾作過介紹〔5〕(P292)，但經書的全文解讀至今無人著手。

西夏本《佛頂心觀世音菩薩大陀羅尼經》款題「講經律論沙門法戒奉敕

譯」([西夏文]),法戒的生平於史無徵,故該經於何時譯成無法確定。多個西夏抄本的卷尾有發願者題名,但書寫相當潦草,難以辨識,其中只有一件(俄藏 4357 號)記載了抄寫時間——「天盛丙子八年三月十四日」([西夏文])。西夏仁宗天盛八年即 1156 年,則翻譯時間當不晚於此。

總體來看,《佛頂心觀世音菩薩大陀羅尼經》的西夏譯文沒有過份追求與漢文本的字字對譯,只要盡可能地傳達漢文本的原意即可。例如漢文本的「天不容、地不載」,西夏譯爲「[西夏文]、[西夏文]」(天亦不樂、地亦不許);「坐草之時,忽分解不得」譯爲「[西夏文],[西夏文]」(誕生之時,產子難);「珠金貨賣」譯爲「[西夏文]」(金銀救施);「經年累月,在於床枕」譯爲「[西夏文],[西夏文]」(年月不愈,不能起身);「破自己料錢」譯爲「[西夏文]」(施自己食錢);還有一個更特殊的例子,西夏用了五種不同的表達來翻譯漢本的「官人」,即「[西夏文](爲君者)、[西夏文](逼稅者)、[西夏文](禁稅者)、[西夏文](爲官城主)、[西夏文](城主)」。

此外,需要指出的是諸西夏本雖然在內容上幾乎沒有絲毫差異,但在個別用字上則略有不同。這主要表現爲不同的西夏譯本用不同的詞語來翻譯同一個漢意,如漢文本的「冥冥」、「覺」、「幡蓋」、「轉」,俄藏 908、116 和 105 號作「[西夏文]」、「[西夏文]」、「[西夏文]」、「[西夏文]」,而 4978 和 4880 號作「[西夏文]」、「[西夏文]」、「[西夏文]」、「[西夏文]」;再比如漢文本的「問」,俄藏 7053、57、6916 號作「[西夏文]」,而 908、4978、4755 和 4880 號作「[西夏文]」等等。這些不同是經書傳譯過程中的自然現象。

下面以俄藏 908 號爲底本全文校錄西夏本《佛頂心觀世音菩薩大陀羅尼經》,由於該經屬於僞經而不爲歷代大藏經收錄,且黑水城遺址和拜寺溝西夏方塔出土的兩個漢文本均爲殘本〔註 1〕,所以本文翻譯中主要參照的是法國國家圖書館收藏的敦煌漢文本(P.3916)〔6〕(P326～333)。

〔註 1〕 黑水城漢本見《俄藏黑水城文獻》第 4 冊,頁 119～122,上海古籍出版社,1997 年,此漢文本存 20 折,爲卷上和卷下部份內容。拜寺溝方塔本見《中國藏西夏文獻》第 15 冊,頁 183～191,甘肅人民出版社、敦煌文藝出版社,2005 年,此本殘損極爲嚴重。此外,彭海濤曾在《中國藏黑水城漢文文獻》中發現了一件《佛頂心觀世音菩薩大陀羅尼經》殘片,參見彭海濤:《黑水城所出八件佛經殘片定名及復原》,載《西夏學》第 8 輯,第 289 頁。

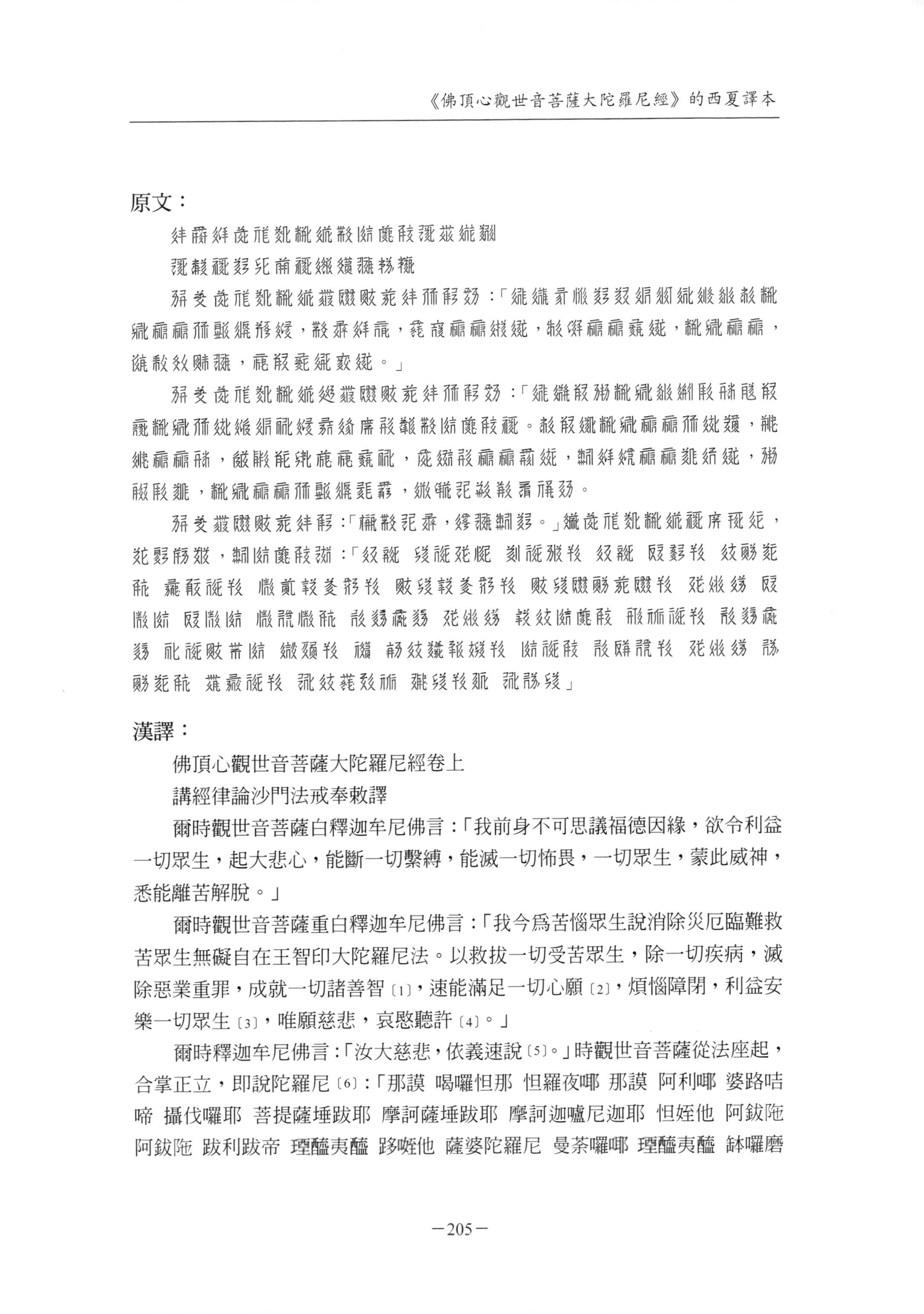

原文：

[illegible]

[illegible]

[illegible]

[illegible]

[illegible]

[illegible]

漢譯：

佛頂心觀世音菩薩大陀羅尼經卷上

講經律論沙門法戒奉敕譯

爾時觀世音菩薩白釋迦牟尼佛言：「我前身不可思議福德因緣，欲令利益一切眾生，起大悲心，能斷一切繫縛，能滅一切怖畏，一切眾生，蒙此威神，悉能離苦解脫。」

爾時觀世音菩薩重白釋迦牟尼佛言：「我今爲苦惱眾生說消除災厄臨難救苦眾生無礙自在王智印大陀羅尼法。以救拔一切受苦眾生，除一切疾病，滅除惡業重罪，成就一切諸善智〔1〕，速能滿足一切心願〔2〕，煩惱障閉，利益安樂一切眾生〔3〕，唯願慈悲，哀愍聽許〔4〕。」

爾時釋迦牟尼佛言：「汝大慈悲，依義速說〔5〕。」時觀世音菩薩從法座起，合掌正立，即說陀羅尼〔6〕：「那謨 喝囉怛那 怛羅夜啷 那謨 阿利啷 婆路咕啼 攝伐囉耶 菩提薩埵跋耶 摩訶薩埵跋耶 摩訶迦嚧尼迦耶 怛姪他 阿鈸陁 阿鈸陁 跋利跋帝 堙醯夷醯 跢姪他 薩婆陀羅尼 曼茶囉啷 堙醯夷醯 鉢囉磨

輸馱 菩跢耶 唵 薩婆斫芻伽唎 陀羅尼 因地利唎 怛姪他 婆嚧枳帝 攝伐囉唎 薩婆咄瑟吒 烏訶唎 彌 薩婆訶〔7〕」

校注：

〔1〕善智，漢本作「善種智」。

〔2〕心願，西夏作「[illegible]」，該詞常與「至心，盡心」對譯。

〔3〕煩惱障閉，利益安樂一切眾生，夏漢本兩句倒。

〔4〕唯願慈悲哀愍聽許，西夏作「[illegible]」（唯願慈愍樂許）。

〔5〕依義，漢本作「宜應」。

〔6〕說陀羅尼，漢本作「說姥陀羅尼曰」。

〔7〕該咒當從《千眼千臂觀世音菩薩陀羅尼神咒經》或《千手千眼觀世音菩薩姥陀羅尼身經》節錄而來。《大正藏》中原咒作「那謨曷囉二合怛那二合怛羅二合夜耶 那謨阿利耶 波路吉帝攝伐二合囉耶 菩提薩埵耶 摩訶薩哆跛耶 摩訶迦嚕尼迦耶 怛姪他 阿跋陀阿跋陀 跋唎跋帝 堙醯夷醯 莎訶 跢姪他 薩婆陀羅尼 曼茶羅耶 堙醯曳醯 缽囉二合摩輸馱 薩跢跛耶 莎訶 唵 薩婆斫芻二合伽羅耶 陀囉尼 因地唎耶 莎訶 怛姪他 婆盧枳帝 攝伐囉耶 薩婆咄瑟吒二合 烏訶彌耶 莎訶」〔7〕(P85)。《大藏全咒》作「namo radnatrayāya namo āryaavalokiteśvarāya bodhisatvāya mahāsatvāya mahākāruṇikāya tad yathā yabata yabata parivade ehyi ehi svāhā tad yathā sarvadhāraṇi maṇḍala ehi ehi prabhaśuddhasatva pāya svāhā oṃ sarvacakṣu karāya dharani intriya svāhā tad yathā avalokite śvarāya sarvaduṣṭa ohāyani svāhā」〔8〕(P293～296)。

原文：

[illegible]〔註2〕，[illegible]。

[illegible]

〔註2〕4978號作「[illegible]」（萬生萬死）。

[illegible]，[illegible]，[illegible]，[illegible]，[illegible]，[illegible]。[illegible]，[illegible]，[illegible]，[illegible]，[illegible]，[illegible]，[illegible]。[illegible]，[illegible]，[illegible]！[illegible]，[illegible]，[illegible]，[illegible]，[illegible]、[illegible]、[illegible]〔註3〕、[illegible]，[illegible]。

漢譯：

爾時觀世音菩薩說此陀羅尼已，十方世界皆大震動，天雨寶花，繽紛亂下，供養此陀羅尼，名薄伽梵蓮花手自在心王印。若善男子善女人得聞此秘密神妙章句，一歷耳根，身中百千萬苦〔1〕，悉皆消滅。此陀羅尼能滅十惡五逆、闡提誹謗〔2〕、非法說法，或於三寶師主父母前，起憍慢心，或世世造業殺生害命，或三善月中〔3〕，嫁女婚男，横殺眾生，犯無邊大罪，聚集於己身〔4〕，終日冥冥，不知不覺，天亦不樂、地亦不許，千佛出世不許懺悔〔5〕，如是重罪之人，捨此一身〔6〕，墮阿鼻地獄中，受其苦楚，一日一夜，萬死萬生，經八萬大劫，受罪永無出期。

若有慈孝男子女人〔7〕，欲報父母深恩者，遇見此佛頂心陀羅尼文字章句，能請人書寫受持讀誦，每日於晨朝時向佛前燒香，念誦此陀羅尼經，如是之人，終不墮於地獄中受罪。乃至到百年壽盡命斷時，心不散亂，彼十方聖眾菩薩〔8〕，各持花臺幡蓋，猶如日輪，光耀滿室，來迎是人，往生淨土。諸大菩薩舒金色手，摩頂授記，曰善哉善哉！善男子善女人生我國中，護如眼睛，愛惜不異〔9〕，此陀羅尼功德無量，何況有人聞見、書寫、受持、供養，其福不可稱量。

校注：

〔1〕百千萬苦，漢本作「所有百千萬罪」。
〔2〕漢本作「誹謗闡提」。
〔3〕漢本作「或三朝滿月」。
〔4〕漢本作「在於己身」。
〔5〕漢本作「千佛出世不通懺悔處者」。
〔6〕身，漢本作「報身」。

〔註3〕[illegible]，5478號作「[illegible]」。

〔7〕慈孝，漢本作「慈順」。4978 號作「慈悲」（[illegible]）。
〔8〕彼，漢本作「見」。
〔9〕漢本作「愛惜不已」。

原文：

[illegible]，[illegible]，[illegible]，[illegible]，[illegible]，[illegible]〔註 4〕。[illegible]，[illegible]，[illegible]。[illegible]，[illegible]，[illegible]，[illegible]。

[illegible]，[illegible]、[illegible]、[illegible]，[illegible]。[illegible]，[illegible]，[illegible]，[illegible]，[illegible]，[illegible]，[illegible]，[illegible]，[illegible]，[illegible]，[illegible]，[illegible]〔註 5〕[illegible]，[illegible]，[illegible]。

漢譯：

若復一切女人厭女人身，欲得成男子身者，至到百年捨命之時，要往生西方淨土，蓮花化生者，請多人書寫此陀羅尼經〔1〕，安於佛前。以好花香，日以供養不闕者，必定轉女身，成男子身。至百年命終，猶如壯士屈伸臂，一念中間，即往生西方極樂世界，坐寶蓮花〔2〕。

又設復有善男子善女人，得見聞此佛頂心自在王陀羅尼經印。若書寫、讀誦、睹視者，人之一切煩惱不能障覆〔3〕。或食財手散，災凶驟起，宅城不安，或商路覆閉，夢幻急流，或遇疾病〔4〕，無所依怙，晨朝時生尊重心，供養讀誦此陀羅尼者，觀世音菩薩無邊大神力〔5〕，金剛密迹，隨逐日夜，宿衛是人，所思念事皆得依願圓滿成就。

校注：

〔1〕請多人（[illegible]），4978 號作「[illegible]」，漢本作「當須請人」。
〔2〕漢本此句後有「時有百千婇女，常隨娛樂，不離其側」。
〔3〕漢本作「彼人所有一切煩惱障閉」。
〔4〕「或食財手散」至此數句漢本作「或錢財耗散，口舌競生，若宅舍不安，或五路

〔註 4〕[illegible]（處），5478 號作「[illegible]」（置）。
〔註 5〕[illegible]（隨），4978 號訛作「[illegible]」（異）。

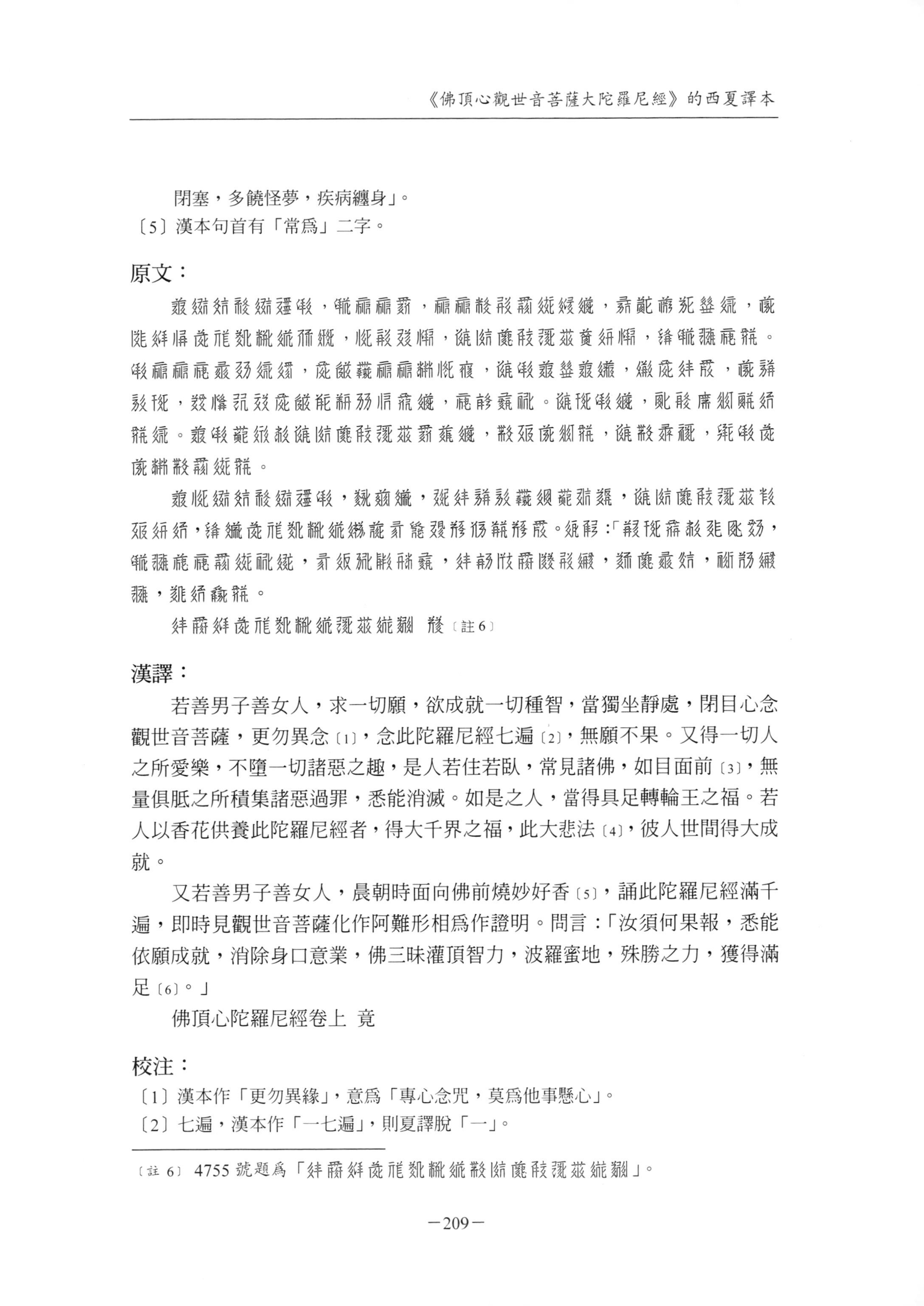

閉塞，多饒怪夢，疾病纏身」。

〔5〕漢本句首有「常爲」二字。

原文：

[illegible]

[illegible]

[illegible]〔註6〕

漢譯：

若善男子善女人，求一切願，欲成就一切種智，當獨坐靜處，閉目心念觀世音菩薩，更勿異念〔1〕，念此陀羅尼經七遍〔2〕，無願不果。又得一切人之所愛樂，不墮一切諸惡之趣，是人若住若臥，常見諸佛，如目面前〔3〕，無量俱胝之所積集諸惡過罪，悉能消滅。如是之人，當得具足轉輪王之福。若人以香花供養此陀羅尼經者，得大千界之福，此大悲法〔4〕，彼人世間得大成就。

又若善男子善女人，晨朝時面向佛前燒妙好香〔5〕，誦此陀羅尼經滿千遍，即時見觀世音菩薩化作阿難形相爲作證明。問言：「汝須何果報，悉能依願成就，消除身口意業，佛三昧灌頂智力，波羅蜜地，殊勝之力，獲得滿足〔6〕。」

佛頂心陀羅尼經卷上 竟

校注：

〔1〕漢本作「更勿異緣」，意爲「專心念咒，莫爲他事懸心」。

〔2〕七遍，漢本作「一七遍」，則夏譯脫「一」。

〔註6〕4755號題爲「[illegible]」。

〔3〕常見諸佛，如目面前，漢本作「常能見佛，如對目前」。

〔4〕此大悲法，漢本作「大悲法性」。

〔5〕漢本作「能於晨朝時面向佛前燒香」。

〔6〕漢本作「如滿果遂」。

原文：

絆薜絆茂祀颣靴絖絀蔗茥肙禐澺菝辭翖

忱刻蒹庬彊慾禠禠，祬慾祀絤翡羗，祬瘷縰絔，忚菲縰茨，祬慾絖，庬徥汷黻莪肞綫緔羕，蒣瀡彊慾叕綫祔贗，忱蘥縺裖，縺毣叕絔縺，蒯絼禰弬絿蓗傗麿菝蕎佩藵藾，蘦緈祬厩，殈祀竛黿，祬耂祬慾，禠亥茘綖，祬蔑羴庹。蒹忱苐鋆藶鱍瓻艰綫祬慾粍，刻蒹祬蕊絤粍，虪鏻蕊祬絤犇，蒹烒蕊橇粍礉茨，蒯絼禰弬祬薜甀庹藵佩藵藾，蘦緈祬厩，殈祀慾禄祬粍厰覆，殈耂粖舑綖。巠祬慾忨彊慾，紙烒辤烒縺澂澂綕黻烒烒彸絔，絀祬毣虪祬祬瘢祀蕎綖庹絆憮綖。

蒹忱絑絈祬絤彊慾，毻绖礉蘒，艰黻忱傂，竍綕叕蘒，瑍蕊虪庍忱傂縺，粍禠亥祬綫弬麿菝忱蕎佩藵藾，巠絆羴亥刻，蘦緈祬厩，巠綫殈祀傂糀。蒹庬絑絈祬絤彊慾，絤絆綫礉犡，舑彸叕務縺，忱粍禠亥絤弬麿菝蕎佩藵藾，菝蘦翡忱苐熋弸叕祬蔍務臸厩熜，絵巠綫礉禠禠忱傂縺绔。

漢譯：

佛頂心觀世音菩薩療病催產方卷中〔1〕

又設若一切諸女人，身懷六甲〔2〕，十月滿足，誕生之時，產子難，被諸惡鬼神爲作障難，故此女人苦痛叫喚，悶絕號哭，無依處者〔3〕，即以好朱砂書此陀羅尼密字印〔4〕，用香水吞，當時分解，產智慧之男，生美好之女〔5〕，人見愛惜〔6〕。若復胎衣不下，致損胎傷殺〔7〕，設若兒爲母死，乃至母爲兒亡，或母子俱喪，速以好朱砂書此頂輪王密字印，用香水吞，當即逼墮腹中亡兒〔8〕，速棄向水中。彼懷妊婦人，不得吃狗肉、魚肉〔9〕、鳥雀物命之類，每日須當念寶月智嚴光音自在王佛。

若復善男子善女人，身遭重病，年月不愈，不能起身，飲藥治之不差者〔10〕，以好朱砂書此陀羅尼及秘字印，觀彼佛前，用香水吞〔11〕，其病當即除差。若諸善男子善女人，卒患心痛，不可申說者，又以朱砂書此陀羅尼秘字，用青木香及好茱萸煎湯，相和吞之，一切疾患無不除差。

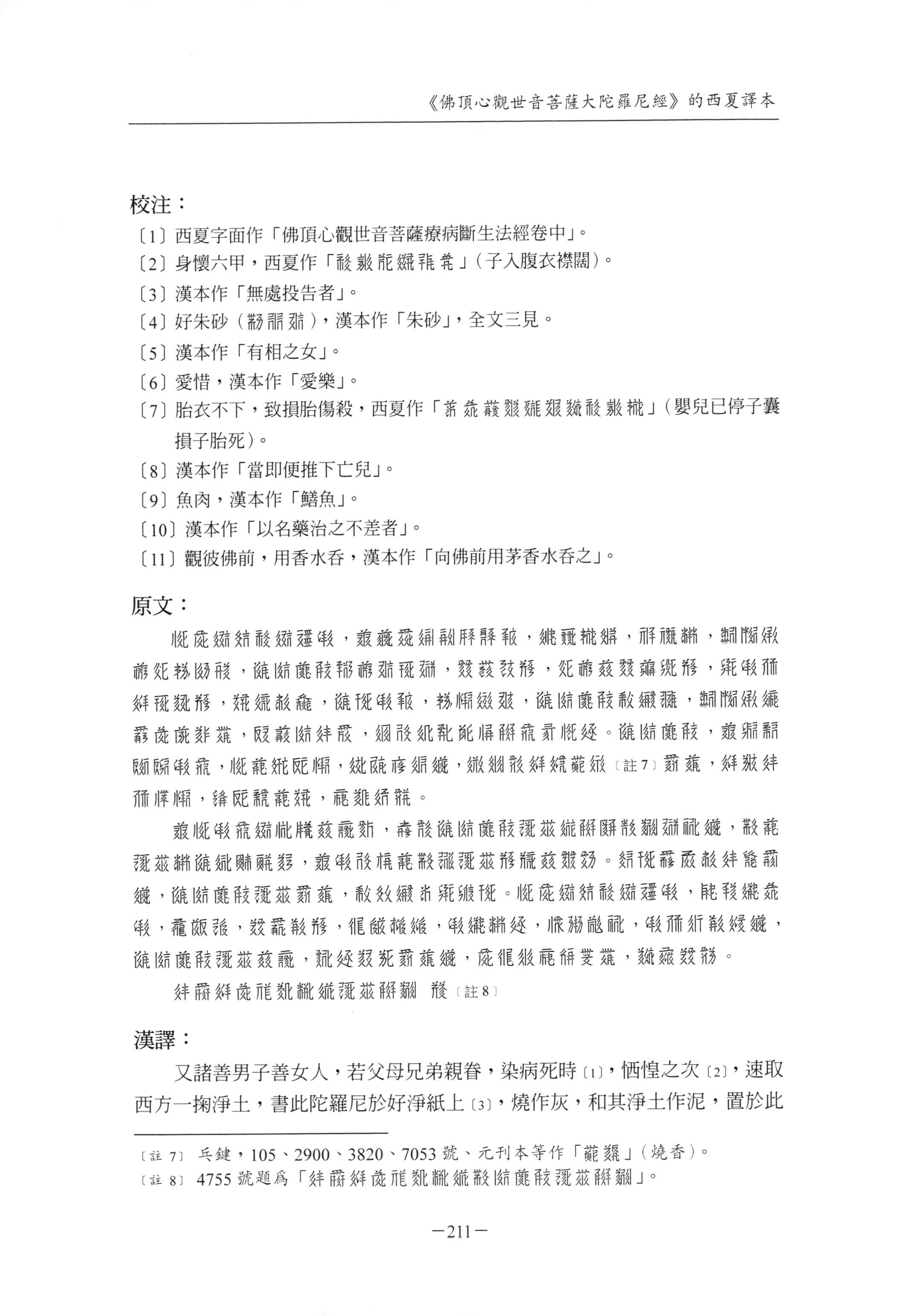

校注：

〔1〕西夏字面作「佛頂心觀世音菩薩療病斷生法經卷中」。
〔2〕身懷六甲，西夏作「[illegible]」（子入腹衣襟闊）。
〔3〕漢本作「無處投告者」。
〔4〕好朱砂（[illegible]），漢本作「朱砂」，全文三見。
〔5〕漢本作「有相之女」。
〔6〕愛惜，漢本作「愛樂」。
〔7〕胎衣不下，致損胎傷殺，西夏作「[illegible]」（嬰兒已停子囊損子胎死）。
〔8〕漢本作「當即便推下亡兒」。
〔9〕魚肉，漢本作「鱔魚」。
〔10〕漢本作「以名藥治之不差者」。
〔11〕觀彼佛前，用香水吞，漢本作「向佛前用茅香水吞之」。

原文：

[illegible]〔註7〕[illegible]。

[illegible]。

[illegible]〔註8〕

漢譯：

又諸善男子善女人，若父母兄弟親眷，染病死時〔1〕，恓惶之次〔2〕，速取西方一掬淨土，書此陀羅尼於好淨紙上〔3〕，燒作灰，和其淨土作泥，置於此

〔註7〕乒鍵，105、2900、3820、7053號、元刊本等作「[illegible]」（燒香）。
〔註8〕4755號題爲「[illegible]」。

人心上，以衣裳蓋覆，如是之人，一念中間，承此陀羅尼威力，便往生西方極樂世界，見阿彌陀佛，不住中有身四十九日。此陀羅尼，若有人貧困餓渴，復思衣念食，無人救助者，但能至心供養，日以香花，冥心啓告念佛〔4〕，財帛衣食，悉得滿足。

若復有人得遇善知識故，誘勸書此陀羅尼經上中下三卷，大藏經中具述此功德〔5〕，如人造十二藏大尊經也。如將黃金鑄成佛像〔6〕，供養此陀羅尼經，威神之力亦復如是。又諸善男子善女人，樓主臨家，詛咒詈罵，尋作不益，惡鬼爲害，在人家中，横相惱亂，欲求方便者〔7〕，遇此陀羅尼經，於所在供養者，諸鬼神悉能奔走，不敢侵害。

佛頂心觀世音菩薩經中卷 竟

校注：

〔1〕漢本作「到臨命終之時」。

〔2〕恓惶之次，西夏作「[illegible]」（悲歎間）。

〔3〕漢本作「書此陀羅尼」。

〔4〕冥心，西夏作「[illegible]」，經書另以「[illegible]」（誓心）對譯「冥心」。

〔5〕漢本句首有「準」字，則「準」義西夏未予譯出。

〔6〕黃金，漢本作「紫磨黃金」，即上等黃金。

〔7〕「樓主臨家」至此數句漢本作「有飛符注煞，破射雄雌，魑魅鬼神，横相惱亂，在人家中，伺求人便者」。

原文：

[illegible]

[illegible]，[illegible]〔註9〕[illegible]，[illegible]，[illegible]，[illegible]。[illegible]，[illegible]，[illegible]，[illegible]，[illegible]，[illegible]，[illegible]，[illegible]，[illegible]。

漢譯：

佛頂心觀世音菩薩救難神驗經卷下〔1〕

昔罽賓陀國中，疾病入地，國人皆染〔2〕，若有得病者，不過一日二日並已死盡。觀世音菩薩便化作白衣居士，起大悲心，巡門救療，持此法印〔3〕，

〔註9〕[illegible]，元刊本作「[illegible]」（疾病）。

令速請人書此陀羅尼經三卷，盡心供養，應時消散〔4〕，入他國中〔5〕，故書寫供養之功德〔6〕，不可窮述。

校注：

〔1〕西夏字面作「佛頂心觀世音菩薩救難前行經卷下」。
〔2〕疾病入地，國人皆染，漢本作「有疾病時疫流行，遍一國內」。
〔3〕持，漢本作「施」。
〔4〕應時消散，西夏作「[illegible]」（其依疾病消除皆愈）。
〔5〕漢本作「當即出離外國」。
〔6〕漢本作「故知書寫供養」。

原文：

[illegible]，[illegible]，[illegible]，[illegible]，[illegible]，[illegible]，[illegible]，[illegible]，[illegible]。[illegible]，[illegible]，[illegible]：「[illegible]？」[illegible]，[illegible]：「[illegible]，[illegible]，[illegible]，[illegible]，[illegible]，[illegible]。」[illegible]，[illegible]，[illegible]，[illegible]。[illegible]，[illegible]：「[illegible]，[illegible]，[illegible]，[illegible]，[illegible]，[illegible]。」[illegible]，[illegible]，[illegible]，[illegible]，[illegible]，[illegible]，[illegible]。

漢譯：

又昔波羅奈國中有一長者，家中大富，財帛無量，只有一男子，至年十五〔1〕，忽爾得病〔2〕，飲種種藥醫治不差〔3〕，命在須臾，恓惶不已〔4〕。時有一鄰並長者，來至宅中，問長者言：「汝何為不樂」？長者依言具說因緣〔5〕，時長者答言：「長者莫愁惱，唯請人於家中，以好素帛書此佛頂心陀羅尼三卷〔6〕，面向佛前，燒香誦念〔7〕，其子疾病當即得愈，壽命延長。」爾時長者一依所言，便即請人於家中書寫，未了，其子疾病當下除差。閻羅王使一鬼〔8〕，告長者言：「此子命限只合十六，今已十五，唯有一年，今遇善知識，勸令書寫此陀羅尼經，得壽命延長，至九十歲，故來相報。」今長者夫妻歡喜，踊躍無量，即開倉庫，金銀救施，更令寫千卷，日以供養不闕，當知此經不可

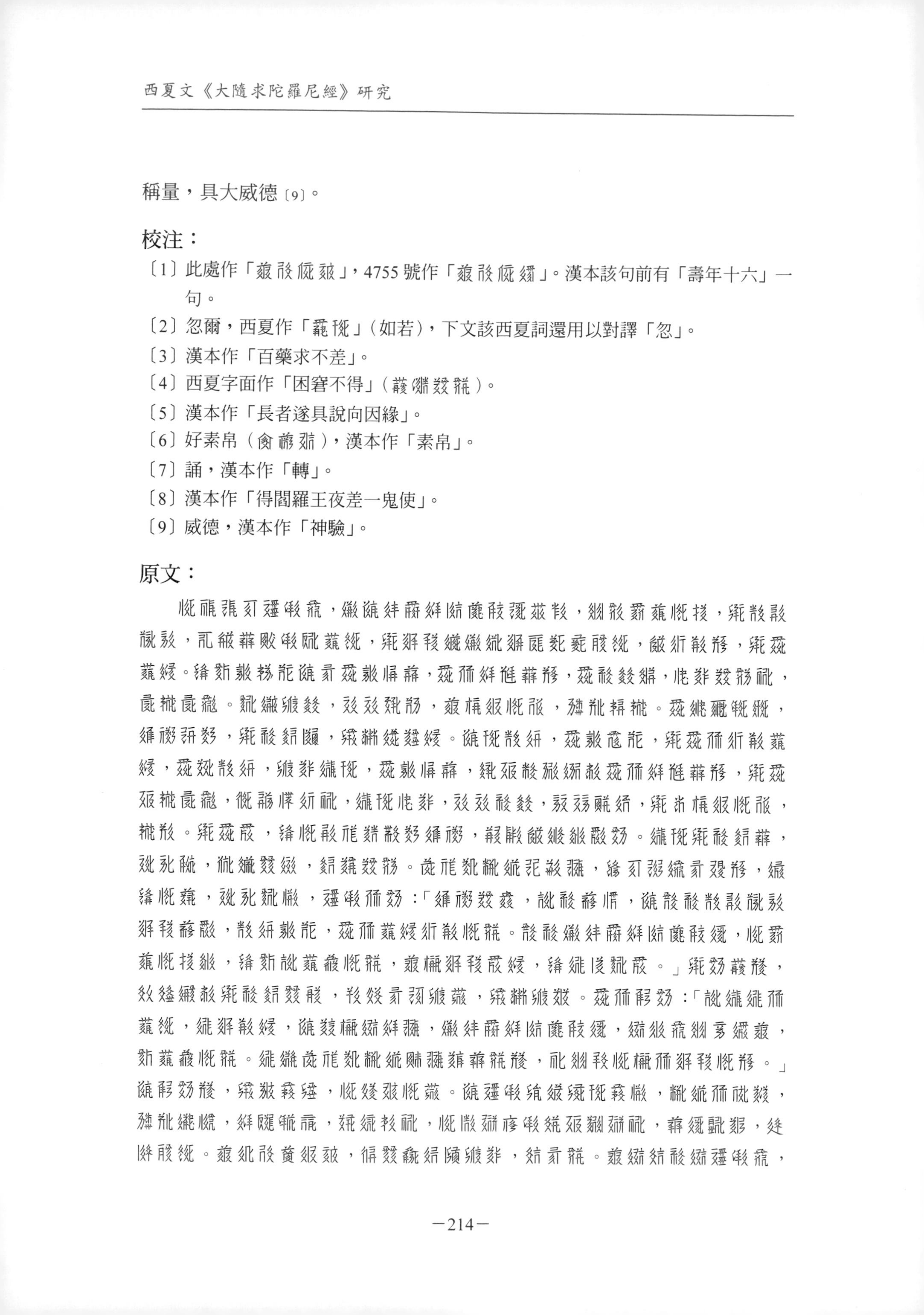

稱量，具大威德〔9〕。

校注：

〔1〕此處作「[illegible]」，4755 號作「[illegible]」。漢本該句前有「壽年十六」一句。

〔2〕忽爾，西夏作「[illegible]」（如若），下文該西夏詞還用以對譯「忽」。

〔3〕漢本作「百藥求不差」。

〔4〕西夏字面作「困窘不得」（[illegible]）。

〔5〕漢本作「長者遂具說向因緣」。

〔6〕好素帛（[illegible]），漢本作「素帛」。

〔7〕誦，漢本作「轉」。

〔8〕漢本作「得閻羅王夜差一鬼使」。

〔9〕威德，漢本作「神驗」。

原文：

[illegible]

[illegible]

漢譯：

又昔曾有一婦人，常誦此佛頂心陀羅尼經，日以供養不闕，三生之前，曾持毒喂殺他人〔1〕，此怨家不曾離前後，爲惡方便，欲殺其母〔2〕。遂以託陰此身，臥母胎中〔3〕，抱母心肝，令母生產時，分解不得，萬死萬生。及產下來，端正異常〔4〕，不過兩歲，便即身亡。母憶之，痛切號哭〔5〕，抱其孩兒，抛棄向水中。如是三遍，入依母腹〔6〕，欲求方便，置殺其母〔7〕。至第三遍，準前得生，臥母胎中，百千計校，抱母心肝，令其母千死萬生〔8〕，悶絕叫喚，準前得生，產端嚴子〔9〕，相貌具足，亦不過兩歲，死也。其母見，不覺放聲大哭，是何惡業因緣。準前抱此孩兒，舍江邊〔10〕，停留數時，不忍棄屍。觀世音菩薩慈憫〔11〕，遂化作一僧，不著容顏〔12〕，來至江邊，謂婦人曰：「不用啼哭，實非汝子〔13〕，此是弟子三生前怨家，三度託生，欲殺母不得方便〔14〕。爲緣弟子常持佛頂心陀羅尼經，並供養不闕，所以殺汝不得，若欲要見汝怨家，看我手〔15〕。」道了，以神通力指其子屍〔16〕，現一夜叉之形，水中而立。報母言：「汝曾殺我來，我欲尋怨，此刻汝有善心〔17〕，常持佛頂心陀羅尼經，善神日夜擁護，所以殺汝不得，我今蒙觀世音菩薩功德與我受記了，從今後永不與汝爲怨。」道了，便沉水中，忽然不見。此女人淚如雨下〔18〕，禮拜菩薩，便即歸家，冥心發願，貨賣衣裳，更請人寫一千卷，倍加受持，無時暫歇。年至九十七歲，捨命生秦國，得男子之身。若有善男子善女人，能寫此經三卷，以五種雜綵作囊盛之，置佛室中，乃至隨身供養者，是人若住若臥，有畏疑時〔19〕，有百千那羅延金剛密迹，大力無邊阿吒鈸拘羅神，身持劍輪，隨逐所在作衛，無難不除，無災不救，無邪不斷。

校注：

〔1〕漢本作「曾置毒藥殺害他命」。

〔2〕漢本作「欲求方便，致殺其母」。

〔3〕臥，漢本作「向」，全文兩見。

〔4〕異常，漢本作「如法」。

〔5〕西夏作「[illegible]，[illegible]」(母嗟歎憂思，啼哭答哭)。
〔6〕漢本作「託陰此身，向母腹中」。
〔7〕欲求方便，置殺其母，西夏作「[illegible]」(其母之方便殺欲)。
〔8〕漢本作「千生萬死」。
〔9〕漢本作「特地端嚴」。
〔10〕漢本作「直至江邊」。
〔11〕漢本作「感觀世音菩薩」。
〔12〕漢本作「身披百納」。
〔13〕漢本作「此非是汝男女」。
〔14〕方便，漢本無。
〔15〕漢本作「但隨貧道手看之」。
〔16〕漢本作「以神通力一指」。
〔17〕我欲尋怨，此刻汝有善心，敦煌本作「我今欲來報怨，蓋緣汝大道」，俄藏漢本作「今欲來報怨，蓋緣爲汝有大道心」，方塔本殘存「……來報怨，蓋緣汝有大道心」。
〔18〕淚如雨下，敦煌本作「兩淚交流」，俄藏漢本作「雨淚交流」。
〔19〕漢本作「危險之處」。

原文：

[illegible]，[illegible]，[illegible]，[illegible]，[illegible]。[illegible]，[illegible]，[illegible]，[illegible]，[illegible]，[illegible]，[illegible]，[illegible]。[illegible]，[illegible]，[illegible]，[illegible]，[illegible]，[illegible]。[illegible]，[illegible]，[illegible]，[illegible]，[illegible]。[illegible]，[illegible]〔註10〕[illegible]，[illegible]，[illegible]，[illegible]。[illegible]：「[illegible]？」[illegible]，[illegible]，[illegible]。[illegible]，[illegible]，[illegible]，[illegible]，[illegible]，[illegible]，[illegible]，[illegible]，[illegible]。

〔註10〕4880和4978號作「[illegible]」。

[illegible]，[illegible]，[illegible]。

[illegible] [illegible]〔註11〕

漢譯：

又昔有一官人擬赴任懷州縣令〔1〕，無珂貝價〔2〕，遂於泗州普光寺內，借取常住錢一百貫文〔3〕，用於執敕〔4〕。爾時寺主，便以接借，差一小沙彌相逐至懷州取錢。其小沙彌當即便與官人一時乘船，至一深潭夜宿，官人忽生噁心，不欲還其常住錢，令左右將一布袋盛這和尚，拋放水中。此監債和尚七歲時〔5〕，隨師出家，常此佛頂心陀羅尼經供養不闕，自不曾離手，乃至所在之處，執持誦讀，不曾捨忘〔6〕。既被官人致殺，不損一毫毛，自己身被個人扶在虛空中〔7〕，如行闇室，至懷州縣中，待此官人到。爾時此官人不逾一兩日，得上懷州縣令〔8〕，晨朝拜見已散後〔9〕，乃忽見拋放水中者和尚，在廳中坐，不覺大驚，遂乃廳中同坐〔10〕。乃問和尚曰：「安樂和尚有何法術〔11〕？」此沙彌實說〔12〕，衣服內有佛頂心陀羅尼三卷守護〔13〕，功德不可具述〔14〕。官人聞語，頂禮懺悔，便於和尚邊請本，施自己食錢，喚人向廳前，令寫一千卷，置道場內，日以香花供養，後敕出官升〔15〕。當知此經功德無量無邊，歡喜信受，頂戴奉行。

佛頂心陀羅尼經卷下 竟

校注：

〔1〕西夏字面作「又昔有一爲君者擬赴懷州城逼稅」。

〔2〕漢本作「爲無錢作上官行理」。

〔3〕常住錢，漢本作「常住家錢」。

〔4〕漢本作「用充上官」。

〔5〕漢本作「緣這和尚自從七歲已來」。

〔6〕「乃至所在之處」至此數句漢本作「所在之處，將行轉念」。

〔7〕漢本句首有「只覺」二字。

〔8〕西夏字面作「授懷州城主司」。

〔9〕漢本作「三朝參見衙退了」。

〔10〕廳中，漢本作「升廳」。

〔11〕安樂，漢本作「不審」。

〔12〕實（[illegible]），漢本作「具」。

〔註11〕4755號尾題作「[illegible]」。

〔13〕守護（[illegible][illegible]），漢本無。又，4880、4978號將「[illegible]」作「[illegible]」。
〔14〕功德，漢本作「加倍功德」。
〔15〕漢本作「後敕家改任懷州刺史」。

參考文獻：

〔1〕З.И.Горбачева и Е.И.Кычанов. Тангутские рукописи и ксилографы. Москва：Издательство восточной литературы, 1963.
〔2〕西田龍雄，西夏文華嚴經 III〔M〕，京都：京都大學文學部，1977。
〔3〕Е.И.Кычанов. Каталог тангутских буддийских памятников. Киото: Университет Киото,1999.
〔4〕Eric Grinstead.The Tangut Tripitaka. New Delhi：Sharada Rani，1973。
〔5〕西田龍雄，西夏語の研究〔M〕，京都：京都大學文學部，1964。
〔6〕上海古籍出版社，等（編），法國國家圖書館藏敦煌西域文獻（29）〔M〕，上海：上海古籍出版社，2003。
〔7〕高楠順次郎，渡邊海旭，等，大正新修大藏經〔M〕，大正一切經刊行會，1924。
〔8〕林光明，新編大藏全咒（第3冊）〔M〕，臺北：嘉豐出版社，2001。

（本文原刊於《寧夏師範學院學報》，2015年第1期。）

西夏文《寶藏論》譯注

摘要：本文對俄藏 инв. № 46 號西夏文刻本《寶藏論》進行翻譯和校注，旨在爲西夏文獻學和佛教史研究提供資料。

關鍵詞：西夏文；佛經；寶藏論

西夏文《寶藏論》1909 年出土於內蒙古額濟納旗的黑水城遺址，今藏俄羅斯科學院東方文獻研究所，編號 инв. № 46。經題著錄見於戈爾巴喬娃和克恰諾夫的《西夏文寫本和刊本》〔註 1〕，以及西田龍雄的《西夏文佛經目錄》〔註 2〕，之後又有克恰諾夫給出的版本和內容描述〔註 3〕。經書原始文獻照片由格林斯蒂德於 1973 年刊佈〔註 4〕，但至今無人全文解讀。本文嘗試對這部經書進行翻譯和校注，旨在爲西夏文獻學和佛教史研究提供資料。

俄藏西夏文《寶藏論》爲蝴蝶裝刻本，20×16 釐米，墨框高 16.5 釐米，左右雙欄，半頁 7 行，行 15 字，版心題西夏文「[illegible]」（寶）字及頁碼。卷首佚，全書現存第 42 頁 a 面至第 50 頁 a 面，殘存內容從「即有知礙亦名虛知亦名妄知」至卷尾，屬《本際玄虛品》的一部份。卷末署完整的尾題「[illegible][illegible][illegible][illegible]」（寶藏論終），另有題記一行：「[illegible][illegible][illegible][illegible][illegible][illegible][illegible][illegible]」，可譯作「雕印版者細臥氏是也」。「細臥」見漢文《雜字》「番姓名」第 59 條〔註 5〕，勘同此

〔註 1〕 З. И. Горбачева и Е. И. Кычанов：*Тангутские рукописи и ксилографы*，Издательство восточной литературы，1963，p157.

〔註 2〕 西田龍雄：西夏文華嚴經 III，京都大學文學部，1977，頁 57。

〔註 3〕 Е. И. Кычанов：*Каталог тангутских буддийских памятников*，Университет Киото，1999，p453.

〔註 4〕 Eric Grinstead：*The Tangut Tripitaka*，Sharada Rani，1973，p2222-2225.

〔註 5〕 俄羅斯科學院東方研究所聖彼得堡分所，中國社會科學院民族研究所，上海

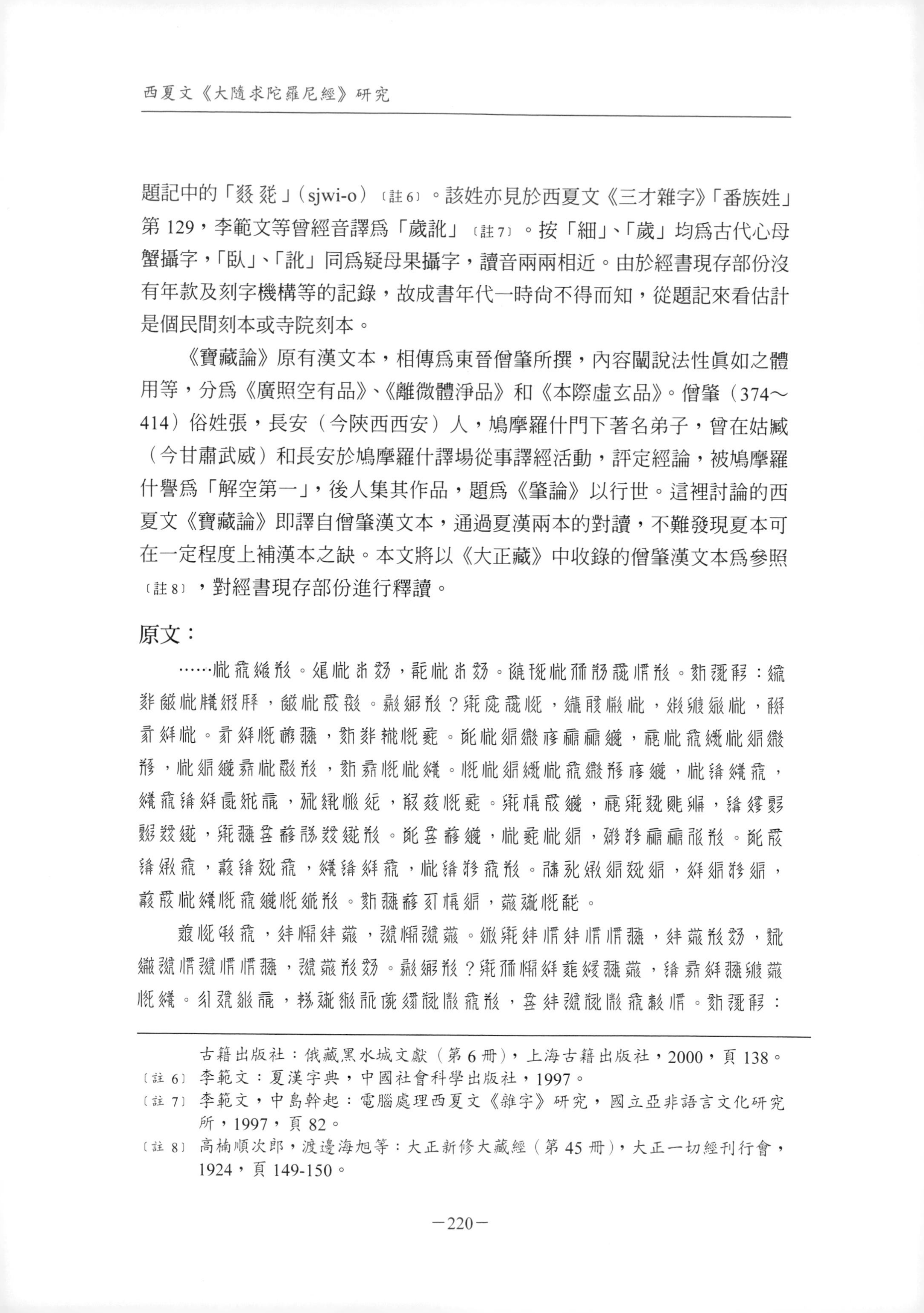

題記中的「[illegible]」(sjwi-o)〔註6〕。該姓亦見於西夏文《三才雜字》「番族姓」第129，李範文等曾經音譯爲「歲訛」〔註7〕。按「細」、「歲」均爲古代心母蟹攝字，「臥」、「訛」同爲疑母果攝字，讀音兩兩相近。由於經書現存部份沒有年款及刻字機構等的記錄，故成書年代一時尚不得而知，從題記來看估計是個民間刻本或寺院刻本。

《寶藏論》原有漢文本，相傳爲東晉僧肇所撰，內容闡說法性眞如之體用等，分爲《廣照空有品》、《離微體淨品》和《本際虛玄品》。僧肇（374～414）俗姓張，長安（今陝西西安）人，鳩摩羅什門下著名弟子，曾在姑臧（今甘肅武威）和長安於鳩摩羅什譯場從事譯經活動，評定經論，被鳩摩羅什譽爲「解空第一」，後人集其作品，題爲《肇論》以行世。這裡討論的西夏文《寶藏論》即譯自僧肇漢文本，通過夏漢兩本的對讀，不難發現夏本可在一定程度上補漢本之缺。本文將以《大正藏》中收錄的僧肇漢文本爲參照〔註8〕，對經書現存部份進行釋讀。

原文：

……[illegible]

[illegible]

古籍出版社：俄藏黑水城文獻（第6冊），上海古籍出版社，2000，頁138。

〔註6〕李範文：夏漢字典，中國社會科學出版社，1997。

〔註7〕李範文，中島幹起：電腦處理西夏文《雜字》研究，國立亞非語言文化研究所，1997，頁82。

〔註8〕高楠順次郎，渡邊海旭等：大正新修大藏經（第45冊），大正一切經刊行會，1924，頁149-150。

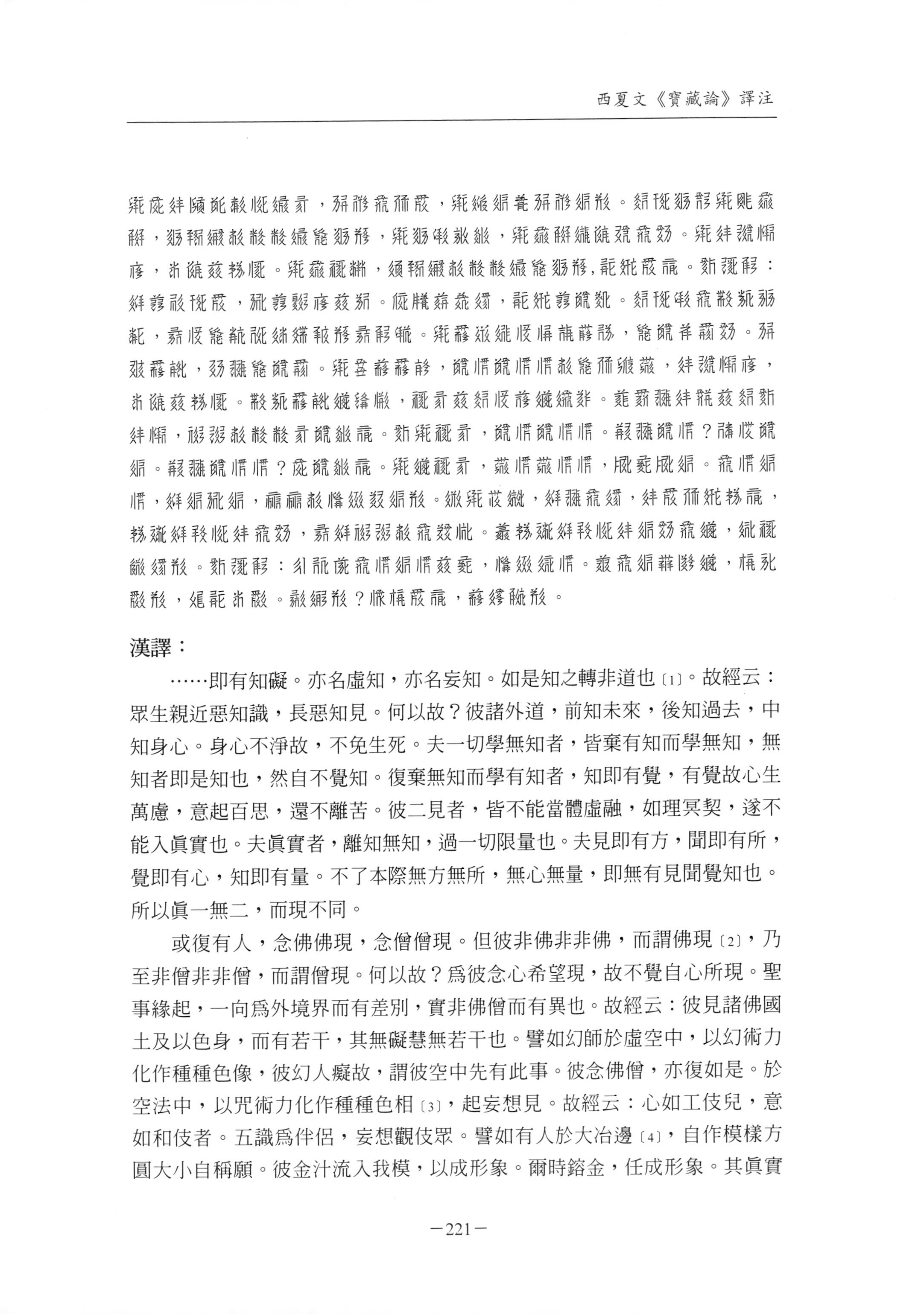

[illegible]

漢譯：

……即有知礙。亦名虛知，亦名妄知。如是知之轉非道也[1]。故經云：眾生親近惡知識，長惡知見。何以故？彼諸外道，前知未來，後知過去，中知身心。身心不淨故，不免生死。夫一切學無知者，皆棄有知而學無知，無知者即是知也，然自不覺知。復棄無知而學有知者，知即有覺，有覺故心生萬慮，意起百思，還不離苦。彼二見者，皆不能當體虛融，如理冥契，遂不能入眞實也。夫眞實者，離知無知，過一切限量也。夫見即有方，聞即有所，覺即有心，知即有量。不了本際無方無所，無心無量，即無有見聞覺知也。所以眞一無二，而現不同。

或復有人，念佛佛現，念僧僧現。但彼非佛非非佛，而謂佛現[2]，乃至非僧非非僧，而謂僧現。何以故？爲彼念心希望現，故不覺自心所現。聖事緣起，一向爲外境界而有差別，實非佛僧而有異也。故經云：彼見諸佛國土及以色身，而有若干，其無礙慧無若干也。譬如幻師於虛空中，以幻術力化作種種色像，彼幻人癡故，謂彼空中先有此事。彼念佛僧，亦復如是。於空法中，以咒術力化作種種色相[3]，起妄想見。故經云：心如工伎兒，意如和伎者。五識爲伴侶，妄想觀伎眾。譬如有人於大冶邊[4]，自作模樣方圓大小自稱願。彼金汁流入我模，以成形象。爾時鎔金，任成形象。其眞實融金，非像非非像而現於像，彼念佛僧，亦復如是。大冶融金者即喻如來〔5〕，法身模樣者即喻眾生。希望得佛，故以念佛，和合因緣起種種身相。然彼法身，非相非非相。何謂非相？本無定相。何謂非非相？緣起諸相。彼者法身，非現非非現，離性無性。非有非無，無心無意，不可以一切度量也。但彼凡夫，隨心而有，即生見佛之想，一向謂彼心外有佛，不知自心和合而有。或有一向言心外無佛，為謗正法也。故經云：聖境界離於非有非無，非所稱量。若執著有無者，即是二邊，亦是虛妄。何以故？妄生二見，乖眞理故。

注釋：

〔1〕轉（𘟡），西夏字面作「殊」。按，「轉」有「使變化、改變」之意，變則殊。

〔2〕謂佛現，漢本作「現於佛」。下文「謂僧現」漢本作「現於僧」。

〔3〕咒術力（𘟡𘟡𘟡），漢本作「幻術力」。下文另以「𘟡𘟡𘟡」譯「幻術力」。

〔4〕大冶，西夏作「𘟡𘟡」，字面義為「大爐」，即冶金爐，漢本原誤作「大治」。

〔5〕大冶（𘟡𘟡），漢本作「大智」，誤。

原文：

　　𘟡𘟡𘟡𘟡𘟡𘟡𘟡𘟡𘟡，𘟡𘟡𘟡𘟡𘟡，𘟡𘟡𘟡𘟡，𘟡𘟡𘟡𘟡𘟡𘟡𘟡。𘟡𘟡𘟡𘟡𘟡𘟡𘟡，𘟡𘟡𘟡𘟡𘟡。𘟡𘟡𘟡𘟡，𘟡𘟡𘟡𘟡。𘟡𘟡𘟡𘟡，𘟡𘟡𘟡𘟡。𘟡𘟡𘟡𘟡，𘟡𘟡𘟡𘟡，𘟡𘟡𘟡𘟡𘟡𘟡𘟡。𘟡𘟡𘟡𘟡，𘟡𘟡𘟡𘟡。𘟡𘟡𘟡𘟡，𘟡𘟡𘟡𘟡。𘟡𘟡𘟡𘟡𘟡𘟡𘟡𘟡𘟡，𘟡𘟡𘟡𘟡，𘟡𘟡𘟡𘟡。𘟡𘟡𘟡𘟡，𘟡𘟡𘟡𘟡𘟡，𘟡𘟡𘟡𘟡𘟡，𘟡𘟡𘟡𘟡𘟡。𘟡𘟡𘟡𘟡，𘟡𘟡𘟡𘟡𘟡。𘟡𘟡𘟡𘟡，𘟡𘟡𘟡𘟡，𘟡𘟡𘟡𘟡𘟡。𘟡𘟡𘟡𘟡，𘟡𘟡𘟡𘟡。𘟡𘟡𘟡𘟡，𘟡𘟡𘟡𘟡𘟡。𘟡𘟡𘟡𘟡，𘟡𘟡𘟡𘟡。𘟡𘟡𘟡𘟡，𘟡𘟡𘟡𘟡。𘟡𘟡𘟡𘟡𘟡，𘟡𘟡𘟡𘟡，𘟡𘟡𘟡𘟡，𘟡𘟡𘟡𘟡。𘟡𘟡𘟡𘟡，𘟡𘟡𘟡𘟡。𘟡𘟡𘟡𘟡𘟡，𘟡𘟡𘟡𘟡，𘟡𘟡𘟡𘟡。𘟡𘟡𘟡𘟡𘟡，𘟡𘟡𘟡𘟡𘟡。𘟡𘟡𘟡𘟡𘟡，𘟡𘟡𘟡𘟡𘟡，𘟡𘟡𘟡𘟡。𘟡𘟡𘟡𘟡𘟡，𘟡𘟡𘟡𘟡𘟡，𘟡𘟡𘟡𘟡𘟡𘟡𘟡𘟡。𘟡𘟡𘟡：𘟡𘟡𘟡𘟡𘟡，𘟡𘟡𘟡𘟡𘟡𘟡𘟡，𘟡𘟡𘟡𘟡𘟡。𘟡𘟡𘟡𘟡，𘟡𘟡𘟡𘟡。𘟡𘟡𘟡：𘟡𘟡𘟡𘟡𘟡𘟡，𘟡𘟡𘟡𘟡𘟡𘟡𘟡𘟡。𘟡𘟡𘟡𘟡，𘟡𘟡𘟡𘟡。𘟡𘟡𘟡𘟡𘟡𘟡𘟡𘟡，𘟡𘟡𘟡𘟡，𘟡𘟡𘟡𘟡𘟡𘟡。𘟡𘟡𘟡𘟡𘟡，𘟡𘟡𘟡𘟡𘟡𘟡𘟡𘟡。𘟡𘟡𘟡𘟡，𘟡𘟡𘟡𘟡𘟡𘟡𘟡𘟡。𘟡𘟡𘟡𘟡，𘟡𘟡𘟡𘟡。𘟡𘟡𘟡𘟡𘟡，𘟡𘟡𘟡𘟡。𘟡𘟡𘟡𘟡，𘟡𘟡𘟡𘟡𘟡。

漢譯：

　　譬如有人於金器藏中，常觀於金體，不睹眾相，雖睹眾相亦是一金。既

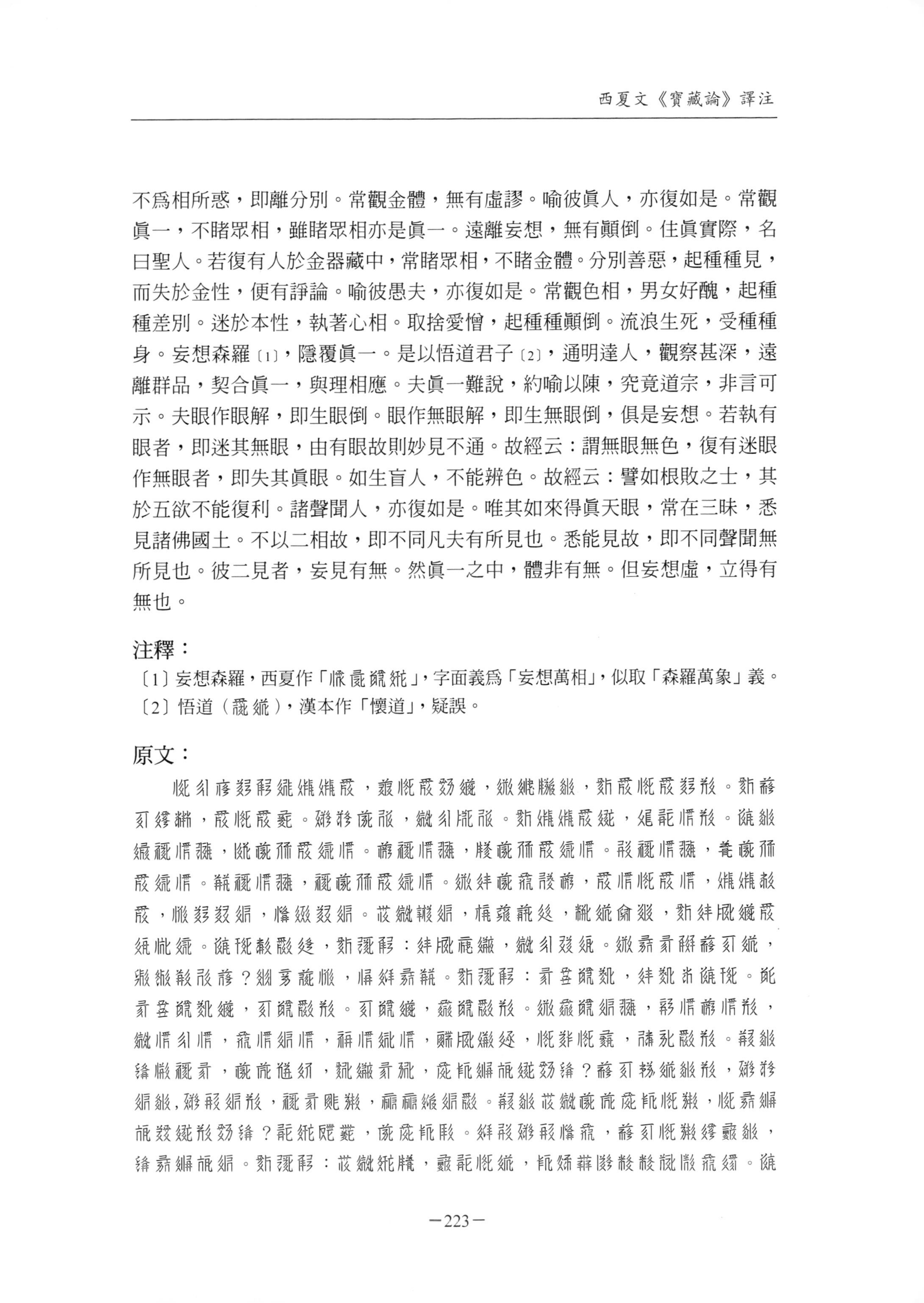

不爲相所惑，即離分別。常觀金體，無有虛謬。喻彼眞人，亦復如是。常觀眞一，不睹眾相，雖睹眾相亦是眞一。遠離妄想，無有顛倒。住眞實際，名曰聖人。若復有人於金器藏中，常睹眾相，不睹金體。分別善惡，起種種見，而失於金性，便有諍論。喻彼愚夫，亦復如是。常觀色相，男女好醜，起種種差別。迷於本性，執著心相。取捨愛憎，起種種顛倒。流浪生死，受種種身。妄想森羅〔1〕，隱覆眞一。是以悟道君子〔2〕，通明達人，觀察甚深，遠離群品，契合眞一，與理相應。夫眞一難說，約喻以陳，究竟道宗，非言可示。夫眼作眼解，即生眼倒。眼作無眼解，即生無眼倒，俱是妄想。若執有眼者，即迷其無眼，由有眼故則妙見不通。故經云：謂無眼無色，復有迷眼作無眼者，即失其眞眼。如生盲人，不能辨色。故經云：譬如根敗之士，其於五欲不能復利。諸聲聞人，亦復如是。唯其如來得眞天眼，常在三昧，悉見諸佛國土。不以二相故，即不同凡夫有所見也。悉能見故，即不同聲聞無所見也。彼二見者，妄見有無。然眞一之中，體非有無。但妄想虛，立得有無也。

注釋：

〔1〕妄想森羅，西夏作「[illegible]」，字面義爲「妄想萬相」，似取「森羅萬象」義。
〔2〕悟道（[illegible]），漢本作「懷道」，疑誤。

原文：

[illegible]

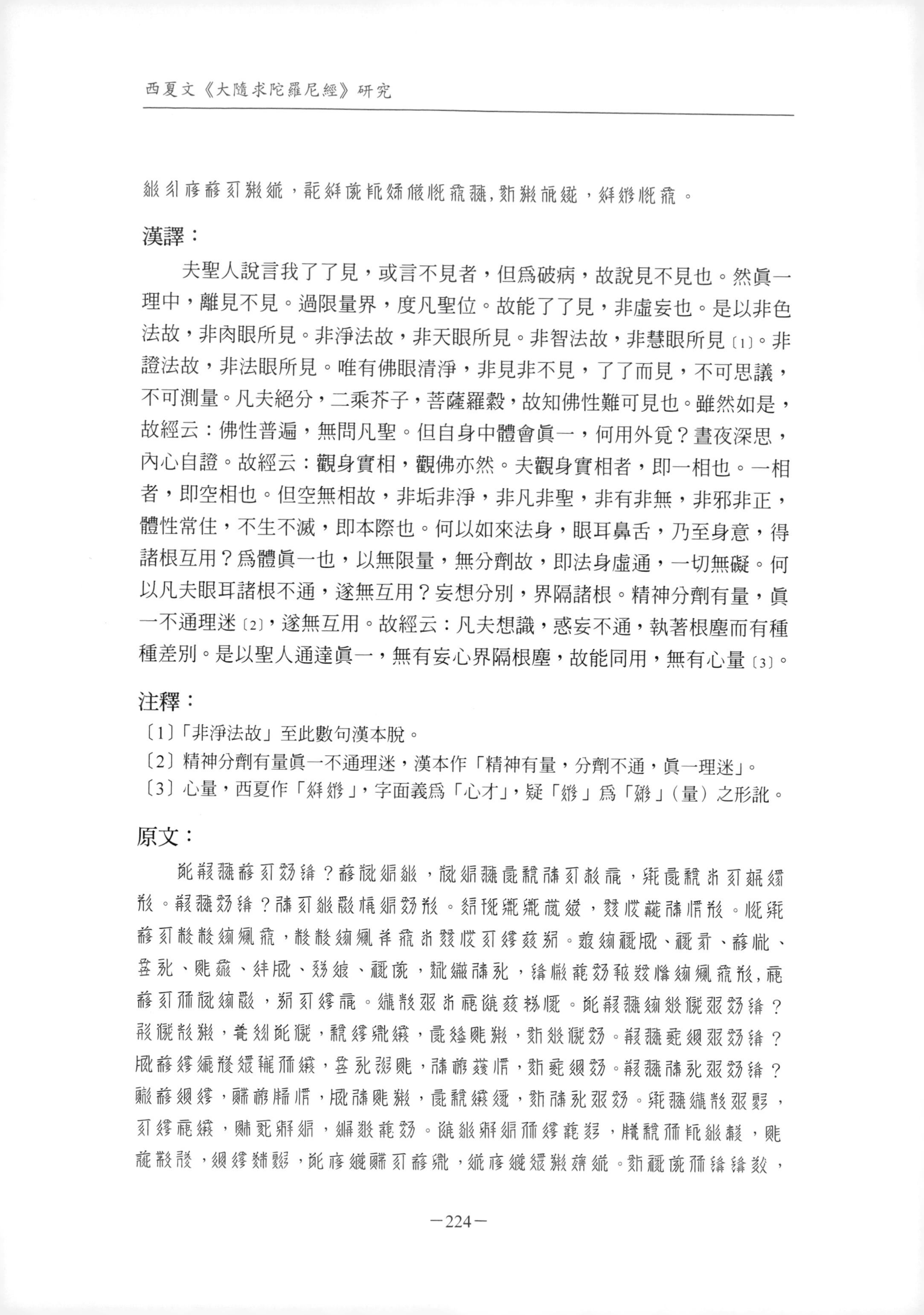

[illegible]

漢譯：

夫聖人說言我了了見，或言不見者，但爲破病，故說見不見也。然眞一理中，離見不見。過限量界，度凡聖位。故能了了見，非虛妄也。是以非色法故，非肉眼所見。非淨法故，非天眼所見。非智法故，非慧眼所見〔1〕。非證法故，非法眼所見。唯有佛眼清淨，非見非不見，了了而見，不可思議，不可測量。凡夫絕分，二乘芥子，菩薩羅縠，故知佛性難可見也。雖然如是，故經云：佛性普遍，無問凡聖。但自身中體會眞一，何用外覔？晝夜深思，內心自證。故經云：觀身實相，觀佛亦然。夫觀身實相者，即一相也。一相者，即空相也。但空無相故，非垢非淨，非凡非聖，非有非無，非邪非正，體性常住，不生不滅，即本際也。何以如來法身，眼耳鼻舌，乃至身意，得諸根互用？爲體眞一也，以無限量，無分劑故，即法身虛通，一切無礙。何以凡夫眼耳諸根不通，遂無互用？妄想分別，界隔諸根。精神分劑有量，眞一不通理迷〔2〕，遂無互用。故經云：凡夫想識，惑妄不通，執著根塵而有種種差別。是以聖人通達眞一，無有妄心界隔根塵，故能同用，無有心量〔3〕。

注釋：

〔1〕「非淨法故」至此數句漢本脫。

〔2〕精神分劑有量眞一不通理迷，漢本作「精神有量，分劑不通，眞一理迷」。

〔3〕心量，西夏作「[illegible]」，字面義爲「心才」，疑「[illegible]」爲「[illegible]」（量）之形訛。

原文：

[illegible]

[illegible]。

漢譯：

夫何謂眞一〔1〕？以眞無異，無異故萬物本一而生〔2〕，彼萬物亦爲一味也〔3〕。何以故？以本一故即無二也。譬如檀生檀枝，終非松本也〔4〕。然彼眞一而有種種名字，雖有種種名字終同一義。或名法性、法身、眞如〔5〕、實際、虛空、佛性、涅槃、法界，乃至本際，如來藏等無量名字，皆是眞一異名，同生一義。前三品亦復如是。夫何以名廣照品？智鑒寬通，慧日圓照，包含物理，虛洞萬靈，故言廣照。何謂離微品？性該眞理究竟玄源，實際沖虛，本淨非染，故曰離微。何謂本際品？天眞妙理，體瑩非修，性本虛通，含收萬物，故言本際品。是故合前三品，一義該收，出用無窮，總名寶藏。是以闡森羅之義府，論識物之根由。虛洞太清，陰符妙理。圓之者體合眞一，了之者密悟玄通。故明法界之如如，顯大道之要理也。

注釋：

〔1〕何謂，西夏作「[illegible]……[illegible]」，下文出現的「何以名」亦作如是譯。「[illegible]」用以對譯本段的「何以故」。另有「[illegible]……[illegible]」、「[illegible]」，段玉泉解讀爲「云何即名」。

〔2〕本一（[illegible]），漢本作「含一」。

〔3〕亦爲一味，漢本作「亦爲一」，疑脫「味」字。

〔4〕松本（[illegible]），漢本作「椿木」，疑誤。

〔5〕眞如，西夏作「[illegible]」（眞知），疑誤。

（本文原刊於《寧夏社會科學》，2014 年第 2 期。）

俄藏西夏文《大方等大集經》譯注

摘要：俄羅斯科學院東方文獻研究所收藏的西夏本《大方等大集經》有兩個編號：инв.№5054 和 5563，文章首次刊佈了這兩個編號的錄文，並參照北涼曇無讖漢譯本對西夏本進行了翻譯和校注，目的是爲西夏佛教史以及西夏語言研究提供一份基礎資料。西夏本只翻譯了漢譯本中的「偈」，而將散文部份全部略去，這在佛經翻譯中並不多見。

關鍵詞：西夏文；佛經；大方等大集經

《大方等大集經》簡稱《大集經》，是大乘漢傳佛教的重要經典之一，記述佛在欲色二界中廣集十方諸佛菩薩講說大乘六波羅蜜法的故事。該經曾由多位經師先後翻譯，最初沒有完本，後來「高麗藏」收諸師所譯，總爲一部，凡 60 卷 17 品，包括北涼曇無讖所譯前 26 卷和卷三一至三三、南朝劉宋智嚴共寶雲所譯卷二七至三〇、隋那連耶舍所譯卷三四至四五、高齊那連提耶舍所譯卷四六至五八，以及後漢安世高所譯卷五九至六〇。

1909 年《大方等大集經》的西夏譯本在內蒙古額濟納旗黑水城遺址出土，現藏俄羅斯科學院東方文獻研究所，就目前所知有兩個編號：инв.№5054 和 5563，著錄見戈爾巴喬娃和克恰諾夫的《西夏文寫本和刊本》〔1〕P119，以及西田龍雄的《西夏文佛經目錄》〔2〕P22，之後又有克恰諾夫給出的版本和內容描述〔3〕P378。對照上海古籍出版社從俄國拍回的照片，我們得以窺見西夏本《大方等大集經》版式的概貌：

инв.№ 5563，寫本，卷子裝，16.5×55 釐米，行 15 字。僅存兩紙殘葉，爲卷七《不眴菩薩品》和卷八《海慧菩薩品》的部份內容。

инв.№ 5054，寫本，卷子裝，16.5×519 釐米，行 14 字。爲卷八、卷九和卷十的《海慧菩薩品》。

兩個編號的版本形制十分相近，然內容無法銜接，故一時不能判定是否由同一寫卷斷裂而成。

西夏本《大方等大集經》的殘存部份相當於漢文本中的曇無讖所譯諸卷，沒有譯校題記，故不詳其西夏譯校者和翻譯時間。值得注意的是，西夏本是漢文本的節譯，即只翻譯了漢文本的「偈」而大幅度略去了散文部份，這種現象在佛經翻譯中並不多見，可能是譯者考慮到總結經文義理的偈比長行的散文更易於西夏信眾持誦。也許正是因爲偈具有這種優勢，所以在西夏地區似乎頗爲流行。隨著佛經的傳譯和佛教在中國的深入發展，道教經典中也出現了偈，而文人富於宗教意味的哲理詩也開始稱作偈。〔4〕

偈，來自梵語 gāthā，意譯爲「頌」，爲體裁和中國古代詩歌相似的韻文，只是在格律上的要求不如近體詩那麼嚴格，一般每句四言、五言和七言居多，如慧能所作「菩提本無樹，明鏡亦非臺，本來無一物，何處惹塵埃」即是一首五言四句偈。《大集經》中的偈直接譯自漢文，均爲七言，以下面八句爲例：

若有遠離惡口業，即得從智微妙聲。

凡所演說眾樂聞，聞者皆得生善芽。

遠離六十四惡口，是人則能說甘露。

能說無爲之大乘，亦得善解眾生語。

西夏譯作：

[illegible]（ku^{1}），[illegible]（rjir^{1}）。

[illegible]（dzu^{1}），[illegible]（to^{2}）。

[illegible]（ka^{2}），[illegible]（njwi^{2}）。

[illegible]（rjijr^{1}），[illegible]（njwi^{2}）。

漢譯佛經中的偈不一定要求押韻，一般只要每句的字數統一，不出現「雜言」就可以，以儘量如實傳達梵文原典的經義爲第一要務。譯自漢文的西夏佛偈也不講求押韻，這與某些西夏本土僧人有意進行的創作不同。〔註 1〕

通過夏漢兩本的對讀可知，西夏本雖然是漢譯本的嚴整對譯，但還是可以從中發現一些前所未知的語義。如西夏以「[illegible]」、「[illegible]」分別對譯漢本的「七覺分」、「禪支」，顯然「[illegible]」可譯作「分、支」，而此前人們只知道

〔註 1〕如西夏僧侶文學的代表《三代相照語文集》、《賢智集》中有些偈便是押韻的。

「[illegible]」具有「原因、因緣、由」等義，所以譯自漢文的西夏佛典語料仍值得繼續探究。下面將參照《大正藏》第 13 冊 397 號曇無讖漢譯本對西夏本進行翻譯和校注，〔5〕P42-66 譯文中需要說明的地方在校注中給出。

инв. № 5563：

原文：

□□[illegible]〔註 2〕，□□□□□□□。[illegible]，[illegible]〔註 3〕。[illegible]，□□□□□□□。[illegible]，[illegible]〔註 4〕。[illegible]，□□□□□[illegible]。[illegible]，[illegible]。[illegible]，[illegible]□□[illegible]。[illegible]，[illegible]〔註 5〕[illegible]。[illegible]，[illegible]。[illegible]，[illegible]。[illegible]，[illegible]。[illegible]，[illegible]。[illegible]，[illegible]。[illegible]，[illegible]。[illegible]，[illegible]。

[illegible]：

[illegible]，[illegible]。[illegible]，[illegible]。

譯文：

財寶惠施無有盡，智慧演說無窮竭。供養父母師和上，是名諸法自在定。成就具足宿命智，不失無上菩提心。六波羅蜜無厭足，是名諸法自在定。爲欲利益眾生故，受菩薩藏及摩夷。樂爲眾生廣分別，是名諸法自在定。遠離一切惡思惟，了了睹見十方界。一心能知無量心，是名諸法自在定。一心了知三世事，修集無量諸神通。得最後身智無礙〔1〕，是名諸法自在定。憐愍眾生修大悲，觀察諸根隨意說。一切佛法得自在，是名諸法自在定。若有得聞如是事，至心受持生信順。即能獲得無上道，亦如往世諸世尊。

爾時世尊即說頌曰〔2〕：

〔註 2〕 西夏原文所缺字以方框表示，翻譯時給出《大正藏》中之譯文，下同。

〔註 3〕 [illegible]，據漢本補。

〔註 4〕 [illegible]，據漢本補。

〔註 5〕 [illegible]，據漢本補。

調伏眾生修集空〔3〕，護持法故修無相。不捨諸有修無願，是人則得是三昧〔4〕。

校注：

〔1〕最後身，漢本作「後邊身」。按，「最後身」指生死界中最後之身，阿羅漢及等覺菩薩之身。

〔2〕「亦如往世諸世尊」至此句之間的內容，夏本省譯。

〔3〕修集，西夏譯作「[illegible]」（修習）。另，全書多處以「[illegible]」譯「修集」。

〔4〕此句以下至卷尾，夏本省譯。

原文：

[illegible]

[illegible]

[illegible]〔註6〕[illegible]，[illegible]，[illegible]，[illegible]，[illegible]，[illegible]，[illegible]：

□[illegible]，[illegible]。[illegible]〔註7〕[illegible]，[illegible]。[illegible]，[illegible]。[illegible]，[illegible]。[illegible]，[illegible]。[illegible]，[illegible]。[illegible]，[illegible]〔註8〕[illegible]。[illegible]，[illegible]。[illegible]，[illegible]。[illegible]，[illegible]。[illegible]，[illegible]。[illegible]，[illegible]。[illegible]，[illegible]。[illegible]，[illegible]。

譯文：

大方等大集經卷第八

海慧菩薩品第五〔1〕

爾時海慧菩薩踴向空中〔2〕，在高七多羅樹上〔3〕，示現己身智慧之力，爲令大眾生信心，莊嚴此經故，而說偈言：

下方有土過塵數〔4〕，有佛海智神通尊。常爲眾生演說法，我聞能受爲

〔註6〕[illegible]（往），原作[illegible]，疑誤。

〔註7〕[illegible]，據漢本補。

〔註8〕[illegible]，據漢本補。

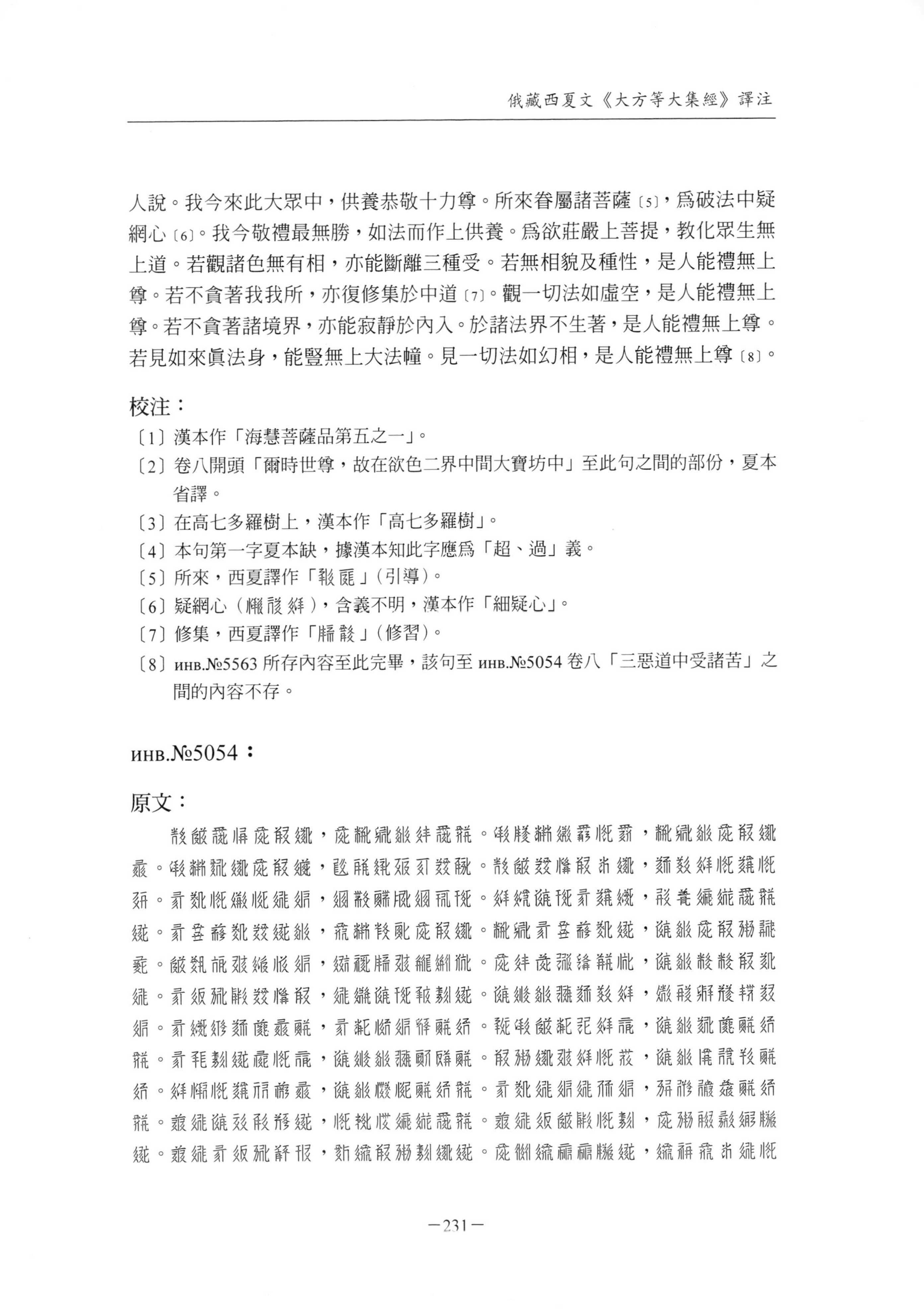

人說。我今來此大眾中，供養恭敬十力尊。所來眷屬諸菩薩〔5〕，爲破法中疑網心〔6〕。我今敬禮最無勝，如法而作上供養。爲欲莊嚴上菩提，教化眾生無上道。若觀諸色無有相，亦能斷離三種受。若無相貌及種性，是人能禮無上尊。若不貪著我我所，亦復修集於中道〔7〕。觀一切法如虛空，是人能禮無上尊。若不貪著諸境界，亦能寂靜於內入。於諸法界不生著，是人能禮無上尊。若見如來眞法身，能豎無上大法幢。見一切法如幻相，是人能禮無上尊〔8〕。

校注：

〔1〕漢本作「海慧菩薩品第五之一」。

〔2〕卷八開頭「爾時世尊，故在欲色二界中間大寶坊中」至此句之間的部份，夏本省譯。

〔3〕在高七多羅樹上，漢本作「高七多羅樹」。

〔4〕本句第一字夏本缺，據漢本知此字應爲「超、過」義。

〔5〕所來，西夏譯作「[illegible]」（引導）。

〔6〕疑網心（[illegible]），含義不明，漢本作「細疑心」。

〔7〕修集，西夏譯作「[illegible]」（修習）。

〔8〕инв.№5563 所存內容至此完畢，該句至 инв.№5054 卷八「三惡道中受諸苦」之間的內容不存。

инв.№5054：

原文：

[illegible]

[illegible]。[illegible]，[illegible]。[illegible]，[illegible]。

譯文：

三惡道中受諸苦，爲諸眾生得佛道。不求人天上快樂，甘樂爲眾受諸苦。若於人中所受苦，不及地獄百千一。雖受三惡無量苦，亦不退失菩提心。觀身無常及無我，四大體性如四龍〔1〕。至心放捨如是身，能得智慧無上道。以不能觀身眞實，流轉諸有受諸苦〔2〕。菩薩能觀身眞實，是故永離諸苦惱。行惡之時無妨礙，修善法時多災難〔3〕。諸佛世尊實證知，是故我受種種苦。身口意業無量苦，我今能忍如是等〔4〕。以是因緣菩提心，堅牢畢竟不可動。捨身具六波羅蜜，於身無貪具足檀。於彼惡人生慈心，是故具足於尸羅。割身能忍不生瞋，以是因緣具羼提。受苦惱時心不動，是故具足毘黎耶。不失念心樂寂靜，是故具足於禪那。觀身無我無我所，爾時具足於般若〔5〕。若我能作是莊嚴，不久定得無上道。若我不忍惡口業，云何能壞眾煩惱。若我調伏身口意，則能忍受眾苦惱〔6〕。能壞一切諸魔眾，雖有眾邪我不動。若欲具足波羅蜜，如來十力四無畏。獲得無上無價寶，當學調伏身口意。

校注：

〔1〕四大體性如四龍，漢本作「四大之性如四蛇」，西夏以「[illegible]」（龍）譯漢本之「蛇」，似不切。按，「四蛇」即「四毒蛇」，用以譬喻人體由地、水、火、風四大和合而成。

〔2〕以不能觀身眞實，流轉諸有受諸苦，夏漢本兩句倒。

〔3〕多災難（[illegible]），漢本作「多留難」。

〔4〕身口意業無量苦，我今能忍如是等，夏漢本兩句倒。

〔5〕爾時，西夏譯作「[illegible]」，字面義爲「若干」，疑誤。

〔6〕苦惱，漢本作「苦逼」。

原文：

[illegible]：

[illegible]，[illegible]。[illegible]，[illegible]。[illegible]，[illegible]。[illegible]，[illegible]。[illegible]，[illegible]。[illegible]，[illegible]。[illegible]，[illegible]。[illegible]，[illegible]

帆。庞袄祸祸蕊蜕绢，慨术犹横非愀赢。羌屃谦耗燃行椭，跳蕤皴纯移彩绢。庞袄蜕祸祸愀犰，非愀赢犕纵纁縱。綫游犰犾燘編犰，犹頖犰犕痷犰犰。絆犰猪犰絧散蕤，奻犰幾效锻糤犰。慨絆犰犰惇鸛绢，絆粀奻绢宛慨橭。庞袄織織蜕愀愬，随犰發帆敖愀鳶。袄祸祸犰茏犰爻，刁蕀刁鞶刁蕤绕。随犰丞蓉綝帆綫，袄宛犕纵犰羅犰。禰花慨鳶禰花犰，絆犰慨鳶絆犰犰。爻颽慨鳶爻颽犰，袄宛丞蓉帆绽犰。袄缪祸祸竑竑绢，犰慨爻颽术羌犰。叙谰羴薇丞蓉帆，熊絈綢燘犰絆竑。庞袄宛耗屍藝绢，絆粀散壵绽綫綫。庞犻綴祸祸犰氮，綢竑藏牖概赢帆。綫绢散壵绽龚綫，薇敘綢犰犽牖川。袄祸祸耗慨愬龚，随犰綫绛輭氠牖川。熮散行椭耗绥薇，随绫概赢氠牖川。絆燩概绢丞蓉帆，随绫奻煸氠牖川。庞絆犰茏鞟报綫，随绫奻怶氠牖川。袄宛捺犰羅龚綫，綫奻蓁氠耗牖川。庞袄宛帆纵絥綫，羌糤赍纖綫牖川。庞袄刁橭敖慨犰，随绫夏犰薇牖川。犰糤氓粀恂絆綫，慨犰粀綫綝辞绥荒。氝犰後椭祝綫絆，随绫散攴綫绚絔。庞袄祸祸谦氮椭，随绫奻沱荒牖川。叕祸祸庞犻縦綫，随绫奻叕絆牖川。庞袄祸祸谦氮椭，絥慨绛绥术羌牖犰。庞袄非蕤绢犰絆，羌搟奻丞蓉帆荒。

譯文：

爾時世尊即說頌曰 [1]：

清淨無上菩提心，能破一切諸法相 [2]。若能如是觀察者，即得不著一切法。明見甚深諸法界，亦不怖畏於涅槃。以是不怖因緣故，則能增長於佛法。明信於因及果報，十二因緣亦如是。遠離常斷二邊見，隨意種種說正法。於常無常心不著，又能演說於中道。知一切法是空性，無有眾生無壽命。一切諸法空無相，亦復無有次第生。其性本來常寂靜，無有能作如虛空。不觀一切諸法相，了了覺知無有生。觀色如沫受如泡，想如黃羊行芭蕉 [3]。觀心如幻四大空，觀入猶如聾盲者。又觀心意無內外，心無住處界無二。不著諸法色色相，雖有是知憍不生。觀一切法皆平等，一味一乘一道源。能知如是眞實義，了了能觀於法界。無有音聲能觀聲，無有心意能觀心。無有文字觀文字，是能眞實知法界。一切法義不可說，聲及文字亦復然。眞實知苦集滅道，具足繫心四念處。於諸法界無分別，其心能得大自在。遠離一切諸煩惱，修四正勤行精進。爲得無礙大自在，勤心修集四如意。於一切法不貪著，爲於如是修信根。常樂住於大寂靜，是故修集精進根。心無念慮知眞實，是故修

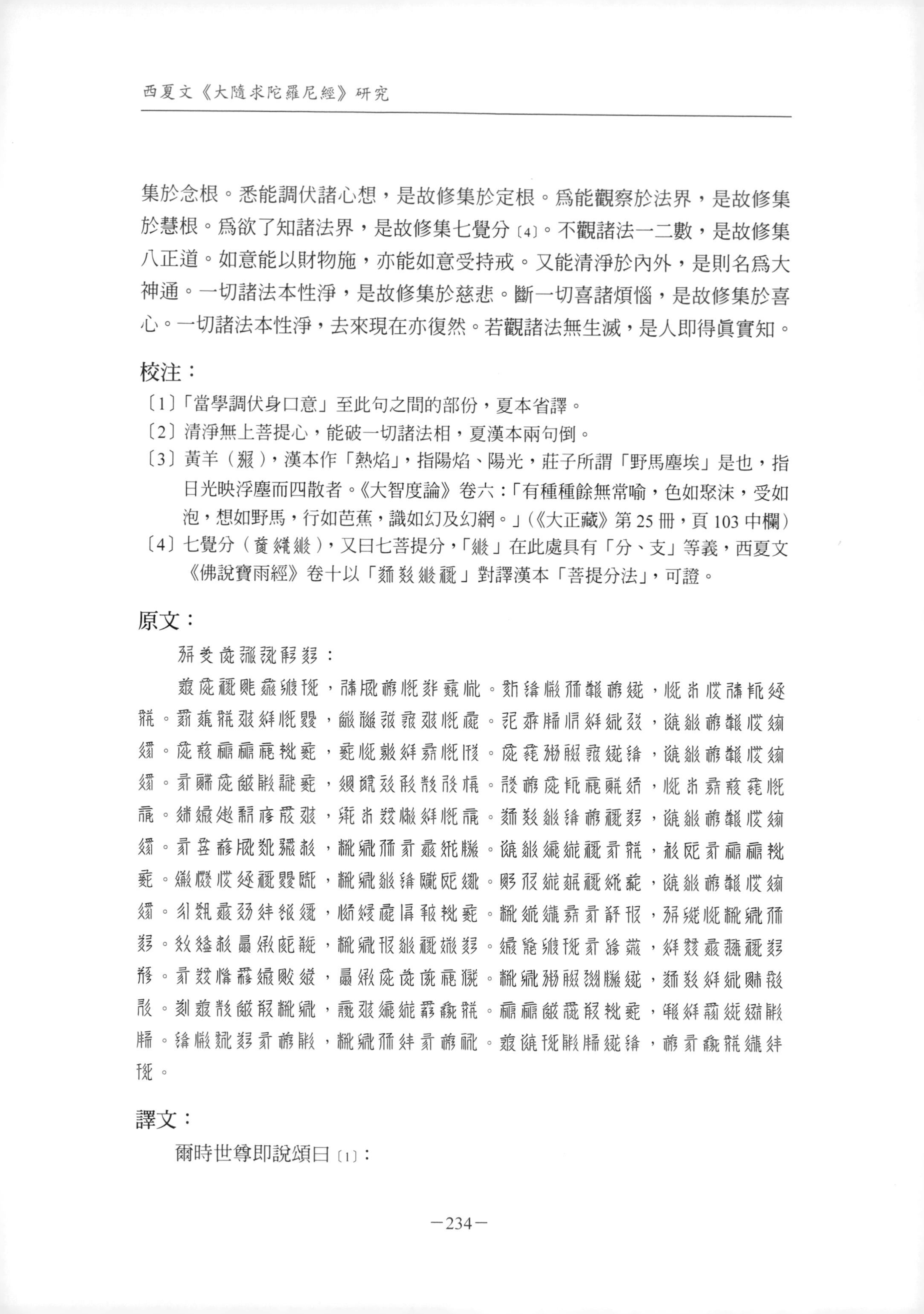

集於念根。悉能調伏諸心想，是故修集於定根。爲能觀察於法界，是故修集於慧根。爲欲了知諸法界，是故修集七覺分〔4〕。不觀諸法一二數，是故修集八正道。如意能以財物施，亦能如意受持戒。又能清淨於內外，是則名爲大神通。一切諸法本性淨，是故修集於慈悲。斷一切喜諸煩惱，是故修集於喜心。一切諸法本性淨，去來現在亦復然。若觀諸法無生滅，是人即得眞實知。

校注：

〔1〕「當學調伏身口意」至此句之間的部份，夏本省譯。

〔2〕清淨無上菩提心，能破一切諸法相，夏漢本兩句倒。

〔3〕黃羊（[illegible]），漢本作「熱焰」，指陽焰、陽光，莊子所謂「野馬塵埃」是也，指日光映浮塵而四散者。《大智度論》卷六：「有種種餘無常喻，色如聚沫，受如泡，想如野馬，行如芭蕉，識如幻及幻網。」（《大正藏》第25冊，頁103中欄）

〔4〕七覺分（[illegible]），又曰七菩提分，「[illegible]」在此處具有「分、支」等義，西夏文《佛說寶雨經》卷十以「[illegible]」對譯漢本「菩提分法」，可證。

原文：

[illegible]：

[illegible]

譯文：

爾時世尊即說頌曰〔1〕：

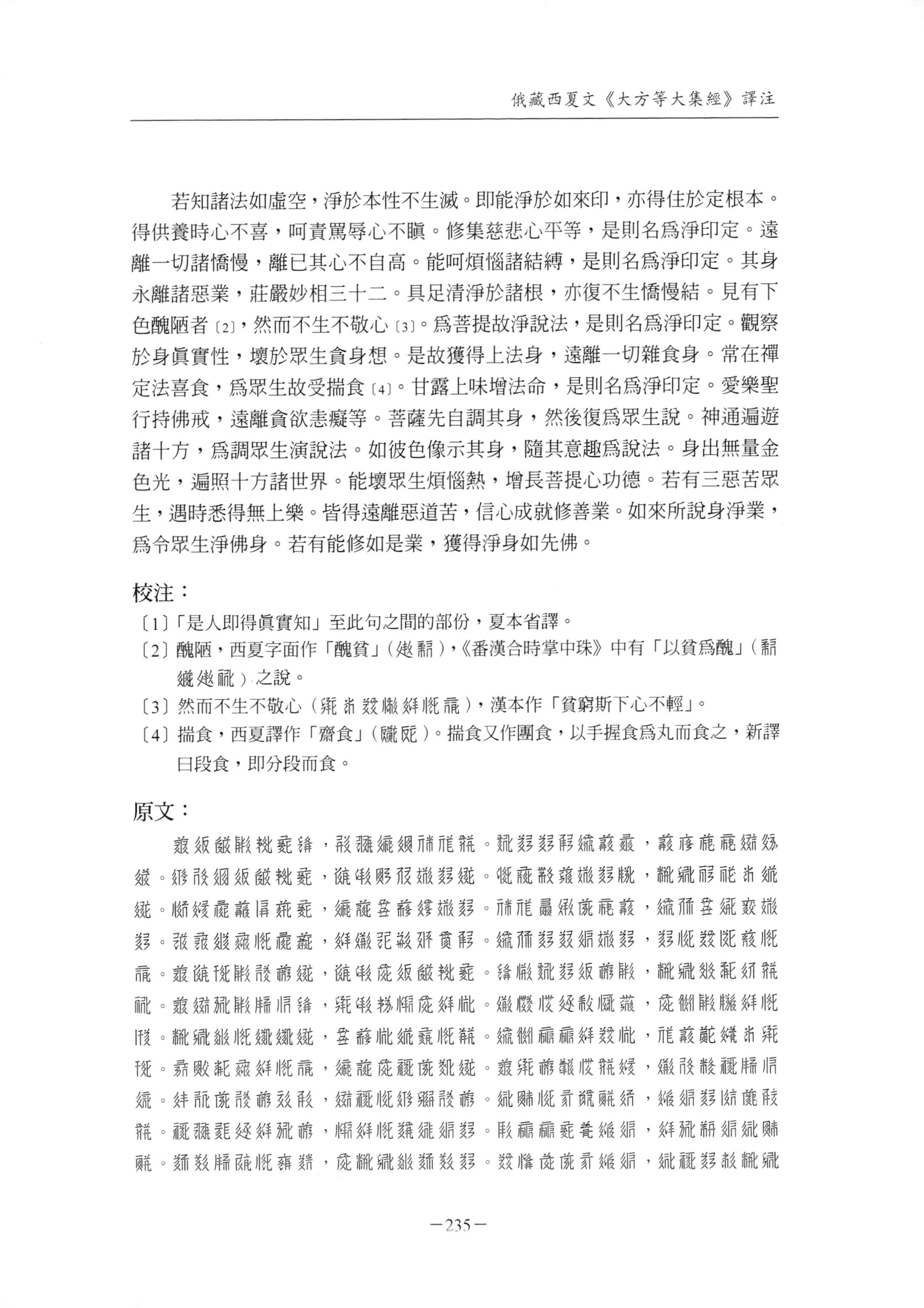

若知諸法如虛空，淨於本性不生滅。即能淨於如來印，亦得住於定根本。得供養時心不喜，呵責罵辱心不瞋。修集慈悲心平等，是則名爲淨印定。遠離一切諸憍慢，離已其心不自高。能呵煩惱諸結縛，是則名爲淨印定。其身永離諸惡業，莊嚴妙相三十二。具足清淨於諸根，亦復不生憍慢結。見有下色醜陋者〔2〕，然而不生不敬心〔3〕。爲菩提故淨說法，是則名爲淨印定。觀察於身眞實性，壞於眾生貪身想。是故獲得上法身，遠離一切雜食身。常在禪定法喜食，爲眾生故受揣食〔4〕。甘露上味增法命，是則名爲淨印定。愛樂聖行持佛戒，遠離貪欲恚癡等。菩薩先自調其身，然後復爲眾生說。神通遍遊諸十方，爲調眾生演說法。如彼色像示其身，隨其意趣爲說法。身出無量金色光，遍照十方諸世界。能壞眾生煩惱熱，增長菩提心功德。若有三惡苦眾生，遇時悉得無上樂。皆得遠離惡道苦，信心成就修善業。如來所說身淨業，爲令眾生淨佛身。若有能修如是業，獲得淨身如先佛。

校注：

〔1〕「是人即得眞實知」至此句之間的部份，夏本省譯。

〔2〕醜陋，西夏字面作「醜貧」（[illegible]），《番漢合時掌中珠》中有「以貧爲醜」（[illegible]）之說。

〔3〕然而不生不敬心（[illegible]），漢本作「貧窮斯下心不輕」。

〔4〕揣食，西夏譯作「齋食」（[illegible]）。揣食又作團食，以手握食爲丸而食之，新譯曰段食，即分段而食。

原文：

[illegible]

[illegible]。[illegible]，[illegible]。[illegible]，[illegible]。[illegible]，[illegible]。[illegible]，[illegible]。

譯文：

若有遠離惡口業，即得從智微妙聲。凡所演說眾樂聞，聞者皆得生善芽。遠離六十四惡口，是人則能說甘露。能說無爲之大乘，亦得善解眾生語。能離貪欲恚癡語，演說甚深眞實義。其聲遍聞十方界，爲眾宣說實解說。呵毀打害不瞋諍，心常憐愍柔軟語。爲眾演說不可說，說已其心不生慢。若能清淨如是業，是人遠離諸惡口。如來所說口淨業，爲令眾生廣長舌。若有修集善意業，是人一念知諸心。常在禪定示威儀，壞諸魔業心不高。不受能受爲眾生，了知眞實不證滅。一切眾魔不知心，聲聞緣覺亦復然。不生害心於自他，能觀甚深諸法界。若欲得是淨印定，常當修集於十法。清淨莊嚴佛境界，淨於善法及六度。具足功德及身相，得無礙說陀羅尼。如法安住淨其心，不失念心說無我。離一切障慧無礙，其意無失具功德。修助菩提無放逸，爲諸眾生說菩提。無量世界身無礙，演說正法化眾生。具足八種不共法，獲得無上大利益。金剛爲地樹種種，悉見菩薩坐菩提。若欲具足如是德，當修淨印三昧定。如來修集是定故〔1〕，獲得功德不可議。

校注：

〔1〕修集，西夏譯作「[illegible]」（修習）。

原文：

[illegible]

[illegible]

[illegible]：

[illegible]，[illegible]。[illegible]，[illegible]。[illegible]，[illegible]。[illegible]，[illegible]。[illegible]〔註9〕[illegible]，[illegible]。[illegible]，[illegible]□□[illegible]。[illegible]，[illegible]。[illegible]，[illegible]。[illegible]，[illegible]。[illegible]，[illegible]

〔註9〕[illegible]，原誤作「[illegible]」，據漢本改。

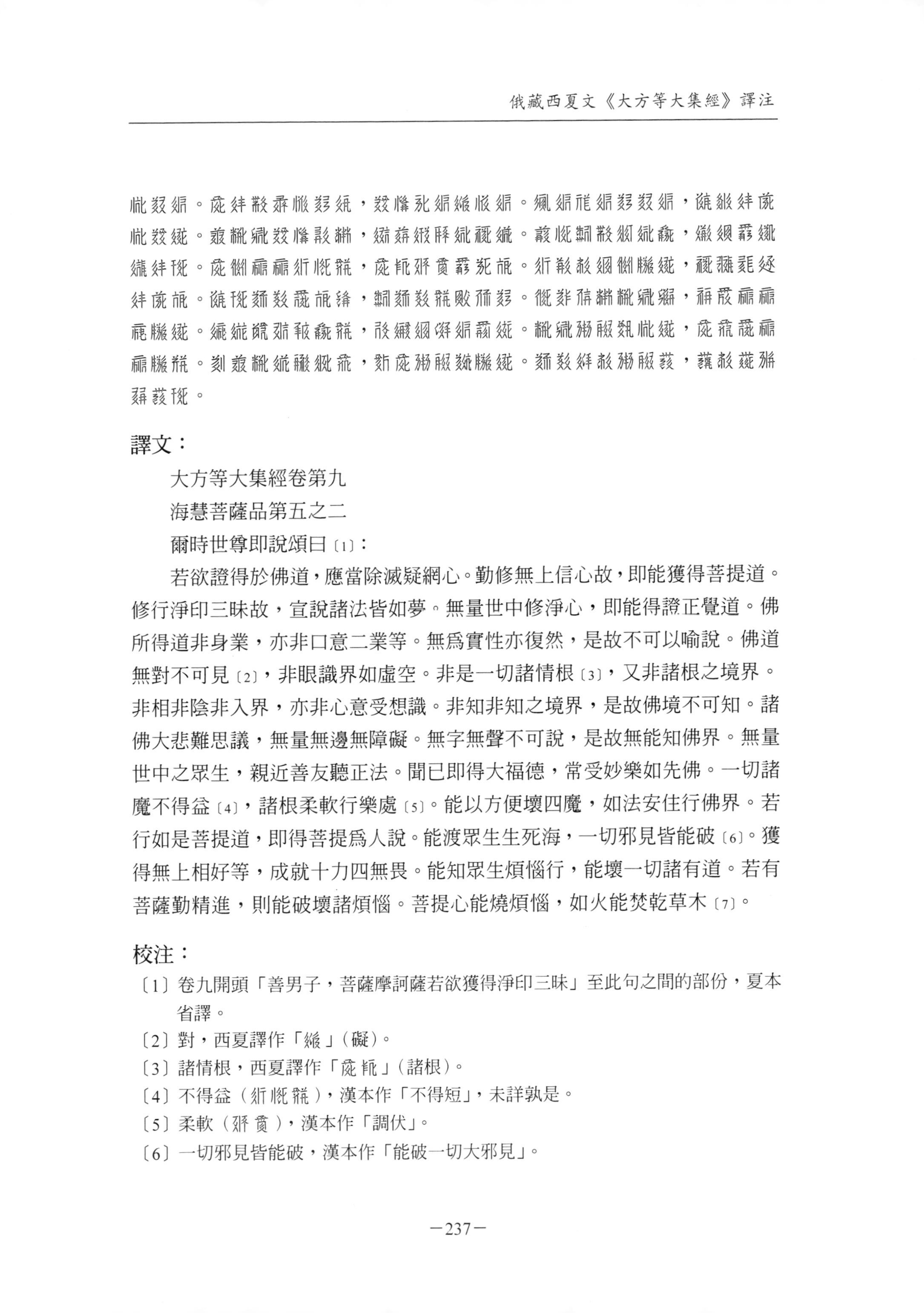

[illegible]

譯文：

大方等大集經卷第九

海慧菩薩品第五之二

爾時世尊即說頌曰〔1〕：

若欲證得於佛道，應當除滅疑網心。勤修無上信心故，即能獲得菩提道。修行淨印三昧故，宣說諸法皆如夢。無量世中修淨心，即能得證正覺道。佛所得道非身業，亦非口意二業等。無爲實性亦復然，是故不可以喻說。佛道無對不可見〔2〕，非眼識界如虛空。非是一切諸情根〔3〕，又非諸根之境界。非相非陰非入界，亦非心意受想識。非知非知之境界，是故佛境不可知。諸佛大悲難思議，無量無邊無障礙。無字無聲不可說，是故無能知佛界。無量世中之眾生，親近善友聽正法。聞已即得大福德，常受妙樂如先佛。一切諸魔不得益〔4〕，諸根柔軟行樂處〔5〕。能以方便壞四魔，如法安住行佛界。若行如是菩提道，即得菩提爲人說。能渡眾生生死海，一切邪見皆能破〔6〕。獲得無上相好等，成就十力四無畏。能知眾生煩惱行，能壞一切諸有道。若有菩薩勤精進，則能破壞諸煩惱。菩提心能燒煩惱，如火能焚乾草木〔7〕。

校注：

〔1〕卷九開頭「善男子，菩薩摩訶薩若欲獲得淨印三昧」至此句之間的部份，夏本省譯。

〔2〕對，西夏譯作「[illegible]」（礙）。

〔3〕諸情根，西夏譯作「[illegible]」（諸根）。

〔4〕不得益（[illegible]），漢本作「不得短」，未詳孰是。

〔5〕柔軟（[illegible]），漢本作「調伏」。

〔6〕一切邪見皆能破，漢本作「能破一切大邪見」。

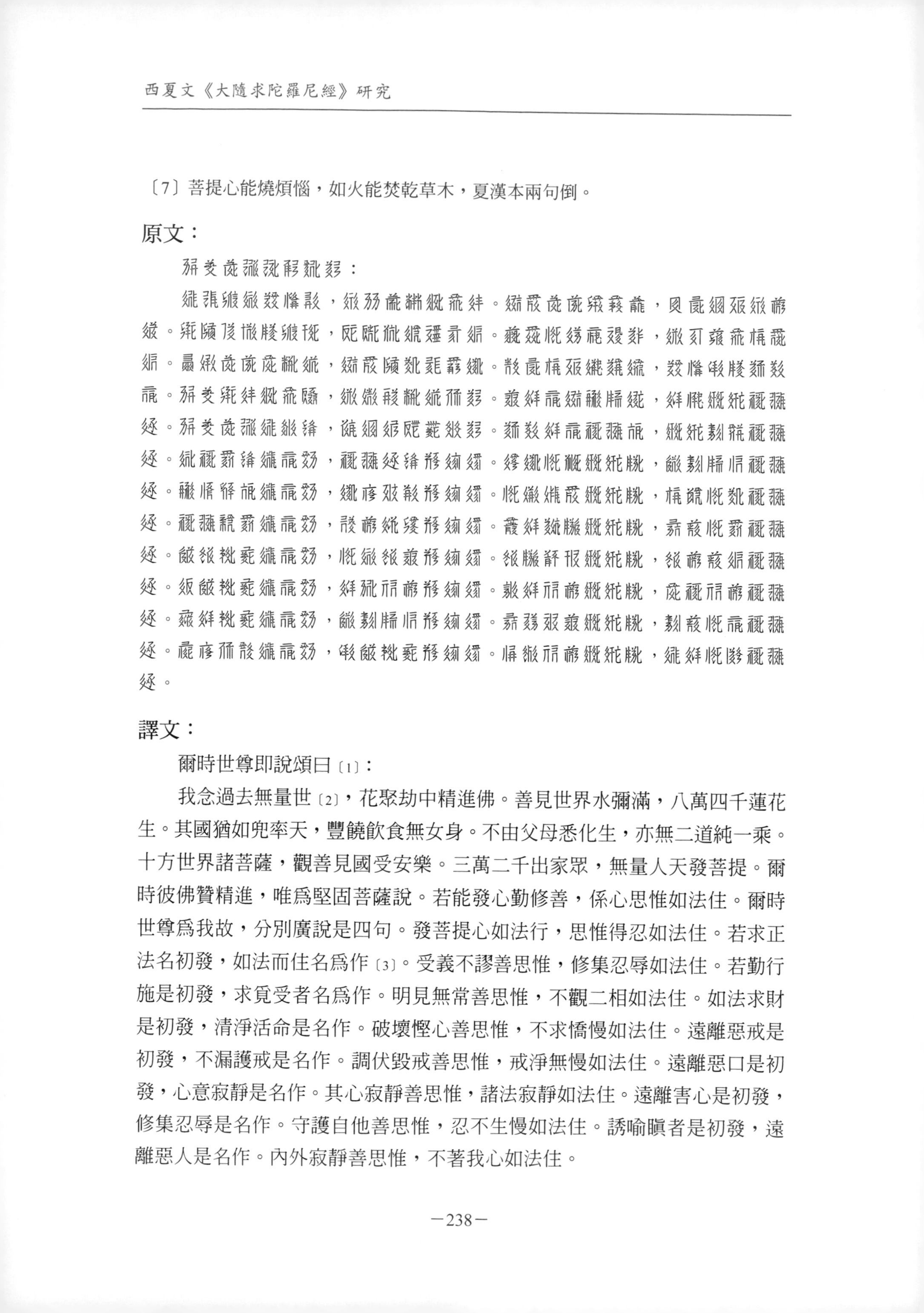

〔7〕菩提心能燒煩惱，如火能焚乾草木，夏漢本兩句倒。

原文：

[illegible]：

[illegible]

譯文：

爾時世尊即說頌曰〔1〕：

我念過去無量世〔2〕，花聚劫中精進佛。善見世界水彌滿，八萬四千蓮花生。其國猶如兜率天，豐饒飲食無女身。不由父母悉化生，亦無二道純一乘。十方世界諸菩薩，觀善見國受安樂。三萬二千出家眾，無量人天發菩提。爾時彼佛贊精進，唯爲堅固菩薩說。若能發心勤修善，係心思惟如法住。爾時世尊爲我故，分別廣說是四句。發菩提心如法行，思惟得忍如法住。若求正法名初發，如法而住名爲作〔3〕。受義不謬善思惟，修集忍辱如法住。若勤行施是初發，求覓受者名爲作。明見無常善思惟，不觀二相如法住。如法求財是初發，清淨活命是名作。破壞慳心善思惟，不求憍慢如法住。遠離惡戒是初發，不漏護戒是名作。調伏毀戒善思惟，戒淨無慢如法住。遠離惡口是初發，心意寂靜是名作。其心寂靜善思惟，諸法寂靜如法住。遠離害心是初發，修集忍辱是名作。守護自他善思惟，忍不生慢如法住。誘喻瞋者是初發，遠離惡人是名作。內外寂靜善思惟，不著我心如法住。

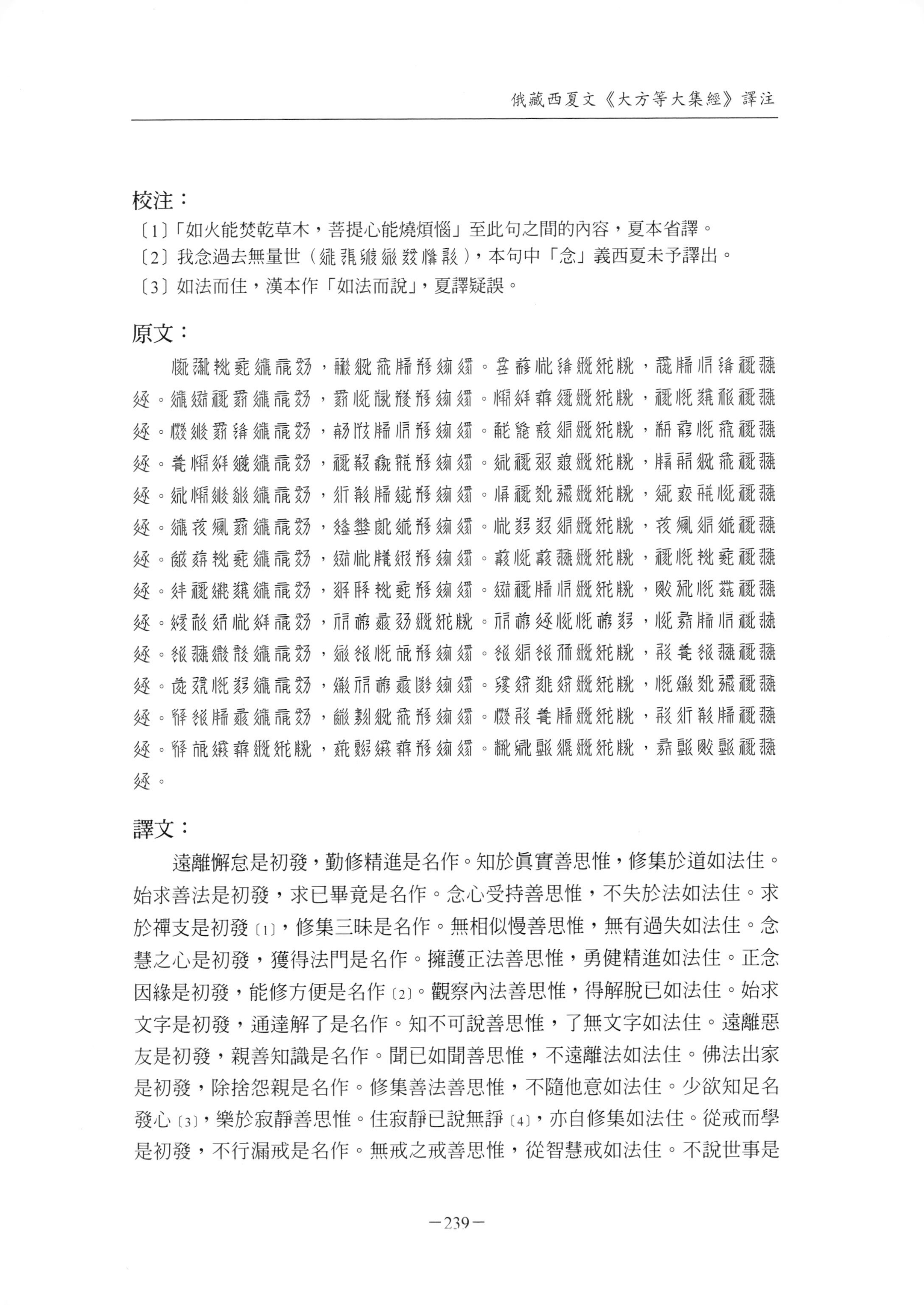

校注：

〔1〕「如火能焚乾草木，菩提心能燒煩惱」至此句之間的內容，夏本省譯。
〔2〕我念過去無量世（[illegible]），本句中「念」義西夏未予譯出。
〔3〕如法而住，漢本作「如法而說」，夏譯疑誤。

原文：

[illegible]

譯文：

遠離懈怠是初發，勤修精進是名作。知於眞實善思惟，修集於道如法住。始求善法是初發，求已畢竟是名作。念心受持善思惟，不失於法如法住。求於禪支是初發〔1〕，修集三昧是名作。無相似慢善思惟，無有過失如法住。念慧之心是初發，獲得法門是名作。擁護正法善思惟，勇健精進如法住。正念因緣是初發，能修方便是名作〔2〕。觀察內法善思惟，得解脫已如法住。始求文字是初發，通達解了是名作。知不可說善思惟，了無文字如法住。遠離惡友是初發，親善知識是名作。聞已如聞善思惟，不遠離法如法住。佛法出家是初發，除捨怨親是名作。修集善法善思惟，不隨他意如法住。少欲知足名發心〔3〕，樂於寂靜善思惟。住寂靜已說無諍〔4〕，亦自修集如法住。從戒而學是初發，不行漏戒是名作。無戒之戒善思惟，從智慧戒如法住。不說世事是

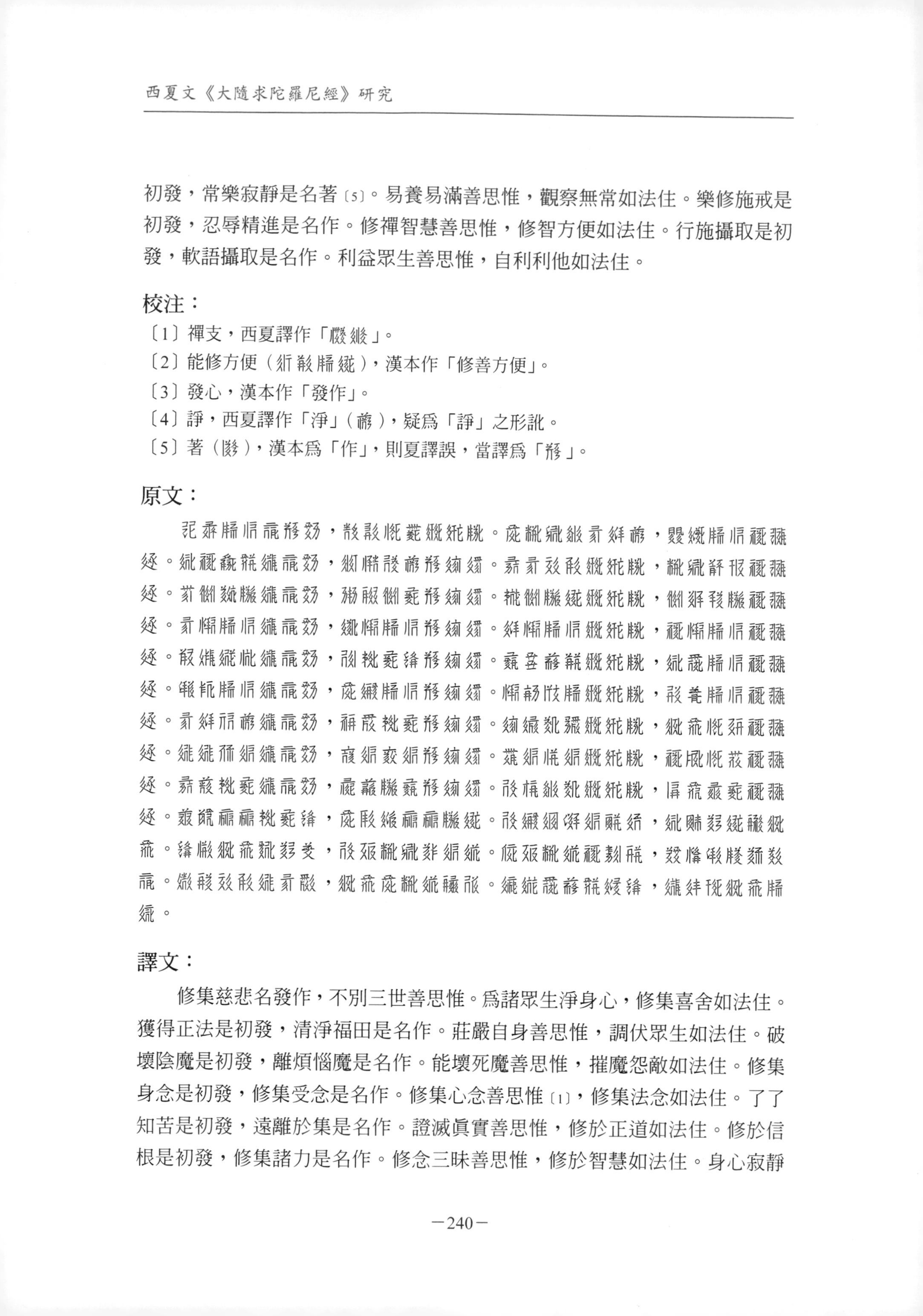

初發，常樂寂靜是名著〔5〕。易養易滿善思惟，觀察無常如法住。樂修施戒是初發，忍辱精進是名作。修禪智慧善思惟，修智方便如法住。行施攝取是初發，軟語攝取是名作。利益衆生善思惟，自利利他如法住。

校注：

〔1〕禪支，西夏譯作「[illegible]」。

〔2〕能修方便（[illegible]），漢本作「修善方便」。

〔3〕發心，漢本作「發作」。

〔4〕諍，西夏譯作「淨」（[illegible]），疑爲「諍」之形訛。

〔5〕著（[illegible]），漢本爲「作」，則夏譯誤，當譯爲「[illegible]」。

原文：

[illegible]

譯文：

修集慈悲名發作，不別三世善思惟。爲諸衆生淨身心，修集喜舍如法住。獲得正法是初發，清淨福田是名作。莊嚴自身善思惟，調伏衆生如法住。破壞陰魔是初發，離煩惱魔是名作。能壞死魔善思惟，摧魔怨敵如法住。修集身念是初發，修集受念是名作。修集心念善思惟〔1〕，修集法念如法住。了了知苦是初發，遠離於集是名作。證滅眞實善思惟，修於正道如法住。修於信根是初發，修集諸力是名作。修念三昧善思惟，修於智慧如法住。身心寂靜

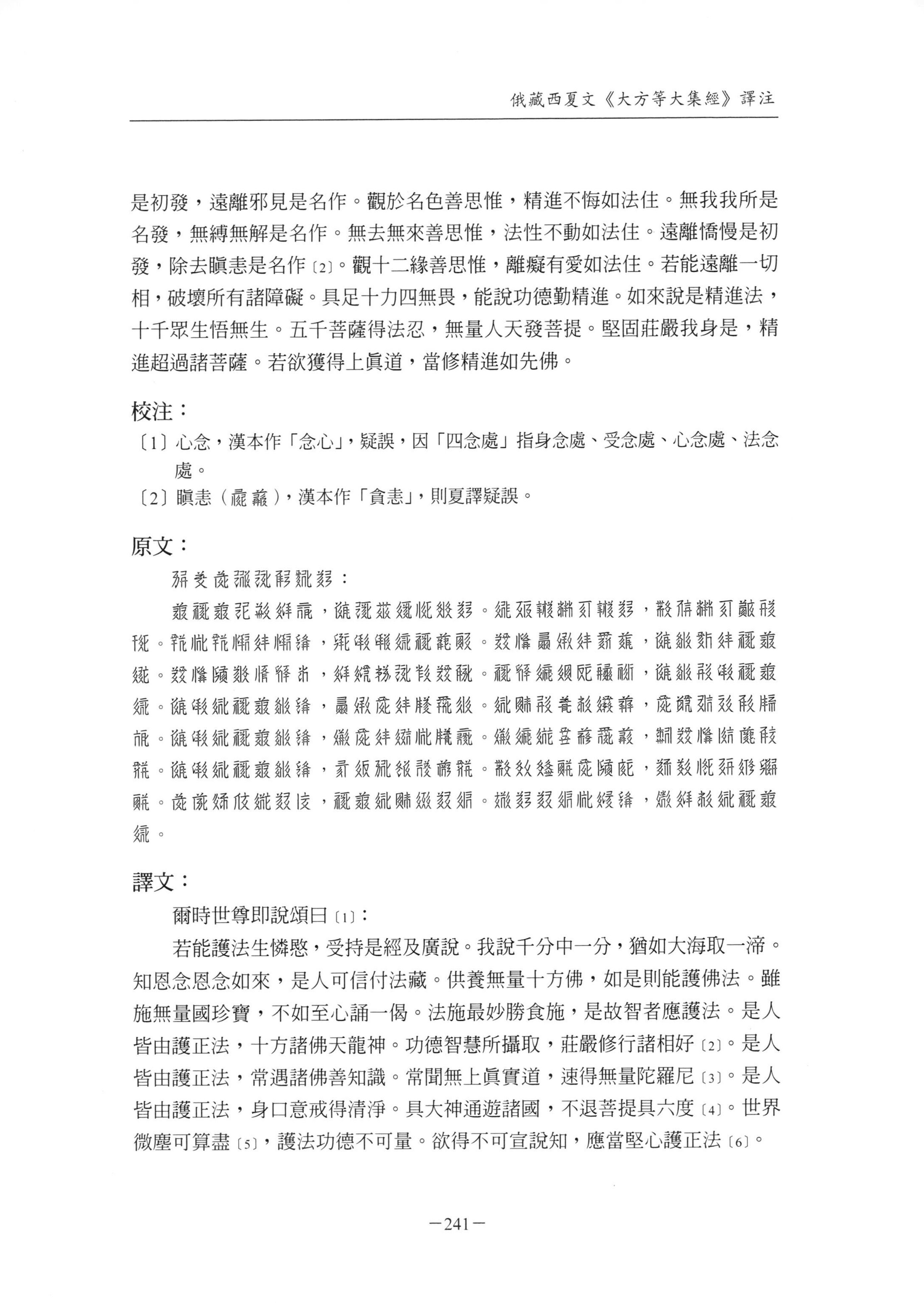

是初發，遠離邪見是名作。觀於名色善思惟，精進不悔如法住。無我我所是名發，無縛無解是名作。無去無來善思惟，法性不動如法住。遠離憍慢是初發，除去瞋恚是名作〔2〕。觀十二緣善思惟，離癡有愛如法住。若能遠離一切相，破壞所有諸障礙。具足十力四無畏，能說功德勤精進。如來說是精進法，十千眾生悟無生。五千菩薩得法忍，無量人天發菩提。堅固莊嚴我身是，精進超過諸菩薩。若欲獲得上眞道，當修精進如先佛。

校注：

〔1〕心念，漢本作「念心」，疑誤，因「四念處」指身念處、受念處、心念處、法念處。

〔2〕瞋恚（[illegible]），漢本作「貪恚」，則夏譯疑誤。

原文：

[illegible]：

[illegible]

譯文：

爾時世尊即說頌曰〔1〕：

若能護法生憐愍，受持是經及廣說。我說千分中一分，猶如大海取一渧。知恩念恩念如來，是人可信付法藏。供養無量十方佛，如是則能護佛法。雖施無量國珍寶，不如至心誦一偈。法施最妙勝食施，是故智者應護法。是人皆由護正法，十方諸佛天龍神。功德智慧所攝取，莊嚴修行諸相好〔2〕。是人皆由護正法，常遇諸佛善知識。常聞無上眞實道，速得無量陀羅尼〔3〕。是人皆由護正法，身口意戒得清淨。具大神通遊諸國，不退菩提具六度〔4〕。世界微塵可算盡〔5〕，護法功德不可量。欲得不可宣說知，應當堅心護正法〔6〕。

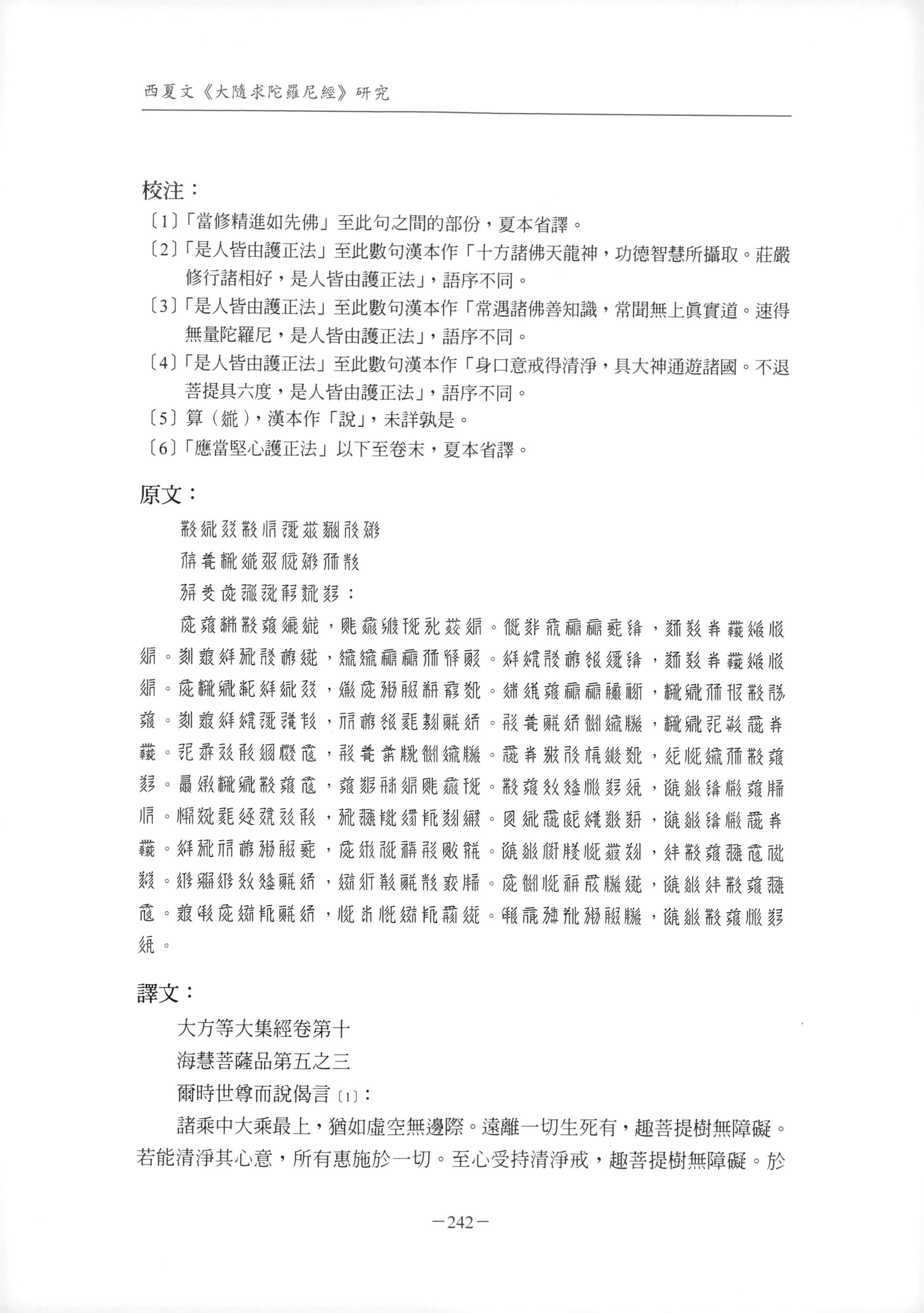

校注：

〔1〕「當修精進如先佛」至此句之間的部份，夏本省譯。

〔2〕「是人皆由護正法」至此數句漢本作「十方諸佛天龍神，功德智慧所攝取。莊嚴修行諸相好，是人皆由護正法」，語序不同。

〔3〕「是人皆由護正法」至此數句漢本作「常遇諸佛善知識，常聞無上眞實道。速得無量陀羅尼，是人皆由護正法」，語序不同。

〔4〕「是人皆由護正法」至此數句漢本作「身口意戒得清淨，具大神通遊諸國。不退菩提具六度，是人皆由護正法」，語序不同。

〔5〕算（[illegible]），漢本作「說」，未詳孰是。

〔6〕「應當堅心護正法」以下至卷末，夏本省譯。

原文：

[illegible]

[illegible]

[illegible]：

[illegible]

譯文：

大方等大集經卷第十

海慧菩薩品第五之三

爾時世尊而說偈言〔1〕：

諸乘中大乘最上，猶如虛空無邊際。遠離一切生死有，趣菩提樹無障礙。若能清淨其心意，所有惠施於一切。至心受持清淨戒，趣菩提樹無障礙。於諸眾生心平等，常觀煩惱諸罪過。能勝一切下劣乘，調伏眾生入大乘〔2〕。若有至心受讀經，具足寂靜戒忍辱〔3〕。具足智慧壞魔眾，憐愍眾生趣道樹。莊嚴慈悲乘四禪，智慧利刀摧魔眾。道樹下觀十二緣，起已爲眾說大乘〔4〕。十方眾生乘大乘，乘無增減如虛空。大乘神通叵思議，是故如來修集之。安住念處事莊嚴〔5〕，如意爲足根勢力。遊八正路採覺寶，是故如來趣道樹。其心寂靜離煩惱，壞破諸闇獲智光。是故梵天及帝釋，敬禮如來乘大乘。具足六度六神通，具善方便修三脫。能壞諸魔及邪見，是故如來乘大乘。若有具足諸善根，及以成就不善根。有信則得破煩惱，是故大乘難思議。

校注：

〔1〕卷十開頭「爾時海慧菩薩白佛言」至此句之間的內容，夏本省譯。

〔2〕入大乘，西夏誤作「𗣼𗿧𗸐」，應爲「𗣼𗸐𗿧」。又，「入大乘」漢本作「於大乘」。

〔3〕忍辱，西夏作「𗣼𗰩」，意爲「安忍」，即令心安穩，堪忍身心內外之榮辱惱害。

〔4〕爲眾說大乘，漢本作「愍眾說大乘」，則「愍」義夏本未予譯出。

〔5〕事莊嚴（𗤋𗆧𗆧），漢本作「嚴正勤」，未詳孰是。

原文：

　　𗤌𗄛𗅋𗅋𗤋𗤫𗤫，𗤳𗗟𗤧𗤬𗤌𗀚𗤋。𗤫𗤋𗤫𗃛𗤬𗤈𗃛，𗤬𗤫𗤫𗤚𗸐𗗟。𗤻𗤧𗃛𗤬𗤬𗤫𗤌𗀩𗤬𗤄。𗤌𗤫𗤈𗤈𗤫𗤬𗤬，𗤬𗤈𗤕𗤫𗤕𗤫𗗀。𗤫𗤈𗤕𗀩𗗠𗤫𗤄，𗤬𗤄𗤫𗀚𗤫𗤬𗃛。𗤌𗤫𗤈𗤚𗤌𗤈𗀩，𗤫𗤫𗤈𗤚𗤬𗤫𗤕。𗤬𗤫𗤧𗤈𗤫𗤬𗤬，𗤌𗤫𗤫𗤚𗤕𗤈𗤬。𗤫𗤫𗤈𗤬𗤈𗤫𗤬，𗤬𗤫𗤫𗤚𗀚𗤫𗤕。𗤖𗤬𗤄𗤈𗤈𗤈，𗤳𗤬𗤄𗤈𗤬𗀩𗤈。𗤬𗤄𗤬𗤈𗤈𗀩𗤈，𗤬𗤄𗀚𗤫𗃛𗤫𗤬。𗤄𗤫𗤬𗤄𗤍𗤚𗃛，𗤫𗤫𗤬𗤈𗦀𗤫𗤬。𗤌𗤫𗤚𗤬𗤫𗤬𗀩，𗤬𗤬𗤫𗤬𗤄𗤫𗤈。𗧒𗤈𗤄𗤌𗤚𗤫𗃛，𗤈𗤬𗤜𗤄𗦀𗤈𗤬。𗤄𗤫𗤬𗤈𗤈𗤬𗤈，𗤳𗤄𗤈𗤬𗦀𗤈𗤬。𗤌𗄛𗤬𗤬𗤈𗤬𗤕，𗤬𗤈𗤄𗤈𗤈𗤬𗤬。𗤄𗤄𗤕𗤫𗗠𗤈𗤬，𗤫𗤫𗤄𗤈𗀚𗤈𗤬。𗤄𗤚𗤄𗤚𗤄𗤈𗤈，𗤳□𗤕𗤈𗤛𗧒𗤚。𗤬𗤫𗤄𗤈𗤬𗤬𗀩，𗤳𗤄𗤈𗤚𗤈𗤬𗤈。𗤫𗤈𗤬𗤄𗤫𗤬𗃛，𗤄𗤫𗤕𗤬𗤫𗃛𗦀。𗧒𗤈𗤬𗤫𗃛𗤛𗗀，𗤫𗤫𗤄𗤈𗀚𗤈𗤬。

譯文：

　　所有一切世間法，及以無上出世法。若有學法無學法〔1〕，一切攝在大乘中。若有眾生行惡道，親近邪見惡知識。憐愍是輩修方便，爲調伏故說大乘。

下劣不樂於大乘，心迲不能壞人結。常求自樂捨餘人，聞說大乘生恐怖。若有智者具力勢，憐愍眾生作利益。聞說大乘心歡喜，壞眾苦惱心不悔。一切眾生諸界根，及欲了知眾生行〔2〕。菩薩一念能通達，是故大乘難思議。得身寂靜相莊嚴〔3〕，得口寂靜眾樂聞。得心寂靜具神通，如是皆因趣大乘。若有人能行大乘，是則不斷三寶種。能爲眾生作利益，破壞貧窮諸苦惱。能到十方諸世界，現見無量佛世尊。如是趣向大乘者，是人即得無量福。一切世間無能勝，趣向無上大乘者。具足大力壞魔眾，是故大乘難思議。得色得力大自在，梵釋轉輪得王身〔4〕。若有乘此大乘者，是人受於三界樂。施已終不生悔心，所重之物不吝著。捨身自施修慈悲，是故大乘難思議。

校注：

〔1〕若有學法無學法，西夏譯作「𗊱𗙫𗊱𗙚𗙫𗍁𗙚」，字面義爲「學法無學法所無」，似要表達「沒有有學法和無學法」之意。按，「有學」又稱「學人」，指佛弟子雖已知佛教之眞理，然尚有煩惱未斷，必須學習戒、定、慧等法以斷盡煩惱，因其尚有法可修學，故稱「有學」。「無學」與「有學」相對，指已達佛教眞理之極致，無迷惑可斷，亦無可學者。

〔2〕一切眾生諸界根，及欲了知眾生行，夏漢本兩句倒。

〔3〕相莊嚴，西夏譯作「𗦎𗤈𗆧」，字面義爲「自莊嚴」。

〔4〕梵釋轉輪得王身，漢本作「梵釋轉輪聖王身」，夏本第二字殘，據漢本應譯爲「梵」。

原文：

　　𗫂𗫩𗫌𗆧𗬋𗫹𗪊，𗙚𗫂𗫤𗣼𗙚𗫌𗫂。𗆧𗫌𗫂𗨁𗫩𗤈𗪾，𗫈𗫲𗥔𗣼𗫉𗫼𗫏。𗫈𗥕𗫊𗫑𗫌𗆧𗥔，𗫩𗥔𗨁𗨙𗫩𗆀𗫈。𗆧𗥕𗫤𗫌𗆧𗫝，𗫈𗫤𗫉𗫡𗫤𗗙𗫈。𗫌𗫩𗫤𗆧𗫇𗫩𗫂，𗙚𗫡𗨁𗣵𗫡𗫉𗫂𗫂。𗫂𗫲𗫌𗨁𗣼𗫂𗫶，𗫋𗫇𗫙𗫡𗤈𗫼𗣵𗫩。𗣼𗫩𗫩𗥔𗫬𗫩𗫉，𗫰𗫼𗫤𗨙𗥔𗫬𗫇。𗆧𗫩𗫩𗥕𗫐𗫩𗫩，𗫇𗨁𗫡𗫼𗫇𗫩𗫷。𗫟𗫙𗫊𗥔𗨁𗆧𗫌，𗆧𗫌𗫕𗫉𗫬𗫝𗫂。𗫬𗣼𗫡𗫇𗫉𗫉𗫹，𗆀𗫇𗫈𗫤𗫤𗫑𗫂。𗫂𗫷𗫌𗆧𗫉𗫤𗫂，𗫊𗫊𗫂𗤈𗫇𗫪𗫡。𗫈𗫙𗫇𗫿𗫂𗫝𗫂，𗫈𗫉𗆀𗫉𗆀𗣵𗫂。𗆧𗫷𗫇𗫡𗣵𗫉𗫹，𗫲𗫉𗫋𗫤𗫏𗫲。𗫫𗫇𗫂𗥔𗆀𗫤𗫹，𗫈𗫝𗫉𗫉𗫶𗫡𗫇。𗫇𗫬𗫤𗫲𗙚𗫤𗫹，𗫷𗫇𗫂𗆧𗫤𗫉。

綒。

譯文：

持戒精進樂梵行，能以神力障日月。不貪著身善果報，修如是乘調眾生。說法有受不受者，於是不生瞋愛心。身心勤修大精進，爲得難得之大乘。能得無上大法王，亦得難忍之忍辱。欲求最勝大乘故，無量劫中受苦惱〔1〕。爲住大乘大利益，勤作利益爲眾生〔2〕。身口意業悉柔軟，修集慈悲及神通〔3〕。了知法界生住滅，無我無諍調諸根。若能安住於大乘，即受安樂如先佛。念心精進四神足，亦復具足大神力〔4〕。依止正法及眞義，皆由樂住於大乘。具足無上無所畏，能師子吼無上尊。微妙相好自莊嚴，皆由樂住於大乘。具足三種之神通，調伏教化於眾生。其心寂靜無憍慢，若行大乘具忍辱。具足梵音聲微妙，一切眾生皆樂聞〔5〕。若樂修行大乘者〔6〕，是人善解眾生語。所作諸業爲淨土，不久當得無邊身。若有至心聽是法，當受無邊無上樂。能遊虛空達邊際，能知大海水幾渧。不能演說大乘德，是故是乘難思議。

校注：

〔1〕欲求最勝大乘故，無量劫中受苦惱，夏漢本兩句倒。

〔2〕爲眾生，漢本作「多眾生」，未詳孰是。

〔3〕「爲住大乘大利益」至此數句漢本作「勤作利益多眾生，身口意業悉柔軟。修集慈悲及神通，爲住大乘大利益」，語序不同。

〔4〕念心精進四神足亦復具足大神力，漢本作「具足念心及精進，四如意足大神力」。四神足，又作「四如意足」，指由欲、心、勤、觀四法之力引發種種神用而產生的三摩地。

〔5〕皆樂聞（𗼩𗅆𗵐），漢本作「甚樂聞」。

〔6〕修行（𗼑𗟲），漢本作「修集」。

原文：

𗗙𗤔𗡅𗢻𗵐𗂧𗫂，𗰛𗷓𗫡𗬩𗬩𗔪𗉶𗣆𗇋𗧷𗀔𘝾，𗫺𗠝𗤛𗾟：

𗫂𗫼𗫡𗫂𗫂𗥹𗀔𗬹，𗑱𗤫𗢻𗢻𗅲𗵐𗫂。𗌭𗓦𗩱𗖻𗳇𗡪𗉾，𗍳𗝒𗈁𗵄𗫷𘅍。𗑱𗤫𗢻𗢻𘝾𘝾𗒔，𗫡𗜓𗂧𗑱𗤫𗫷𘝁。𗍳𗍳𗩱𗖻𗳇𗡪𗍳，𗣫𗵽𗫡𗫼𗫂𗇋𗀔。𘝁𗢻𗳇𗣫𗵽𘝾𗮉，𘘥𗑱𗤫𗀔𗥼𗵽。𗮔𗳱𗑰𗩱𗆐𗳇𗡪，𗣫𗵽𗫡𗫼𗫂𗀔𘝁。𗑱𗤫𗫷𗫷𗡪𗆐𗩱，𗣩𗑰𗊢𗄧𗼩𗅆𗵐。𗵽𗫼𗲉𗣆𗣆𗫸𗈎，𗣫𗧷𗲉𗵽𗆐𗵽𗩱。𗗙𘟙𗈁𗩱𗩱𗵽𗈎，𗕷𗴀𗖧𗞚𗠩𗑰

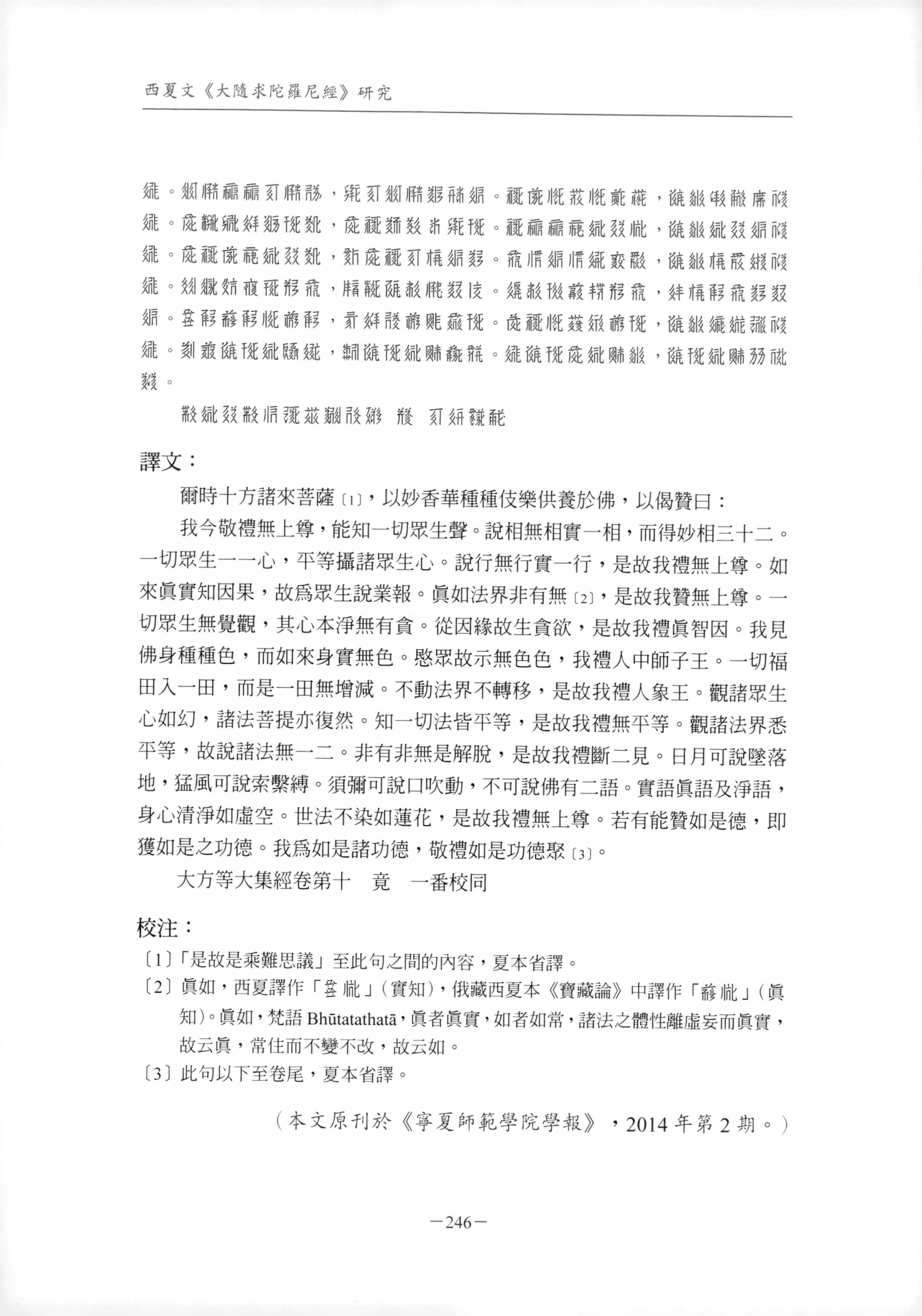

[illegible]
[illegible]
[illegible]
[illegible]
[illegible]
[illegible]
[illegible]

[illegible]

譯文：

爾時十方諸來菩薩〔1〕，以妙香華種種伎樂供養於佛，以偈贊曰：

我今敬禮無上尊，能知一切眾生聲。說相無相實一相，而得妙相三十二。一切眾生一一心，平等攝諸眾生心。說行無行實一行，是故我禮無上尊。如來眞實知因果，故爲眾生說業報。眞如法界非有無〔2〕，是故我贊無上尊。一切眾生無覺觀，其心本淨無有貪。從因緣故生貪欲，是故我禮眞智因。我見佛身種種色，而如來身實無色。愍眾故示無色色，我禮人中師子王。一切福田入一田，而是一田無增減。不動法界不轉移，是故我禮人象王。觀諸眾生心如幻，諸法菩提亦復然。知一切法皆平等，是故我禮無平等。觀諸法界悉平等，故說諸法無一二。非有非無是解脫，是故我禮斷二見。日月可說墜落地，猛風可說索繫縛。須彌可說口吹動，不可說佛有二語。實語眞語及淨語，身心清淨如虛空。世法不染如蓮花，是故我禮無上尊。若有能贊如是德，即獲如是之功德。我爲如是諸功德，敬禮如是功德聚〔3〕。

大方等大集經卷第十　竟　一番校同

校注：

〔1〕「是故是乘難思議」至此句之間的內容，夏本省譯。

〔2〕眞如，西夏譯作「[illegible]」（實知），俄藏西夏本《寶藏論》中譯作「[illegible]」（眞知）。眞如，梵語 Bhūtatathatā，眞者眞實，如者如常，諸法之體性離虛妄而眞實，故云眞，常住而不變不改，故云如。

〔3〕此句以下至卷尾，夏本省譯。

（本文原刊於《寧夏師範學院學報》，2014 年第 2 期。）

《英藏黑水城文獻》佛經殘片考補

摘要：《英藏黑水城文獻》的刊佈爲西夏學界提供了豐富的文獻資料，但其中諸多殘卷的出處尚未確定或被誤定。文章對這批文獻進行了初步梳理，考證了多件殘片的出處，並對被誤定的殘片重新定名，旨在爲這批文獻的利用提供方便。

關鍵詞：英藏黑水城文獻；佛經；殘片

近年來史金波〔註1〕、聶鴻音〔註2〕、楊志高〔註3〕、崔紅芬〔註4〕等均對英藏黑水城文獻有所研究，考訂了其中諸多殘卷，但這批文獻中的絕大多數仍有待研究。文章對這批文獻進行了初步梳理，指出了多件殘片的來源。

一、《佛說長壽經》殘片

Or.12380－3708〔註5〕：內容相連的殘頁兩紙，寫本，每行7字，存8行。原題「佛經」。

〔註1〕史金波《〈英藏黑水城文獻〉定名芻議及補正》，《西夏學》（第5輯），上海古籍出版社2010年。

〔註2〕聶鴻音《英藏西夏文〈海龍王經〉考補》，《寧夏社會科學》2007年第1期。

〔註3〕楊志高《英藏西夏文〈慈悲道場懺罪法〉誤定之重考》，《寧夏社會科學》2008年第2期。

〔註4〕崔紅芬《英藏西夏文〈華嚴經普賢行願品〉殘葉釋讀》，《文獻》2009年第2期。

〔註5〕見《英藏黑水城文獻》第5冊第2頁。

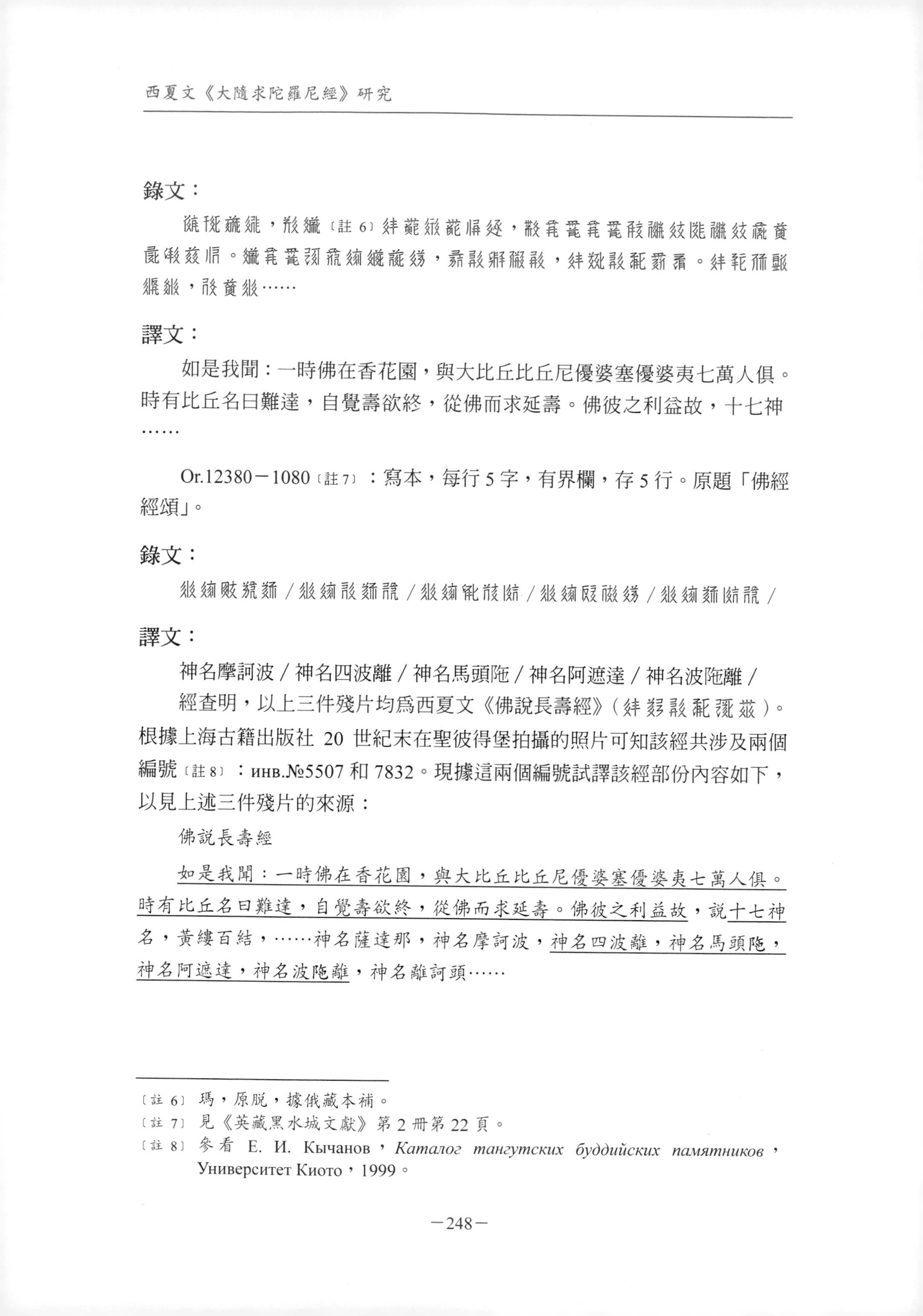

錄文：

[illegible]，[illegible]〔註 6〕[illegible]，[illegible]。[illegible]，[illegible]，[illegible]。[illegible]，[illegible]……

譯文：

如是我聞：一時佛在香花園，與大比丘比丘尼優婆塞優婆夷七萬人俱。時有比丘名曰難達，自覺壽欲終，從佛而求延壽。佛彼之利益故，十七神……

Or.12380－1080〔註 7〕：寫本，每行 5 字，有界欄，存 5 行。原題「佛經經頌」。

錄文：

[illegible] / [illegible] / [illegible] / [illegible] / [illegible] /

譯文：

神名摩訶波 / 神名四波離 / 神名馬頭陁 / 神名阿遮達 / 神名波陁離 /

經查明，以上三件殘片均爲西夏文《佛說長壽經》（[illegible]）。根據上海古籍出版社 20 世紀末在聖彼得堡拍攝的照片可知該經共涉及兩個編號〔註 8〕：инв.№5507 和 7832。現據這兩個編號試譯該經部份內容如下，以見上述三件殘片的來源：

佛說長壽經

如是我聞：一時佛在香花園，與大比丘比丘尼優婆塞優婆夷七萬人俱。時有比丘名曰難達，自覺壽欲終，從佛而求延壽。佛彼之利益故，說十七神名，黃縷百結，……神名薩達那，神名摩訶波，神名四波離，神名馬頭陁，神名阿遮達，神名波陁離，神名離訶頭……

〔註 6〕 瑪，原脱，據俄藏本補。

〔註 7〕 見《英藏黑水城文獻》第 2 冊第 22 頁。

〔註 8〕 參看 Е. И. Кычанов，*Каталог тангутских буддийских памятников*，Университет Киото，1999。

二、《聖大悟蔭王隨求皆得經》殘片

　　1909 年黑水城遺址出土了西夏文《聖大悟蔭王隨求皆得經》的多個寫本和刻本，根據上海古籍出版社提供的照片可知該經現存「天力大治智孝廣淨宣德去邪納忠永平皇帝」的初譯本和「奉天顯道耀武宣文神謀睿智制義去邪惇睦懿恭皇帝」的校譯本。這部經書分上下兩卷，佚名譯自藏文本'phags pa rig pa'i rgyal mo so sor 'brang ba chen mo，內容勘同《大正藏》1153 號不空漢譯《普遍光明清淨熾盛如意寶印心無能勝大明王大隨求陀羅尼經》。

　　Or.12380－3388〔註9〕：殘頁一紙（照片左上角的小殘片恰爲右上角所缺部份），刻本經摺裝，每折 6 行，行 16 字，存兩折。原題「佛經」。

錄文：

　　緕憯祇祇祄絆後轈敜籈纗蒜，散敘繎緕拼薇緓綠。緕憯祇祇茲覝憿祧憹扅綠，縱敥縱蕱裞，莀騰羻散茲祔聑較祄醞繧稰綻祅。散羠誺莆蕫蘱濰散綻汯席薝蒃蘱屝翭，敜垧蘱猍，襲後敥薕粍繹，緕韄祄緕憯祇祇黧穄敜緕憯祇祇祄矛敜悢綠，譶席祄矛敜悢綠，緕憯祇祇祄竈鼜絆敜悢綠，緕憯祇祇祄緈敜悢綠，散譶席祄矛敜悢綠，轚歠矛敜悢綠，悢縢憿蘱敜悢綠，敔姯祇祇薕祧悢綠，新耗敜莀敤祇祇槗祧悢綠，騰羻憼醆痜棽槗祧悢綠。敜綯祅？散羠誺莆禠漲緤羻轈綯裀，緕……

譯文：

　　一切如來心手印所攝受〔1〕，大威力現前當持〔2〕。當不起與一切如來差異想，於後世後時，能作壽短貧窮有情之利益。大婆羅門此大悟蔭王母隨求皆得咒〔3〕，依法書寫〔4〕，懸於臂及頸上，故當知彼人是一切如來之所攝受，當知是一切如來身，當知是金剛身，當知是一切如來舍利心〔5〕，當知是一切如來眼，當知是大金剛身，當知是焰光身，當知是不壞甲冑，當知能摧一切敵寇，當知能淨一切罪障，當知能淨有情墮地獄者。何也？曾有大婆羅門善起無信，如……

原文：

　　大梵當知此大隨求無能勝陀羅尼，<u>是一切如來心印之所加持</u>，<u>有大神驗，汝當受持</u>。當知此陀羅尼等同諸佛，<u>於後末法之時</u>，<u>短命薄福</u>，<u>無福不修福</u>

者，如斯有情作利益故。大梵此大隨求陀羅尼，依法書寫繫於臂上，及在頸下，當知是人是一切如來之所加持，當知是人等同一切如來身，當知是人是金剛堅固之身，當知是人是一切如來藏身，當知是人是一切如來眼，當知是人是一切如來熾盛光明身，當知是人是不壞甲冑，當知是人能摧一切怨敵，當知是人能燒一切罪障，當知是人能淨地獄趣。大梵云何得知？曾有苾芻心懷淨信，如來制戒有所違犯不與取，現前僧物僧祇眾物四方僧物將入已用，後遇重病受大苦惱〔註 10〕。

注釋：

〔1〕攝受，藏文本作「byin gyis brlabs pa」（加持），漢本作「加持」，本段兩見。

〔2〕威力，藏文本作「mthu」（威勢、神力），漢本作「神驗」。

〔3〕婆羅門，音譯梵文「Brāhmaṇa」，意為「梵行」。藏文本作「bram ze」，漢本作「梵」。

〔4〕依法，西夏字面作「種聚依」（𗏁𗒹𗧓），藏文本作「cho ga bzhin」（如儀軌）。

〔5〕如來舍利心，漢本作「如來藏身」，「舍利心」和藏文「ring bsrel gyi snying po」對應。

此外，經查實，《英藏黑水城文獻》中還有 Or.12380－0220、3375、3385、3386、3387、3411、3512 等也為《聖大悟蔭王隨求皆得經》殘片。

三、《佛頂心觀世音菩薩大陀羅尼經》殘片

Or.12380－1164〔註 11〕，寫本經摺裝，存 6 行，行 13 字。原題「陀羅尼」。

錄文：

𘚊𗤶𗖵𗕑。𗒘𗧓𗢳𗥃𗡡𗤋𗦇𗿳𗋽𗰗𗎘𗹙𘃞，𗏁𗯴𗏹𗒻𗖵，𗤋𗏁𗣫𗖧，𗪘𗧓𗐺𗏹𘋩𗏁𗤻𗗙𗖵。𗒘𗧘𗢯𗫂𗥑𗢯𗟲𗧓，𗒘𗾞𗑗𘃪，𗴢𗆫𗫡𗉔𘄽，𗍫𗢳𗍊𗭼，𗤋𗦇𗿳𗋽𗰗𗎘𗰜𗯴𗊢𗤶，𗤒𘃪𗐺𗫉𗋅𗤓𗖰𗘺𗩱𗅲𗧐……

譯文：

當得具足。若人以香花供養此陀羅尼經者，得大千界之福，此大悲法，彼人世間得大成就。又若善男子善女人，若晨朝時，面向佛前，燒妙好香，

〔註 10〕高楠順次郎，渡邊海旭等《大正新修大藏經》，大正一切經刊行會，1924 年，第 20 冊第 620 頁下欄至 621 頁上欄。

〔註 11〕見《英藏黑水城文獻》第 2 冊第 44 頁。

誦此陀羅尼經滿千遍，即時觀世音菩薩阿難形相……

由於《佛頂心觀世音菩薩大陀羅尼經》是一部僞經，歷代藏經不收，目前能見到的最古且保存完好的漢文本爲敦煌寫本 P.3916〔註 12〕，以下是敦煌寫本中的相應原文：

如是之人，當得具足轉輪王之福。若人掬香花供養此陀羅尼經者，得大千之福，大悲法性，彼人世間得大成就。又若有善男子善女人，能於晨朝時，面向佛前燒香，誦此陀羅尼經若滿千遍，即時見觀世音菩薩當化現阿難形相爲作證明。問言：「所須何果報，悉能依願成就，消除身口意業，得佛三昧灌頂智力……」

此外，《英藏黑水城文獻》中至少還有如下殘片爲《佛頂心觀世音菩薩大陀羅尼經》：Or.12380－0050、0526、0722、0841、1099、1118、1198、1210、1419、1420、2071、2132、2761、3041、3185、3218、3493。

四、《根本薩婆多部律攝》殘片

Or.12380－2100、2101〔註 13〕，內容相連的殘頁兩紙，寫本，烏絲欄，行 19 字。原題「佛經」。

錄文：

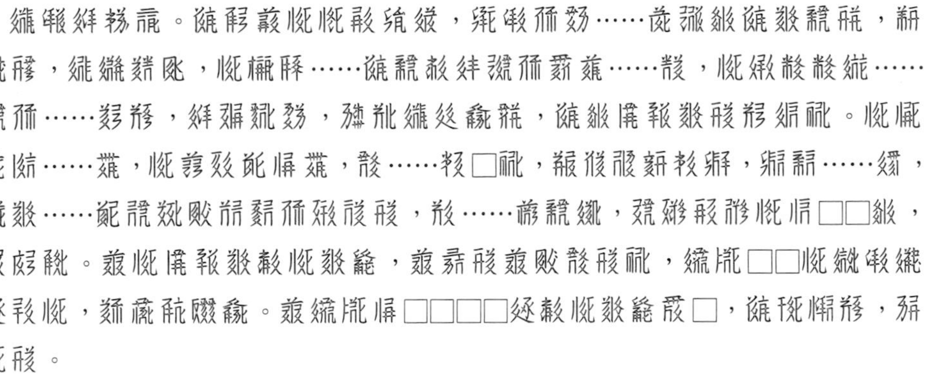

譯文：

初生信心。聞此言不覺流淚，告彼人曰……世尊故獲斯珍寶，罪合死，

〔註 12〕參看上海古籍出版社等編《法國國家圖書館藏敦煌西域文獻》第 29 冊，上海：上海古籍出版社，2003，第 329 頁。

〔註 13〕見《英藏黑水城文獻》第 2 冊，第 333 頁。

我今釋放，並汝親……此物供養佛僧……放，然後種種上……佛僧之……說作，踊躍歡喜，便獲初果，緣斯不許苾芻取寶。又鄔波難陀……往，復往樂人院內，教……價□令，賣盡弓矢戲具，貧窮……是，此者寶……捨離處取他童子瓔珞，夜……淨財受，事限不聚□□故，設置學處。若復苾芻寶及寶類，若自取若教人取，除在寺內及凡人舍處，獲波逸底迦。若寺內□□□□在及寶類見□，作是念，然後取。

據內容可知該殘片爲西夏文《根本薩婆多部律攝》，現存唐義淨譯同名漢文本，《大正藏》中相應原文如下〔註 14〕：

王於三寶初始生信。聞說此言不覺流淚，告彼人曰：汝緣世尊獲斯珍寶，罪雖合死，我今釋放，並汝眷屬，應將此物供養佛僧。既蒙釋免遂辦上供奉請佛僧，就其住宅，佛爲說法，踊躍歡喜，便獲初果，緣斯不聽苾芻捉寶。又鄔波難陀往教射處，復往樂坊，怖其博士，令輸餅直，賣盡弓矢戲具之屬，終致貧窮，此是寶類。又鄔波難陀於薛捨離取他童子瓔珞云，是藥叉神，物因受不淨財，事過限廢闕煩惱，制斯學處。若復苾芻寶及寶類，若自捉教人捉，除在寺內及白衣舍，波逸底迦。若在寺內及白衣舍見寶及寶類，應作是念，然後當取。

《根本薩婆多部律攝》在西田龍雄及克恰諾夫等所編西夏文佛經目錄中均未見著錄〔註 15〕，這是該經的首次發現，可以豐富西夏佛教文獻的內容。

五、《佛說破壞阿鼻地獄智炬陀羅尼經》殘片

Or.12380－2289〔註 16〕，刻本，上下雙欄，行 8 字，存 5 行。原題「佛經」。

錄文：

[illegible]，[illegible]，[illegible]？[illegible]……

譯文：

毘地獄立即破壞爲百千分，是中眾生即得解脫，何況世間中人得聞此者？

〔註 14〕見《大正新修大藏經》第 24 冊，第 593 頁下欄。

〔註 15〕參看西田龍雄《西夏文華嚴經》第 3 冊，京都：京都大學文學部，1977 年；Е. И. Кычанов，*Каталог тангутских буддийских памятников*，Университет Киото，1999。

〔註 16〕見《英藏黑水城文獻》第 3 冊第 62 頁。

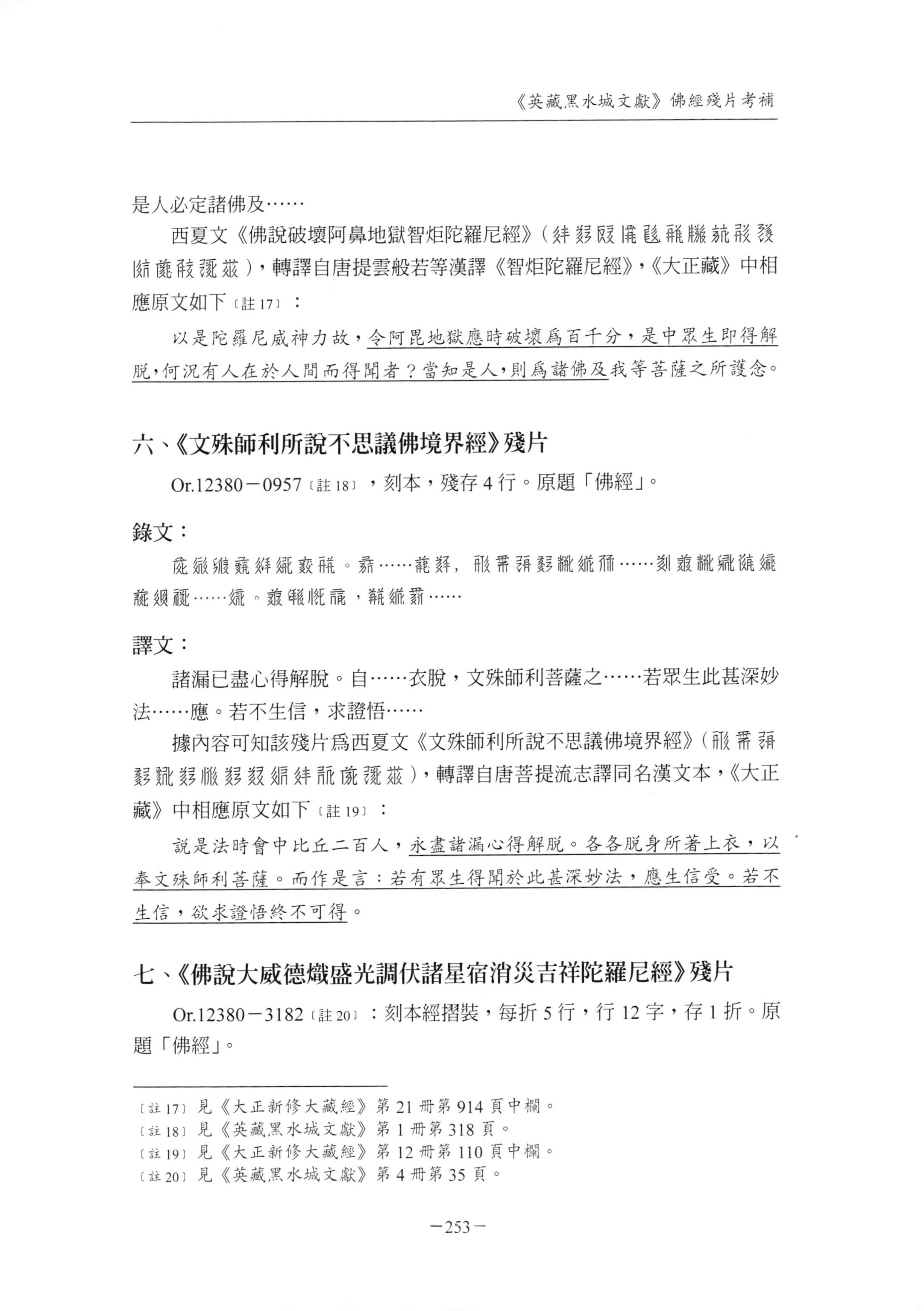

是人必定諸佛及……

西夏文《佛說破壞阿鼻地獄智炬陀羅尼經》（[illegible]），轉譯自唐提雲般若等漢譯《智炬陀羅尼經》，《大正藏》中相應原文如下〔註 17〕：

以是陀羅尼威神力故，令阿毘地獄應時破壞爲百千分，是中眾生即得解脫，何況有人在於人間而得聞者？當知是人，則爲諸佛及我等菩薩之所護念。

六、《文殊師利所說不思議佛境界經》殘片

Or.12380－0957〔註 18〕，刻本，殘存 4 行。原題「佛經」。

錄文：

[illegible]

譯文：

諸漏已盡心得解脫。自……衣脫，文殊師利菩薩之……若眾生此甚深妙法……應。若不生信，求證悟……

據內容可知該殘片爲西夏文《文殊師利所說不思議佛境界經》（[illegible]），轉譯自唐菩提流志譯同名漢文本，《大正藏》中相應原文如下〔註 19〕：

說是法時會中比丘二百人，永盡諸漏心得解脫。各各脫身所著上衣，以奉文殊師利菩薩。而作是言：若有眾生得聞於此甚深妙法，應生信受。若不生信，欲求證悟終不可得。

七、《佛說大威德熾盛光調伏諸星宿消災吉祥陀羅尼經》殘片

Or.12380－3182〔註 20〕：刻本經摺裝，每折 5 行，行 12 字，存 1 折。原題「佛經」。

〔註 17〕見《大正新修大藏經》第 21 冊第 914 頁中欄。
〔註 18〕見《英藏黑水城文獻》第 1 冊第 318 頁。
〔註 19〕見《大正新修大藏經》第 12 冊第 110 頁中欄。
〔註 20〕見《英藏黑水城文獻》第 4 冊第 35 頁。

錄文：

[illegible]，[illegible]。[illegible]，[illegible]，[illegible]，[illegible]，[illegible]，[illegible]……

譯文：

有獲福田無量，其災得除。爾時如來說是眞言經名，曼殊室利菩薩摩訶薩，及諸聲聞四眾遊空大天，及諸星辰一切聖眾，咸依佛敕頂禮受持，各本……

據內容可知該殘片爲西夏文《佛說大威德熾盛光調伏諸星宿消災吉祥陀羅尼經》（[illegible]），轉譯自唐不空漢譯《佛說熾盛光大威德消災吉祥陀羅尼經》，《大正藏》中相應原文如下〔註 21〕：

安置佛像結界護持，香華燈燭隨分供養，令諸有情獲福無量，其災即除。爾時如來說是陀羅尼經已，時曼殊室利菩薩摩訶薩，及諸聲聞四眾遊空大天，及諸星辰一切聖眾，咸依佛敕頂禮奉持，各還本宮。及天龍八部一切大眾，聞佛所說，皆大歡喜，信受奉行。

此外，經核查，《英藏黑水城文獻》中的 Or.12380－1375、1377 等殘片也爲《佛說大威德熾盛光調伏諸星宿消災吉祥陀羅尼經》。

八、《佛說聖曜母陀羅尼經》殘片

Or.12380－3018〔註 22〕，刻本經摺裝，下部缺佚，殘存 5 行文字，據俄藏本補足缺文後可知該殘片每行爲 12 字〔註 23〕，以下錄文以方括號表示所補文字。

錄文：

[illegible]、[illegible]、[illegible]，[illegible]〔[illegible]、[illegible]〕、[illegible]、[illegible]、[illegible]、[illegible]、〔[illegible]、[illegible]〕、[illegible]，[illegible]〔[illegible]，[illegible]〕[illegible]〔[illegible]〕[illegible]。[illegible]〔[illegible]〕……

〔註 21〕見《大正新修大藏經》第 19 冊第 338 頁上欄。
〔註 22〕見《英藏黑水城文獻》第 3 冊第 320 頁。
〔註 23〕俄藏黑水城文獻中有多件《佛說聖曜母陀羅尼經》，此據 инв.№6541 補。

譯文：

摩睺羅伽、人、非人，及木星、火星、金星、水星、土星、太陰、太陽、羅睺、計都，如是等二十七曜，恭敬圍繞此大金剛三昧莊嚴道場。復有無數千菩薩摩訶薩眾……

據內容可知該殘片爲西夏文《佛說聖曜母陀羅尼經》（[illegible]），轉譯自宋法天譯同名漢文本，《大正藏》中相應原文如下〔註24〕：

如是我聞：一時佛在阿拏迦嚩帝大城，爾時有無數天龍、夜叉、乾闥婆、阿修羅、迦樓羅、緊那羅、摩睺羅伽、人、非人、及木星、火星、金星、水星、土星、太陰、太陽、羅睺、計都，如是等二十七曜，恭敬圍繞此大金剛三昧莊嚴道場。復有無數千菩薩摩訶薩眾，其名曰金剛手菩薩、金剛忿怒菩薩……

九、《仁王護國般若波羅蜜多經》殘片

西夏文《仁王護國般若波羅蜜多經》（[illegible]）轉譯自唐不空譯同名漢文本，克恰諾夫在其《西夏文佛教文獻目錄》中著錄有三個編號〔註25〕：инв.№7787、683 和 592。

Or.12380－0255〔註26〕，刻本經摺裝，下部缺佚，殘存 8 行文字，據俄藏 683 號補足缺文後可知該殘片每行爲 15 字，以下錄文以方括號表示所補文字。

錄文：

[illegible]，[illegible]，[illegible]〔[illegible]，[illegible]〕[illegible]，〔[illegible]〕[illegible]，〔[illegible]〕。[illegible]〔[illegible]〕[illegible]〔[illegible]，[illegible]，[illegible]〕[illegible]，[illegible]〔[illegible]。[illegible]〕[illegible]，[illegible]〔[illegible]，[illegible]〕[illegible]，[illegible]〔[illegible]〕[illegible]。[illegible]〔[illegible]，[illegible]〕[illegible]〔[illegible]〕……

譯文：

行修，廣大饒益，得善調伏諸三摩地，住勝觀察，修出離行，能證平等

〔註24〕見《大正新修大藏經》第 21 冊第 421 頁上欄。

〔註25〕參看 Е. И. Кычанов，Каталог тангутских буддийских памятников，Университет Киото，1999。

〔註26〕見《英藏黑水城文獻》第 1 冊第 92 頁。

聖人地。復次歡喜地菩薩摩訶薩，超愚夫地，生如來家，住平等忍。初以無相智照勝義諦，察一相平等察非相無相，斷諸無明滅三界貪，未來無量生死永不受也。以大悲爲首起諸大願，以方便智念念修習無量勝行……

原文：

修二利行，廣大饒益，得善調伏諸三摩地，住勝觀察，修出離行，能證平等聖人地故。復次歡喜地菩薩摩訶薩，超愚夫地，生如來家，住平等忍。初無相智照勝義諦，一相平等非相無相，斷諸無明滅三界貪，未來無量生死永不生故。大悲爲首起諸大願，於方便智念念修習無量勝行，非證非不證一切遍學故〔註 27〕。

十、《佛說聖佛母般若波羅蜜多經》殘片

Or.12380－3487〔註 28〕，存 10 行，行 14 字，據內容可知該殘片左右圖版次序誤置。原題「大般若波羅蜜多經」。

錄文：

[illegible]，[illegible]。[illegible]，[illegible]：「[illegible]！[illegible]，[illegible]，[illegible]，[illegible]，[illegible]。」[illegible]，[illegible]，[illegible]、[illegible]、[illegible]、[illegible]，[illegible]，[illegible]，[illegible]……

譯文：

羅蜜多明句誦能，是即修學甚深般若波羅蜜多。爾時世尊從三摩地安詳而起，贊觀自在菩薩摩訶薩言：「善哉善哉！善男子，汝所說者，如是如是，如是學般若波羅蜜多，是即眞實最上究竟，一切如來亦皆隨喜。」佛說此經已，觀自在菩薩摩訶薩並諸苾芻，乃至世間天、人、阿修羅、乾闥婆等，一切大眾，聞佛所說，皆大心……

據內容可知該殘片爲西夏文《佛說聖佛母般若波羅蜜多經》（[illegible]

〔註 27〕見《大正新修大藏經》第 8 冊第 841 頁下欄。
〔註 28〕見《英藏黑水城文獻》第 4 冊第 195 頁。

[illegible]），現存宋施護譯同名漢文本，《大正藏》中相應原文如下〔註29〕：

若能誦是般若波羅蜜多明句，是即修學甚深般若波羅蜜多。爾時世尊從三摩地安詳而起，贊觀自在菩薩摩訶薩言：「善哉善哉！善男子，如汝所說，如是如是，般若波羅蜜多，當如是學，是即眞實最上究竟，一切如來亦皆隨喜。」佛說此經已，觀自在菩薩摩訶薩並諸苾芻，乃至世間天、人、阿修羅、乾闥婆等，一切大眾，聞佛所說，皆大歡喜，信受奉行。

十一、《佛說最上意陀羅尼經》殘片

Or.12380－3198〔註30〕，刻本，上下雙欄，存文6行，行14字。原題「佛經」。

錄文：

[illegible]，[illegible]。[illegible]，[illegible]。[illegible]，[illegible]，[illegible]。[illegible]……

譯文：

以此陀羅尼誦，惱災中立即解脫。比丘若善男子善女人能如是作者，得自身解脫。比丘若二七日備種種香花飲食，供養佛僧一倍於前，是人父母同得解脫。比丘若於三七日種種香花食……

據內容可知該殘片爲西夏文《佛說最上意陀羅尼經》，現存宋施護譯同名漢文本，《大正藏》中相應原文如下〔註31〕：

燃大炬火用爲照燎，持誦此陀羅尼，所有災難當得解脫。比丘若善男子善女人能如是作者，當得自身解脫。比丘若二七日如是備種種香花飲食，供養佛僧一倍於前，是人所有父母同得解脫。比丘若於三七日能如是於佛法僧倍前，以種種香花飲食恭敬供養者，彼人所有男女並一切眷屬同得解脫。

（本文原刊於《西夏學》（第十一輯），2015年8月。）

〔註29〕見《大正新修大藏經》第8冊第852頁下欄。
〔註30〕見《英藏黑水城文獻》第4冊第43頁。
〔註31〕見《大正新修大藏經》第21冊第924頁上欄。

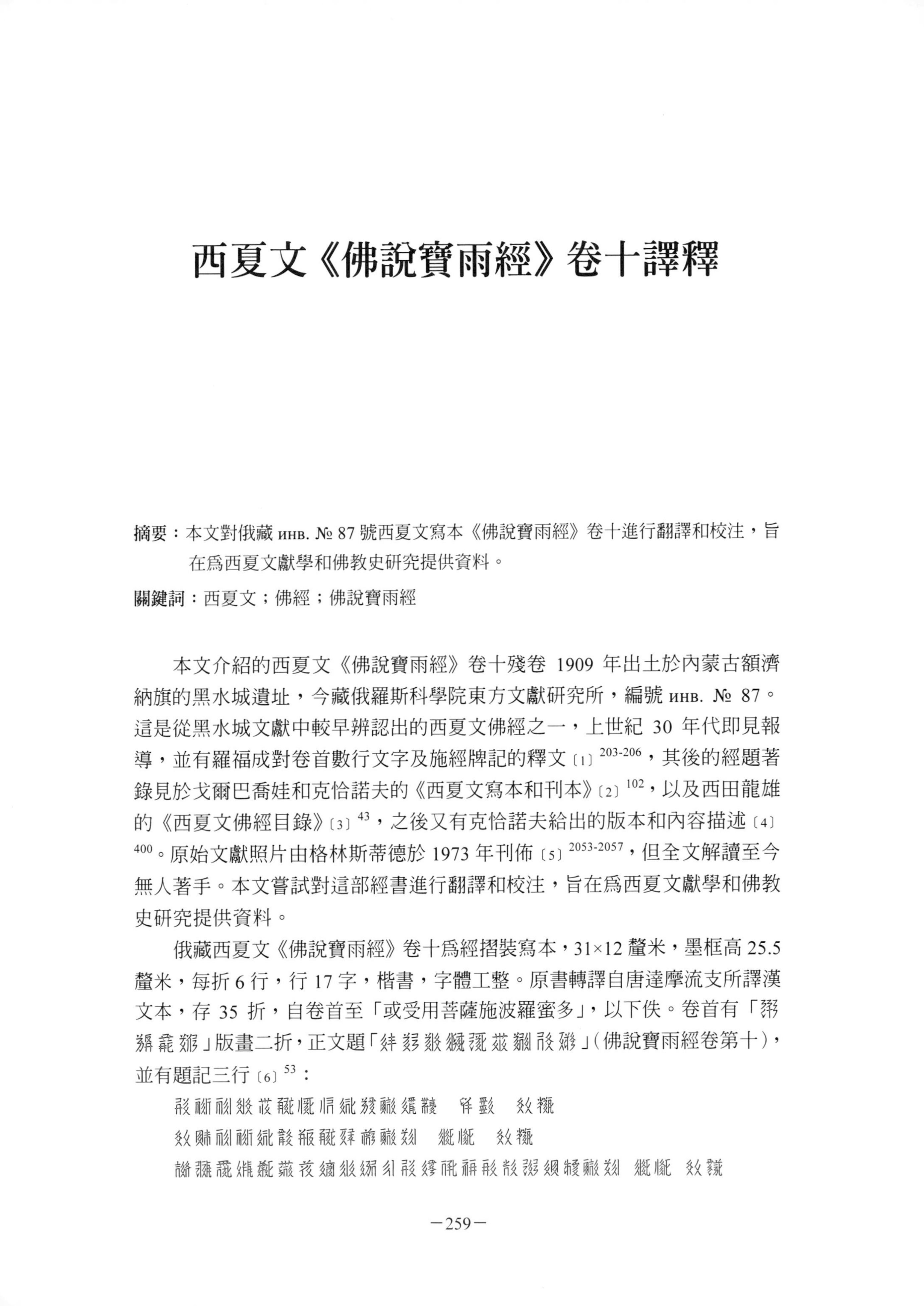

西夏文《佛說寶雨經》卷十譯釋

摘要：本文對俄藏 инв. № 87 號西夏文寫本《佛說寶雨經》卷十進行翻譯和校注，旨在爲西夏文獻學和佛教史研究提供資料。

關鍵詞：西夏文；佛經；佛說寶雨經

本文介紹的西夏文《佛說寶雨經》卷十殘卷 1909 年出土於內蒙古額濟納旗的黑水城遺址，今藏俄羅斯科學院東方文獻研究所，編號 инв. № 87。這是從黑水城文獻中較早辨認出的西夏文佛經之一，上世紀 30 年代即見報導，並有羅福成對卷首數行文字及施經牌記的釋文〔1〕[203-206]，其後的經題著錄見於戈爾巴喬娃和克恰諾夫的《西夏文寫本和刊本》〔2〕[102]，以及西田龍雄的《西夏文佛經目錄》〔3〕[43]，之後又有克恰諾夫給出的版本和內容描述〔4〕[400]。原始文獻照片由格林斯蒂德於 1973 年刊佈〔5〕[2053-2057]，但全文解讀至今無人著手。本文嘗試對這部經書進行翻譯和校注，旨在爲西夏文獻學和佛教史研究提供資料。

俄藏西夏文《佛說寶雨經》卷十爲經摺裝寫本，31×12 釐米，墨框高 25.5 釐米，每折 6 行，行 17 字，楷書，字體工整。原書轉譯自唐達摩流支所譯漢文本，存 35 折，自卷首至「或受用菩薩施波羅蜜多」，以下佚。卷首有「[西夏文]」版畫二折，正文題「[西夏文]」（佛說寶雨經卷第十），並有題記三行〔6〕[53]：

[西夏文]

[西夏文]

[西夏文]

可以譯作：

勝智廣祿治民集禮盛德皇太后 梁氏 御譯

神功勝祿教德治庶仁淨皇帝 嵬名 御譯

奉天顯道耀武宣文神謀睿智制義去邪惇睦懿恭皇帝 嵬名 御校

題記中的帝后尊號在12世紀下半葉以後的西夏佛經譯本中多見，依次指的是西夏崇宗乾順的母親梁太后、崇宗乾順和仁宗仁孝。由此我們知道西夏本《佛說寶雨經》譯成於11和12世紀之交，在12世紀中葉以後又經過了一次校譯。

在經題下方有一個「[illegible]」（dzjɨj^{1}，卜）字，從所在的位置上看，這應該是某種藏經的帙號。不過若按宋元藏經的「千字文編號」，《寶雨經》都在「化被草木，賴及萬方，蓋此身髮，四大五常」幾句之內〔7〕[127]，而且《千字文》裏也並沒有「占」、「卜」這兩個字。由於目前掌握的此類資料有限，我們無法判斷西夏人是否使用過一套自己的編號系統，也無法判斷西夏人對佛經是否有自己獨特的編排次序。

在該經卷首鈐有朱砂牌記一方，上有西夏字五行〔6〕[53]：

[illegible]

這方牌記很早便引起了學界的注意。聶歷山和石濱純太郎曾於上世紀30年代作過考釋〔8〕，但未能完全識別上面的文字，羅福成識別出了全文並加以解讀〔1〕，半個世紀之後史金波提供了下列譯文〔9〕[330]，當然，在西夏學發展初期的解讀難免有不盡人意之處：

大白高國清信弟子皇太后羅氏新寫全增番大藏經契一藏，天下慶贊，已入寺內經藏中，當作爲永遠讀誦、供養。

需要指出的是，史先生在這裡錯認了寺院的名稱。事實上這方牌記應作如下翻譯：

大白高國清信弟子皇太后羅氏新增寫番大藏經一整藏，舍於天下慶報伽藍寺經藏中，永爲誦讀供養。

羅氏爲西夏桓宗純祐之母，純祐在位期間（1193～1206）被尊爲皇太后，則該經應在此時所施。天下慶報伽藍寺爲西夏寺院名，不見於其它文獻記載，具體所在不明。

下面以《大正藏》中達摩流支漢譯本爲參照〔10〕[324-326]，嘗試對經文現存部份進行翻譯和校注。

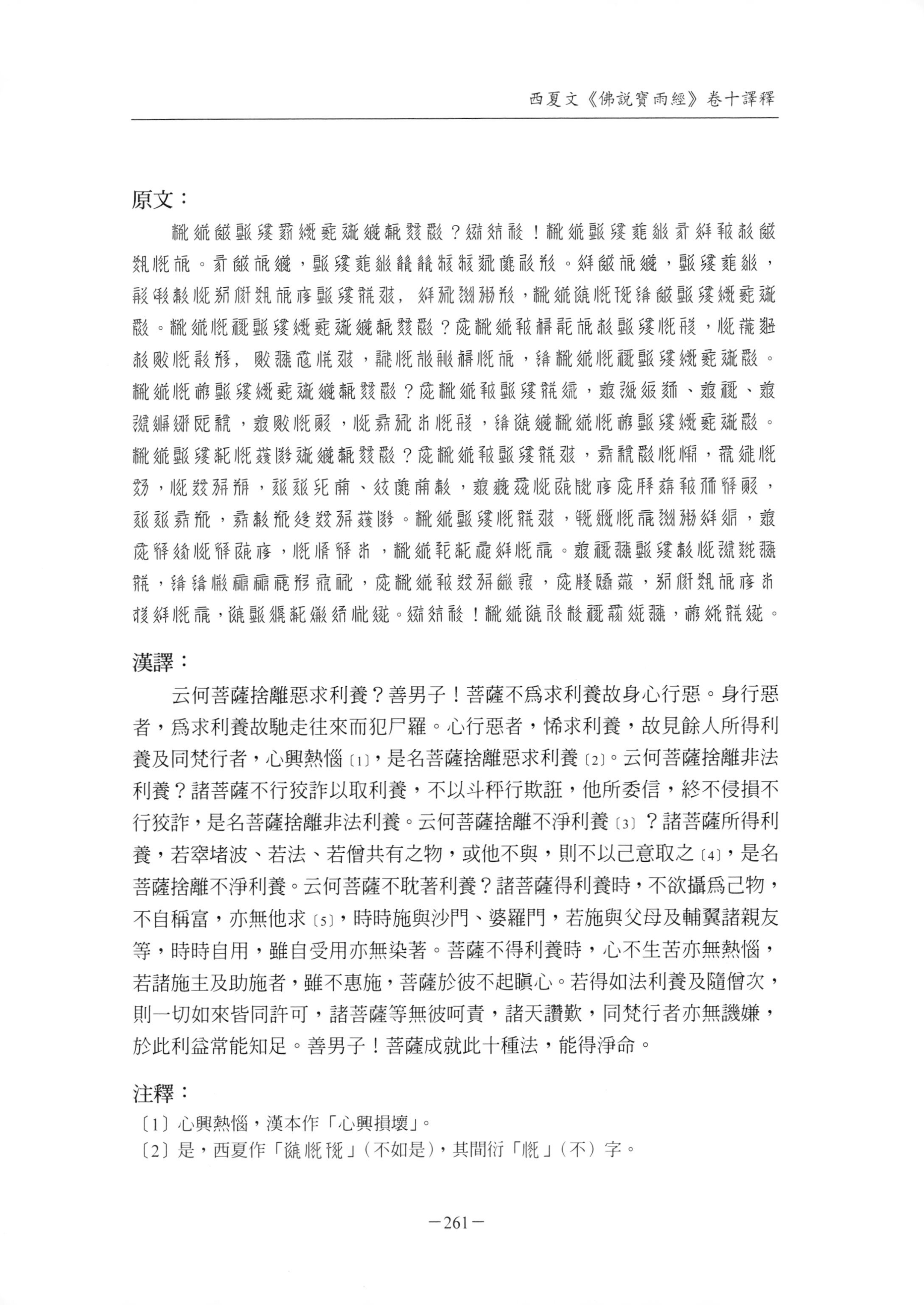

原文：

[illegible]

漢譯：

云何菩薩捨離惡求利養？善男子！菩薩不爲求利養故身心行惡。身行惡者，爲求利養故馳走往來而犯尸羅。心行惡者，悕求利養，故見餘人所得利養及同梵行者，心興熱惱〔1〕，是名菩薩捨離惡求利養〔2〕。云何菩薩捨離非法利養？諸菩薩不行狡詐以取利養，不以斗秤行欺誑，他所委信，終不侵損不行狡詐，是名菩薩捨離非法利養。云何菩薩捨離不淨利養〔3〕？諸菩薩所得利養，若窣堵波、若法、若僧共有之物，或他不與，則不以己意取之〔4〕，是名菩薩捨離不淨利養。云何菩薩不耽著利養？諸菩薩得利養時，不欲攝爲己物，不自稱富，亦無他求〔5〕，時時施與沙門、婆羅門，若施與父母及輔翼諸親友等，時時自用，雖自受用亦無染著。菩薩不得利養時，心不生苦亦無熱惱，若諸施主及助施者，雖不惠施，菩薩於彼不起瞋心。若得如法利養及隨僧次，則一切如來皆同許可，諸菩薩等無彼呵責，諸天讚歎，同梵行者亦無譏嫌，於此利益常能知足。善男子！菩薩成就此十種法，能得淨命。

注釋：

〔1〕心興熱惱，漢本作「心興損壞」。

〔2〕是，西夏作「[illegible]」（不如是），其間衍「[illegible]」（不）字。

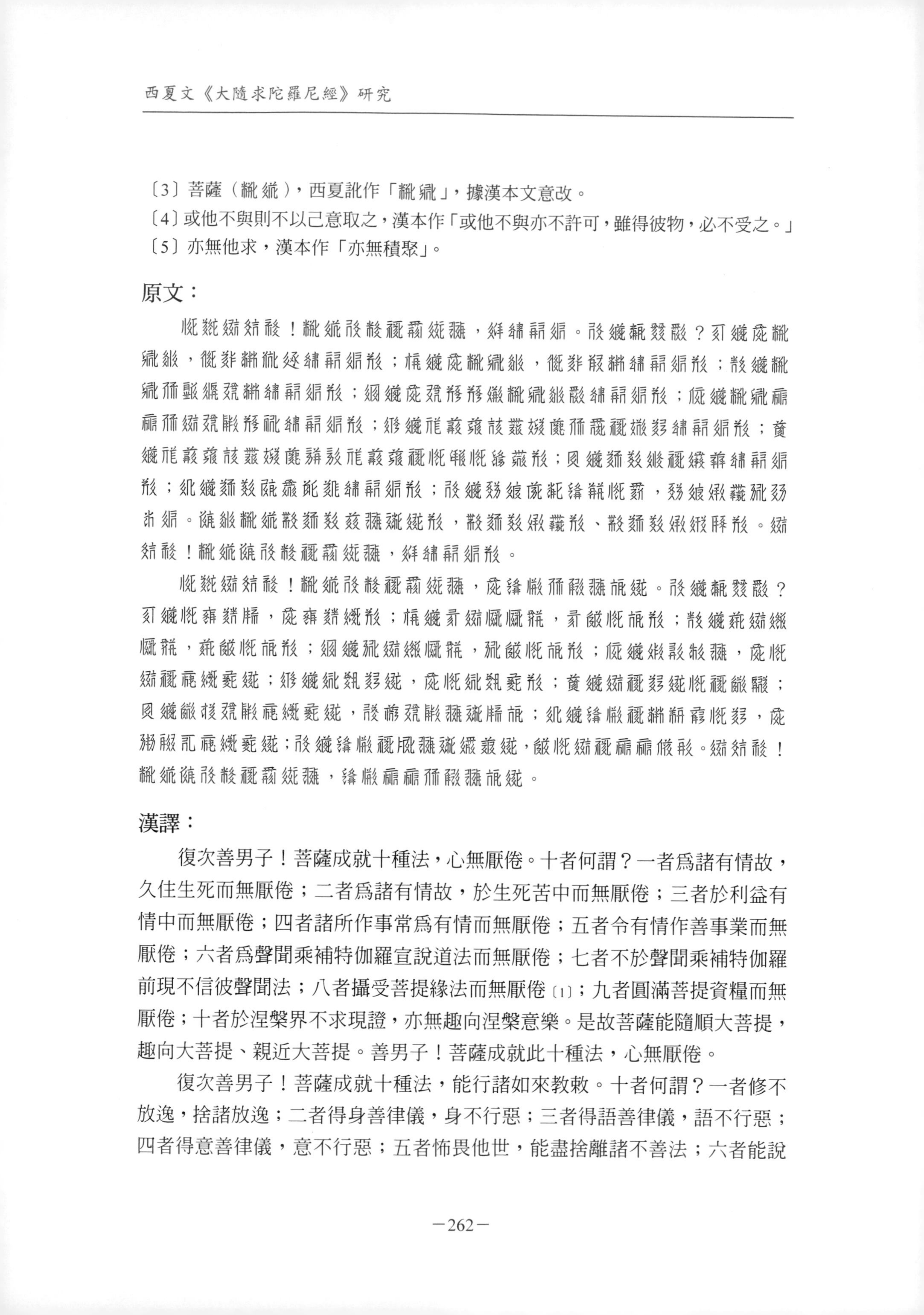

〔3〕菩薩（[illegible]），西夏訛作「[illegible]」，據漢本文意改。
〔4〕或他不與則不以己意取之，漢本作「或他不與亦不許可，雖得彼物，必不受之。」
〔5〕亦無他求，漢本作「亦無積聚」。

原文：

[illegible]

[illegible]

漢譯：

復次善男子！菩薩成就十種法，心無厭倦。十者何謂？一者爲諸有情故，久住生死而無厭倦；二者爲諸有情故，於生死苦中而無厭倦；三者於利益有情中而無厭倦；四者諸所作事常爲有情而無厭倦；五者令有情作善事業而無厭倦；六者爲聲聞乘補特伽羅宣說道法而無厭倦；七者不於聲聞乘補特伽羅前現不信彼聲聞法；八者攝受菩提緣法而無厭倦〔1〕；九者圓滿菩提資糧而無厭倦；十者於涅槃界不求現證，亦無趣向涅槃意樂。是故菩薩能隨順大菩提，趣向大菩提、親近大菩提。善男子！菩薩成就此十種法，心無厭倦。

復次善男子！菩薩成就十種法，能行諸如來教敕。十者何謂？一者修不放逸，捨諸放逸；二者得身善律儀，身不行惡；三者得語善律儀，語不行惡；四者得意善律儀，意不行惡；五者怖畏他世，能盡捨離諸不善法；六者能說

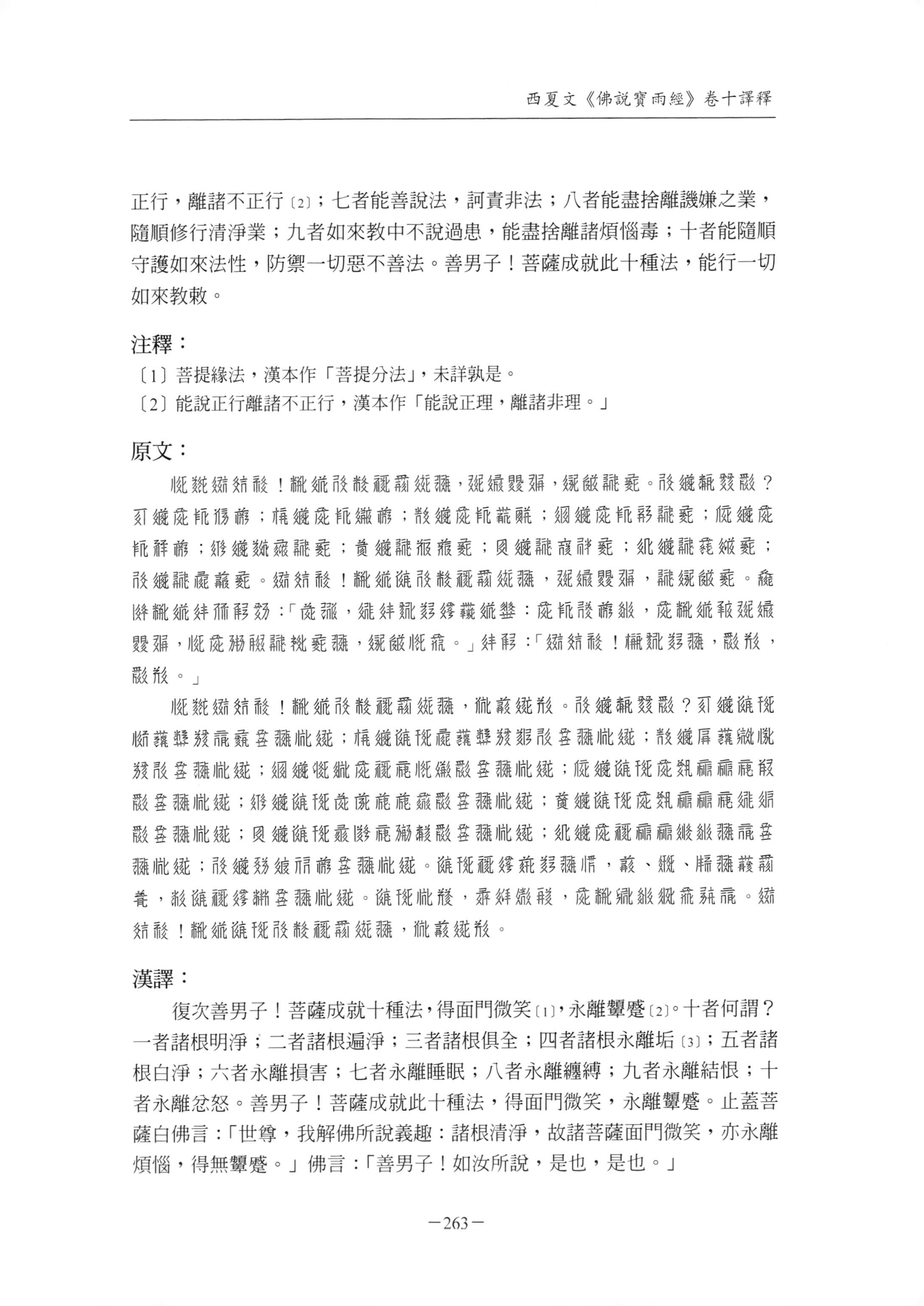

正行，離諸不正行〔2〕；七者能善說法，訶責非法；八者能盡捨離譏嫌之業，隨順修行清淨業；九者如來教中不說過患，能盡捨離諸煩惱毒；十者能隨順守護如來法性，防禦一切惡不善法。善男子！菩薩成就此十種法，能行一切如來教敕。

注釋：

〔1〕菩提緣法，漢本作「菩提分法」，未詳孰是。
〔2〕能說正行離諸不正行，漢本作「能說正理，離諸非理。」

原文：

[illegible]

[illegible]

漢譯：

復次善男子！菩薩成就十種法，得面門微笑〔1〕，永離顰蹙〔2〕。十者何謂？一者諸根明淨；二者諸根遍淨；三者諸根俱全；四者諸根永離垢〔3〕；五者諸根白淨；六者永離損害；七者永離睡眠；八者永離纏縛；九者永離結恨；十者永離忿怒。善男子！菩薩成就此十種法，得面門微笑，永離顰蹙。止蓋菩薩白佛言：「世尊，我解佛所說義趣：諸根清淨，故諸菩薩面門微笑，亦永離煩惱，得無顰蹙。」佛言：「善男子！如汝所說，是也，是也。」

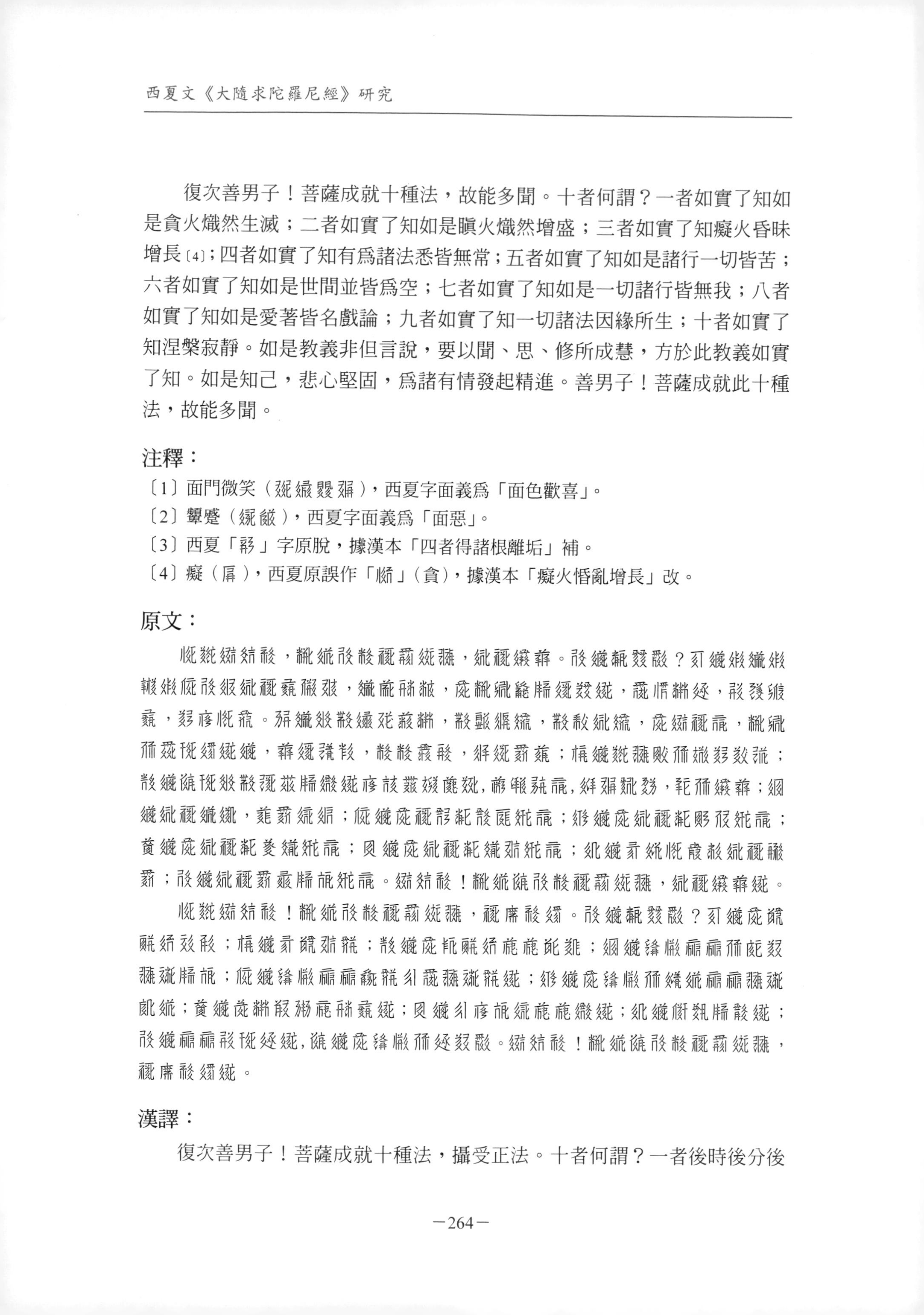

復次善男子！菩薩成就十種法，故能多聞。十者何謂？一者如實了知如是貪火熾然生滅；二者如實了知如是瞋火熾然增盛；三者如實了知癡火昏昧增長〔4〕；四者如實了知有爲諸法悉皆無常；五者如實了知如是諸行一切皆苦；六者如實了知如是世間並皆爲空；七者如實了知如是一切諸行皆無我；八者如實了知如是愛著皆名戲論；九者如實了知一切諸法因緣所生；十者如實了知涅槃寂靜。如是教義非但言說，要以聞、思、修所成慧，方於此教義如實了知。如是知已，悲心堅固，爲諸有情發起精進。善男子！菩薩成就此十種法，故能多聞。

注釋：

〔1〕面門微笑（[illegible]），西夏字面義爲「面色歡喜」。

〔2〕顰蹙（[illegible]），西夏字面義爲「面惡」。

〔3〕西夏「[illegible]」字原脫，據漢本「四者得諸根離垢」補。

〔4〕癡（[illegible]），西夏原誤作「[illegible]」（貪），據漢本「癡火惛亂增長」改。

原文：

[illegible]

[illegible]

漢譯：

復次善男子！菩薩成就十種法，攝受正法。十者何謂？一者後時後分後

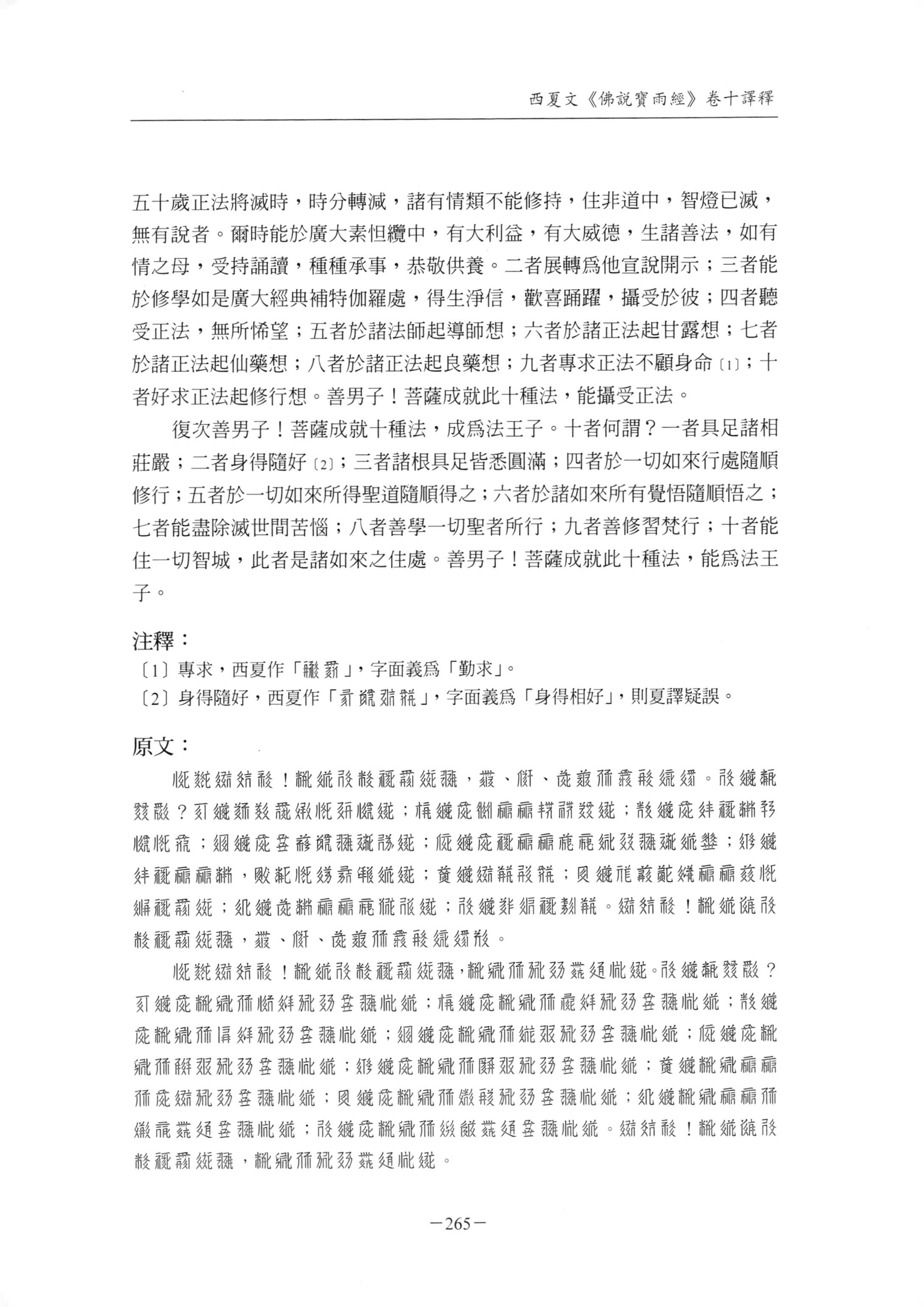

五十歲正法將滅時，時分轉減，諸有情類不能修持，住非道中，智燈已滅，無有說者。爾時能於廣大素怛纜中，有大利益，有大威德，生諸善法，如有情之母，受持誦讀，種種承事，恭敬供養。二者展轉為他宣說開示；三者能於修學如是廣大經典補特伽羅處，得生淨信，歡喜踊躍，攝受於彼；四者聽受正法，無所悕望；五者於諸法師起導師想；六者於諸正法起甘露想；七者於諸正法起仙藥想；八者於諸正法起良藥想；九者專求正法不顧身命〔1〕；十者好求正法起修行想。善男子！菩薩成就此十種法，能攝受正法。

復次善男子！菩薩成就十種法，成為法王子。十者何謂？一者具足諸相莊嚴；二者身得隨好〔2〕；三者諸根具足皆悉圓滿；四者於一切如來行處隨順修行；五者於一切如來所得聖道隨順得之；六者於諸如來所有覺悟隨順悟之；七者能盡除滅世間苦惱；八者善學一切聖者所行；九者善修習梵行；十者能住一切智城，此者是諸如來之住處。善男子！菩薩成就此十種法，能為法王子。

注釋：

〔1〕專求，西夏作「[illegible]」，字面義為「勤求」。

〔2〕身得隨好，西夏作「[illegible]」，字面義為「身得相好」，則夏譯疑誤。

原文：

[illegible]

[illegible]

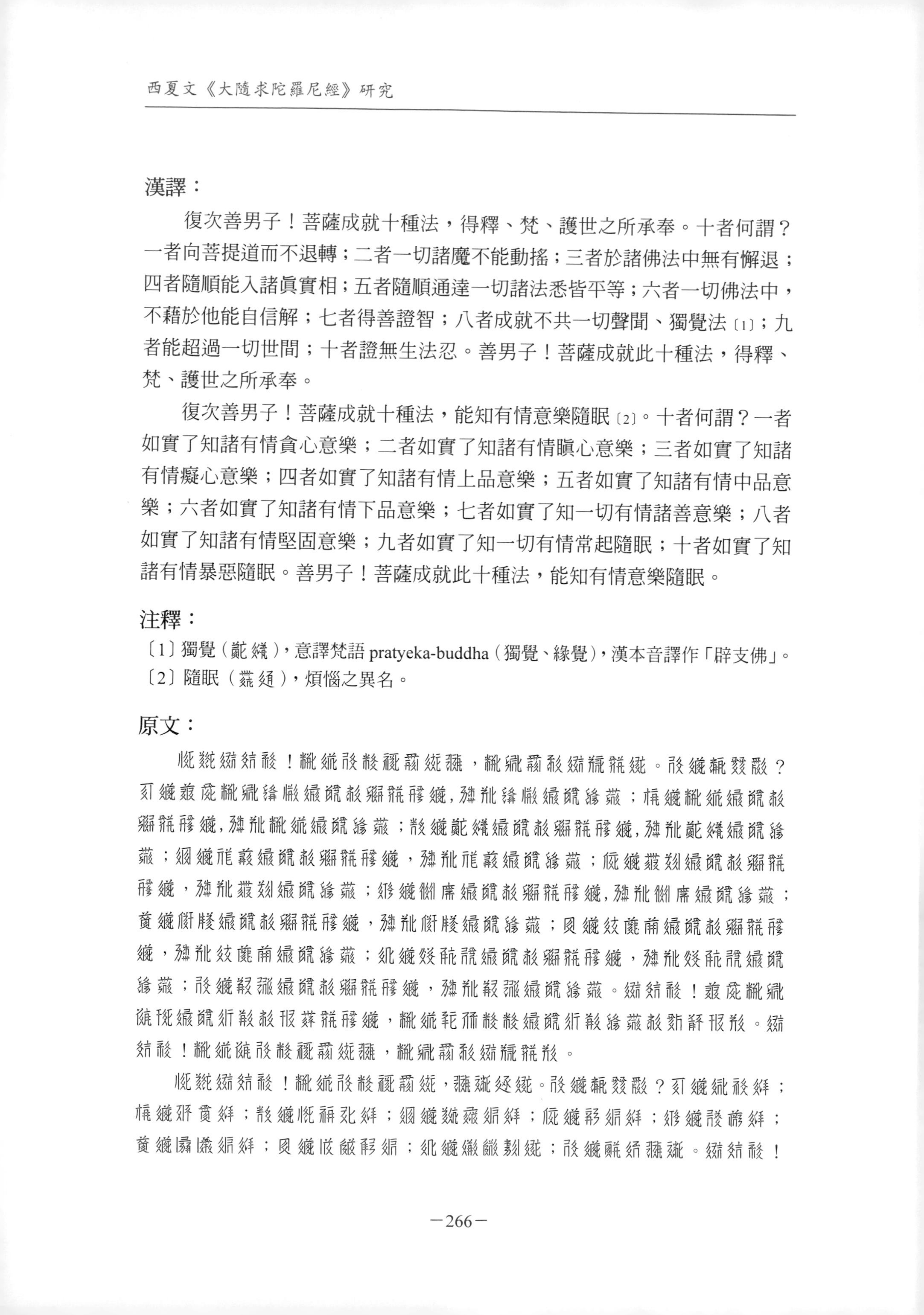

漢譯：

復次善男子！菩薩成就十種法，得釋、梵、護世之所承奉。十者何謂？一者向菩提道而不退轉；二者一切諸魔不能動搖；三者於諸佛法中無有懈退；四者隨順能入諸眞實相；五者隨順通達一切諸法悉皆平等；六者一切佛法中，不藉於他能自信解；七者得善證智；八者成就不共一切聲聞、獨覺法〔1〕；九者能超過一切世間；十者證無生法忍。善男子！菩薩成就此十種法，得釋、梵、護世之所承奉。

復次善男子！菩薩成就十種法，能知有情意樂隨眠〔2〕。十者何謂？一者如實了知諸有情貪心意樂；二者如實了知諸有情瞋心意樂；三者如實了知諸有情癡心意樂；四者如實了知諸有情上品意樂；五者如實了知諸有情中品意樂；六者如實了知諸有情下品意樂；七者如實了知一切有情諸善意樂；八者如實了知諸有情堅固意樂；九者如實了知一切有情常起隨眠；十者如實了知諸有情暴惡隨眠。善男子！菩薩成就此十種法，能知有情意樂隨眠。

注釋：

〔1〕獨覺（[illegible]），意譯梵語 pratyeka-buddha（獨覺、緣覺），漢本音譯作「辟支佛」。
〔2〕隨眠（[illegible]），煩惱之異名。

原文：

[illegible]

[illegible]

[illegible]，[illegible]。

[illegible]！[illegible]，[illegible]。[illegible]？[illegible]；[illegible]；[illegible]；[illegible]；[illegible]；[illegible]；[illegible]；[illegible]；[illegible]；[illegible]。[illegible]！[illegible]，[illegible]。

漢譯：

復次善男子！菩薩成就十種法，能得成熟有情善巧。十者何謂？一者若諸有情應以如來色相而得度者，即現如來色相；二者應以菩薩色相而得度者；即現菩薩色相；三者應以緣覺色相而得度者，即現緣覺色相；四者應以聲聞色相而得度者，即現聲聞色相；五者應以帝釋色相而得度者，即現帝釋色相；六者應以魔王色相而得度者，即現魔王色相；七者應以梵天色相而得度者，即現梵天色相；八者應以婆羅門色相而得度者，即現婆羅門色相；九者應以刹帝利色相而得度者，即現刹帝利色相；十者應以居士色相而得度者〔1〕，即現居士色相。善男子！若諸有情應以如是色相方便得調伏者，菩薩爲彼示現種種色相方便而調伏之。善男子！菩薩成就此十種法，得成熟有情善巧。

復次善男子！菩薩成就十種法，能住隨順。十者何謂？一者質直心；二者柔軟心；三者不邪曲心；四者無損害心；五者無垢心；六者清淨心；七者無堅硬心；八者無粗惡言；九者能常忍辱；十者具足隨順。善男子！菩薩成就此十種法，能住隨順。

復次善男子！菩薩成就十種法，能住安樂。十者何謂？一者能得正見具足清淨；二者得戒具足；三者軌則清淨；四者得順所察境〔2〕；五者無所染著；六者成就悲愍；七者能常憂念；八者能得同類；九者能發起一乘；十者不事餘師；善男子！菩薩成就此十種法，能住安樂。

注釋：

〔1〕居士，西夏文作「[illegible]」，字面義爲「室尊」。

〔2〕所察（[illegible]），漢本作「所行」。

原文：

[illegible]！[illegible]，[illegible]。[illegible]？[illegible]，[illegible]；[illegible]，[illegible]；[illegible]，[illegible]

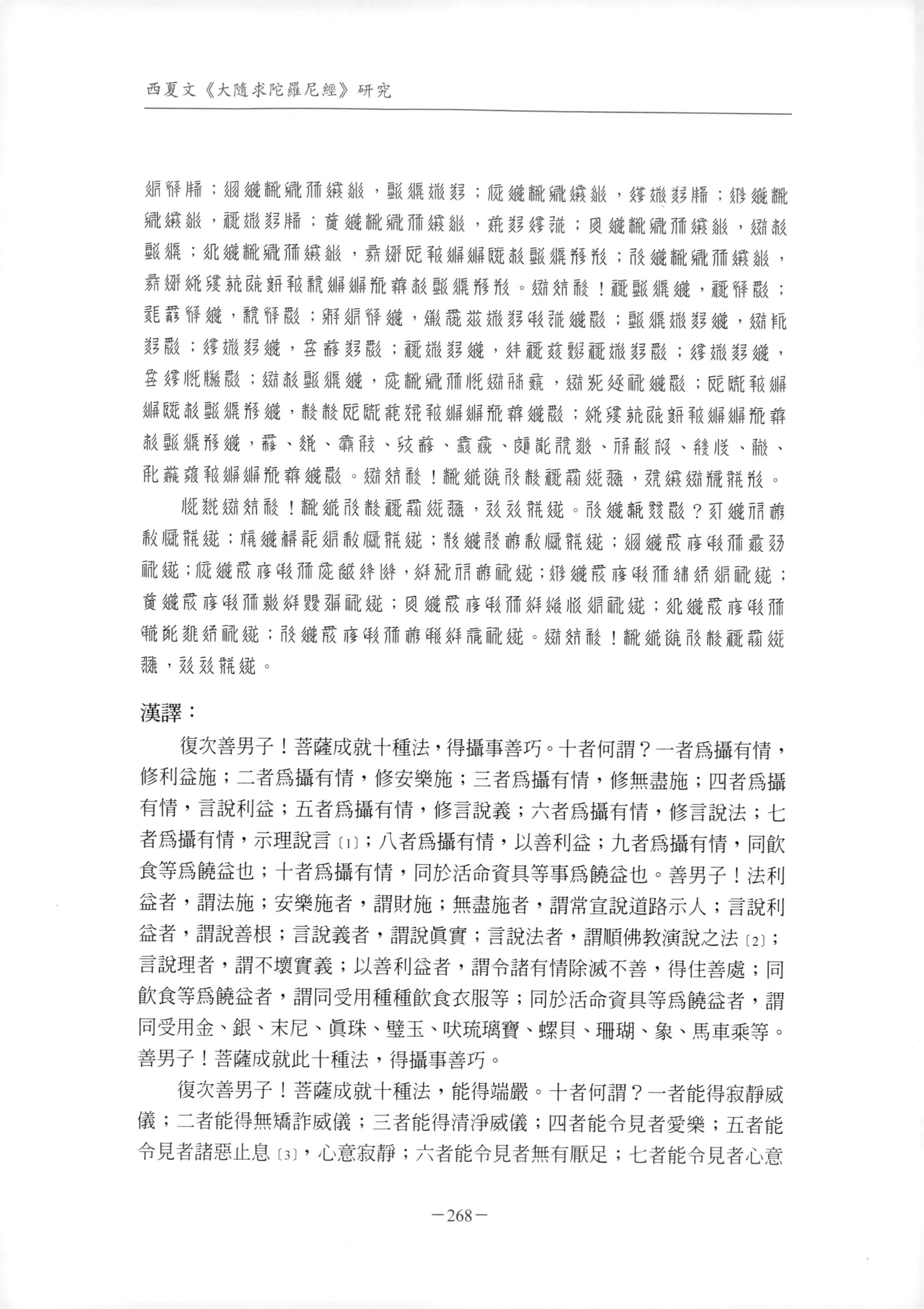

[illegible]

[illegible]

漢譯：

復次善男子！菩薩成就十種法，得攝事善巧。十者何謂？一者爲攝有情，修利益施；二者爲攝有情，修安樂施；三者爲攝有情，修無盡施；四者爲攝有情，言說利益；五者爲攝有情，修言說義；六者爲攝有情，修言說法；七者爲攝有情，示理說言〔1〕；八者爲攝有情，以善利益；九者爲攝有情，同飲食等爲饒益也；十者爲攝有情，同於活命資具等事爲饒益也。善男子！法利益者，謂法施；安樂施者，謂財施；無盡施者，謂常宣說道路示人；言說利益者，謂說善根；言說義者，謂說眞實；言說法者，謂順佛教演說之法〔2〕；言說理者，謂不壞實義；以善利益者，謂令諸有情除滅不善，得住善處；同飲食等爲饒益者，謂同受用種種飲食衣服等；同於活命資具等爲饒益者，謂同受用金、銀、末尼、眞珠、璧玉、吠琉璃寶、螺貝、珊瑚、象、馬車乘等。善男子！菩薩成就此十種法，得攝事善巧。

復次善男子！菩薩成就十種法，能得端嚴。十者何謂？一者能得寂靜威儀；二者能得無矯詐威儀；三者能得清淨威儀；四者能令見者愛樂；五者能令見者諸惡止息〔3〕，心意寂靜；六者能令見者無有厭足；七者能令見者心意

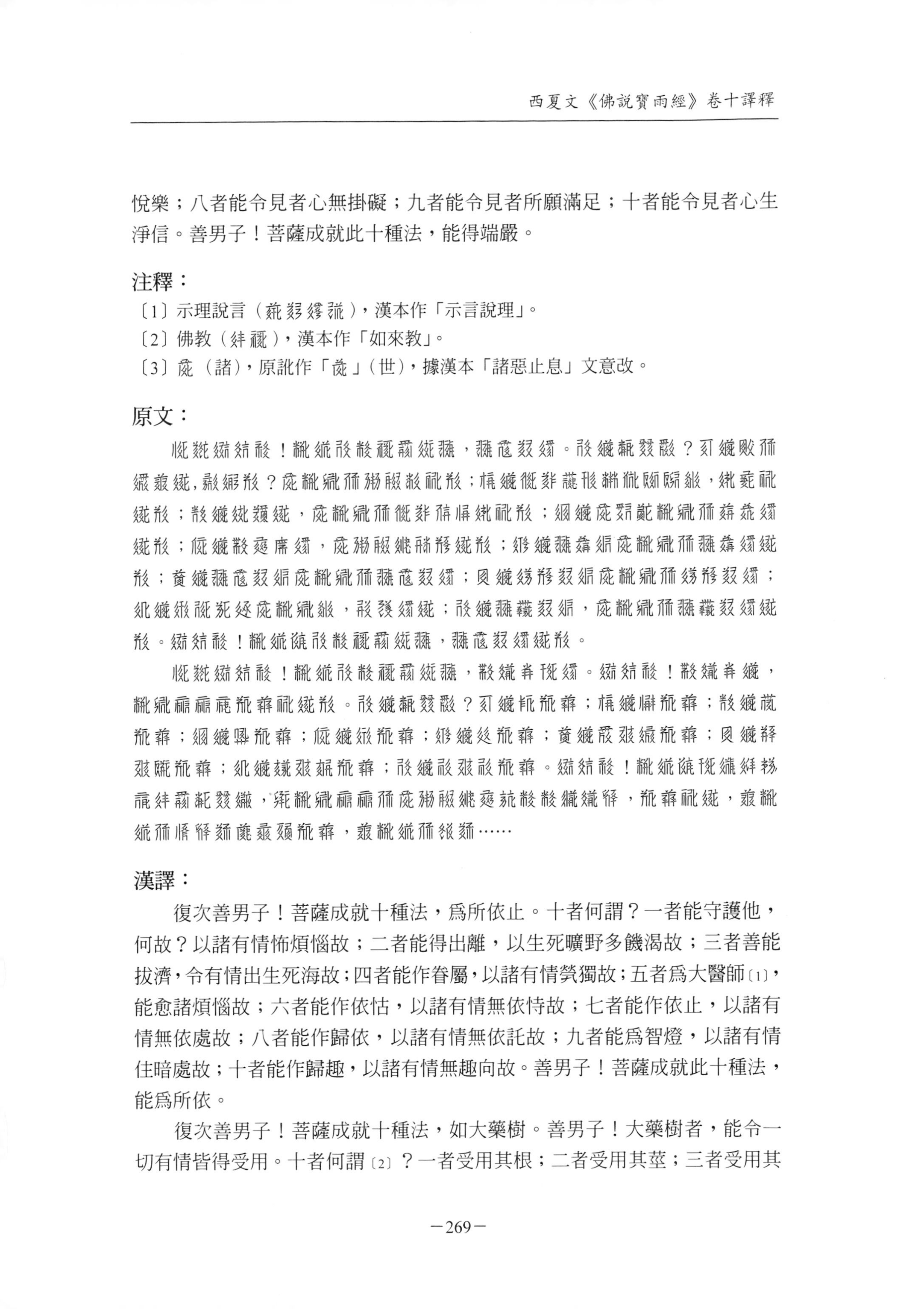

悦樂；八者能令見者心無掛礙；九者能令見者所願滿足；十者能令見者心生淨信。善男子！菩薩成就此十種法，能得端嚴。

注釋：

〔1〕示理說言（[illegible]），漢本作「示言說理」。

〔2〕佛教（[illegible]），漢本作「如來教」。

〔3〕[illegible]（諸），原訛作「[illegible]」（世），據漢本「諸惡止息」文意改。

原文：

[illegible]

[illegible]……

漢譯：

復次善男子！菩薩成就十種法，爲所依止。十者何謂？一者能守護他，何故？以諸有情怖煩惱故；二者能得出離，以生死曠野多饑渴故；三者善能拔濟，令有情出生死海故；四者能作眷屬，以諸有情煢獨故；五者爲大醫師〔1〕，能愈諸煩惱故；六者能作依怙，以諸有情無依恃故；七者能作依止，以諸有情無依處故；八者能作歸依，以諸有情無依託故；九者能爲智燈，以諸有情住暗處故；十者能作歸趣，以諸有情無趣向故。善男子！菩薩成就此十種法，能爲所依。

復次善男子！菩薩成就十種法，如大藥樹。善男子！大藥樹者，能令一切有情皆得受用。十者何謂〔2〕？一者受用其根；二者受用其莖；三者受用其枝；四者受用其葉；五者受用其花；六者受用其果；七者見時受用其色；八者嗅時受用其香；九者嘗時受用其味；十者摩時受用其觸。善男子！菩薩如是初心已發乃至成佛，能施彼一切有情諸煩惱病種種醫藥，令得受用，或受用菩薩施波羅蜜多，或菩薩戒波……〔3〕

注釋：

〔1〕醫師（[illegible]），西夏字面義爲「醫王」。指醫術極精之人，多喻佛或高僧。

〔2〕「善男子」以下數句漢本作「何等爲十？善男子！如大藥樹，能令有情皆得受用」。

〔3〕原文自此以下佚。

參考文獻：

〔1〕羅福成，佛說寶雨經卷第十釋文〔J〕，國立北平圖書館館刊，4.3,1930。

〔2〕З. И. Горбачева и Е. И. Кычанов. *Тангутские рукописи и ксилографы* 〔M〕，Москва：Издательство восточной литературы, 1963.

〔3〕西田龍雄，西夏文華嚴經 III〔M〕，京都：京都大學文學部，1977。

〔4〕Е. И. Кычанов. *Каталог тангутских буддийских памятников*〔M〕, Киото：Университет Киото, 1999.

〔5〕Eric Grinstead. *The Tangut Tripitaka*〔M〕，New Delhi: Sharada Rani, 1973.

〔6〕俄羅斯科學院東方研究所聖彼得堡分所、中國社會科學院民族研究所、上海古籍出版社編，俄藏黑水城文獻，第 1 冊〔M〕，上海：上海古籍出版社，1996。

〔7〕童瑋，二十二種大藏經通檢〔M〕，北京：中華書局，1997。

〔8〕聶歷山，石濱純太郎，西夏語譯大藏經考〔J〕，國立北平圖書館館刊，4.3,1930。

〔9〕史金波，等，西夏文物〔M〕· 北京：文物出版社，1988。

〔10〕高楠順次郎等，大正新修大藏經〔M〕，東京：大正一切經刊行會，1934。

（未刊稿）